张奎良精粹

ZHANGKUILIANG JINGCUI

张奎良◎著

黑龙江大学出版社
HEILONGJIANG UNIVERSITY PRESS

图书在版编目（CIP）数据

张奎良精粹 / 张奎良著. -- 哈尔滨 ：黑龙江大学
出版社，2017.8（2021.7 重印）
ISBN 978-7-5686-0158-0

Ⅰ．①张… Ⅱ．①张… Ⅲ．①社会科学－文集 Ⅳ.
① C53

中国版本图书馆 CIP 数据核字（2017）第 202009 号

张奎良精粹
ZHANGKUILIANG JINGCUI

张奎良　著

责任编辑　李　卉
出版发行　黑龙江大学出版社
地　　址　哈尔滨市南岗区学府三道街 36 号
印　　刷　三河市春园印刷有限公司
开　　本　720×1000　1/16
印　　张　28.5
字　　数　345 千
版　　次　2017 年 8 月第 1 版
印　　次　2021 年 7 月第 2 次印刷
书　　号　ISBN 978-7-5686-0158-0
定　　价　85.00 元

本书如有印装错误请与本社联系更换。

序　言

本集是《张奎良文集》的集中集,是专门汇集张先生文章的精华,以使读者集中一阅为快为宗旨而编辑的。所以,收入本集的文章面孔不新,都是按时间顺序将张先生被《新华文摘》全文转载和论点摘编的以及发表在《中国社会科学》上的论文结集而成的。虽然以前分散在各卷中的论文曾经谋面,但是本集把它们捆绑在一起,为读者集中展示张先生文章的精粹,从一个新的视角理解先生,印证他为研究马克思主义而殚精竭虑,相信读者能够从更凝练的时空画面了解张先生的人品和学品。

我们在编辑此书的过程中发现,张先生不同时期的文章发表在《中国社会科学》和被《新华文摘》转摘的特别多,粗略统计了一下,张先生在《中国社会科学》发表的文章不少于 8 篇,《新华文摘》全文转载的有 16 篇之多,论点摘编的还有不少篇。《中国社会科学》是当今中国国家级重点刊物,不少人以《中国社会科学》来界定国家级的水平和标准。《新华文摘》更是学界普遍公认的权威刊物,能上《新华文摘》是令人欣羡的荣耀。据我们体悟,张先生能有这么多的成果被《中国社会科学》和《新华文摘》采用,必定是因为他的文章有其精妙之处,打动了主编和编辑们。张先生虽然没有达到语不惊人死不休的地步,但也绝不人云亦云,跟在别人后面"炒冷饭"。在学术上,他一贯追求突破和创新,经常涌现一些奇思妙想。有了这种追求做底蕴,再辅以严谨的文本功夫,使张先生多年来一直活跃在马克思哲学思想研究的最前沿。

不仅如此,张先生还是一位以家国担当为己任的现实主义研究学者,他时刻关注国家的前途和人民的命运,竭力用自己的马克思哲学研究为当下的现实服务。他是马克思的东方社会理论与中国特色社会主义事业有机契合的重要倡导者和推进人,是马克思跨越"卡夫丁峡谷"设想现实意义的有力积极阐发者。他还极力从马克思的视野对以人为本和构建社会主义和谐社会的科学发展观予以理论上的论证并提供史学上的根据。

除了对马克思哲学思想的深入研究和对中国特色社会主义的深切关注外,张先生也对他所经历的现实社会问题发表过一些颇有洞见的看法,如"推翻两个凡是的信条""论人的价值尺度"等是他对十年"文化大革命"的反思,"马克思时空观新论"是他对全球化时代用实践时空取代传统的物质时空的玄想,第一次发表在《中国社会科学》上的关于存在概念的文章,纯粹是在他所不熟悉的领域的一次冒险。这些文章不仅思想机敏,而且饶有情趣,具有可读性,因此被《中国社会科学》刊登并被《新华文摘》全文转摘。

张先生的上述这些具有创意的文章自然首先投向《中国社会科学》并不断被《新华文摘》转载。这两个刊物对张先生的青睐,有一个渐进的过程。《新华文摘》最初能够转摘他的文章,完全出乎他的意料,《中国社会科学》最初发表他的文章也是全国哲学思想交流会上公开遴选的结果。以后文章发表和转载逐渐多了,和编辑们也熟悉了,张先生才渐渐地成为他们比较关注的一个多产的作者。张先生自己说,这里面没有什么奥秘和诀窍,多思勤写,成果丰富,自然就增加了登稿的概率。

为了加深对张先生学术思想的了解,更为了读者调阅张先生精粹论文的方便,我们在本集中共收录 30 篇文章:计《中国社会科学》9 篇,其中包括《中国社会科学内刊》和《中国社会科学内部文稿》各1篇;《新华文摘》全文转载16篇,论点摘编5篇(文中标注)。不能不遗憾地指出,作为张先生的两大标志性思想成果的《哲学的魅力》和《人生治学两相济》这里没能收入,前者发表在《人民日报》2015年3月19日,后者发表在《光明日报》2011年3月29日。这两篇文章独具特色,前一篇代表了他对终生研究的哲学的钟爱和理解,后一篇是他对人生和治学关系的内心独白。两篇文章都产生了较大影响,但由于不在入选之列,读者有兴趣可自己查阅。

编者 2017年5月

目录

目录

《新华文摘》(纸质刊)

马克思晚年的困惑

革命是马克思终生不懈的追求,他的一生就是在对革命的期待与失望的交织中度过的。恩格斯说:"马克思首先是一个革命家。以某种方式参加推翻资本主义社会及其所建立的国家制度的事业,⋯⋯这实际上就是他毕生的使命。"①马克思满怀激情地参加了欧洲 1848 年革命,他高度评价 19 世纪五六十年代东方各国的觉醒,他在《资本论》中以笔作锤敲响了资本主义灭亡的丧钟,提出了剥夺剥夺者的任务。

但是,马克思炽热的革命激情和殷切的革命期待在现实生活中都无情地化为泡影了。从 1849 年开始,出现了资本主义工业的普遍繁荣,资产阶级的政治统治也日趋稳定,革命不是走向高潮,而是进入低谷。东方太平天国等革命的结局也并不是很美妙。1871 年的巴黎公社革命流产了,至于《哥达纲领批判》关于过渡时期和共产主义社会发展的两个阶段的论断,那就更无从实践验证了。1881 年,在马克思逝世的前两年,他终于意识到,革命已经不可能发生,这对于他来说虽然是痛苦的事实,但却不能不认账。这年 4 月 29 日马克思在给女儿燕妮祝贺顺利分娩的信中不得不承认,革命是未来的事情,而他"人'老'了,只能预见,而不能亲眼看见"②。

---

① 《马克思恩格斯选集》第 3 卷,第 575 页。
② 《马克思恩格斯全集》第 35 卷,第 179 页。

这段历史马克思自己没有来得及做出深刻的反省，但是他的战友和学生恩格斯、列宁和毛泽东却得出过明确的结论。1895 年恩格斯在临终前曾写道："历史表明，我们以及所有和我们有同样想法的人，都是不对的。历史清楚地表明，当时欧洲大陆经济发展的状况还远没有成熟到可以铲除资本主义生产方式的程度。"①列宁也不讳言这个事实，他说："是的，马克思和恩格斯在估计革命时机很快到来这一点上，……有很多错误，而且常常犯错误。"②1959 年7 月 23 日，毛泽东在庐山会议上也讲："马克思也犯了不少错误，天天想着欧洲革命要来了，又没有，反反复复，一直到死了还没来。"

这无疑是个令人烦恼的事，它一直困扰着马克思，成为他晚年最大的思想困惑。马克思在理论上是个十分严谨的思想家，他不能容忍现实与他的理论之间的巨大反差。为了摆脱困惑，马克思晚年对自己先前的理论进行了深沉的反思和突破性的探索。1878 年，马克思最终放弃了灌注他毕生心血的《资本论》的写作，转而去从事陌生的东方社会和人类学的研究，到逝世前，他竟写完了三万页笔记和摘记。就在这一年，他在给俄国《祖国纪事》杂志编辑部的信中，令人惊异地限制了《资本论》的适用范围，指出《资本论》"只不过想描述西欧的资本主义经济制度从封建主义经济制度内部产生出来的途径"③，绝不能把它变为"一般发展道路的历史哲学理论"；并改变过去的一贯看法，首次提出俄国等东方社会国家避免资本主义发展道路的设想。为了表白自己的坚定信念，他甚至说，谁若是歪曲他的看法，认为一切民族不管他们所处的历史环境如何，都注定要走资本主义发展道路，那么，"我要请他原谅。他这样

---

① 《马克思恩格斯全集》第 22 卷，第 597 页。
② 《列宁全集》第 12 卷，第 362 页。
③ 《马克思恩格斯全集》第 19 卷，第 129 页。

做,会给我过多的荣誉,同时也会给我过多的侮辱"①。

马克思的这个思想弯子转得太大了。曾几何时,他认为一切民族和国家,其中包括东方社会,都将经历资本主义,跨入"世界历史"的行程。为此,马克思甚至宽宥英国对印度和中国的侵略行径,认为:"英国在印度要完成双重的使命:一个是破坏性使命,即消灭旧的亚洲式的社会,另一个是建设性的使命,即在亚洲为西方式的社会奠定物质基础。"在马克思看来,东方国家的西化或者资本主义化是一种历史的进步,是任何国家都不能避免的。可是现在马克思却一改前言,认为占世界人口绝大多数和广大地区的东方社会可以跳过资本主义阶段,直接由落后的封建的社会进入共产主义。马克思在理论上的这种陡峭的急转弯正是为了摆脱从前多次革命预言失灵的困惑,重新审视唯物史观,探索东方世界向社会主义发展的切近道路。

可是马克思晚年为摆脱困惑所做的努力并不十分成功,他不仅没有真正地理顺现实与自己学说之间的矛盾和反差,反而在理论上又带来了一系列新的困惑。这突出地表现在:

第一,人类社会的历史是一元的还是多元的? 按照马克思先前的"世界历史"思想,由于生产的发展和交往的扩大,一切民族和国家都将突破封闭状态,程度不同地卷入到世界历史的洪流中来。因此,人类社会发展总的规律和旅途都是共同的、唯一的,不论各国的具体情况和所处的历史发展阶段怎样不同,最终都要走上世界历史的共同轨道,这就形成了马克思的一元历史观。可是现在,马克思晚期的东方社会理论又认为,东方社会是与西方社会完全不同的另一个世界,它在历史上以自己独特的亚细亚生产方式与西方的奴隶制度和封建制度并行,未来又将跳越资本主义的"卡夫丁峡谷",经

---

① 《马克思恩格斯全集》第19卷,第130页。

历与西方完全不同的发展道路。这样,大一统的一元历史观被突破了,多元化的历史观被提出来了,应该怎样去将二者协调起来呢?

第二,五大社会形态学说还灵不灵? 马克思用社会生活条件来唯物地分析历史,给出了社会发展普遍规律和社会形态相互更迭的历史过程。后人依次概括出生产力决定生产关系的历史规律和五大社会形态的学说。马克思自己也多次地表达过这个思想。可是,马克思晚年时,这个认识动摇了,在他心目中,五大社会形态只对西方社会才适用,东方社会自原生形态以来,只存在土地公有、村社制度和专制国家三位一体的亚细亚生产方式,没有明显的奴隶制度和封建制度的区分。在现实生活中,资本主义制度不仅没有发展起来,而且最终还要跳过它,形成东方独特的历史道路。这样,五大社会形态学说对东方就不灵了,那么,需不需要规范历史发展道路,能不能给出对大多数国家都适用的共同的社会形态体系呢?

第三,衡量历史的尺度是什么? 按照唯物史观,人类社会发展的根本机制在于生产力与生产关系和经济基础与上层建筑的矛盾运动,它既是社会发展的根本规律,又是衡量历史的唯一尺度,五大社会形态的更迭就是由此而演绎出来的。可是,当马克思晚年断言东方社会可以跳越"卡夫丁峡谷"时,他的历史尺度改变了,这时在他心目中升腾起来的不是所谓的社会基本矛盾运动,因为按照这个学说,东方社会只能跟在资本主义屁股后面,一点一点地发展生产力,建立资本主义经济关系,走西方已经走过的老路,而这是马克思不能容忍的。他当时凝注的焦点只有一个,即东方社会如何避免"资本主义制度所带来的一切极端不幸的灾难"[①],"不经受资本主义制度的一切苦难而取得它的全部成果",显然这是出于人道主义考虑,是对人的价值和人的解放的深沉关切。因此,人道主义在这

---

① 《马克思恩格斯全集》第 19 卷,第 129 页。

里已经不仅是伦理规范,而且成为马克思规划历史的尺度和出发点了。这样,历史尺度也由一元变为多元,人道主义原则被空前地提升了,那么,它和生产方式尺度又是一种什么关系呢?

第四,社会主义是不是严格决定论的?按照马克思的科学社会主义理论,社会主义是资本主义高度发展的产物,归根到底,是生产社会化与生产资料私人占有的矛盾的结果。只有在生产力与生产关系充分社会化的基础上建立起来的社会主义,才划清了与其他形形色色社会主义流派的界限,才是真正现代的科学社会主义。马克思在《政治经济学批判》序言中说得很清楚,社会主义是资本主义成果在另一种形式下的延伸,它的使命和性质都是被资本主义矛盾所严格决定的。可是在马克思晚年的东方社会理论中,科学社会主义已经走样了,它不是发端于资本主义固有的矛盾,而是在前资本主义或是在资本主义没有充分发展的条件下,出于人道主义考虑而由村社公有制演变来的。这种社会主义已经完全超越科学社会主义的本质规定,甚至带有某种伦理和情感的色彩。可见,社会主义在马克思那里已经不再是唯一的"哥达纲领批判"式的模式,它已经多元化,出现了跳越"卡夫丁峡谷"式的社会主义。前者要求和资本主义对着干,而后者则需要吸取资本主义的肯定成就,这实际上是一种包含着资本主义积极因素的社会主义。这两种社会主义模式曾被马克思在不同时期论证过,但他并未加以区分和比较。在这种情况下,我们今天到底是坚持哪种社会主义呢?社会主义对马克思来说都不是严格决定论的,这就意味着,后人在社会主义实践中有较大的选择和创新的自由,完全没有必要到马克思那里去对号。

当然,马克思晚年的困惑只是摆出了问题,马克思没有来得及做出回答就辞世了。它留给后人一连串的问号,这些问号在实践中有些已经解决了。看来,冲破一元的线性决定论,确立多元的历史

观和社会主义观,这大概就是马克思晚年的探索和一百多年来实践所提供给我们的结论。

选自:《新华文摘》1989 年第 10 期
原文刊于:《光明日报》1989 年 5 月 29 日

辩证思维与和谐思维

党的十六届四中全会《决定》提出了构建社会主义和谐社会的目标。构建和谐社会就要有与之相适应的和谐思维。

一般来说,社会的性质决定思维方式的性质,不同的社会就会有与之相适应的不同的思维,这是思维与存在的关系在思维方式上的反映。在以私有制为基础的阶级对抗的社会里,人们的思维方式往往带有对抗性,利益的冲突使人们习惯于在不相容的对立中思维。作为人类智慧结晶的辩证法或辩证思维,就带有鲜明的否定性,突出表现为向对立面的斗争性倾斜。黑格尔的辩证法作为"一切辩证法的基本形式"就是否定性的辩证法,它把否定性看作事物发展的"推动原则"和"创造原则",认为只有通过对立面之间的斗争和否定,一方消灭另一方,才能实现矛盾性质的转化,推动事物的发展。马克思批判了黑格尔辩证法的神秘性、唯心性和不彻底性,创立了实践辩证法和主客体相统一的革命辩证法。马克思的辩证法作为资本主义时代无产阶级最高智慧的结晶,凸显了批判和革命的本性,它"在对现存事物的肯定理解中同时包含对现存事物的否定理解,即对现存事物必然灭亡的理解"。只有突出辩证法的批判、革命、斗争和否定的本性,才能激发无产阶级的革命意志和斗争精神,无产阶级所处的时代和肩负的使命都要求辩证法首先向矛盾的斗争性而不是同一性回归。如同恩格斯对马克思评价的那样:"马克思首先是个革命家。……斗争是他的生命要素。很少有人像他那样满腔热情、坚韧不拔和卓有成效地进行斗争。"①马克思也把幸福理解为斗争,把不幸理解为屈服。

真正把辩证法的否定性和斗争精神付诸社会实践的是列宁。列宁适应无产阶级革命时代夺取政权斗争的需要,淋漓尽致地发挥了辩证法的矛盾的斗争性一面,并把自黑格尔和马克思以来的否定辩证法、实践辩证法和革命辩证法发展为矛盾辩证法,表现为对矛盾和对立面斗争的高度重视。如列宁所说:"辩证法就是研究对象的本质自身中的矛盾"②,对矛盾"以及对它的矛盾着的部分的认识,是辩证法的实质"③。但是矛盾辩证法对矛盾的认识有自己突出的特点和倾向,即将矛盾的同一性相对化,最大限度地向斗争性倾斜。列宁的名言是:"对立面的统一(一致、同一、同等作用)是有条件的、暂时的、易逝的、相对的。相互排斥的对立面的斗争则是绝对的,正如发展、运动是绝对的一样。"④也正是在这个意义上,列宁还说过:"发展是对立面的'斗争'。"⑤

毛泽东是辩证法的大家,是在中国大力提倡和成功推广辩证思维的第一人。毛泽东是通过列宁的《哲学笔记》接触到马克思主义辩证法的,他与列宁所处的夺取政权的相同处境使他深谙矛盾问题在辩证法中的核心地位。他独具匠心写出的《矛盾论》是中国共产党人学习辩证法、掌握辩证思维的典范。和列宁一样,毛泽东也格外重视对立面的斗争,他认为,面对"三座大山",只有拿出"与天奋斗,其乐无穷,与地奋斗,其乐无穷,与人奋斗,其乐无穷"的英雄气概,才能取得民主革命的伟大胜利。

马克思、列宁和毛泽东格外重视对立面的斗争反映了时代和无

① 《马克思恩格斯选集》第 3 卷,第 777 页。
② 《列宁全集》第 38 卷,第 278 页。
③ 《列宁全集》第 38 卷,第 407 页。
④ 《列宁全集》第 38 卷,第 408 页。
⑤ 《列宁全集》第 38 卷,第 408 页。

产阶级历史使命的需要,是完全必要和正确的。正是在这种认识的指导下,才取得了十月革命和中国革命的胜利。但是必须指出,本来意义上的辩证法像列宁所说的那样,是"最完整深刻而无片面性弊病的关于发展的学说"①,无论是马克思、列宁或毛泽东,他们在重视斗争性的同时,丝毫没有轻视对立面的同一性。列宁说过:"发展是对立面的统一。"②在革命实践中他充分理解妥协和退让的必要,不轻易撕破对立面的同一,如对待《布列斯特和约》及"左派"幼稚病的态度。毛泽东把同一性定义为对立面的相互依存和相互转化,在对敌斗争中讲求策略,做到有利、有理、有节,注意化敌为友,不断地发展统一战线,等等。马克思、列宁和毛泽东对斗争性的重视只是出于革命的需要而表现出的一种认识和策略上的倾斜,这丝毫也不能改变辩证法和辩证思维的全面而无片面性弊病的本性。应当看到,长时期向对立面斗争性倾斜容易使人们形成一种思维惯性,即习惯于从对立和斗争的视角来思考问题,不重视对立面同一的作用,不善于从对立面和谐的视角来化解矛盾,推进事物的发展。

经过二十多年的改革开放,中国特色社会主义已经取得了举世瞩目的伟大成就。构建和谐社会不是偶然兴动或突发奇想,而是对过去社会主义经验教训深刻总结得出的。相应地,为了构建和谐社会,需要形成和谐思维方式。

第一,不能用绝对化的观点来看待对立面。其实,一切对立面双方必有其一致和共同的东西,否则它们就不可能相互依存和相互转化。例如,社会化大生产是资本主义与社会主义共同的物质基础;市场经济体现了资本主义与社会主义的共通性;个体、民营和三资企业,它们在纳税、就业和满足人民多方面需求上,是和公有制的

---

① 《列宁全集》第 2 卷,第 442 页。
② 《列宁全集》第 38 卷,第 408 页。

目标一致的。因此,对对立面也应该坚持对立统一的观点,既要看到对立面相克的一面,又要看到对立面相宜的一面。从对立面中汲取有利成分,壮大自己,是和谐思维的鲜明特点。

第二,促进对立面的结合,发掘新的力量源泉。正确地认识和扶植对立面的直接目的是实现对立面的结合,发挥对立面斗争所不能起到的更大的积极作用。过去对对立面之间的作用关系理解得过于狭窄,只承认它们之间的对立和斗争,否认它们互助和协作的余地。既然对立面双方有相互一致的共同方面,它们就可以相互结合;既然对立面双方又有各自不同的特点和优势,那么,它们之间的结合就有可能迸发出比对立面斗争更大的力量和作用。

第三,以尽可能小的代价,实现对立面的双赢。对立面的结合开辟了新的发展模式,它不是传统意义上的一方消灭另一方,而是对立面的共存和双赢。在经济全球化与信息化高度发展的今天,人们的交往增多,活动空间增大,彼此协调、选择和实现共同利益的机会与余地空前地增多了。在这种情况下,实现双赢不仅是必要的,而且是可能的。这种双赢的发展模式,风险最小,成功的概率最大。

选自:《新华文摘》2005 年第 16 期
原文刊于:《光明日报》2005 年 2 月 8 日

马克思哲学的时代内涵
及其与马克思主义哲学的关系

列宁说过:"马克思主义是马克思的观点和学说的体系。"①根据这个逻辑,马克思主义哲学就应理解为马克思哲学观点和学说的体系。观点和学说与体系是不同的,马克思哲学本身也并不等同于马克思主义哲学。从观点和学说演变为一个严整的哲学体系,要经过新的整合和再创造。

一、马克思哲学的时代特点和深刻内涵

任何哲学都反映时代的脉搏和声音,打上时代的印痕,所谓超时代的纯粹一般的哲学是根本不存在的。马克思哲学产生于19世纪40年代,中间经过《资本论》的提高,到了晚年进一步升华,成为反映马克思一生时代主题的系统的哲学观点。就现成形式来说,马克思哲学并未形成一个严整的体系,它潜藏着一个体系,精神贯穿在各时期的哲学创作中,不同时期的时代主题都在马克思的著作中发出哲学的回响。马克思哲学的时代特征和深刻的内涵表现在以下几个方面:

1. 马克思哲学是创造哲学,极富创造性和突破性,这是由马克

---

① 《列宁选集》第2卷,第580页。

思所处的时代及当时的哲学背景所铸就的。19世纪40年代的德国正处在资产阶级革命的前夜,随着资本主义的发展,一场激烈的社会大变革的号角,在他的唯心主义辩证法中预示了资本主义统治时代的到来。因此,无论是时代还是哲学本身都需要创造性的突破,特别是黑格尔哲学的30年独占统治所形成的哲学上的一潭死水的局面,更需要经受猛烈的冲击。费尔巴哈哲学表现出极大的创造性,他以人的自我异化为武器揭示了宗教的本质,又用关于人和自然的唯物主义的权威,开创了哲学发展的新局面。但是费尔巴哈哲学也有平庸的一面,它在唯物主义历史观上没有表现出任何创新,对辩证法的深远意义也缺乏海涅式的应有的敏感,只是在唯物主义自然观上坚守了唯物主义的阵地。这种哲学对于已经作为时代主力军兴起的无产阶级来说,是根本不适用的。马克思就是在这种背景下,适应无产阶级登上历史舞台的时代要求,以崭新的姿态,开始了伟大的哲学进军。作为对时代呼声的深沉回响,马克思哲学从始至终都体现鲜明的创造特性。马克思不仅突破了传统哲学的羁绊,通过费尔巴哈克服黑格尔,又最终克服费尔巴哈,走向新唯物主义,而且对于自己的哲学建树也从不满足。自《德意志意识形态》以后,伴随着经济研究的深入,不断地丰富和充实自己的哲学,把它推进到更高的阶段。实践唯物主义的提出,是马克思划时代哲学革命的标志,它一反旧哲学重视理论、轻视实践的思辨传统,在历史上第一次将哲学推向实践形态,开创了马克思哲学创造性的发端。唯物史观的形成是马克思哲学创造性的辉煌成果,它在哲学史上第一次对人类历史演进的机制、根源、动力和规律做了科学的揭示和说明。《资本论》及其手稿是马克思哲学创造性成就的又一新的标度,它用社会有机体思想与社会发展的一致性和多样性相统一的原理,把早期形成的唯物史观进一步综合,建构成历史和科学的宏伟大厦。而晚年跳越卡夫丁峡谷设想的提出又给这个大厦披上了瑰丽金装,用通往共产主义的多样化的历史发展道路的设想,实现了唯物史观的新升华。所有这一切都说明,创造性是马克思哲学的灵魂,马克思哲学的全部内容都是适应时代的要求进行创造性思维的产物。

2.马克思哲学是革命哲学。马克思哲学作为无产阶级的世界观,是为完成无产阶级的历史使命服务的,革命性是马克思哲学的又一显著的特征。马克思反复说明,实践唯物主义者也就是共产主义者。对他来说,全部问题都在于使现存世界革命化,实际地反对和改变事物的现状。他们的使命不是只达到对现存事实的正确理解,而是要推翻这种现存的东西。唯物史观作为马克思哲学的新创造给无产阶级提供了人类社会发展规律的知识,论证了资本主义灭亡和共产主义胜利的必然性,其本身就是革命的哲学。而辩证法,按照马克思自己的说法,它从"不崇拜任何东西,按其本质来说,它是批判的和革命的"。因为"辩证法在对现存事物的肯定的理解中同时也包含对现存事物的否定的理解,即对现存事物的必然灭亡的理解"①。因此,对马克思哲学来说,无论是唯物史观还是辩证法,它们不仅肩负着革命的使命,而且其本身就是无产阶级实现自己革命使命的锐利的思想武器。马克思说:"哲学把无产阶级当做自己的物质武器,同样地,无产阶级也把哲学当做自己的精神武器。"②马克思哲学就是适应新时代无产阶级认识世界和改造世界的需要,作为革命的思想武器,而被赋予深刻的革命使命。

3.马克思哲学是实践哲学。马克思哲学之所以富有革命性,是革命的哲学,不仅因为它在内容上是革命的,而且因为它能把自己的革命内容付诸实践,强调新哲学的实践特点。在历史上,不是只

---

① 《马克思恩格斯选集》第2卷,第218页。
② 《马克思恩格斯选集》第1卷,第15页。

有马克思哲学才是革命的哲学,许多进步的哲学都含有革命的寓意。特别是 18 世纪法国唯物主义"直接成为社会主义和共产主义的财产"①。马克思说,他们提出的"关于人性本善和人们智力平等,关于经验、习惯、教育的万能,关于外部环境对人的影响,关于工业的重大意义,关于享乐的合理性等等的唯物主义学说,同共产主义和社会主义之间有着必然的联系"②。在他们看来,既然人是由环境决定的,那么人若犯罪就不单是个人的问题,还有社会的原因。因此就不应该惩罚个人,而还应当惩罚社会,消灭使人犯罪的社会根源,使人的生活环境真正成为合乎人性的环境。马克思说:"诸如此类的说法,甚至在最老的法国唯物主义者的著作中也可以几乎一字不差地找到。"③但是无论是 18 世纪法国的唯物主义或其他任何进步的哲学,它们只囿于理论上的思辨,而不重视现实实践,不强调在实践中去验证和总结理论,它们的革命性只"停留在理论的领域内"④,因此,在他们的学说中无论有多少革命内容,在实践上都被窒息了。旧唯物主义的这种缺点主要是由它们的直观性所造成的,它们"对事物、现实、感性,只是从客体的或者直观的形式去理解,而不是把它们当作人的感性活动,当作实践去理解,不是从主观方面去理解"⑤。所以,它们轻视实践,把周围的感性世界看作是从开天辟地就存在的始终如一的东西,不了解它们"是工业和社会状况的产物,是历史的产物,是世世代代活动的结果"⑥。马克思把这种观点应用于自然界,认为自然是人化的自然,应用于历史,认为历史是人们的实践史,应用于认识,认为认识是实践的结果。所以,马

---

① 《马克思恩格斯全集》第 2 卷,第 166 页。
② 《马克思恩格斯全集》第 2 卷,第 167 页。
③ 《马克思恩格斯全集》第 2 卷,第 167 页。
④ 《马克思恩格斯选集》第 1 卷,第 50 页。
⑤ 《马克思恩格斯选集》第 1 卷,第 16 页。
⑥ 《马克思恩格斯选集》第 1 卷,第 48 页。

克思的唯物主义不是一般的自然唯物主义,而是实践的唯物主义,他认为:"这种活动、这种连续不断的感性劳动和创造、这种生产,是整个现存感性世界的非常深刻的基础。"①马克思对自然、历史和认识所持的这种看法,是哲学发展的深刻革命,是最高形态的唯物主义学说。正因为它高扬实践的地位,把实践引入哲学,所以才把唯物主义学说内蕴的革命和社会主义内涵解放出来,并付诸实践,成为指导人们行动的指针。

4.马克思哲学是历史哲学。马克思哲学与哲学史上形形色色的历史哲学不同,它不仅特别重视人们的实践和实践史,重视社会关系和社会演变史,而且在历史上第一次给它们以真正科学的说明。马克思所以重视历史,并在历史观上实现了划时代的革命,确立了作为他第一个伟大发现的唯物史观,首先是为了服务于无产阶级革命和实践的需要。历史是逝去的现实,科学地揭示历史演进的规律、动力和趋势,为认识和改造现实世界提供了思想武器,唯物史观和方法论也是无产阶级认识现实和改造世界的强大的思想武器。马克思的唯物史观首先是着眼于现实斗争的,同时也是为了统一无产阶级的世界观,使唯物主义不仅成为关于自然界的哲学学说,而且也成为历史发展的正确理论。马克思划时代的伟大贡献就在于他用统一的唯物主义观点去说明自然和历史,在社会生活中找到了社会存在和社会关系这一社会物质,并认为历史的发展就是社会物质的不依人的意志为转移的客观运动。因此,它是自然历史的过程,但同时也是人的劳动实践的发展过程和人自身的发展过程,在这个意义上历史又是人的劳动实践的发展过程和人自身的发展过程,在这个意义上历史又是作为主体的人自觉创造的。所以唯物史观不仅是对历史发展的不依人的意志为转移的客观方面的揭示,同

_____

① 《马克思恩格斯选集》第1卷,第49页。

时也是对历史辩证法的说明。人类社会历史已经相当久远了,但是社会历史的奥秘只是到了 19 世纪 40 年代中期才为马克思所揭示,这是以资本主义生产方式确立的,阶级关系的简单化以及近代历史运动的无数生动事实为基础的。而唯物史观不是别人而是只有马克思才发现的,这又与马克思本人的素质和条件密切相关,特别是他作为哲学家兼具经济学家的非凡的能力和品格起了重大的作用。总之,马克思哲学是历史哲学,提供了唯物史观这一对历史运动唯一正确的理解,反映了马克思划时代的伟大贡献和马克思哲学的核心和实质。

5. 马克思哲学是辩证的哲学。坚持对外部世界和人的思维的辩证认识和理想是马克思哲学的又一特征。马克思和恩格斯一再说明,在他们创立新世界观的过程中,黑格尔的辩证法不是被搁在一边,而是被当作出发点的。就他们建构新世界观的逻辑次序来说,首先是着眼于黑格尔哲学内蕴的辩证法合理内核,然后对它进行唯物主义的改造,使它摆脱"唯心主义的外壳并把辩证法在使它成为唯一正确的思想发展方式的简单形式上建立起来"。恩格斯说:"马克思过去和现在都是唯一能够担当起这样一件工作的人",他"对于政治经济学的批判就是以这个方法作基础的,这个方法的制定,在我们看来是一个其意义不亚于唯物主义基本观点的成果"。正是为了拯救黑格尔的自觉的辩证法,马克思才借助费尔巴哈,克服了黑格尔的唯心主义的影响,又通过对费尔巴哈人本主义的扬弃,才把辩证法作为新唯物主义哲学的根本特征而纳入到自己的哲学构成中。马克思说:"两个矛盾方面的共存、斗争以及融合成一个新范畴,就是辩证运动的实质。"自然界是辩证运动的,这早已被黑格尔用逻辑概念的辩证运动方式做过论述,而社会历史的辩证运动是马克思第一次发现和揭示的。马克思用生产力与生产关系和经济基础与上层建筑的矛盾运动来说明历史发展的机制和规律,并在后来的《资本论》和晚年的《人类学笔记》中,对社会历史发展的统一性和多样性问题做了深刻的补充,进一步揭示了历史发展的辩证图景。

6.马克思哲学是唯物主义哲学。就世界观的分属来说,马克思首先是一个唯物主义者,他的哲学属于唯物主义,这是没有任何疑义的。马克思曾多次表白自己的唯物主义立场,声言,自己和黑格尔不同,"是唯物主义者"①,因此,"当我们真正观察和思考的时候,我们永远也不能脱离唯物主义"②。列宁也说:"马克思主义的哲学就是唯物主义。"③因为唯物主义体现了马克思哲学的根本特征,是马克思哲学的基本立足点和出发点。我们只有首先承认马克思哲学的唯物主义实质,才算迈出了正确理解马克思哲学思想的第一步。

唯物主义是对历史上一切承认物质第一性和意识第二性的哲学派别的统称。强调马克思哲学的唯物主义属性首先是承认哲学史上唯物主义与唯心主义两军对战的基本事实,把马克思哲学作为唯心主义的对立面,划归到唯物主义营垒中。正因为马克思哲学是唯物主义哲学,所以它遵从唯物主义的一般原则,在哲学基本问题上,与一切唯物主义派别存在着共性。它承认自然先于人和社会,物质产生并决定精神,运动是物质固有的属性,时间和空间是物质存在的基本形式,意识是大脑对外部世界的反映,等等。所有这些唯物主义哲学的基本观点,并不是马克思的独创,它远远先于马克思,是历史上无数先哲在哲学和科学的长期发展中,经过不断的锤炼而积淀下来的。因此,它是人类文化的精华,是唯物主义哲学的共同财产。马克思作为唯物主义哲学的集大成者,承认这些观点,

① 《马克思恩格斯全集》第 32 卷,第 526 页。
② 《马克思恩格斯全集》第 32 卷,第 213 页。
③ 《列宁选集》第 2 卷,第 442 页。

并把它批判地继承过来,使之成为自己哲学的基础和基本构成部分。现在哲学教科书所讲的物质论、运动论、时空论和意识论等,其基本内核就是从近代唯物主义哲学中承袭过来的。

如同物质生产"都遇到有前一代传给后一代的大量生产力、资金和环境"①一样,精神生产也要"同现有的观念材料相结合而发展起来"②。因此,马克思批判地继承历史上唯物主义的思想遗产,并把它纳入自己的哲学体系,这完全是思想史和文化史上的正常现象。我们丝毫不能因为马克思在唯物主义一般基本观点方面没有表现出更多的创新和突破,而对它有所轻视。须知,这些基本观点作为唯物主义的基石,对马克思的哲学体系同样起着奠基的作用。没有这些基本观点作基础,就不可能竖立起马克思的哲学大厦。试想,希图马克思在这些根本观点方面有所突破,那马克思还能称为唯物主义者了吗?正是鉴于这一点,列宁才说,马克思和恩格斯在唯物主义的一切更基本的问题上,"同一切旧唯物主义者之间没有而且也不可能有任何差别"③。所以,马克思的哲学贡献完全不体现于他在唯物主义基本观点方面有什么超越和创新,恰恰相反,他作为一个唯物主义者,必须牢牢地坚持这些基本观点。近年来在哲学论争中使人感到困惑的不是马克思应不应该坚持唯物主义基本观点,而是他实际上坚持了多少。马克思主义哲学史的基本事实是,马克思没有写出系统的哲学专著,马克思主义哲学的辩证唯物主义部分主要是由恩格斯在《反杜林论》和《自然辩证法》中阐发的。一些同志鉴于这个事实断言,马克思没有或者很少论及辩证唯物主义的基本理论和基本观点,因此,哲学唯物主义对马克思来说是无所谓的。这种看法从根本上抽掉了马克思哲学的立足基础,否

① 《马克思恩格斯选集》第 1 卷,第 43 页。
② 《马克思恩格斯选集》第 4 卷,第 250 页。
③ 《列宁选集》第 2 卷,第 246 页。

定了马克思哲学的基本属性和归属的营垒,不仅在理论上说不通,而且在事实上也是站不住脚的。为了强调马克思哲学的基本立场,重申这些年来易于为人们所忽视的马克思哲学的唯物主义属性,重申一下马克思在这方面的论述是必要的,有益的。

马克思确实没有写出专著来论述唯物主义的基本观点,但这并不等于马克思没有这些基本观点。事实上,马克思在许多著作中都涉及到唯物主义的基本理论和基本观点,明白无误地表明了自己的唯物主义立场。比如,为了说明唯物主义的物质观,批判思维脱离物质或独立于物质的唯心主义倾向,马克思在《神圣家族》中指出:"物体、存在、实体是同一种实在的观念。决不可以把思维同那思维着的物质分开。物质是一切变化的主体。"①还说:"人并没有创造物质本身。甚至人创造物质的这种或那种生产能力,也只是在物质本身预先存在的条件下才能进行。"②为了说明运动是物质的属性,马克思在《哲学的贫困》中写道:"一切存在物,一切生活在地上和水中的东西,只是由于某种运动才得以存在、生活。例如,历史的运动创造了社会关系,工业的运动给我们提供了工业产品,等等。"③为了说明意识和物质的关系,马克思在《德意志意识形态》中指出:"意识在任何时候都只能是被意识到了的存在,而人们的存在就是他们的实际生活过程。"④在《资本论》第二卷第二版跋中马克思直截了当地指出:"观念的东西不外是移入人的头脑并在人的头脑中改造过的物质的东西而已。"⑤为了从整体上批判唯心主义,捍卫唯物主义基本原则,马克思在《神圣家族》中深刻地论述了实体和概念的真实关系,指出概念不过是实体属性的概括,由实体上

---

① 《马克思恩格斯全集》第2卷,第164页。
② 《马克思恩格斯全集》第2卷,第58页。
③ 《马克思恩格斯全集》第4卷,第141页。
④ 《马克思恩格斯选集》第1卷,第30页。
⑤ 《马克思恩格斯选集》第2卷,第217页。

升到概念是思维由特殊上升到一般的过程,由概念到实体则是思维更深刻地把握事物的过程。唯心主义恰恰颠倒了实体和概念的真实关系,把从概念到实体的思维过程当作具体事物的产生过程。因此马克思说,唯心主义哲学只是用思辨的术语创造了一个"奇迹","他从'一般果实'这个非现实的、理智的本质造出了现实的自然的实物——苹果、梨等等,就是说,他从他自己的抽象的理智中创造出这些果实"①。马克思认为,这种思辨方法正是黑格尔唯心主义方法的基本特征。

从这里仅举的几例中,我们可以发现,马克思在涉及到唯物主义基本观点的时候,一贯立场坚定,态度鲜明,他严格地遵循唯物主义的一般原则,在任何问题上从未含混过。这正说明,唯物主义是马克思哲学确立的基本前提,它既表明了马克思所持的唯物主义的基本观点,又表明了他所归属的唯物主义营垒。马克思哲学的总体特征都是在这个总的前提下衍生出来的。在这个意义上,唯物主义是对马克思哲学的本质概括,它比其他一切特征都更根本,更有决定意义。它告诉我们,尽管人们可以从学术上对马克思的哲学思想做不同的理解,但无论如何都不能背离马克思哲学的唯物主义宗旨,更不能把某种变形的唯心主义强加给马克思哲学。列宁在《唯物主义和经验批判主义》一书中反复强调马克思主义哲学与唯物主义的基本共同点,批评杜林和费尔巴哈的唯物主义不彻底,在某些问题上"背弃了一般唯物主义",这对我们是很有教益的。当然,这仅仅是问题的一个方面,在明确了马克思哲学的唯物主义前提之后,还需指明,马克思哲学绝不等于一般的唯物主义哲学。马克思划时代的哲学功绩就在于他没有停留在他前驱者的唯物主义水平上,而是向前"推进""发展"和"加深"(列宁语)了唯物主义哲学,

---

① 《马克思恩格斯全集》第 2 卷,第 74 - 75 页。

创立了一种新的更高形态的唯物主义。实践唯物主义、历史唯物主义和辩证唯物主义就是马克思在剔除旧唯物主义的缺陷之后加诸它的崭新内容。

上述这六个方面，既是马克思哲学的根本特征，又是它的实际构成。它们相互联结，互相贯通，反映了马克思在哲学发展中所完成的划时代的革命变革，体现了马克思创立新哲学世界观的实际历程，是马克思哲学思想的基本内涵。

二、马克思主义哲学要以马克思哲学为核心来建构

马克思生前并未将自己的哲学思想形成一个严密完整的体系。他曾立下宏愿，想写出两部辩证法和社会历史理论的巨著，但未能实现，以至除了早期几本论战性的著作外，马克思一生一直未能写出一部正面阐述性的系统的哲学专著。他的哲学思想在很大程度上都蕴藏在经济学著作以及一些提纲、笔记甚至通信中。这个事实决定了，在现成形式上，我们无法从马克思那里承袭完整的哲学体系。但是现实斗争和理论本身又需要建构以马克思命名的哲学体系。这就遇到了马克思哲学和马克思主义哲学的关系问题。

毫无疑问，马克思主义哲学必须以马克思哲学为灵魂，不然也就不能以马克思的名字来表征这个新建立的哲学体系了。因此，马克思哲学的根本特征和实际内容不能不在马克思主义哲学中占据核心地位。马克思主义哲学应该以马克思哲学的创造性、革命性、实践性、历史性和辩证性为主导，充分反映马克思哲学革命的辉煌成果，这是马克思哲学与马克思主义哲学的内在联系。

但是，马克思哲学与马克思主义哲学也有区别，这种区别虽然不是原则上的和根本性质上的，但它也是客观存在的，主要表现在以下几个方面：

第一，马克思哲学严格来说是对马克思生前哲学观点和学说的

历史把握,它有一定的时空限制,是客观上既成的东西。它虽然没有用严谨的逻辑形式展示出适合现代人理解的系统的学说和原理,但是,这些学说和观点作为历史既成的东西,已被严格固定下来,后人的任务只在于消化理解和发掘整理,而不能根据自己建构体系的需要去任意塑造和重建。就是说,马克思哲学作为马克思主义哲学大厦的基础、原料、素材早已是确定的东西,尽管人们对它可以有不同的认识和理解,可以用不同的设计方案来建构体系大厦,但是,马克思哲学本身却是客观自在的。与此相比,马克思主义哲学则不同,它是对无产阶级思想体系的一种理想把握。在表现形式上,它是横向的,超时空的,不受史料的限制的。在它看来,马克思主义哲学虽然要以马克思哲学为核心,但是可以吸取马克思哲学以外的东西,它在理想形式上该是什么样子就建构成什么样子。当然,这并不是说可以随意建构马克思主义哲学,把幻想和实际根本不存在的东西也弄进马克思主义哲学中来。这只是说,建构马克思主义哲学容许有理想性,可以把现实生活并不完全存在,但未来一定会存在的潜在趋势概括进来。在这个意义上,马克思主义哲学是开放的,它不会到哪一天就宣布自己达到发展的尽头。所以我们看到,现在的马克思主义体系不仅在现成形式上与马克思哲学不尽相同,而且也和马克思逝世以来推出的各种马克思主义哲学体系有很大的不同,无论在内容上和结构上都比从前大大向前发展了。

第二,马克思主义哲学只是在建构上以马克思哲学为灵魂和核心,在内容上则大大超越马克思哲学,它还包括恩格斯、列宁和毛泽东等对马克思哲学的贡献,是综汇和概括一切马克思主义者研究成果的集体结晶。在马克思主义哲学形成和发展史上,恩格斯做出的贡献最大最多,马克思主义哲学的基本构架就是由他立起来的。还在马克思在世时,恩格斯出于论战的需要,就在马克思的支持下,写出《反杜林论》,第一次对马克思主义哲学加以系统化。虽然他无意提出一个新的体系去和杜林的体系相对抗，可是由于他不得不跟踪杜林，涉及到广阔的领域，并且在所阐发的各种见解之间存在着内在联系，所以，实际上恩格斯在批判杜林的过程中，已经初步形成马克思主义哲学的体系的雏形。在该书哲学篇中，恩格斯系统地阐发了物质论、意识论、运动论、时空论、真理论、道德论以及辩证法的三大基本规律等等。后来在《自然辩证法》中，恩格斯又从不同的角度对这些原理进一步加以补充，大体形成了后来马克思主义哲学教科书的基本体系。《唯物主义和经验批判主义》《哲学笔记》等著作进一步丰富和发展了唯物主义认识论和唯物辩证法，在确立认识的唯物主义基础，剖析辩证法的要素和实质等方面，列宁都做出了前人没有做出的结论。特别是列宁的辩证法、认识论和逻辑学三者一致的思想，对于阐发马克思主义的辩证逻辑，是独具特色的。从《哲学笔记》可以看出，列宁曾有意积累材料想写一部辩证法专著，虽然最后未能如愿，但由于已从辩证法体系方面进行过思考，所以，他对建构马克思主义哲学的贡献就比同时期其他许多马克思主义理论家更多更大。无疑，普列汉诺夫在个人及地理环境在历史发展中的作用等问题上也做出过自己的贡献，梅林、考茨基、拉布里奥拉等在阐发唯物史观和阶级斗争学说等问题上也做了许多有益的工作，但他们都不能和列宁的贡献相比。在列宁之后，毛泽东的《实践论》和《矛盾论》对实践作用和对立统一规律的阐发，特别是关于矛盾的普遍性、特殊性以及主要矛盾和矛盾主要方面等问题的论述，将辩证法科学推进到一个新的高度。

　　恩格斯、列宁、毛泽东及其他许多研究者对马克思主义哲学的阐发既与马克思相一致，又在某些方面有差别。马克思从未从事过哲学体系的建构工作，所以虽然他的哲学思想极其深刻，但按体系的要求，还存在某些缺口。他几乎从未系统地论述过唯物主义自然观问题，对于物质论、运动论、时空论、意识论、真理论及辩证法的规律与范围等问题,他曾多次从旁涉及到,也有一些精辟的提法,但很少做过专门集中的阐述。我们无从设想,马克思若是写出哲学专著将如何阐发自己的思想体系。但有一点可以肯定,在基本方面他与恩格斯将会是一致的,因为恩格斯在《反杜林论》三版序言中曾有这样一段话可作为佐证:"顺便指出:本书所阐述的世界观,绝大部分是由马克思所确立和阐发的,而只有极小的部分是属于我的,所以,我的这部著作如果没有他的同意就不会完成,这在我们相互之间是不言而喻的。在付印之前,我曾把全部原稿念给他听……"这段话不仅反映了恩格斯的谦虚,它也告诉我们一些详细的情况,表明马克思和恩格斯在世界观的阐发上是大体相同的。当然我们也注意到,马克思哲学的某些重要方面,比如实践唯物主义以及与此相关的人作为历史主体的创造作用问题没能在《反杜林论》中更多地涉及到。这个事实也说明,马克思、恩格斯在整体世界观上虽然是完全一致的,但也不排除他们在阐发方式上的特点和差异。

第三,马克思主义哲学包括对以前优秀哲学遗产的继承,特别是黑格尔合理形态的辩证法和以费尔巴哈为代表的旧唯物论也被当作应有的构成内容纳入到马克思主义哲学中。在历史观上,马克思以其第一个伟大发现,创立了崭新的唯物史观,马克思对唯物史观的发现和表述十分完备,在任何意义上都是前无古人的,它被完整地移植于马克思主义哲学中。但对于自然观和认识论来说,仅依据马克思哲学现有内容来阐发就很不够了。尽管恩格斯曾经较为详尽地论述了这部分内容,但追根溯源,其理论观点本身也并非是恩格斯的独创。在他以前很久,旧唯物主义和黑格尔的辩证法都曾在不同的水准上提供了其中具有决定意义的见解。历史上马克思主义哲学的建构者们,包括马克思、恩格斯本人,一方面努力汲取唯物主义前驱者学说中的基本内核,同时摒弃其局限性和不彻底性,站在时代的高度上,吸取最新的研究成果,重新表述了现代唯物主义的内涵。同样,现在哲学教科书所载明的辩证法的基本规律和范围,基本上也都超出黑格尔的研究课题,从形式上看,是对黑格尔《逻辑学》进一步的提升。但是在根本性质上与黑格尔的辩证法不同,如马克思所说:"我的辩证方法,从根本上来说,不仅和黑格尔的辩证方法不同,而且和它截然相反。在黑格尔看来,思维过程,即他称为观念而甚至把它变成独立主体的思维过程,是现实事物的创造主,而现实事物只是思维过程的外部表现。我的看法则相反,观念的东西不外是移入人的头脑并在人的头脑中改造过的物质的东西而已。"①马克思主义哲学的辩证法部分就是批判地改造黑格尔辩证法所取得的辉煌成果。

所以,马克思主义哲学作为应该建构出来的理想的唯物主义体系,具有广阔的思想来源。它既直接继承自己学说的前驱者旧唯物主义的思想成果,又不囿于唯心和唯物的界限,能从唯心主义哲学中借鉴和汲取辩证法的合理因素。就这个意义来说,马克思主义哲学虽以马克思哲学为灵魂和核心,但并不以马克思所达到并表述出来的成果来束缚自己。马克思哲学已经奠定了理论基础,同时又开辟了无止境的发展道路,在这个前提下,马克思主义哲学面对天高海阔,可以建构起越来越完善的思想体系。

选自:《新华文摘》1995 年第 12 期 论点摘编

原文刊于:《学术交流》1995 年第 4 期

---

① 《马克思恩格斯选集》第 2 卷,第 217 页。

论人的价值尺度

世界上一切有价值的东西都有衡量它的价值尺度:商品的价值尺度是生产它所耗费的社会必要劳动时间,一项设计或发明的价值尺度是它所带来的社会效益。那么人的价值尺度是什么呢? 这个问题与人的生活理想和行为准则密切相关,具有重要的理论意义和现实意义,本文试做一粗浅分析。

一

人的价值尺度不是由人的主观意愿规定的,也不是众人约定俗成的,无论任何时代,某种价值尺度的确立都有它的客观必然性。揭示这种必然性是一个科学的问题。

在人类历史上真正应该成为人的价值尺度的,只能是劳动。因为劳动"是整个人类生活的第一个基本条件","劳动创造了人本身"[1],只有劳动才使人与动物区别开来,人才真正成为人。所以,劳动不仅是人类的根本特征,而且是人的价值的自我确证。人只能在劳动中获得自己的价值,在劳动中表现自己的价值。

在人类的童年时代,还不可能形成明确的价值观念,但是,原始人以最质朴的形式把劳动和人的价值联系在一起。在原始人的心目中,劳动至高无上,最有价值的人也就是最能劳动的人。他们称

---

[1] 《马克思恩格斯选集》第 3 卷,第 508 页。

颂勇敢,与其说是赞美人的一种品德,还不如说是赞美一种忘我的劳动态度。他们敬重长者,不外是敬重他们丰富的劳动经验和一生劳动所做出的贡献。他们尊重妇女,甚至一度曾存在过母权制时代,其根本原因是妇女在生产劳动中居于重要地位,显示了自己不容忽视的价值。恩格斯在谈到原始社会妇女的社会地位时曾说道:"有些民族的妇女所做的工作比我们所设想的要多得多,这些民族常常对妇女怀着比我们欧洲人更多的真正尊敬,外表上受尊敬的、脱离一切实际劳动的文明时代的贵妇人,比起野蛮时代辛苦劳动的妇女来,其社会地位是无比低下的;后者在本民族中被看做真正的贵妇人,而就其地位的性质说来,她们也确是如此。"[①]由此可见,原始社会实现了劳动和人的价值的统一,劳动被看作是衡量人的价值的唯一尺度。

但是,从奴隶社会开始,在整个阶级社会中,劳动作为人的价值尺度又被否定了。由于私有制和剥削的出现,社会一少部分人能够不通过劳动而攫取大量的社会财富,成为社会和国家的主人。这一事实立即改变了人的价值观念。从此,在占统治地位的社会思想体系中,劳动不但得不到应有的尊重,相反,被看作是下贱的事情,广大劳动者,特别是体力劳动者被看作是下等人。在这种情况下,人的价值尺度就发生了根本的改变,人们不再用劳动作为尺度去衡量每一个人的价值,适应剥削阶级需要的新的价值尺度形成了。

首先取代劳动作为人的价值尺度的是等级或血统。马克思主义认为,在私有制社会中,人们的社会地位以及他们在社会生活中所发挥的作用,归根到底是受社会的经济关系和阶级关系制约的。因此,不论哪一个社会,不同的经济地位和阶级地位都是人的价值尺度的基础。但是,在前资本主义时期,等级和血统问题突出出来,

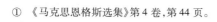

① 《马克思恩格斯选集》第4卷,第44页。

成为普遍适用的价值尺度。马克思说："当文明一开始的时候,生产就开始建立在级别、等级和阶级的对抗上。"①社会划分为阶级,又在阶级划分的基础上形成等级,这是前资本主义社会的重要特征。奴隶社会和封建社会本身就是由不同等级构成的社会阶级,等级的出现不是偶然的,它是前资本主义时期生产力水平低下,分工不发达,因而奴隶主和封建主在占有生产资料的同时完全或不完全占有生产者的结果,是超经济强制在法律上的集中表现。等级就其产生来说,反映了深刻的经济必然性,属于上层建筑范畴,但是它作为一种法权的强制规定,在封闭狭小的自然经济条件下,对社会生活起着巨大的支配作用。在奴隶社会和封建社会中,一般来说,等级的界限是严格的,不可逾越的,它不仅意味着政治和法律上的特权,有时还可以成为经济剥削的手段。只要人一出生,就被决定了终身的名分和地位,注定了一生的命运。等级制的实践产生了重视门第的血统观念,人不是凭自己的劳动来确定自己的价值,单纯的出身和血统就划分了人的等级的高低和价值的大小。

这是人的价值尺度的退化,实际上,否定劳动,重视出身血统就意味着向动物原则的回复。马克思高度评价了奴隶制和封建制在历史上所起的进步作用,但是,与此同时他也激烈地抨击了奴隶社会和封建社会盛行的等级制和血统原则。马克思说："由于出生,某些个人同国家要职结合在一起,这就跟动物生来就有它的地位、性情、生活方式等等一样。国家在自己的要职中获得了一种动物的现实。"②这是马克思对前资本主义时期把等级和血统作为人的价值尺度的腐朽观念的深刻揭露。

到了资本主义社会,人的价值尺度又发生了变化,金钱代替等

---

① 《马克思恩格斯全集》第 4 卷,第 104 页。
② 《马克思恩格斯全集》第 1 卷,第 376 页。

级和血统成为近代资本主义社会通用的价值尺度。资本主义社会是高度商品化的社会，为了取得发展资本主义所必需的充足的自由劳动力，资产阶级在革命过程中打破了封建的人身依附关系，把劳动力也变成了商品，建立了人与人之间彼此都以商品所有者身份出现的所谓"自由平等"状态。资本主义社会不承认任何等级制度，它唯一遵循的就是等价交换的原则。商品以其价值相等而进行交换，而价值的表现形式就是货币金钱。在资本主义社会，金钱万能，金钱支配一切，"人和人之间除了赤裸裸的利害关系，除了冷酷无情的'现金交易'，就再也没有任何别的联系了"①。资产阶级抹去了宗教、家庭和一切向来受人尊崇的职业的灵光，把"历代的一切封建特权和政治垄断权合成一个金钱的大特权和大垄断权"②。在资本主义制度下，金钱似乎不是人的所有物，反倒成了人的主人。总之一句话，金钱不仅是商品的一般等价物，而且还反映了人与人之间的社会关系，是人的价值的主要尺度。资本主义社会的种种事实都雄辩地表明，金钱是和人的价值紧密联系在一起的，一个人有了钱也就有了价值，钱越多，价值越大，反之，一个人没有钱，穷困潦倒，即使有再大的本领，也谈不到有什么价值了。所以恩格斯说，在资本主义社会，"金钱确定人的价值：这个人值一万英镑，就是说，他拥有这样一笔钱。谁有钱，谁就'值得尊敬'，就属于'上等人'，就'有势力'，而且在他那个圈子里在各方面都是领头的"③。

　　人的价值尺度由等级和血统而变为金钱，反映了人类社会从封建主义到资本主义的历史发展，具有一定的进步意义。以金钱为尺度去衡量人的价值不像以等级和血统来衡量人的价值那样带有先天的命中注定的性质，它或多或少给人以后天努力的一点可能。这

----

① 《马克思恩格斯选集》第1卷，第253页。
② 《马克思恩格斯全集》第2卷，第647页。
③ 《马克思恩格斯全集》第2卷，第566页。

x

x

就在一定程度上避免了奴隶社会和封建社会中普遍存在的怠惰情绪。资本主义社会中,个人为了发财致富,提高自己做人的价值而表现出来的竞争和进取的精神是与此相关的。但是,正如马克思所指出,"货币乃是对个性的普遍颠倒"。本来,人只能用爱来交换爱,用信任来交换信任,然而金钱却"把人的尊严变成了交换价值"①,把人的一切高尚情感统统"淹没在利己主义打算的冰水之中"②,它只能导致人们竞相追逐物的价值和金钱的价值,而忽视人本身的真正价值,从本质来说,这正是对人的价值的泯灭和否定。

由此可见,人的价值尺度是个历史范畴,在阶级社会中,不存在适合于一切阶级的统一的价值尺度,不同时期不同的阶级对人的价值尺度都有自己不同的规定和理解。历史上任何一种价值尺度都不是偶然的、随意的,它反映了不同社会形态的本质差别,反映了人类社会由低级向高级的发展。因此,人的价值尺度是客观的,带有某种历史必然性。我们在研究社会主义社会人的价值尺度时,应该从中得到借鉴和启迪。

二

人就其先天出生来说,并无高低贵贱之分,人在自然方面基本都是等价的。在现实生活中,人的价值所以不等,不应由出身门第及财产状况所决定,如果它确是由于后天努力不同所致,那么人的这种不等价就是自然的、合理的,对社会的进步有积极意义的。社会主义社会不是也不可能去消灭人的不同价值的区分,它所要消灭的只是封建社会和资本主义社会中通行的等级尺度和金钱尺度。这种尺度之所以腐朽不合理,与其说是因为它的内容本身,还不如

---

① 《马克思恩格斯选集》第 1 卷,第 253 页。
② 同上。

说是因为它所体现的对人不能一视同仁的不平等原则。无论是等级尺度或是金钱尺度都只是少数人的特权,对社会绝大多数人来说,则只意味着被屈辱和被损害。所以它根本不可能激发人努力向上的进取精神,恰恰相反,它只能使人消沉怠惰,向命运屈服,使社会停滞不前,失去活力。社会主义社会要调动人的主动性和积极性,使自己生机勃勃地向前发展,首先必须提供一个对一切人都平等的价值尺度,这个尺度不能是别的,只能是劳动。

劳动是一切健康人先天具有的能力。但是,在阶级社会中,由于生产资料私有制,社会大部分人缺乏必要的劳动手段,空有劳动力,支付不出来,被剥夺了劳动权,只有在被剥削被压榨的苛刻条件下,他们才能从事劳动。在社会主义社会,消灭了生产资料私有制,第一次实现了劳动能力和劳动条件的结合,劳动成为每个社会成员的基本权利和义务,从此,劳动就成了衡量每一个人的价值的平等尺度,如马克思所说:"平等就在于以同一的尺度——劳动——来计量。"①

社会主义社会以劳动作为人的价值尺度反映了社会主义制度的本质。社会主义制度消灭了剥削,建立了生产资料公有制,广大劳动人民成为国家的主人。不仅等级和血统的差别消失了,资本主义社会中主宰一切的万能的金钱也失去了它至高无上的效力。虽然货币还存在着,并且由于它的多方面的职能,在生产、分配和流通领域中还起着很大的作用,但是货币只是计算劳动和劳动产品价值的符号,它已不是生产追求的目的本身。在社会主义社会中,真正主宰一切的是劳动。只有劳动才能创造丰富多彩的物质产品和精神产品,满足人民日益增长的物质和文化需要,只有劳动才能在改造客观世界的同时,改造劳动者自身,从而为向共产主义高级阶段

---

① 《马克思恩格斯选集》第3卷,第11页。

的发展创造条件,所以在社会主义社会里,劳动成为社会向每一个人发出的庄严的命令:"不劳动者不得食","各尽所能,按劳分配"!正是在劳动中才体现出每个人的价值来。

社会主义社会和原始社会都以劳动作为人的价值尺度,但前者是对后者的否定之否定。原始社会中的劳动尺度是质朴的,也是粗糙的,当时劳动还很简单,除了世代相传的经验以外,不存在任何专门的知识和技术,体质的强弱和身体的笨巧以及与此相应的收获的多少,就成为决定人的价值的主要尺度。社会主义社会中的劳动尺度是对原始社会的劳动尺度的肯定和回复,但它抛弃了原始社会中人的价值尺度的简单的粗糙的形式,在更高级的阶段上概括了现代发达劳动的特征,制定出衡量人的价值的周密而完善的劳动尺度。

马克思在《资本论》中指出:"在劳动过程中,劳动不断由动的形式转为存在形式,由运动形式转为物质形式。"这就是说,劳动作为一种运动过程有三种不同的形态,即潜在形态、流动形态和物化形态。这三种形态互相联系,又有区别,构成统一的劳动过程不可缺少的方面。在社会主义社会中,劳动作为人的价值尺度必须从这三个方面具体地进行考察。

劳动的潜在形态指劳动者所具有的劳动能力,包括智力和体力,在现代尤其表现为劳动者的知识水平、业务能力和技术的高低;劳动的流动形态指劳动者在生产过程中劳动的消耗或支出,其中包括劳动态度和劳动纪律;劳动的物化形态是指凝结在一定产品中的劳动,它表现为劳动的成果和结晶。马克思关于"劳动三态"的论述把劳动具体化了,它为我们确定人的价值尺度提供了理论的根据。那么,从马克思的"劳动三态"思想出发,在社会主义社会中怎样以劳动作为尺度去衡量人的价值呢?具体说来,应从以下三个方面入手:

第一,考察劳动技能。社会主义社会的劳动是现代化的劳动,它绝不像从前一样只靠胳膊粗力量大就能胜任得了。必须懂得科学，要有知识技术和纯熟的技巧，这是胜任现代劳动的首要条件。物质生产领域是如此，就是在精神生产领域也同样需要广博的知识和高深的学问。邓小平同志说："劳动者只有具备较高的科学文化水平，丰富的生产经验，先进的劳动技能，才能在现代化的生产中发挥更大的作用。"[①]现在知识技术深入人心，已经成为衡量人的价值的一个重要标准。人们逐渐认识到，在当代，科学和技术是巨大的财富，没有科学知识的人是贫瘠的人，他不可能具有充实的价值，只有具备丰富的科学知识，掌握熟练的劳动技能才是有价值的人。

第二，考察劳动贡献。劳动的潜在形态即劳动技能只是劳动的可能性，它还没有转化为现实的劳动，没有以物化的形态创造出劳动的成果。劳动技能固然十分重要，没有一定的劳动技能就不可能产生劳动结晶。但是，科学知识和劳动技能毕竟不是人劳动追求的目的本身。人不是单纯地为了科学而掌握科学，为了技术而学习技术，科学技术只不过是提高人的劳动效益的手段，劳动的根本目的是创造物质财富和精神财富，为社会做贡献。所以对人说来，只有劳动的贡献和成果才是劳动的最终目的，劳动的其他一切方面都不过是服从这一目的的。在这个意义上，劳动的贡献是衡量人的价值尺度的中心内容，我们平常所说的一个人的价值高低，主要就是看他劳动贡献的大小。在我们的社会里，一个人劳动好，贡献大，自然会受到国家的器重、人民的尊敬，他的价值就高些。反之，一个人庸碌无为，在劳动中不能做出应有的贡献，那么，他就难免会受到社会和舆论的轻慢。无数的英雄模范之所以受到人民的尊重，享有令人欣羡的殊荣，主要是因为他们以自己卓越的劳动贡献造福于国家，造福于人民，显示了自己高尚的人生价值。

① 《邓小平文选》第2卷，第88页。

事实表明,一切劳动都能做出或大或小的贡献。但劳动不同,贡献不同。只有创造性的劳动才是贡献最大的劳动,只有这种劳动才能使人的价值增值。历史上许多科学家、发明家,生前贡献卓著,身后彪炳千秋,其原因就是他们的劳动富有创造性,或者是开拓了新领域,提出了新定理,或者是做出了新发现,创造了新工具。这种创造性的劳动不只是使现有的劳动成果翻一番或翻几番,有的甚至是几十倍、几百倍地提高了劳动效率,极大地增强了人类驾驭自然和社会的能力。

创造性的劳动不同于一般的常规劳动,这不仅表现在劳动的贡献和结果不同,尤其表现在支付这种劳动所耗费的心血和努力不同。常规劳动年复一年,日复一日,日月经年,斯是如此。这种劳动维持了社会的存在,养育了人民的生命,意义重大,不可轻视。但是常规劳动只能维持现状,不能破旧立新,在历史上最能推动社会发展的不是这种劳动,而是创造性的劳动。它要求从事它的人开动脑筋,发现矛盾,找出解决办法,在新的基础上,推动事业更快地前进。这绝不是轻而易举所能达到的,需要做出辛勤的努力,付出极大的代价和牺牲。因此,不是随便任何人都能从事这种创造性的劳动,只有那些不畏艰险,在崎岖的小路上勇于攀登的人,才有希望达到光辉的顶点。而一旦探索成功,发明创造成为事实,那就很快引起生产和生活的相应变革,充分反映出创造性劳动的巨大贡献。

第三,考察劳动态度。劳动技能和劳动贡献并不一定完全成正比,在一般情况下,劳动技能高,劳动贡献也就大。但是,有时我们也发现,有些具有较高的劳动技能的人,并没有在劳动中做出应有的贡献,这里还有一个劳动态度问题。劳动态度是劳动技能和劳动贡献的中介,是把它们联系起来的过渡环节。这就是说,光有劳动技能不行,它还不足以使劳动物化,只有树立了正确的劳动态度,潜在的劳动技能才能化为现实,变为以物化形态出现的劳动贡献。所以劳动技能、劳动贡献和劳动态度密不可分,是衡量人的价值尺度的重要环节,应该在三者的统一中去考察人的价值。

我们重视劳动态度不只是因为它对发挥劳动技能、做出劳动贡献具有重要的意义,还因为,劳动态度本身对衡量人的价值具有相对独立的意义,劳动贡献不完全是由人的主观愿望和主观努力决定的,它还受到许多客观条件甚至先天条件的限制。同是一个人,劳动态度一贯端正,在这个单位劳动平常,而换一个单位却大有作为,做出了自己的劳动贡献,这就不是劳动态度问题,而是客观环境和条件的问题。两个受过同等教育、在同一工作环境具有同样劳动态度的人,他们都千方百计致力于某项发明创造,但是,一个人获得了巨大的成功,做出了非凡的劳动贡献,而另一个人却无所进展,未能遂愿。这同样不是劳动态度问题,而只能说是智慧和机遇问题。这就说明,虽然劳动贡献与劳动态度密切相关,但是它们之间并不是一种十分周严的因果关系。现实生活是很复杂的,实际上,与劳动贡献相联系的不只是劳动态度,还有其他各种非主观决定的因素。因此,我们在考察人的价值时,不能将贡献绝对化,完全以贡献大小论英雄,还要给劳动态度以应有的一席之地。某些人贡献大,固然可钦可敬,某些贡献平常的人,只要他们劳动态度端正,进行了诚实的劳动,也不应受到鄙薄,他们同样具有自己的价值,也是可钦可敬的人。我们尊重创造性的劳动,也尊重诚实的劳动,一个人不论他的贡献大小,只要能竭尽所能,诚实地劳动,就是一个有价值的人。

当然,也要看到,社会主义社会以劳动作为人的价值尺度,虽然有巨大的合理性和优越性,但也不是尽善尽美的。在社会主义阶段,劳动还不完全是自愿的,它作为一种谋生手段,还带有强制性质。人不是在自觉自愿的劳动中表现自己的价值,而是把自己的价值和劳动必然带来的金钱收入联系在一起,这就使人的价值失去了它的理想和圣洁的光辉。特别是对不同的劳动者来说,由于体力、智力和一系列外在的原因,劳动本来是不可能平等的,现在却默认了这种不平等,并以此来衡量每一个人的价值,这就必然会造成人的价值尺度的事实上的不平等。这个尺度对某些天赋条件好的人有利,而对某些先天条件差的人不利。这就是说,人的价值尺度还没有真正彻底地建立在个人主观能动性的基础上,客观条件对人的劳动的影响不仅存在着,而且难以计量。所有这些弊病在社会主义时期都是不可避免的,只有到了共产主义社会,当劳动不再成为谋生手段而成为乐天的第一需要之后,当人的体力智力差别由于人的全面发展而得到后天的补偿和均衡之后,那时,劳动作为人的价值尺度才能在历史上第一次排除各种干扰,得到全面彻底的实施。

三

　　人不同于物,物可以以其单纯的满足社会需要的程度来确定它的价值,而人的价值却不能以纯粹的单一尺度来确定。人生活的世界是已经分化了的世界,人既在自然界中生活又在社会中生活,又在精神世界中生活,同时过着物质生活、社会生活和精神生活。物质生活是一切动物所共有的,人与动物的区别不在于物质生活,而在于社会生活和精神生活。如马克思所说:"人的本质并不是单个人所固有的抽象物。在其现实性上,它是一切社会关系的总和。"就人的物质生活来说,人要生活就要消费生活资料,而要获得这些资料就需要进行生产劳动,于是,劳动自然就成了人的价值尺度。但是对人的社会交往和精神生活来说,光有劳动尺度就不够了,还需要在劳动尺度的基础上辅以衡量人的价值的其他标准,用以反映人类多方面的社会生活。因此,人的价值尺度不应是单一的,而应是综合尺度。

　　在人类历史上,除了劳动、等级和金钱以外,在衡量人的价值中起过重大作用的还有以下几种因素:

第一，个人品质。一个人的品质不是与社会无关的纯粹个人的私德，它在人与人的交往中表现出来，对人的社会关系和社会生活发生重要影响，向来为一切社会形态所重视。本来，个人的品质是内在的，但在人的交往中首先拿出来相见的是个人品质。一个人是否诚实、坦白、善良、无私、谦虚、勇敢，往往牵涉到他所从事的活动是否顺利，能否获得成功。一般来说，一切社会形态都提倡人的诚实、坦白、公正、善良、谦虚、勇敢，反对伪善、阴险、自私、怯懦、高傲，认为这是人所应该具备的品质，并实际上成为对人的评价和使用的重要标准之一。凡是具备这些品质的人，就受到社会和舆论的尊重，被认为是品质高尚的有价值的人。反之，则受到社会和舆论的轻慢和鄙薄，被认为是缺乏人的内在价值的表现。但是，在历史上，不同的阶级对人的这些品质赋予不同的阶级内容，打上了深深的阶级烙印。奴隶主和封建主所理解的诚实善良主要是指对等级君主制的忠顺和服从，而他们自己则常常破坏这些信条，对广大劳动群众最伪善、最残忍。资产阶级也极力宣扬人的品质的自我完善，并把他们对工人的剥削看成是建立在自由、平等、博爱基础上的乐善好施。实际上，"它用公开的、无耻的、直接的、露骨的剥削代替了由宗教幻想和政治幻想掩盖着的剥削"[①]，"在这种贪得无厌和利欲熏心的情况下，人的心灵的任何活动都不可能是清白的"[②]，从根本上说，资产阶级的个人品质同样更虚伪更龌龊。在无产阶级的价值观念中，也很重视个人品质，认为它是人的价值的不可缺少的组成部分。马克思说："基督教的社会原则颂扬怯懦、自卑，自甘屈辱、顺从驯服，总之，颂扬愚民的各种特点，但对不希望把自己当愚民看待的无产阶级说来，勇敢、自尊、自豪感和独立感比面包还要重

---

① 《马克思恩格斯选集》第1卷，第253页。
② 《马克思恩格斯全集》第2卷，第564页。

要。"①当然,不能脱离人的劳动孤立地考察人的品质,一个不劳动的人,不管他怎样修身养性,具有多么完美的个人品质,也不能认为是有价值的人。但是,如果一个人在劳动中有所贡献,而个人品质却多有疵瑕,那么,他的价值也不能认为是充实和完满的。所以,在人的价值尺度中,要给个人品质以适当的地位。要在肯定劳动尺度的前提下,承认个人品质对人的价值的影响,这不仅是对历史的真实反映,而且对建设社会主义精神文明也具有重要的现实意义。

第二,道德水准。为了调整人与人之间的社会关系,保证社会正常的发展,在人类历史上形成了指导人们行为准则的道德规范。道德的出现对于协调个人和社会的矛盾与冲突,维护社会的共同生活和共同利益具有重要的意义。一个人道德水准的高低不只是个人的私事,实践中它会对社会、对他人带来巨大的影响。因此,任何一个社会都十分重视道德问题,把道德水准的高低看作是人的价值要素之一。马克思主义认为,统治阶级的思想就是社会的统治思想,统治阶级的道德也就是社会占统治地位的道德。在奴隶社会和封建社会,统治阶级出于维护等级制度的需要,极力提倡三纲五常,把忠君和孝悌奉为至高无上的道德,把"文死谏""武死战"以及一切为封建礼教殉道的人视为人生的楷模,赋予最高的价值。

在资本主义社会,在雇佣劳动和等价交换的基础上,资产阶级建立了自己的新道德。这种道德既与封建道德不同,又保留了全部私有制道德的共同特点,它的核心是个人主义、利己主义以及为调节人们对私利的追求而通行的等价交换和互守信用等原则。在资产阶级看来,最大限度地追逐利润,在竞争中压倒对方,这是符合道德的,是一个人的价值和能力的表现。反之,一个人由于运气或筹划不力,在竞争中被淘汰了,这说明他缺少应有的价值和能力,他的

---

① 《马克思恩格斯全集》第 4 卷,第 218 页。

失败也是符合道德的。由此可见，在资本主义社会道德水准和人的价值尺度密切相关，不管人们主观上自觉地意识到与否，人们总是惯于从道德方面去观察人，衡量人，把人的道德水准看作人的价值尺度的要素之一。

在社会主义社会，"道德是为人类社会升到更高的水平，为人类社会摆脱劳动剥削制服务的"①。与资产阶级道德相对立，集体主义是社会主义和共产主义道德的核心，只有关心集体，热爱集体，在集体的努力奋斗中，社会主义社会才能向前发展，个人的价值和利益才能满足。我们建设社会主义精神文明的重要内容之一就是要提高每个社会成员的道德水平，用集体主义精神来培育一代新人，同时用集体主义来衡量每个人的价值，要求他们正确处理个人、集体和国家的关系，激励他们发扬舍己为人的献身精神，忘我地进行劳动，为社会主义和共产主义事业做出更大的贡献。总之，在社会主义社会中，一个人的道德水准问题不是私事小节，它是构成人的价值的重要内容之一。

第三，权。在人类历史上，特别是自阶级社会以来，权曾被看作是人的价值要素之一，这是不足为怪的。奴隶社会和封建社会本来就是个等级特权制社会，等级本身就意味着权力不同，国家权力往往只能由特权者阶层来担任。这就很自然地使人把权和人的价值联系起来，认为权是人的价值的现实体现，权大价值高，没有权就不被人重视。在资本主义社会，随着等级特权的崩溃，权失去了它的至高无上的地位，而转化为金钱的奴仆。资本主义社会的法则是"钱能通神"，"有钱能使鬼推磨"，金钱本身就是无限的权力。但是，权也并不是完全消极的，它反过来对金钱收入、支出和流通也能产生巨大的影响。马克思主义认为，国家不仅是阶级统治的工具，

---

① 《列宁选集》第4卷，第355页。

而且还是剥削被压迫阶级的工具,是镇压和剥削被压迫阶级的新手段。剥削阶级一旦获得国家政权,就可以运用国家权力,通过税收和公债等手段聚敛社会财富。所以即使在资本主义国家"那些争夺统治权而相继更替的政党,都把这个庞大国家建筑物的夺得视为自己胜利的主要战利品"①。这就是说,在资本主义社会,有了权同样可以转化为钱,资产阶级国家就是金钱和权力的结合,权在一定程度上仍被视为人的价值的标志。

其实,权和人的价值并没有本质的联系,大量事实表明,许多掌握权柄的剥削阶级分子,他们一无本事,二无德行,不但没有做出任何贡献,反而劣迹昭彰,误国害民,他们的权力正是对他们的价值的否定。从历史的发展来看,倒是许多远离权位的科学家、学者和广大劳动人民以自己创造性的和诚实的劳动推动了社会的前进,显示了自己应有的价值。把权当作人的价值尺度,这是私有制社会留下的贻害,是统治阶级有意培植的结果。

社会主义社会是人民当家做主的社会,权是为人民服务的职能,执掌权力的人是人民的公仆。从此,权力本身不再表明人的价值,相反,掌握权力的人只有通过他们的劳动才能表现出他们的价值来。当然,不能否认绝大多数领导者具有较高价值的事实,但是,这绝不是权力自动带来的,人民群众之所以尊重和信任各级领导,对他们的工作做出应有的评价,并不是因为他们手中有权,而是因为他们在工作、人品和道德方面充分地表现了自己的价值。所以我们又看到,人民群众对某些不称职的领导者也并不满意,希望在改革的过程中把他们撤换下来。由于旧社会的影响和不正之风的存在,现在许多人还用旧社会的尺度来衡量人的价值,他们一不看人的劳动,二不看人的品德,在办事、交友和择姻中,两眼只盯着钱和

---

① 《马克思恩格斯选集》第1卷,第692页。

权。这是庸人的眼光,为广大人民群众所不齿,随着社会风气的好转和党内生活的日益健全,这种人终究要碰壁的。

总之,人的价值尺度不是单一的,而是综合的,在历史上充当过人的价值尺度的不仅有等级、金钱和劳动,个人品质和道德水准在对人的评价中也起过重大的作用。与此同时,个人品质和道德水准并未失去自己的意义,它与劳动共同构成人的价值尺度的全部内容。

选自:《新华文摘》1985 年第 6 期

原文刊于:《学习与探索》1985 年第 2 期

43

建设有中国特色社会主义的理论源头

树有根,水有源,即使是划时代的伟大思想理论,也都有它的历史渊源和思想借鉴。邓小平同志建设有中国特色的社会主义理论是马克思主义与中国实际相结合的最新成果,是以他为代表的中国共产党人发展马克思主义的伟大创造。但是,这个理论所回答的关于经济文化比较落后的国家如何建设社会主义的问题,在历史上并不是第一次遇到的。马克思在 19 世纪 70 年代末期探索俄国社会的发展道路时,最先接触到了这个问题,并提出了一系列天才的设想和被实践证实了的真知灼见,实际上成为建设有中国特色社会主义理论的活水源头。研究和比较马克思晚年的探索与邓小平建设有中国特色社会主义理论之间的源与流和继承与超越的关系,将有助于我们加深理解邓小平同志开拓时代和创造未来的伟大历史功绩。

一、经济文化落后国家概念的提出

19 世纪 40 年代,当马克思主义刚刚产生的时候,经济文化落后国家的概念还不甚清晰,它们作为一个独特的社会形态,其历史、现实和未来发展的特殊性问题还没有被提出来。马克思在《德意志意识形态》和《共产党宣言》中用"世界历史"思想涵盖了全球,断言,整个世界,其中包括东方落后国家,都只有在资本主义的共同基础上,才能跨进"世界历史",走向未来。由于缺少现实材料,对东方世界了解不深,落后国家如何建设社会主义的问题,远未纳入到马克思的视野中来。

19世纪50、60年代,随着世界殖民化进程的加速,东方各民族的反抗斗争也日益加剧。中国的太平天国革命和印度的民族大起义强烈地震撼了西方世界,东方国家在世界历史发展中的地位和作用问题引起了人们的注意和关切。马克思从50年代起就大量地阅读了有关东方的历史和游记等方面的著作,对这些国家的历史和现实有了较为深刻的了解。1859年,马克思在其著名的《政治经济学批判》序言中,第一次提出亚细亚生产方式概念,用以概括东方国家普遍存在的土地公有、农村公社和专制国家三位一体的现实。同时又把这一概念向历史探伸,视其为整个人类社会原生形态的缩影。马克思认定,在古代亚细亚原始公社末期,东西方就已分道扬镳;在西方,公社解体,相继进入了奴隶、封建和资本主义形态;而东方各国却以不同形式将亚细亚生产方式保存下来。亚细亚生产方式概念的提出,标志着"世界历史"思想的深化,面对历史,马克思已经肯定了东方落后国家的特殊性,但是面对未来,他依然认为,世界各国的社会发展进程都是前后相继、大体一致的,西方资本主义就是东方的未来,全世界只有通过资本主义发展阶段,才能走向理想的大同之路。

19世纪70年代中期以后,马克思的认识发生了巨大的转折和飞跃,这又特别体现在他对俄国未来社会发展前景的思考中。俄国是东方社会的一种类型,也是世界上唯一比较完整地保留了村社及土地公有制的国家。1861年废除农奴制的改革不但没有缓和人民的不满情绪,反而使国内各种社会矛盾都空前地激化起来,革命形势迫近。在"推翻沙皇制度似乎指日可待"的形势下,一个尖锐的现实问题提到马克思的面前:如果俄国革命爆发并取得胜利,那么,俄国将向何处去? 是按照原来设想的框架,走西方资本主义的老路,还是另辟蹊径,探索一条既有利于社会发展又造福于人民的通向世界历史的捷径? 正是在对这个问题的深沉思索中,马克思第一次突破了原来西方式的社会主义构想图式,触及到了东方落后国家如何建设社会主义的问题,并尝试给以科学的答案。

二、跳越卡夫丁峡谷的设想

社会主义作为一种理想和学说,是近代社会发展的积淀,是人类先进思想的伟大成果。马克思批判地继承了欧洲三大空想社会主义者的思想遗产,在唯物史观和剩余价值学说这两大发现的基础上,实现了社会主义由空想到科学的伟大变革。《共产党宣言》《反杜林论》和《哥达纲领批判》等就是凝聚了科学社会主义思想成果的不朽文献。毫无疑问,科学社会主义理论不仅回答了西方先进的资本主义国家如何建设社会主义的问题,也为东方经济文化落后国家的社会主义实践提供了思想指导。但是从根本上来说,它以欧美发达的资本主义国家的革命为课题,是马克思长期居住西欧、亲身实地研究和考察资本主义实践的结晶。所以,这个理论不仅没有提供关于东方落后国家如何建设社会主义的具体答案,而且由于地缘、历史、人文等多方面的巨大差距,东西方在革命和建设的步骤、目标和方略等重大问题上都存在着明显的不同。以为有了科学社会主义理论,落后国家也就有了建设社会主义的现成答案的想法是天真的,不切实际的。

严格地说,马克思当时面对的俄国是与西方完全不同的另一个世界。俄国与西方发达的资本主义国家的根本区别体现在以下两点上:第一,资本主义刚刚开始发展,生产社会化的水平很低,资本主义的大机器生产以及与之相应的一整套机构还未建立起来;第二,存在着以村社组织为依托的农村土地公有制,这种古老的土地公有制形式虽已遭到资本主义的侵蚀,开始瓦解,但基本框架依旧存在,是俄国现实占主导地位的土地关系。这样,在俄国这块神奇的土地上就保留了落后的生产力与性质先进的公有制土地关系的奇妙的结合,它虽然在现实形式上是极不自然的,是一种强扭在一起的结合,但它历史久远,已经存在了上千年。马克思面临的任务就是要打碎这种结合机制,找到一种新的结合链,使公有制的生产关系依附在社会化的大生产上,从而建立起新的社会主义生产方式。这就需要面对俄国现实,正确地分析和对待这两大基本要素。

对于俄国经济文化落后的局面,过去马克思总是把它归咎于资本主义发展滞后,认为是野蛮的沙皇专制和农奴制所造成的恶果。所以自19世纪50、60年代以来,马克思一贯主张俄国必须经历资本主义的冲击,才能解放社会生产力,预言,如果爆发农民起义,"俄国的1793年就会来到"。可是到了19世纪70年代末期,马克思的看法有所改变。与先前更多地肯定资本主义在发展生产力方面所做出的贡献相对照,这时,马克思更多地看到了它与生产力发展相对抗的一面。1881年2月马克思在给俄国女革命家查苏利奇的书信草稿中说:"资本主义生产一方面神奇地发展了社会的生产力,但是另一方面,也表现出它同自己所产生的社会生产力本身是不相容的。它的历史今后只是对抗、危机、冲突和灾难的历史。"①因此,为了发展社会生产力,俄国今后不应采取资本主义方式,跳越资本主义卡夫丁峡谷是时代提供给俄国社会发展的唯一正确的选择。

对于俄国的村社土地公有制,过去马克思一向把它看成是沉重的历史包袱,是阻碍俄国社会发展的渊薮之一。自19世纪中叶以来,民粹主义思潮在俄国兴起,一些民粹派思想家竭力证明,由于村社土地公有制的存在,俄国人具有先天的优越性,是"天选的社会

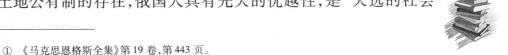

① 《马克思恩格斯全集》第19卷,第443页。

主义的人民"，俄国农民是"真正的社会主义者"。在他们看来，俄国的特殊性使它有可能避免西欧经历的资本主义发展阶段，直接由村社土地公有制过渡到共产主义。19 世纪 70 年代以前，马克思对于民粹派所掀起的这种俄国特殊论的喧嚣一直持否定和蔑视的态度，坚持认为，俄国在世界历史发展面前并不存在什么特殊性，村社土地公有制并不是俄国的救赎之路。1855 年 2 月 13 日，马克思在致恩格斯的信中，表示了对民粹派创始人赫尔岑的反感，说："我不愿意在任何时间和任何场合同赫尔岑一起出面，因为我不赞成这样的意见：似乎旧欧洲要用俄罗斯的血液来更新。"①1870 年 2 月 10 日，马克思在给恩格斯的信中再次表明了他不同意肆意夸大俄国村社的作用，说："对于这种共产主义的黄金国，我从来不抱乐观的看法。"②同年 3 月 5 日，马克思在致拉法格夫妇的信中，仍然批判了"对俄罗斯民族的'无限完善的能力'和俄国形式的公社所有制的天意性质还抱有一些幻想"③。

可是到了 19 世纪 70 年代中期以后，马克思改变了对村社土地公有制的评价，他认为，公社本身并不是消极的东西，相反，它是"俄国社会复兴的因素和俄国比其他还处在资本主义制度压迫下的国家优越的因素"④。过去人们经常谈论消灭村社土地公有制，那只是因为没有公正地对待它。"如果在农民解放的时候（指 1861 年废除农奴制——作者注），农村公社立即被放在正常的发展条件下……那末，现在谁也不会再考虑到消灭公社的'历史必然性'了。"⑤"总之，在俄国公社面前，资本主义是处于危机状态，这种危机只能随着资本主义的消灭、现代社会的回复到'古代'类型的公

---

① 《马克思恩格斯全集》第 28 卷，第 433 页。
② 《马克思恩格斯全集》第 32 卷，第 421 页。
③ 《马克思恩格斯全集》第 32 卷，第 646 页。
④ 《马克思恩格斯全集》第 19 卷，第 431 - 432 页。
⑤ 《马克思恩格斯全集》第 19 卷，第 431 页。

有制而结束"①,所以应该消灭的是资本主义,而不是公社,公社及其土地公有制作为一种社会复兴因素恰恰应该保存、发展和进一步完善。任何人为地消灭土地公有制的行为都"不是使当地人民前进,而是使他们后退"②。

正是基于上述两方面的分析,马克思得出结论,俄国不能通过发展资本主义和消灭村社土地公有制来改变落后面貌,实现社会的复兴,相反,应该在保存和完善村社土地公有制的前提下,跳越资本主义卡夫丁峡谷,使社会主义的实践一步到位。马克思的这个判断和结论恰恰与邓小平第二次复出实际主持中央工作时所面临的现实和做出的抉择相辉映。

十一届三中全会前夕,"文化大革命"刚刚结束,中国面临十分错综复杂的局面。一方面,生产力遭到巨大破坏,国民经济濒临崩溃的边缘;另一方面,又存在一个一大二公、几乎无所不包,但又百孔千疮的公有制。这与当年俄国的形势有几分类似,对于邓小平来说,也有一个中国向何处去的问题。一些主张资产阶级自由化的人,鉴于"文化大革命"所造成的深重灾难和普遍存在的逆反心理,主张全盘西化,走资本主义道路,这就要毁掉城乡的公有制经济,向私有制倒退。相当多的人则困惑迷茫,无所适从。更有些人思想僵化,无视现实,热衷于"左"的思潮,主张"按既定方针办",企图沿着僵化的、没有生机活力的旧体制继续走下去。时势造英雄,时代选择人。面对这困难的现实和诸多的主张,邓小平力排众议,一方面提出了四项基本原则,反对资产阶级自由化,坚持以公有制为主体的社会主义制度和方向,另一方面,又提出改革开放的伟大战略,改造旧的经济体制,实现社会主义公有制的自我发展和自我完善,这

---

① 《马克思恩格斯全集》第19卷,第432页。

② 《马克思恩格斯全集》第19卷,第448页。

又与马克思当年主张跳越资本主义卡夫丁峡谷，保存和完善村社土地公有制在很大程度上是十分相似的。

马克思晚年的探索和他所提出的跳越资本主义卡夫丁峡谷的设想，过去长期沉埋，在中国鲜为人知。但是，经济文化落后的国家如何建设社会主义的共同环境和共同课题，使马克思和邓小平联结在一起。出于对俄国和中国的历史和现实的深刻理解及对两国人民现实命运的无比关切，他们在不同的历史时代却提出了避免资本主义和进一步完善公有制的共同构想，这不是偶然的巧合，而是真理的唯一性、历史的必然性的光辉体现。

三、邓小平建设有中国特色社会主义理论与马克思晚年设想的比较分析

邓小平建设有中国特色的社会主义理论不仅在经济文化落后的国家必须越过资本主义，坚持社会主义这一根本点上与马克思晚年的设想息息相通，而且在社会主义建设的具体目标、步骤和方法等一系列问题上也取得了完全的共识：

首先，在社会主义发展阶段上，都坚持了社会主义初级阶段论，确立了共同的近期奋斗目标。与发达的资本主义国家不同，那里由于存在着高度社会化和现代化的生产力，在无产阶级革命胜利后，立即可以建成一个标准的社会主义社会。而东方落后国家由于生产力水平低下，革命胜利后必须经过长期的发展过程，把生产力提高到与西方资本主义国家大体相近的水准，才能建成合格的社会主义。所以，像俄国和中国这类经济文化比较落后的国家革命胜利后建立起来的不是成熟的社会主义，而是初级阶段的社会主义。这个结论是严谨的，有说服力的，无论是马克思或邓小平都准确无误地再现了这个思维的逻辑进程，以不同的方式表达了社会主义初级阶段的基本思想。马克思在致查苏利奇的书信草稿中反复强调，俄国

跳越资本主义卡夫丁峡谷只是指跳越资本主义的政治制度,即资产阶级专政时期,而与资本主义制度相连带的高度社会化的生产力水平则是不能跳越的。社会主义的物质基础就是拥有资本主义所达到的现代化的生产力,离开了这个前提,企图在落后的小农经济基础上实现社会主义,那只能导致空想的社会主义。马克思认定落后的俄国已经具备了进行革命并直接在村社土地公有制的基础上建设社会主义的条件,那是因为马克思开阔的视野,突破了生产力水平的民族界限,认为虽然俄国生产社会化水平还不高,但由于俄国不是"脱离世界而孤立存在的"[1],"和资本主义生产是同时代的东西"[2],"生存在现代的历史环境中,处在文化较高的时代,和资本主义生产所统治的世界市场联系在一起"[3],这一切就决定了俄国可以在落后的生产力条件下率先进行革命,借助同时并存的外部条件来加速发展生产力,在短时期内把被资本主义落下的经济文化水平赶上来。十分明显,这种社会主义与西方发达国家革命胜利后所建成的成熟的社会主义相比,是初步的,低水平的,实际上,马克思所设想的跳越卡夫丁峡谷式的社会主义就是初级阶段的社会主义,这与邓小平的社会主义初级阶段理论思路是完全一致的。可以说,马克思跳越卡夫丁峡谷的设想开了社会主义初级阶段理论的先河,对建设有中国特色的社会主义的理论和实践提供了有力的思想支持和史学根据。

其次,在建设社会主义的途径和手段上,都坚持了开放和吸取资本主义肯定成果的基本国策,在发挥内部潜能的同时,十分重视外部条件的作用。马克思的跳越卡夫丁峡谷的论断,虽然只是一个设想,但它具有可操作性,是一个现实的科学范畴。它与以往一切

---

① 《马克思恩格斯全集》第19卷,第444页。
② 《马克思恩格斯全集》第19卷,第431页。
③ 《马克思恩格斯全集》第19卷,第444页。

空想社会主义的最大区别在于它能正确地对待资本主义。与西方国家不同,对俄国跳越卡夫丁峡谷的设想来说,资本主义不是作为母体,而是作为与它并存的外部条件而存在的。俄国本身还没有经过资本主义灾难,资本主义的技术、资金和整个与社会化大生产相适应的管理方法,对设想中已经跳越了卡夫丁峡谷的俄国来说,都是有益的和可资借鉴的。马克思的跳越卡夫丁峡谷设想的立论和根据就在于俄国现存的村社土地公有制可以和资本主义社会化大生产相结合,因此,在俄国跳越了资本主义发展阶段的同时,还必须"吸取资本主义制度所取得的一切肯定成果"[①],这是在村社土地公有制基础上建成社会主义的关键。马克思当时就曾严厉地批判自由派思想家的错误主张,指责他们是"资本主义制度的崇拜者",要他们证明:"要在俄国使用机器,它必须先经过机器生产的孕育期。请他们给我说明:他们怎么能够可说是在几天之内就把西方需要几个世纪才建立起来的一整套交换机构(银行、信用公司等等)在俄国建立起来呢?"[②]可见,在马克思的心目中,俄国在跳越卡夫丁峡谷的同时,不仅必须发展大机器生产,而且与资本主义一整套相对应的交换机构也必须相应地建立起来。其途径就是吸取资本主义的现成成果,加以改造,使之和村社土地公有制相结合。马克思当年曾提出问题:完善俄国村社所需要的"设备、肥料、农艺上的各种方法等等集体劳动所必需的一切资料,到哪里去找呢?"马克思自己回答说:"和它同时并存的资本主义生产在给它提供集体劳动的一切条件。它有可能不通过资本主义制度的卡夫丁峡谷,而享用资本主义制度的一切肯定成果。"[③]

但是,要有效地把资本主义肯定成果吸取过来,就不能闭关锁

---

① 《马克思恩格斯全集》第19卷,第451页。
② 《马克思恩格斯全集》第19卷,第444页。
③ 《马克思恩格斯全集》第19卷,第438页。

国,而必须实行开放政策,敞开国门,和世界经济接轨,纳入全球经济一体化的轨道。不实行开放政策,吸取资本主义肯定成果就是一句空话。在这个意义上可以说,马克思是落后国家实行开放政策的先驱者,也是两种制度和平共处思想的奠基人。显而易见,不实行和平共处的对外政策,两种制度经常处在战争交手状态,是不可能吸取资本主义肯定成果的,这都是马克思跳越卡夫丁峡谷设想的问题中应有之义。

吸取资本主义肯定成果的思想同样是邓小平建设有中国特色社会主义理论的有机组成部分,他所倡导的对外开放政策,就是为了打开国门,吸取资本主义世界的一切有价值的东西。邓小平认为,开放是与改革相对应的另一翼,只有在经济上深化改革的同时,充分调动起外部条件机制,与之相呼应,中国经济才能走上高速腾飞的正轨。所以,他既重视意识形态问题,强调精神文明建设的重要,又从不以意识形态的对立而自缚,能从全人类历史发展的广阔视角来理解资本主义的文明成就。他在南方谈话中说:"总之,社会主义要赢得与资本主义相比较的优势,就必须大胆吸收和借鉴人类社会创造的一切文明成果,吸收和借鉴当今世界各国包括资本主义发达国家的一切反映现代社会化生产规律的先进经营方式、管理方法。"①在开放和吸取资本主义肯定成果问题上,马克思和邓小平达到了惊人的一致,马克思是邓小平理论的前驱者。

最后,马克思的跳越资本主义卡夫丁峡谷的设想与邓小平建设有中国特色的社会主义理论有着共同的思想基点,都倾注了对人的价值和命运的深切关注。马克思是伟大的人类学家和共产主义人道主义者,他的学说远远超越于人道主义的水准,它以共产主义为目标,以消灭剥削和实现生产力的充分发展为手段,是对人道主义

---

① 《邓小平文选》第3卷,第373页。

理想和道路的极大的提升和彻底的解决。马克思一生对历史发展与人的价值和命运的相互关系的认识及演变,反映了他寄予人的全面发展的崇高理想,是马克思人学理论的辉煌篇章。在19世纪70年代中期以前,马克思将自己的目光向历史倾斜,他慎重地权衡了历史进步与人的现实际遇的关系,在现实与未来、目前与长远之间做出了明智的选择。当他断言东方社会必须经历资本主义而走向世界历史时,他选择了历史进步这一最终目标,把资本主义所造成的磨难当作历史发展的铺路石,认为是人类企求长远未来所必须付出的代价。所以在他论及英国侵略印度的后果时,不仅出于对印度人民的深切同情,强烈地谴责了英国的侵略行径,而且还看到了事情的另一面,它给印度带来资本主义的物质文明,履行了"在亚洲为西方式的社会奠定物质基础"的"建设性的使命"①。鉴于此马克思才写道:"的确,英国在印度斯坦造成社会革命完全是被极卑鄙的利益驱使的,在谋取这些利益的方式上也很愚钝。但是问题不在这里。问题在于,如果亚洲的社会状况没有一个根本的革命,人类能不能完成自己的使命。如果不能,那末,英国不管是干出了多大的罪行,他在造成这个革命的时候毕竟是充当了历史的不自觉的工具。这么说来,无论古老世界崩溃的情景对我们个人的感情是怎样难受,但是从历史观点来看,我们有权同歌德一起高唱:'既然痛苦是快乐的源泉,那又何必因痛苦而伤心? ……'"②

但是到了19世纪70年代中期以后,我们看到,马克思观察问题的视角有所改变,更加向人的价值和命运倾斜。马克思在给《祖国纪事》杂志编辑部和查苏利奇的书信草稿中反复申明,他之所以主张俄国革命胜利后不再重蹈资本主义的历史覆辙,而要跳过它,

54

---

① 《马克思恩格斯选集》第 2 卷,第 70 页。
② 《马克思恩格斯选集》第 2 卷,第 68 页。

其根本出发点是企图借助俄国现存的村社土地公有制,使人民"不经受资本主义制度的一切苦难"①,"不通过资本主义生产的一切可怕的波折"②,而"享用资本主义制度的一切肯定成果"③。可以看出,马克思晚年既十分关注俄国的社会进步和生产力发展问题,做出了跳越资本主义卡夫丁峡谷和吸取资本主义肯定成果的论断,又更加关注人的价值和命运,由承认资本主义的不可避免性到主张跳越资本主义卡夫丁峡谷的转变,就是马克思对人的价值和命运无比关切的生动体现,也是他的共产主义人道主义理想和原则所使然。

同样,在邓小平建设有中国特色的社会主义理论中也十分重视人的价值和命运问题。江泽民同志在学习《邓小平文选》第三卷报告会的讲话中曾做出精彩的概括:邓小平"尊重群众,热爱人民,总是时刻关注最广大人民的利益和愿望,把'人民拥护不拥护'、'人民赞成不赞成'、'人民高兴不高兴'、'人民答应不答应'作为制定各项政策和方针的出发点和归宿"④。在他看来,改善人民生活、提高人民福利是天经地义的,是共产党一切决策的核心和出发点。他提出的抓住机遇,深化改革,加速发展,几年经济上一个新台阶的新思路,其目的就是增强社会主义国家的综合国力,同时给人民以实惠,造福于中国老百姓。他对社会主义本质的概括也以最终达到共同富裕为目标,他超越"姓社姓资"的抽象争论而提出"三个有利于",其中之一就是"有利于提高人民的生活水平"。深切关注人的价值和命运是贯穿邓小平建设有中国特色社会主义理论的红线,马克思和邓小平在服务于人民、造福于人民这一根本宗旨上,是一脉相承、完全一致的。

① 《马克思恩格斯全集》第19卷,第129页。
② 《马克思恩格斯全集》第19卷,第431页。
③ 《马克思恩格斯全集》第19卷,第438页。
④ 《人民日报》1993年11月4日。

马克思学说和邓小平理论的统一和一致表明,邓小平是马克思学说和事业的忠实继承者和完成者,邓小平的建设有中国特色的社会主义理论"姓马",内在于马克思主义思想体系之中,是马克思主义发展的最新成果。绝不允许把什么"实用主义"和"经济主义"的帽子扣到这一理论的头上。

当然也要看到,由于时代和条件的限制,马克思晚年跳越卡夫丁峡谷的设想还很不完善,特别在具体操作上还很朦胧,仅仅是一个尚未最后完成的新的思路和设想。而邓小平建设有中国特色社会主义理论已经远远超越马克思当年的跳越卡夫丁峡谷的设想水平,处于实际运作状态,因而更丰富、更具体、更富有创造性。在邓小平建设有中国特色社会主义理论中包含有马克思学说中见所未见和闻所未闻的崭新创造,如对社会主义本质的概括,社会主义市场经济和一国两制,等等。邓小平建设有中国特色的社会主义理论是当代中国的马克思主义,它已经成为一个完整的理论系统,并在中国人民的社会主义实践中发挥着越来越大的指导作用,这是马克思晚年探索的成果所不能比拟的。这就使我们更加确信,在当代中国,"坚持邓小平建设有中国特色社会主义理论,就是真正坚持和发展马克思列宁主义、毛泽东思想"①。

邓小平建设有中国特色社会主义理论是一个博大精深的逻辑系统,把它放到马克思主义和科学社会主义发展史中来研究,既看到它对马克思主义的伟大创造一面,又看到他对马克思学说的继承和完成的一面,这是一个新的研究视角,还刚刚开始起步,有赖于理论界同人共同努力,涌现更多的研究成果,达到更高的水平!

选自:《新华文摘》1995 年第 4 期 论点摘编

原文刊于:《天津社会科学》1995 年第 1 期

---

① 《人民日报》1993 年 11 月 4 日。

劳动二维结构的生成与解构

——马克思对历史之谜的破解

在马克思的学说中,涌动着一条基本的脉络,那就是对劳动二维结构辩证运动的理论表达。尽管马克思各个时期的著作所使用的概念和关注的重点不尽相同,而且随着时间的推移,研究领域不断拓展,理论的内容逐渐丰富而具体,但是,至少从《1844 年经济学哲学手稿》开始,马克思学说内在的基本脉络就已形成,并在其后的著作中一以贯之。把握住这条基本的脉络,不仅能使我们在深层结构上理解马克思学说的完整性和主要特征,使历来在马克思学说的研究中争论的许多问题得到澄明,而且,将使马克思学说的当代价值得到充分的显现。

一

劳动使人类从自然界中跃升出来,内蕴着人类与自然界的区别和联系。从人类与其他动物相区别的角度看,劳动是人类内在的本质规定性。首先,劳动是人有意识、有目的的对象化活动。马克思说:"动物和自己的生命活动是直接同一的。动物不把自己同自己的生命活动区别开来。它就是自己的生命活动。"①因此,动物的生

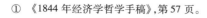

① 《1844 年经济学哲学手稿》,第 57 页。

命活动是无意识的,仅是一种本能。人则不同,人类要生存就必须劳动,但人的"劳动这种生命活动"是自己的意识的对象:"劳动过程结束时得到的结果,在这个过程开始时就已经在劳动者的想象中存在着,即已经观念地存在着。"①人的劳动这种"有意识的生命活动把人同动物的生命活动直接区别开来。正是由于这一点,人才是类存在物"②。其次,人类的劳动是自由的活动。动物的生命活动既然是一种无意识的本能活动,那它就是一种给定性,体现了自然必然性;人的劳动是有意识、有目的的活动,就是对给定性的超越,是对必然性的认识和利用。马克思指出:"动物只是按照它所属的那个种的尺度和需要来构造,而人懂得按照任何一个种的尺度来进行生产,并且懂得处处都把内在的尺度运用于对象;因此,人也按照美的规律来构造。"③正是在与动物的本能活动相比较的角度上,人类的劳动才具有了自由的规定性。

　　劳动作为人类自由而有意识的生命活动,从根本上把人类与动物界区别开来。劳动作为人类与动物界(自然界)相区别的本质,与人类的存在直接同一,因而是人类的内在规定性。也就是说,在人类与自然界的区别中,劳动对人类来说具有了内在性,这即是劳动内在性的含义。在劳动活动中,人不断把这种本质对象化,在对象中确证自身,使自然界向人生成。"动物只生产自身,而人再生产整个自然界;动物的产品直接属于它的肉体,而人则自由地面对自己的产品。"④"正是在改造对象世界中,人才真正地证明自己是类存在物。"⑤由此,劳动不断创造着人类生活本身,使人类的本质力量逐渐增强,并使它向着自身完整的形态发展。

① 《马克思恩格斯选集》第 2 卷,第 178 页。
② 《1844 年经济学哲学手稿》,第 57 页。
③ 《1844 年经济学哲学手稿》,第 58 页。
④ 《1844 年经济学哲学手稿》,第 58 页。
⑤ 《1844 年经济学哲学手稿》,第 58 页。

然而,只要把视野转换到人与自然相联系的角度,劳动的外在性就立刻显现出来。这种外在性是指人为了维持自身感性生命的存在而通过劳动获取生活资料,人与劳动以谋生的目的为中介而相联系。因此对人来说,劳动是外在的,并不是人的生命本身,"不属于他的本质"①;当个人有其他手段可以获得生活资料时,他就可能会离开劳动。劳动外在性所表现出的这种自然规定性,使劳动与动物的生命活动又具有了某种相似性,因而显示了人与自然界的联系。首先,劳动受人的自然属性所规定,至今为止,人从事劳动的目的是为了谋生。"人是自然存在物"②,这样"全部人类历史的第一个前提无疑是有生命的个人的存在"③。人们开始通过劳动从自然界获取生活资料,"这一步是由他们的肉体组织所决定的"④,是由谋生目的所推动的,而且"人们单是为了能够生活就必须每日每时去完成它,现在和几千年前都是这样"⑤。因此,人的劳动又被体现了自然必然性的谋生目的支配。在这个意义上,人又是不自由的,"自由王国只是在由必需和外在目的规定要做的劳动终止的地方才开始"⑥。其次,作为人与劳动的中介的谋生目的,内蕴着人的生存需要,这种需要在劳动的历史中不断生成,并推动劳动不断发展:"已经得到满足的第一个需要本身、满足需要的活动和已经获得的为满足需要而用的工具又引起新的需要,而这种新的需要的产生是第一个历史活动。"⑦需要总是同满足需要的手段一起发展起来,因此,这种需要及满足这种需要的劳动,并不仅限于"个人肉体存在

---

① 《1844 年经济学哲学手稿》,第 54 页。
② 《1844 年经济学哲学手稿》,第 105 页。
③ 《马克思恩格斯选集》第 1 卷,第 67 页。
④ 《马克思恩格斯选集》第 1 卷,第 67 页。
⑤ 《马克思恩格斯选集》第 1 卷,第 79 页。
⑥ 《马克思恩格斯全集》第 25 卷,第 926 页。
⑦ 《马克思恩格斯选集》第 1 卷,第 79 页。

的再生产",而是日益表现为对"一定的生活方式"①的维系。也就是说,人们的生存需要具有社会历史性,体现着历史中形成的文化特征。但是,这种情况并未消减人们生存需要中的自然规定性,反而是这种自然规定性的发展形式。因为在劳动生产发展的基础上扩大着的生存需要,只是量的增长而未有质的变化,只会使"自然必然性的王国"②随之扩大。同样,与人的生存需要处于相互作用的劳动活动,也越来越显现出它的外在性:"生产越是多方面的,就是说,一方面,需要越是多方面的,另一方面,生产者完成的制品越是单方面的,他的劳动就越是陷入谋生的劳动的范畴,直到最后他的劳动的意义仅仅归于谋生的劳动并成为完全偶然的和非本质的。"③"谋生的劳动"的根本含义即劳动的目的是为了谋生,而劳动本身只是一种手段,并非人的本质。④ 因此,只要劳动活动本身还未成为人们"生活的第一需要"⑤(这是生存需要质变的关节点),根源于人的自然属性的生存需要,就仍会以谋生目的的形式在人与劳动的关系中起中介作用,劳动对人来说就仍是外在的、非本质的。在这个意义上,"历史是人的真正的自然史"⑥。

总之,一方面,马克思从人与自然的区别中,将劳动规定为人类的本质,因而劳动对人类来说具有了内在性;另一方面,马克思又从人与自然的联系中,将劳动规定为谋生的劳动,即人以谋生目的为中介的劳动,因而劳动对个人来说又具有了外在性。这即是马克思发现的劳动的二维结构,也就是说,马克思认为在同一个劳动中,同时包含了内在性和外在性两个维度。劳动的内在性展开于人与自

① 《马克思恩格斯选集》第 1 卷,第 67 页。

② 《马克思恩格斯全集》第 25 卷,第 926 页。

③ 《1844 年经济学哲学手稿》,第 174 – 175 页。

④ 《1844 年经济学哲学手稿》,第 175 页。

⑤ 《马克思恩格斯选集》第 3 卷,第 305 页。

⑥ 《1844 年经济学哲学手稿》,第 107 页。

然的关系中,它在对象化的过程中不断增强自身的本质力量,并使自然向人生成;劳动的外在性展开于人与社会的关系中,是人类社会诞生直至资本主义社会的各种社会关系形成的基本要素。因此,劳动二维结构是历史辩证法的载体,是通过劳动这种现实的感性对象化活动表现出来的人自身自然与意识的统一。马克思认为,黑格尔把劳动看作人的本质(劳动的内在性),因而看到了劳动的积极方面,但由于他唯一知道并承认的劳动是抽象的精神劳动,所以他未能看到劳动的消极方面,即限制人的自由的劳动外在性(对人来说是外在的或外化的劳动)。① 马克思抓住了劳动的外在性,就发现了人类社会与自然界的真实联系,从而为历史唯物主义开辟了道路。在马克思的学说中得到理论呈现的劳动二维结构并不是僵硬的、凝固的,而是在历史中不断生成的,整个人类历史,就是劳动二维结构生成的历史。

二

劳动的二维结构有一个潜在、生成和内在张力不断增大的发展过程。与此相对应的是人类的史前时期,存在着分工和私有制的前资本社会,以及资本主义社会。在人类的早期,劳动产品没有剩余,人们只有共同劳动,平均分配劳动成果才能勉强生存;每一个有劳动能力的人都必须劳动,人们一天也离不开劳动。因而,与这一时期人的本质力量弱小相对应的是,人们也不会对劳动的外在性有明显的意识。劳动的二维结构处于潜在状态。

随着劳动生产率的提高,生活需要的增长,人口的增多,人们的意识也获得了进一步的发展;而且劳动产品出现了剩余,分工也发

---

① 《1844 年经济学哲学手稿》,第 101 页。

展起来。"分工是迄今为止历史的主要力量之一"①,在社会分工中,人类劳动的丰富性、复杂性不断增加,因而人类的本质力量就不断增强。但是对于个体来说,分工使他的劳动日趋片面和单调,因而劳动过程较之以前就显得枯燥和乏味。这里关键的问题就在于:个体为何放弃劳动的丰富性而甘愿从事乏味的活动呢? 答案只有一个:就是劳动外在性作用的显现。因为分工和交换是同时出现的,当个体或某个群体在劳动中发现自己生产某种产品比其他人更有效率,通过交换可以获得比原来更多的生活资料时,他们就甘愿以劳动的片面性为代价,在更有利的条件下实现谋生的目的。交换使自己的劳动与他人的劳动得以互换,就意味着劳动不是自己的生命本身:"交换关系的前提是劳动成为直接谋生的劳动。"②可见,在分工和交换中的劳动,也就是人以谋生的目的为中介的劳动,是劳动外在性的一种现实的表现形态。

通过分工和交换,一方面使劳动的社会性或协作性大为增强。"动物不能把自己同类的不同属性汇集起来;……人则不同,各种极不相同的才能和活动方式可以相互为用。"③劳动真正地显示出了人类的本质力量,劳动的内在性不断彰显。另一方面劳动作为谋生手段的属性也显露出来,为私有制的产生奠定了基础:"人——这是私有制的基本前提——进行生产只是为了拥有。生产的目的就是拥有。"④随着分工和交换的发展,私有制也发展起来。在私有制条件下,一部分人不劳动,通过占有另一部分人的劳动来满足生活需要的情况,进一步显示了劳动与个体生命存在的相异性。这样,劳动的外在性就突现出来:"我的劳动是自由的生命表现,因此

---

① 《马克思恩格斯选集》第1卷,第99页。
② 《1844年经济学哲学手稿》,第174页。
③ 《1844年经济学哲学手稿》,第137页。
④ 《1844年经济学哲学手稿》,第180页。

是生活的乐趣。在私有制的前提下，它是生命的外化，因为我劳动是为了生存，为了得到生活资料。我的劳动不是我的生命。"①私有制是劳动二维结构生成过程中，劳动外在性所采取的一种基本形式，这种形式又与劳动的外在性不断相互强化："尽管私有财产表现为外化劳动的根据和原因，但确切地说，它是外化劳动的后果，正像神原先不是人类理智迷误的原因，而是人类理智迷误的结果一样。后来，这种关系就变成相互作用的关系。"②

总之，分工和私有制是劳动的内在性和外在性相互作用的结果，同时，又使劳动二维结构事实上已经显露出来。但是，在资本主义以前的社会中，一方面，人类的发展还处于"人的依赖关系"③的历史形态中，人与劳动的关系上还遮盖着各种血缘的、宗法的面纱，笼罩着职业神圣的光环④；另一方面，行业内部分工不明显，劳动者"对于本行专业劳动和熟练技巧还是有兴趣的，这种兴趣可以达到某种有限的艺术感。……因而他们对工作的屈从程度远远超过对本身工作漠不关心的现代工人"⑤。因此，劳动二维结构内部的张力并不明显，以致劳动的外在性在人们的意识中很少有自觉的反应："根据古代的观点，人，不管是处在怎样狭隘的民族的、宗教的、政治的规定上，毕竟始终表现为生产的目的。"⑥

在资本主义社会中，随着生产劳动的发展而不断膨胀起来的谋生需要使分工和交换高度发达，人类的发展进入了以物的依赖性为基础的人的独立性的历史形态。一方面，"在这种形态下，才形成普遍的社会物质变换，全面的关系，多方面的需求以及全面的能力

① 《1844 年经济学哲学手稿》，第 184 页。

② 《1844 年经济学哲学手稿》，第 61 页。

③ 《马克思恩格斯全集》第 46 卷（上），第 104 页。

④ 《马克思恩格斯选集》第 1 卷，第 275 页。

⑤ 《马克思恩格斯选集》第 1 卷，第 107 页。

⑥ 《马克思恩格斯全集》第 46 卷（上），第 486 页。

的体系"①,人类与自然相区别的本质力量魔术般地强大起来,一个前所未见的自然神奇般地向人生成;另一方面,"资产阶级在它已经取得了统治的地方把一切封建的、宗法的和田园诗般的关系都破坏了。……它使人和人之间除了赤裸裸的利害关系,除了冷酷无情的'现金交易',就再也没有任何别的联系了"②。分工的高度发达、大机器的使用使工人的劳动越来越片面,以致索然无味:"工人在精神上和肉体上被贬低为机器。"③工人之所以还要寻求劳动,完全是因为谋生的目的所驱使;也就是说,工人靠出卖劳动力来换取使他自身及家人得以生存的工资,而工资也仅是劳动力价值的表现形式。在这里,劳动的外在性每日都要不断地反映到工人的意识中,而资本家不劳而获,他投资的唯一目的就是榨取工人的剩余劳动。资本是积累起来的劳动,现在却与工人尖锐地对立起来。因此工人和资本家的对立,实际上是在被普遍地、强烈地意识到的劳动外在性的基础上展开的,"私有财产只有发展到最后的、最高的阶段,它的这个秘密才重新暴露出来,这就是说,私有财产一方面是外化劳动的产物,另一方面又是劳动借以外化的手段,是这一外化的实现"④。马克思后来在剩余价值理论中深刻而系统地揭示了这个秘密。马克思关于异化劳动的四个规定性⑤,以劳动二维结构为背景,从工人与劳动的关系展开论述,深刻地阐明了异化劳动是劳动外在性(外化劳动)在资本主义私有制条件下的典型表现。"对工人来说,劳动的外在性表现在:这种劳动不是他自己的,而是别人的;劳动不属于他;他在劳动中也不属于他自己,而是属于别人。"⑥

---

① 《马克思恩格斯全集》第46卷(上),第104页。
② 《马克思恩格斯选集》第1卷,第274-275页。
③ 《1844年经济学哲学手稿》,第10页。
④ 《1844年经济学哲学手稿》,第61页。
⑤ 《1844年经济学哲学手稿》,第52-61页。
⑥ 《1844年经济学哲学手稿》,第55页。

这种表现,就是异化劳动的第一、三个规定,即工人与劳动产品、劳动活动相异化。其他两个规定性,都能由此推导出来。马克思抓住异化劳动这种劳动外在性或外化劳动的成熟形式,指出了劳动外在性是私有制的根源:"整个的人类奴役制就包含在工人对生产的关系中,而一切奴役关系只不过是这种关系的变形和后果罢了。"①这种关系指的就是人与劳动以谋生目的为中介的关系,工人与劳动的关系是它的极端表现。至此,劳动二维结构及其历史作用也就突显出来了。马克思进而指出劳动二维结构的生成与人类发展的关系:"现在要问,人怎么使他的劳动外化、异化? 这种异化又怎么以人的发展的本质为根据? 我们把私有财产的起源问题变为外化劳动对人类发展进程的关系问题,就已经为解决这一任务得到了许多东西。因为人们谈到私有财产时,认为他们谈的是人之外的东西。而人们谈到劳动时,则认为是直接谈到人本身。问题的这种新的提法本身就已包含问题的解决。"②劳动是人的本质,这是劳动的内在性;私有财产是劳动外在性(外化劳动)的表现形式,二者在互动中生成的是人类社会发展的内在机制。资产阶级经济学家只看到劳动的外在性,因而把资本主义私有制看作是永恒的。马克思揭示了劳动二维结构,不仅看到劳动是谋生的活动,而且阐明了劳动是人类的本质规定,这样就抓住了现实的否定方面或超越的维度,即工人阶级的劳动体现了人类强大的本质力量,形成资本主义社会中威力无比的生产力,它一定会冲破资本主义生产关系的桎梏,创造崭新的社会。

三

现在,我们来进一步阐述劳动二维结构与社会基本矛盾理论的

---

① 《1844 年经济学哲学手稿》,第 62－63 页。
② 《1844 年经济学哲学手稿》,第 63 页。

关系,论证马克思是怎样在劳动二维结构的基础上创立整个历史唯物主义体系的。

生产力是标志人类征服和改造自然的实际程度及实际能力的哲学范畴,这种程度及能力必须通过劳动表现出来。在劳动中,劳动者与生产资料相结合,使自己的劳动对象化为产品,通过劳动产品的质和量的规定性,显示出人类改造自然的实际程度和能力。而劳动产品的质和量,取决于劳动者的能力和以生产工具为主要标志的生产资料的性质与水平。众所周知,生产工具是以往劳动的物化形式。因此,生产力实际上就是人类劳动的能力。与动物的本能活动相比较,人类的劳动是自由的、有意识的活动,是人类与动物相区别的本质特征。由此不难看出,生产力就是人类的本质力量,从而就是劳动二维结构中劳动内在性的表现。

我们再来看生产关系与劳动外在性的联系。生产关系是人们在生产过程中形成的人与人之间的关系,包括生产资料的所有制关系、人们在劳动生产中的地位及相互关系、产品的分配形式三个方面。从另一角度看,这三个方面正好体现了人与物化劳动(生产资料和用于分配的劳动产品)的关系,以及人与劳动的关系。人与劳动的任何关系,都必须通过人与人的关系才能表现出来。由此不难看出,生产关系这种围绕着人与劳动的关系而形成的人与人的关系,实际上就是人与劳动的关系的实现方式。在劳动还仅是谋生手段的历史条件下,人和劳动的关系以谋生的目的为中介,生产关系就是人在通过自己或他人的劳动来谋生的过程中所形成的人与人之间的关系。因此,生产关系是劳动二维结构中劳动外在性的主要表现形式。在人类社会早期,这种形式具体表现为原始公有制。如前所述,随着人类本质力量的增强,也即生产力的发展,出现了剩余劳动,劳动的外在性也就采取了分工、交换和私有制的形式,由此形成了一切经济关系。我们从劳动外在性或外化的劳动得出了私有制的概念，"而且我们将重新发现，每一个范畴，例如买卖、竞争、资本、货币，不过是这两个基本因素的特定的、展开了的表现而已"①。由于生产关系是劳动外在性的表现形式，而劳动外在性又根源于人的自然属性，所以马克思说："我的观点是把经济的社会形态的发展理解为一种自然史的过程。"②在这一经济的社会形态的基础上，形成了社会的上层建筑；在私有制条件下，国家就是统治阶级为了掠夺被统治阶级的剩余劳动而建立的暴力机构。

劳动的内在性和外在性，作为同一结构中的两个维度，它们的相互作用表现为：人们为了谋生而从事劳动，劳动显示了人区别于动物的本质特征；劳动对象化过程中所创造的劳动产品，成为人们满足谋生需要的对象，从而又产生出新的需要。这是人类社会存在和发展的基本原因和内在机制。这种相互作用，又具体表现为社会基本矛盾运动："随着新生产力的获得，人们改变自己的生产方式，随着生产方式即谋生的方式的改变，人们也就会改变自己的一切社会关系。手推磨产生的是封建主的社会，蒸汽磨产生的是工业资本家的社会。"③在马克思的论述中，与生产力相对应的生产方式或谋生方式，指的就是生产关系；随着生产关系改变而改变的一切社会关系，即是包括政治法律关系、道德关系、思想关系等在内的整个上层建筑。这就涵盖了两对社会基本矛盾的运动。人类社会整体上呈现出有机体的生命活动状态。

以劳动二维结构的生成和解构为线索，还可以看到马克思对社会基本矛盾运动的另一种表述，这种表述尚未引起人们的注意。首先是对生产力发展阶段的划分，大致依序有地域性生产力、民族生产力和世界性交往条件下的人类生产力。"某一个地域创造出来

① 《1844年经济学哲学手稿》，第63页。
② 《马克思恩格斯选集》第2卷，第101-102页。
③ 《马克思恩格斯选集》第1卷，第142页。

的生产力"①,随着分工和交往的发展,"最初的地域局限性开始逐渐消失"②,形成民族生产力。"一个民族的生产力发展的水平,最明显地表现于该民族分工的发展程度。"③当民族的生产力汇入世界历史后,人类生产力就开始形成:"大工业创造了交通工具和现代的世界市场,……它首次开创了世界历史,因为它使每个文明国家以及这些国家中的每一个人的需要的满足都依赖于整个世界,因为它消灭了各国以往自然形成的闭关自守的状态。"④在以世界性交往为基础的人类生产力出现之前,生产力的发展只是使私有制变换一个新的形式而已。生产力尚未进入到世界历史中,也就是人类的本质力量还没有取得完备的形式。在这种状态下,由劳动外在性所产生的私有制还能够通过变换形式来促进生产力的发展,劳动二维结构处于平衡状态。"在大工业中,生产工具和私有制之间的矛盾才是大工业的产物,这种矛盾只有在大工业高度发达的情况下才会产生。因此,只有随着大工业的发展才有可能消灭私有制。"⑤大工业也就是处于世界交往中的人类生产力,它是具备了完全形态的人类本质力量。到了这个阶段,劳动外在性对内在性的积极作用已发挥到极限,因而私有制也就再也不能适应人类生产力的发展了。解构劳动二维结构,扬弃私有制,就可以使人真正占有人的、已取得完全形态的本质。由此可见,人的类本质,绝不是有些论者所说的先验本质,它包括了整个生产力发展的历史。

在资本主义社会中,劳动二维结构的内部张力日趋增大,劳动内在性与外在性处于对抗状态。马克思深刻地揭示了这种状态:

① 《马克思恩格斯选集》第1卷,第107页。
② 《马克思恩格斯选集》第1卷,第107页。
③ 《马克思恩格斯选集》第1卷,第68页。
④ 《马克思恩格斯选集》第1卷,第114页。
⑤ 《马克思恩格斯选集》第1卷,第104页。

"工人的贫困同他的产品的力量和数量成反比。"①劳动产品是工人阶级劳动的对象化,体现了工人阶级改造自然的能力,代表着人类的本质力量,因而属于劳动的内在性规定;工人的贫困,是因为他的剩余劳动被资本家无偿占有。一方面,工人的劳动不属于自己而被他人占有;另一方面,资本家不劳动而靠占有工人的劳动来生活,这本身就是劳动外在性的显著表现。因此,工人阶级与资产阶级的尖锐对立,是劳动的内在性和外在性处于对抗状态的表现形式。这种对抗状态还通过资本主义基本矛盾——生产社会化与生产资料资本主义私人占有形式之间的矛盾激化表现出来。在社会再生产过程中,上述矛盾又表现为单个企业生产的有组织性同整个社会生产的无政府状态,以及生产无限扩大的趋势和劳动人民有支付能力的需求相对缩小这两对矛盾,从而爆发经济危机。经济危机使社会生产力遭受严重破坏,资本主义私有制这种劳动外在性的产物,已经极大地阻碍着建立在世界性交往基础上的人类生产力这种完全意义上的人类本质力量的发展。这种情况说明,随着劳动内在性或人类本质力量取得了完全的形态,劳动外在性以及由它产生的私有制也发展到了最后的阶段。"资产阶级的生产关系是社会生产过程的最后一个对抗形式,……在资产阶级社会的胎胞里发展的生产力,同时又创造着解决这种对抗的物质条件。因此,人类社会的史前时期就以这种社会形态而告终。"②劳动二维结构将随着资本主义生产方式的崩毁而逐渐解构,真正的人的历史就由此开始。

四

劳动二维结构的解构,就是消除人与劳动之间以谋生目的为中

---

① 《1844 年经济学哲学手稿》,第 50 页。
② 《马克思恩格斯选集》第 2 卷,第 33 页。

介的劳动外在性,使劳动本身成为人们生活的第一需要,即人们把劳动这种人与动物相区别的类本质真正作为自己的生命存在形式本身。这样,个人的生命活动也就真正成为自由自觉的活动,因为自由王国只是在由必需和外在目的规定要做的劳动终止的地方才开始。

由于劳动外在性在资本主义私有制那里已发展到极致,且严重阻碍着建立在世界性交往基础上的人类生产力的发展,因此,劳动二维结构的解构,首先就必须消灭资本主义私有制,建立社会主义所有制。这样"社会化的人,联合起来的生产者,将合理地调节他们和自然之间的物质交换,把它置于他们的共同控制之下"①,从而促使已经具有人类性质的(进入了世界历史的)生产力的水平极大提高。这一点极为重要,因若非如此,人们又"必须重新开始争夺必需品的斗争,全部陈腐污浊的东西又要死灰复燃"②。资本主义私有制是劳动外在性的产物或表现形式,劳动外在性随着这种形式的扬弃而失去异化劳动的外观,逐渐走向衰落,但不会立刻消失。只要劳动还只是人们谋生的手段,劳动的二维结构就将继续存在,人们就将继续受根源于自身自然属性的必然性的支配。因此,当社会占有生产资料之后,就必须致力于扬弃劳动外在性,使劳动本身成为人的生存需要。实现这一目标的途径,首先是给劳动者提供更多的谋生的劳动时间以外的自由时间,创造条件并且引导劳动者打破旧式分工造成的局限,全面地发展自身的能力,由此搭起以全面发展自身的能力为劳动目的的桥梁,使人类从必然王国通向自由王国。

劳动以全面发展人自身的能力为目的,以及劳动本身成为人的

---

① 《马克思恩格斯全集》第 25 卷,第 926 页。
② 《马克思恩格斯选集》第 1 卷,第 86 页。

生存需要,这是一个问题中相互确证的两个方面。因为要使劳动本身成为人的生存需要,关键在于创造自由时间使人获得全面发展。所以"工作日的缩短是根本条件"①,"在必要劳动时间之外,为整个社会和社会的每个成员创造大量可以自由支配的时间"②。在自由时间中,社会创造条件并引导个人全面发展自身的能力,从而使人类劳动与个人劳动的矛盾得到解决。人类劳动与个人劳动的矛盾,实质上就是人的类本质与这种本质外化的矛盾,是在人学视野中呈现的劳动二维结构,它具体表现为以下三对矛盾。只有解决了这些矛盾,才能使人在劳动中真正感受到自己的生命存在。

首先,人类劳动能力的全面性和个人劳动能力的片面性的矛盾及其解决。劳动外在性所产生的分工和交换经历了区域性、民族性,最后达到全球性,将人类中每一个体以日益片面化的形式高度发展起来的劳动能力汇集起来,形成人类生产力,标志着在人类本质力量中"全面的能力体系"的确立。但是另一方面,在个人劳动中,由分工造成的能力片面化也不断加深,劳动者甚至被整合为机器的"部件"或工艺流程中的环节,这种物化现象本身使个人丧失总体性或完整性,人类生产力或人类的本质力量对他们来说是一种异己的、不可控制并受其支配的力量。劳动对于个人来说,既不是自由自觉的活动,也不是生命展开的快乐体验,"以致物质生活一般都表现为目的,而这种物质生活的生产即劳动(它现在是自主活动的唯一可能的形式,然而正如我们看到的,也是自主活动的否定形式)则表现为手段"③。要解决上述矛盾,"各个人必须占有现有的生产力总和,这不仅是为了实现他们的自主活动,而且就是为了保证自己的生存。这种占有首先受所要占有的对象的制约,即受发

---

① 《马克思恩格斯全集》第25卷,第927页。
② 《马克思恩格斯全集》第46卷(下),第221页。
③ 《马克思恩格斯选集》第1卷,第128页。

展成为一定总和并且只有在普遍交往的范围里才存在的生产力的制约。因此,仅仅由于这一点,占有就必须带有同生产力和交往相适应的普遍性质。对这些力量的占有本身不外是同物质生产工具相适应的个人才能的发挥。仅仅因为这个缘故,对生产工具一定总和的占有,也就是个人本身的才能的一定总和的发挥"①。如前所述,个人才能的全面性只有在自由时间中才能形成,个人在自由时间中的全面发展,与人类生产力中所包含的能力的全面性相适应,每个人通过占有现有的生产力总和而形成"个人生产力"②,从根本上消除"生产力好像具有一种物的形式,并且对个人本身来说它们已经不再是个人的力量"③与个人相对立的状态。这样"许多生产工具必定归属于每一个个人,而财产则归属于全体个人"④。个人通过劳动过程展现并进一步形成多种能力,在劳动成果中确认自身的力量,劳动本身就能够逐渐成为个人的生命展开的需要。反之"个人的充分发展又作为最大的生产力反作用于劳动生产力"⑤,从而形成建立在个人能力全面发展基础上的、打破了旧式分工的新型人类生产力,为人的全面发展创造更多的自由时间。

其次,人类生活的完整性与个人生活的单向性的矛盾及其解决。人类劳动汇集了每个人的能力,创造了极其丰富的、完整的人类生活,整个人化自然都表现为人类五彩缤纷的作品。但是不断精细的分工,使个人越来越局限于狭窄的劳动领域,劳动作为谋生手段的特性日益明显。谋生的劳动不断产生个人生活的单向性,人类生活的丰富性被个人不断强化的物质占有欲所遮蔽。这样,丰富多彩的人化自然,完整的人类生活,在个人的感性生活中,仅具有单调

① 《马克思恩格斯选集》第1卷,第129页。
② 《马克思恩格斯全集》第46卷(上),第520页。
③ 《马克思恩格斯选集》第1卷,第128页。
④ 《马克思恩格斯选集》第1卷,第129页。
⑤ 《马克思恩格斯全集》第46卷(下),第225页。

的色彩,"因为任何一个对象对我的意义(它只是对那个与它相适应的感觉来说才有意义)恰好都以我的感觉所及的程度为限"①。缺乏多方位感受人类生活的能力,不仅使个人生活极为贫乏,而且使个人不能在与他人共同劳动的成果中确证自身的本质力量,劳动对个人来说是外在的,不是生命的表现,当然也就不会成为他的第一需要。因此劳动对象化表现为对象的丧失②就具有双重含义。首先,在私有制中劳动者的劳动产品被剥削者无偿占有;其次,因为个人单向度感受生活,劳动产品——人化自然的丰富性,人类生活的完整性就不能成为个人的对象,"这些对象是他的需要的对象;是表现和确证他的本质力量所不可缺少的、重要的对象"③。解决上述矛盾也必须扬弃资本主义私有制,并使人自身获得全面发展。扬弃私有制,即使劳动产品不再被剥削者不劳而获;使人自身获得全面发展,即以高度发展的人类生产力为基础,在谋生的劳动以外,个性自由发展,全面增强自身感受人类生活的能力。这样,"已经生成的社会,创造着具有人的本质的这种全部丰富性的人,创造着具有丰富的、全面而深刻的感觉的人作为这个社会的恒久的现实"④。一旦个人具有了与人类生活的完整性、人化自然的丰富性相适应的感受能力,那么,"一切对象对他来说也就成为他自身的对象化,成为确证和实现他的个性的对象,成为他的对象,这就是说,对象成为他自身"⑤。他就会在劳动的对象化中确证自己的本质力量,劳动本身就会日益成为他的生命存在的形式。

再次,人类交往的普遍性与个人交往的狭隘性的矛盾及其解决。人类生产力的形成使人类历史进入世界历史,世界各民族通过

① 《1844 年经济学哲学手稿》,第 87 页。
② 《1844 年经济学哲学手稿》,第 105 页。
③ 《1844 年经济学哲学手稿》,第 105 页。
④ 《1844 年经济学哲学手稿》,第 88 页。
⑤ 《1844 年经济学哲学手稿》,第 86 页。

普遍交往紧密联系在一起。但是在劳动仅是谋生的手段的前提下，个人在由这种劳动建立起来的社会关系中，也把他人看作实现谋生目的的手段。资本主义私有制是谋生的劳动这种劳动外在性的最后形式，它使人和人之间的关系，变成了一种物的联系，变成了一种赤裸裸的利害关系，甚至"撕下了罩在家庭关系上的温情脉脉的面纱，把这种关系变成了纯粹的金钱关系"①。个人交往的这种狭隘性，不会随着资本主义私有制的扬弃而完全消除，因为劳动外在性依然存在。这种狭隘性也严重阻碍着人把劳动本身作为自己生存的需要。狭隘的个人交往，仅从谋生的目的出发，用对物的追求和占有掩盖了人与人交往中的丰富内涵，这样，"我们彼此的价值就是我们彼此拥有的物品的价值。因此，在我们看来，一个人本身对另一个人来说是某种没有价值的东西"②。要打破这种狭隘性，人们必须在自由时间里形成社会的公共生活领域，在这个领域中的活动，是不受谋生目的支配的科学、艺术等等的创造和交流，"从整个社会来说，创造可以自由支配的时间，也就是创造产生科学、艺术等等的时间"③。自由时间就是个人全面发展的空间。由此形成的以人的能力的全面发展为目的的社会交往，必然会打破个人交往的狭隘性，使个人通过劳动本身的交往成为自我生命的展开形式。劳动和产品是许多个人的各种能力的汇集。如果能够感受到这种能力的丰富性，确证人类的因而也是自我的本质力量，确证自我和他人的主体性，那么，劳动中的交往本身，以及由这种交往所产生的其他社会关系本身，对人来说就成为生命活动展开的需要。因为在这种关系中"对你来说，我是你与人类之间的中介，你自己认识到和感觉到我是你自己本质的补充，是你自己不可分割的一部分，从而我

---

① 《马克思恩格斯选集》第1卷，第275页。
② 《1844年经济学哲学手稿》，第183页。
③ 《马克思恩格斯全集》第46卷（上），第381页。

认识到我自己被你的思想和你的爱所证实"①。因此,"同他人直接交往的活动等等,成为我的生命表现的器官和对人的生命的一种占有方式"②。这样,建立在广泛交往基础上的劳动活动本身,就成为人的生存需要。

上述三对矛盾的解决,也就是人类劳动与个人劳动这对基本矛盾的解决,"人以一种全面的方式,就是说,作为一个总体的人,占有自己的全面的本质"③。人通过实现了真、善、美统一的理想人格而获得了自由。这样,劳动二维结构也就最终解构了。而从资本主义私有制的扬弃到劳动二维结构解构这一历史过程,是在共产主义(社会主义是它的初级阶段)这个社会共同体中展开的,"只有在共同体中,个人才能获得全面发展其才能的手段,也就是说,只有在共同体中才可能有个人自由"④。在共产主义社会的高级阶段上,根源于人的自然属性的谋生劳动,由于促使社会财富巨大增长,为所有人提供了充分的自由时间而完成了历史的使命,失去了存在的合理性;在自由时间中,社会引导每一个人全面发展自身的能力,人们在人与自然的关系中、人与社会的关系中摆脱了自然必然性的支配;而这也就是劳动二维结构的解构,是扬弃了劳动外在性的结果。从此,人就真正从必然王国进入了自由王国。所以"这种共产主义,作为完成了的自然主义=人道主义,而作为完成了的人道主义=自然主义,它是人和自然界之间、人和人之间的矛盾的真正解决,是存在和本质、对象化和自我确证、自由和必然、个体和类之间的斗争的真正解决。它是历史之谜的解答,而且知道自己就是这种解答"⑤。

---

① 《1844 年经济学哲学手稿》,第 184 页。
② 《1844 年经济学哲学手稿》,第 86 页。
③ 《1844 年经济学哲学手稿》,第 85 页。
④ 《马克思恩格斯选集》第 1 卷,第 119 页。
⑤ 《1844 年经济学哲学手稿》,第 81 页。

五

处于辩证运动中的劳动二维结构，被马克思的理论所把握，成为内蕴于自身的基本脉络。它的显现，对于人们进一步认识马克思的学说及其当代价值，无疑具有重大的意义。

首先，它突现了马克思所实现的哲学变革中生存论转向的特征。马克思使哲学回归生活世界，将哲学的主体从思辨领域转换到对现实的人类世界、人的现有生存状态及其超越的关注上来。如果把哲学范畴的文化概念理解为一种历史地凝结成的生存方式①，那么马克思哲学就是人类超越现存的生存方式的文化批判精神的高度自觉形态。对劳动二维结构的生成与解构这种辩证运动的哲学思考，内蕴鲜明而执着的文化批判取向，而对私有制及其相应的政治制度的批判，皆以实现人的自由而全面发展的生存状态——人的解放为旨归。以卢卡奇开始的西方马克思主义的文化批判，确实是在某种程度上领悟了马克思哲学基本的价值取向。但是，由于他们未能发现劳动二维结构的辩证运动，所以未能较全面地把握马克思文化批判的基本思路，其思想的现实性和深刻程度远逊于马克思哲学。如霍克海默等人对大众文化的批判，未能看到大众文化显示了闲暇时间的普遍性，而这种闲暇时间正是自由时间的潜在形式，是扬弃劳动外在性的条件。因而，他们的批判仅达到了一种片面的深刻性。②③ 哈贝马斯的交往理论虽然看到了主体间性对于解构目的理性并由此解决人与人、人与自然矛盾的重要意义，但他未能全面领悟马克思的辩证法，因为这一辩证法正是现实的劳动二维结构辩

---

① 衣俊卿.《文化哲学——理论理性和实践理性交汇处的文化批判》. 昆明：云南人民出版社，2005 年版，第 13 页。

② 霍克海默.《批判理论》. 李小兵，等，译. 重庆：重庆出版社，1989 年版，第 258－275 页。

③ 霍克海默，阿多尔诺.《启蒙辩证法》. 洪佩郁，蔺月峰，译. 重庆：重庆出版社，1990 年版，第 112－158 页。

证运动的理性呈现。因此正是在需要用劳动说明主体间性的地方，他为拒斥目的理性而撇开劳动，仅用语言交往去建构主体间性[1]，这样他就抛开了主体间性的前提和建构的重要机制：充分的自由时间和在共同劳动的对象化成果中的主体性相互确认。因而，虽然他阐发了许多有价值的思想，但缺乏较强的现实性。

其次，从劳动的二维结构辩证运动的视角看，无论目的理性、工具理性还是技术理性，在一定意义上都是横亘在人与劳动之间的谋生目的的变种，都是劳动外在性的表现形式。现代社会无论与马克思生活的时代相比有多大的差异，都仍是建立在劳动外在性基础之上的，而且操控现代社会的技术理性极大地强化了劳动外在性。后现代主义思潮所回应的对象，也只是逐渐萌生的扬弃劳动外在性的种种现实条件，但是扬弃劳动外在性在现实中还有一个漫长的过程，因此，后现代主义思潮在当代不可能真正解构现代性。所以，现代社会在总体上不仅未超越出来，而且更加进入了马克思哲学的问题域。如何扬弃以技术理性为主要特征的现代性，使人获得自由而全面的发展，这恰恰是马克思哲学关注的焦点，因为这正是解构劳动二维结构所内蕴的逻辑结论。现代西方哲学中科学主义与人本主义的对立，从根本上看是对现代性的哲学反思，前者关照人的自在性，后者确证人的自为性，二者的对立反映着对技术理性操控下的现代人的生存状态的不同态度，但都陷入片面性，缺乏辩证的洞察力。其实，劳动二维结构的辩证运动，正是人的自在性和自为性的辩证统一，是以人的总体性生成为目标的人类追求自由和解放的现实运动及其理论表达，而这种现实运动本身就具有总体性的特征。马克思精辟地阐述了这一特征，"完成了的自然主义＝人道主

---

[1]　哈贝马斯.《作为"意识形态"的技术与科学》. 李黎，郭官义，译. 上海：学林出版社，1999 年版，第 63 页。

义","完成了的人道主义＝自然主义"。因此,解决科学主义与人本主义的对立及对技术理性的正确态度,已包含在上述的等式中。所以如何摆脱在技术理性统治下人类的文化危机,以及人类在发展中所遇到的困境等重大问题,都只有在劳动二维结构的辩证运动中得到解答。可见马克思哲学在当代仍具有解决人类重大现实问题的巨大理论力量,而他通过对劳动二维结构辩证运动的理论表达所呈现的对人类命运的深切关注和对人类追求自由、解放运动的深刻思考,对促进现代社会的健康发展具有难以估量的价值。正如萨特所说:"马克思主义非但没有衰竭,而且还十分年轻,……它仍然是我们时代的哲学:它是不可超越的,因为产生它的情势还没有被超越。"[①]

再次,我们回到目前人们所理解的马克思哲学体系本身,可以发现由于劳动二维结构辩证运动的显露,立刻就从深层次上将马克思哲学统一为前后一贯的、严整的体系。至少从《1844 年经济学哲学手稿》开始,马克思哲学中深层的基本脉络就已形成,往后虽然有言辞的变换、概念的充实、研究领域的拓展、不同时期具体的关注点的差异等,但都仅是表层结构的变化,其深层的思想脉络却一以贯之。由此,长期以来纠缠不清的问题,如青年马克思与成熟时期的马克思,马克思对资本主义的道德评价与历史评价,文化批判与制度批判,异化理论与历史唯物主义等等的关系问题,立即得到澄明。而在一些更具体的问题上理解的歧义,如"人的类本质也即先验本质"[②],以及由于不能区分外化劳动与异

---

① 萨特.《辩证理性批判(上)》.林骧华,徐和瑾,陈伟丰,译. 合肥:安徽文艺出版社,1998 年版,第 28 页。

② 宋朝龙.《马克思在异化问题上思想转变的实质——评张奎良与俞吾金的争论》.北京理工大学学报(社科版),2005,7(5):74 – 76,89。

化劳动,因而认为马克思在异化劳动与私有制之间进行循环论证①等等,通过对劳动二维结构辩证运动的了解应能消除误解。因此,马克思哲学的基本脉络的显现,将会使马克思哲学研究的现状有一个大的改观。

最后,还要对马克思哲学体系做一种新的理解:马克思哲学就是马克思的整个学说,同样,马克思的学说就是马克思哲学。从劳动二维结构的辩证运动可以看出,马克思哲学的出发点及旨归都是人的自由和解放,剩余价值学说有两个重要的理论功能:其一是找出扬弃劳动外在性的前提——自由时间的潜在形式(剩余劳动时间),论证人的自由解放的可能性;其二是揭示无产阶级与资产阶级对立的根源,唤醒无产阶级,扬弃私有制,使潜在的自由时间变为现实,从而实现人的全面发展,使人类获得自由和解放。不言而喻,这恰恰正是马克思哲学的关键之处。科学社会主义是关于无产阶级解放的条件和途径的学说,但马克思认为,无产阶级的解放就是人类的解放,只有解放全人类才能解放无产阶级自身,所以问题又归结到自由时间、人的全面发展、扬弃劳动外在性。因此,马克思的哲学并非仅是它的整个学说的世界观和方法论的基础,而是整个学说本身。我们在这里并不是一般地揭示马克思学说的内在联系,而是在强调若按现行的三个组成部分及其相互关系的思路理解马克思学说,容易遮蔽马克思哲学或马克思学说对人类发展所具有的广阔视野和深远意义。如前所述,正是这种视野和意义,使马克思哲学在当代具有强大的生命力。另外,上述对马克思哲学的理解,可以给我国社会主义经济、政治和文化建设的整体发展提供重要的启迪,可以使我们进一步把握科

① 宋朝龙.《马克思在异化问题上思想转变的实质——评张奎良与俞吾金的争论》. 北京理工大学学报(社科版),2005,7(5):74-76,89。

学发展观以人为本的深刻内涵以及构建和谐社会的主要原则。

选自:《新华文摘》2007 年第 23 期 论点摘编

原文刊于:《齐鲁学刊》2007 年第 4 期

张奎良精粹

论历史唯物主义的二重起点

什么是历史唯物主义的起点？现在说法很多。有的说是劳动，有的说是人，有的说是经济关系或生产方式，还有的说是实践，甚至有的说是物质。尽管这些说法分歧很大，但是，有一点是共同的：他们都认为历史唯物主义只能有一个起点，即逻辑起点。因此，他们所选定的历史唯物主义的起点都是唯一的，具有绝对的排他性。我不同意这种看法，我认为，历史唯物主义像其他一切科学体系一样，有两个起点，除了逻辑起点之外，还应该有一个研究起点。在某种意义上说，研究起点比逻辑起点更重要，因为它是逻辑起点的基础和前提。现在，历史唯物主义弄出那么多的起点，彼此僵持不休，主要就是由于没有很好地分清这两个不同的起点。下面，我想就这个问题谈点初步的看法。

研究起点和叙述起点

科学是范畴的体系，任何科学都是通过一系列的范畴而建立和叙述出来的。科学的范畴体系的建立，这是长期缜密研究的结果，而科学成果的叙述则是科学内容本身的合乎逻辑的展开。因此，一切科学都有一个研究方法和叙述方法的问题。马克思说："在形式上，叙述方法必须与研究方法不同。研究必须充分地占有材料，分析它的各种发展形式，探寻这些形式的内在联系。只有这项工作完成以后,现实的运动才能适当地叙述出来。"①而叙述方法则与此相反,它"表现为综合的过程"②,是"在思维行程中导致具体的再现"③。

马克思的这些论述告诉我们,研究方法和叙述方法不是一回事。我们认识或研究一个事物,不能从抽象、片面出发,必须立足于现实,充分地占有材料,把握事物的全体。由此出发,逐一分析事物的各个方面及其相互联系,这就是抽象,然后再把它们综合起来,才能在思维中再现具体,达到对事物的本质认识。因此,研究的公式是"具体—抽象—具体"。而叙述的方法就与此不同了。对科学知识或原理的叙述必须符合逻辑,叙述的方法也就是逻辑的方法。十分明显,叙述不能从具体开始,因此感性的具体呈现在我们面前只不过提供"一个混沌的关于整体的表象"④,我们无法把它们的内容和实质同时一下子叙述出来。只有把它分解为各个方面,"从表象中的具体达到越来越稀薄的抽象"⑤,然后选取一个最简单最基本的规定,以此作为起点,逐步展开事物多方面的特性,最后再把它综合起来,才能揭示出事物的具体本质。因此,叙述的公式是"抽象—具体"。

研究方法和叙述方法的这种区别和功用,决定了一切科学体系也都相应地有一个研究起点和叙述起点。研究的起点又叫作认识的起点,它从研究的对象出发,是全部认识过程的基础。一般地说,研究的对象是什么,研究的起点也就是什么。由于任何研究的对象都是作为多种规定性统一的整体,因此,研究必须从实际出发,研究的起点只能是现实的感性具体。但是,叙述的起点或者逻辑的起点

---

① 《马克思恩格斯选集》第2卷,第217页。
② 《马克思恩格斯选集》第2卷,第103页。
③ 《马克思恩格斯选集》第2卷,第103页。
④ 《马克思恩格斯选集》第2卷,第103页。
⑤ 《马克思恩格斯选集》第2卷,第103页。

却不是感性的具体。马克思说："从实在和具体开始,从现实的前提开始,因而,例如在经济学上从作为全部社会生产行为的基础和主体的人口开始,似乎是正确的。但是,更仔细地考察起来,这是错误的。如果我抛开构成人口的阶级,人口就是一个抽象。如果我不知道这些阶级所依据的因素,如雇佣劳动、资本等等,阶级又是一句空话。而这些因素是以交换、分工、价格等等为前提的。比如资本,如果没有雇佣劳动、价值、货币、价格等等,它就什么也不是。"①所以,实在和具体在经过确切的规定以前,是无法充当叙述或逻辑的出发点的。从这里出发,是什么也叙述不清的。只有像马克思那样,从人口追溯到阶级,从阶级追溯到资本,从资本再追溯到雇佣劳动、价值、货币、价格等等,一句话,追溯到不能再分解的最简单、最基本的因素,从这里开始,一步步地再把这许多要素综合起来,才能认清诸如人口之类的感性具体。而这个最简单、最基本的要素正是对事物的高度抽象,所以,叙述的起点只能是抽象的东西。

正因为研究起点和叙述起点是不同的,所以我们看到,一切科学的学说或体系都有研究和叙述这两个不同的起点。黑格尔哲学以绝对精神为研究对象,其研究的出发点自然是绝对精神。但是,他在阐述绝对精神、建立自己学说的逻辑结构的时候,却是从纯存在开始的。马克思在研究资本及其运动的规律时,指出:"资本是资产阶级社会的支配一切的经济权力。它必须成为起点又成为终点。"②但是,他在叙述自己的研究成果时,却对资本进行了解剖,从"历史上和实际上摆在我们面前的、最初的和最简单的关系出发"③,"从商品开始"④。

① 《马克思恩格斯选集》第2卷,第102-103页。
② 《马克思恩格斯选集》第2卷,第110页。
③ 《马克思恩格斯选集》第2卷,第122页。
④ 《马克思恩格斯选集》第2卷,第123页。

由此可见,研究起点和逻辑起点对一切科学体系都是适用的。那么,研究起点和逻辑起点是什么关系呢?根据马克思的政治经济学的方法论,可以看出,二者的关系是:

1. 研究起点是逻辑起点的基础,逻辑起点是在研究起点的基础上认识继续前进的必经步骤。按照辩证逻辑,现实的感性具体虽然是研究或认识的起点,但是,生动的感性直观本身却只能认识表面的现象,达不到对事物的本质认识。为了认识事物的本质,还必须对具体事物进行分解、由感性知识进到个别的抽象。一切科学研究的第一步都是从具体出发,经过分析,达到对事物个别方面的抽象规定。而这正是叙述或逻辑的起点。只有从抽象出发,经过综合,在思维中再现感性具体,认识才能从感性进到理性,实现对事物的本质的认识。因此,逻辑起点是不可缺少的,它是在研究起点的基础上,人的认识发展的必经阶段。

但是,逻辑起点不论怎样重要,它都不能离开研究起点。逻辑起点之所以能确立起来,并作为人的认识从抽象到具体的开端,其前提就在于,逻辑起点立足于研究起点的基础上,它也是从实在具体抽象概括出来的。没有完整的现实表象做基础,一切逻辑起点都将失去存在的根据。所以马克思在指出具体不是叙述的起点以后,紧接着又说:"它是现实中的起点,因而也是直观和表象的起点。"①一切抽象都以现实具体为基础,都是从完整的表象中蒸发出来的。黑格尔就是因为不懂这一点,所以他不是把从逻辑起点开始的从抽象到具体的过程看作思维把握现实的过程,而是把它看作现实产生的过程,从而陷入幻觉,导致唯心主义。

2. 研究起点是分析的开端,而逻辑起点是综合的起点。由感性具体经过抽象上升到思维中的具体,这是辩证认识的过程。实现

①《马克思恩格斯选集》第2卷,第103页。

这一过程的方法就是分析和综合的统一。分析是由具体到抽象,把整体分解为部分。在认识中,这个过程正是从生动的现实具体开始的,它和研究起点相一致。但是,把整体分解为部分,达到抽象的规定,这并不是认识的目的。认识的任务是要在思维中把握具体,揭示事物的本质,而这就需要对抽象的规定进行综合。这个过程不能从具体出发,只能从最简单的抽象规定开始。因此,它又和逻辑起点相吻合。在认识中,分析和综合相互依存,互相转化。没有分析,就不能有综合,分析是综合的基础;没有综合,分析只能半途而废,综合是分析的目的。同理,研究起点和逻辑起点也不可分割,它们都是统一的认识过程中的必需要素。一切科学研究不仅要重视逻辑起点,强调从抽象到具体,而且也要重视研究起点,强调从具体到抽象。只有把二者紧密地衔接起来,才能避免认识中的唯心主义和形而上学。

有一种看法,忽视研究方法和研究起点在科学和认识中的意义。他们常常引用马克思在《〈政治经济学批判〉导言》中所反对的从人口出发的例子。他们认为,这是马克思对从现实具体出发的有力批驳。其实,马克思在这里只是反对把具体当作叙述和逻辑的起点,而从未反对研究或认识必须从具体开始。马克思说资本必须成为起点和终点就是一个证明。

至于有的人把马克思对古典政治经济学方法论的批判看作是他对从具体到抽象的一般否定,那更是一种误解。十七世纪的资产阶级经济学家在分析经济现象的时候,总是从生动的整体,如人口、国家、民族等等出发,最后得出个别的抽象,如劳动、分工、需要、交换价值等等。马克思在《〈政治经济学批判〉导言》中批判了古典经济学家的这种形而上学的方法论,指出他们的主要工作是把生动的具体的完整的东西分解为个别方面,因而没有提供关于具体事物的完整知识。马克思之所以批判他们,主要不是因为他们对具体事物进行了分解和抽象,而是因为他们把具体事物分解为抽象的规定以后就止步了,不再继续前进了。他们不了解,抽象规定的形成并不是认识的终结,它只是为从抽象到具体的过程提供了一个逻辑的起点。在他们看来,只要从具体的东西抽象出一系列简单的规定,那就意味着研究和认识的完成。马克思只是批判了古典经济学家的这种半途中止的研究方法,他不但并不否定从感性具体进到抽象规定的必要,而且认为这是认识从抽象上升到具体的前提。在马克思看来,完整的认识途径衔接着两条不可间隔的道路,"在第一条道路上,完整的表象蒸发为抽象的规定;在第二条道路上,抽象的规定在思维行程中导致具体的再现"①。这就是科学研究或人的认识的具体—抽象—具体的完整过程。因此,第一条道路,即从具体到抽象同样十分重要,不可忽视。马克思说:"最一般的抽象只是产生在最丰富的具体的发展的地方。"②研究起点的意义正在于此。

人是历史唯物主义的研究起点

在区分了研究起点和逻辑起点以后,首先要回答:什么是历史唯物主义的研究起点呢? 根据马克思的政治经济学方法论的原理可以认定,历史唯物主义的研究起点是人。这是因为:

第一,凡是现实的人都是社会的人,其本质都在于社会关系的总和。在这个意义上,人是一个丰富的具体,它为进一步抽象的规定奠定了基础,符合研究起点的要求和条件。

第二,人是历史的创造者,是社会生活的主体,人的活动贯穿于历史的各个方面,历史唯物主义本身就是研究人和人所构成的社会的发展规律的科学。只有从人出发,分析人,解剖人的社会生活,才

---

① 《马克思恩格斯选集》第 2 卷,第 103 页。
② 《马克思恩格斯选集》第 2 卷,第 107 页。

能在唯物主义的基础上揭示人的本质及其社会活动规律。抛却人，不从人出发，一切历史活动都是虚空。黑格尔历史哲学的要害就在于，他不是从人出发来研究历史，把历史活动当作人的现实活动，而是从人的一个方面特性即自我意识出发来研究历史，用绝对精神来构造历史运动，从而把人的历史发展当作了绝对精神运动的外在表现。黑格尔不把人当作历史的研究起点，结果导致唯心史观，这个教训是应该引以为戒的。

但是，也要指出，这里被当作历史唯物主义起点的人，绝不是抽象的人、一般的人、生物学上的人，它必须而且只能是现实的人、从事实际活动的人。强调这一点非常重要。因为人不仅构成历史唯物主义的研究起点，而且在历史上也充当了许多资产阶级哲学的出发点。十八世纪法国的启蒙学派和唯物论者在社会历史观上基本都是从人出发的，而费尔巴哈更是人本主义的典型。马克思在他的世界观形成的初期，也曾经受到过他们的强烈影响，把人的本质和异化当作自己早期批判资本主义、论证共产主义的出发点。当马克思强调"人就是人的世界"①，"人是人的最高本质"②，"人的根本就是人本身"③的时候，我们可以从中深刻地感受到人本主义表述方法的遗迹。摆脱这种影响，从抽象的人转到具体的人、现实的人，这是马克思思想发展的巨大飞跃，是他从唯心史观转到唯物史观的转折点。因此，只有现实的人的提法才能区别马克思的成熟著作与早期著作的界限，才能反映出马克思思想发展的实际进程。正因为这样，马克思、恩格斯本人多次声明，现实的人是他们的唯物史观的出发点。比如：

马克思在成熟的历史唯物主义著作《德意志意识形态》中曾

---

① 《马克思恩格斯全集》第 1 卷，第 452 页。
② 《马克思恩格斯全集》第 1 卷，第 461 页。
③ 《马克思恩格斯全集》第 1 卷，第 460 页。

说："我们不是从人们所说的、所想象的、所设想的东西出发，也不是从只存在于口头上所说的、思考出来的、想象出来的、设想出来的人出发，去理解真正的人。我们的出发点是从事实际活动的人。"①

《德意志意识形态》还说，历史唯心主义的观察方法"从意识出发，把意识看作是有生命的个人。符合实际生活的第二种观察方法则是从现实的、有生命的个人本身出发，把意识仅仅看作是他们的意识"。但是"这种观察方法并不是没有前提的。它从现实的前提出发，而且一刻也不离开这种前提。它的前提是人，但不是某种处在幻想的与世隔绝、离群索居状态的人，而是处在一定条件下进行的、现实的、可以通过经验观察到的发展过程中的人"。②

马克思在《关于费尔巴哈的提纲》中写道："新唯物主义的立脚点则是人类社会或社会化了的人类。"③

恩格斯在《费尔巴哈和德国古典哲学的终结》中又指出："对抽象的人的崇拜，即费尔巴哈的新宗教的核心，必定会由关于现实的人及其历史发展的科学来代替。"④

如此等等。这是否意味着禁绝人这个一般的提法，而非得在人字前面冠以"现实"或"具体"的字样不可呢？这倒未必见得。我们所以指出"现实的人"和"人"的区别，这完全是为了尊重历史。因为马克思、恩格斯当年曾经花费很大气力去划清"现实的人"和"人"的界限，这个事实既然在历史上曾经发生过，我们今天就不应视而不见。但是，指出这点也就够了，未必需要把"现实的人"当作一个专有名词来到处使用。如果我们抛开历史，在一般意义上来谈论历史唯物主义的起点问题，那么，就不能否认，马克思、恩格斯毕

---

① 《马克思恩格斯全集》第 3 卷，第 30 页。
② 《马克思恩格斯全集》第 3 卷，第 30 页。
③ 《马克思恩格斯全集》第 3 卷，第 5－6 页。
④ 《马克思恩格斯选集》第 4 卷，第 237 页。

竟承认了人是历史唯物主义的起点。因为他们所说的"现实的人"也是人，除非有特殊的针对性，一般来说，把"现实的人"称为人是不能算错的。事实上，马克思、恩格斯也只不过是在批判青年黑格尔派时才特别强调现实的人，离开了这个特定的含义，我们完全可以说，人是历史唯物主义的研究起点。

劳动是历史唯物主义的叙述起点

人虽然是历史唯物主义的研究起点，但是叙述历史唯物主义或者建立历史唯物主义的逻辑体系却不能从人开始，不能就人本身来说明人。人作为一个完整的表象，具有多方面的规定性，而思维是无法在整体上同时来把握人的多种属性的。只有从人的全部特性中抽象出一个最基本、最始初、潜藏人的一切特性的最简单的规定，以此为起点，逐步展开人的全部丰富性，才能对人做出全面而深刻的说明。这个规定就是劳动。

劳动之所以能够成为历史唯物主义的叙述或逻辑的起点，主要是因为：

第一，劳动是"一个十分简单的范畴"①，是"适用于一切社会形式的关系的最简单的抽象"②，而这个抽象的基础是现实的人，如马克思所说，劳动"这个抽象的规定性本身""同样是历史关系的产物"③，是人的产物。实际上，劳动只是人才具有的本质和特性。因此，劳动完全符合作为逻辑起点的前提条件。从劳动出发就能对人的本质和人类历史发展规律做出正确的说明。

第二，劳动构成人的本质，是人之为人的最根本的特性，人的其他一切特性，如社会性、意识性、能动性、实践性等等都发源于劳动，

---

① 《马克思恩格斯选集》第2卷，第106页。
② 《马克思恩格斯选集》第2卷，第107页。
③ 《马克思恩格斯选集》第2卷，第108页。

是在劳动的基础上产生出来的。因此,抓住了劳动也就抓住了人的根本,也就等于找到了一条说明人的正确途径。

第三,劳动是人类实践活动的基础,是社会历史的起点。人类的社会生活是生产力与生产关系、经济基础与上层建筑等多方面活动和关系的统一。但是,劳动是人的一切活动的核心和基础。马克思、恩格斯反复指明,劳动创造了人,劳动是人类历史的开端。恩格斯说:"历史从哪里开始,思想进程也应当从哪里开始。"①既然人类历史从劳动开始,那么我们在叙述历史的发展的时候,就应该以劳动为起点。

正由于上述原因,我们看到,无论马克思或恩格斯在叙述唯物史观的基本原理或安排唯物史观的逻辑结构的时候,都以劳动或生产作为起点。比如:

在《德意志意识形态》中,马克思、恩格斯首先指明:"人们为了能够'创造历史',必须能够生活。但是为了生活,首先就需要衣、食、住以及其他东西。因此第一个历史活动就是生产满足这些需要的资料,即生产物质生活本身。"②

在《〈政治经济学批判〉序言》中,马克思首先抓住了社会生产,从此入手,对历史唯物主义做了经典式的概括。马克思说:"人们在自己生活的社会生产中发生一定的、必然的、不以他们的意志为转移的关系,即同他们的物质生产力的一定发展阶段相适合的生产关系。这些生产关系的总和构成社会的经济结构,即有法律的和政治的上层建筑竖立其上并有一定的社会意识形式与之相适应的现实基础。"③

恩格斯在《反杜林论》中论述唯物史观的基本原理时也同样是

---

① 《马克思恩格斯选集》第 2 卷,第 122 页。
② 《马克思恩格斯全集》第 3 卷,第 31 页。
③ 《马克思恩格斯选集》第 2 卷,第 82 页。

从劳动生产出发的。恩格斯说："唯物主义历史观从下述原理出发：生产以及随生产而来的产品交换是一切社会制度的基础；在每个历史地出现的社会中，产品分配以及和它相伴随的社会之划分为阶级或等级，是由生产什么、怎样生产以及怎样交换产品来决定的。"①

同样，恩格斯《在马克思墓前的讲话》中，也是从劳动和生产入手来叙述马克思关于唯物史观的伟大发现的。恩格斯说："人们首先必须吃、喝、住、穿，然后才能从事政治、科学、艺术、宗教等等；所以，直接的物质的生活资料的生产，因一个民族或一个时代的一定的经济发展阶段，便构成为基础，人们的国家制度、法的观点、艺术以至宗教观念，就是从这个基础上发展起来的。"②

这些例证说明，历史唯物主义的叙述或逻辑的起点只能是劳动。

分清劳动与实践、经济关系、生产方式、社会存在等范畴的区别是必要的。因为这些范畴或者提出的角度，或者抽象的程度都与劳动不同，因此，它们和劳动不是同一序列的概念。比如，实践在哲学中主要是作为一个认识论的范畴而出现的。就人的认识秩序来说，感觉是认识的起点，但是只有实践才能有感觉，离开实践，闭目塞听，就不可能有感性认识的产生和存在。在这个意义上，与其说实践是唯物史观的起点，倒不如说是认识论的起点更合适。至于说到经济关系、生产方式、社会存在等范畴，那么十分明显，它们都不是最简单、最抽象的，而是基于劳动概念基础上而展开的中间性的概念，因此，它们不可能成为历史唯物主义的逻辑起点。

但是，这里仍需指出，正像我们不能离开劳动去认识人一样，我

① 《马克思恩格斯选集》第3卷，第307页。
② 《马克思恩格斯选集》第3卷，第574页。

们也不应该离开人去理解劳动。劳动作为历史唯物主义的逻辑起点在马克思主义体系中占有重要的地位。但是,不要忘记,劳动是人的本质,劳动的主体是人,劳动是从人的特性中抽象出来的最简单的规定性。离开人,劳动将成为一个毫无意义的术语。在这个意义上,历史唯物主义的逻辑起点是不能离开研究起点而单独存在的。人是历史唯物主义的研究起点,是劳动这个逻辑起点的现实前提,因而要把这两个起点恰当地结合起来,这就是我们的结论。

选自:《新华文摘》1982 年第 9 期

原文刊于:《学习与探索》1982 年第 3 期

马克思的新唯物主义哲学新在哪里？

　　在哲学界，几乎没有人否认马克思完成了划时代的哲学革命变革，并创立了一种新唯物主义哲学。马克思在《关于费尔巴哈的提纲》中也明确地推出了"新唯物主义"概念，指出："旧唯物主义的立脚点是'市民'社会；新唯物主义的立脚点则是人类社会或社会化了的人类。"可是这种新唯物主义是什么呢？它新在哪里呢？对于这个问题，长期以来人们在认识上有分歧，理解得不一致。现在由于文本研究的深入和时代精神的观照，已有可能确切地回答这个问题。本文就此发表浅见，以求教于同人。

　　1.按照传统的理解，马克思的新唯物主义被认为是唯物论与辩证法的结合，即辩证唯物主义。这种看法最早始于狄慈根，他在1886年出版的《一个社会主义者在认识论领域中的漫游》一书中，第一次提出了辩证唯物主义概念，用以表达他所理解的马克思的世界观。马克思称狄慈根为"我们的哲学家"。恩格斯在《费尔巴哈论》中也充分肯定了狄慈根的贡献，他说，"不仅我们发现了这个多年来已成为我们最好的劳动工具和最锐利的武器的唯物主义辩证法，而且德国工人约瑟夫·狄慈根不依靠我们，甚至不依靠黑格尔也发现了它"。恩格斯说的唯物主义辩证法与辩证唯物主义是同一意思，其内涵都是指唯物论和辩证法的结合，恩格斯的这段话可以看作是对辩证唯物主义的认同，而且他还在《反杜林论》《费尔巴哈论》和《自然辩证法》中阐明了自然观、历史观、认识论、辩证法四大块内在统一的辩证唯物主义基本原理。此后,关于马克思哲学革命变革成果就是唯物论与辩证法的结合,马克思的新唯物主义就是辩证唯物主义等说法就逐渐流传开来,成为普遍接受的观念。普列汉诺夫较早地使用辩证唯物主义这一术语来概括马克思的哲学创新。① 列宁也主张辩证唯物主义。② 倡导辩证唯物主义最有力者莫过于斯大林。1938 年他发表的《辩证唯物主义与历史唯物主义》的小册子把辩证唯物主义模式推向意识形态的塔尖,从此,它就以国家哲学的姿态,带着强烈的排他性,在苏联和中国等社会主义国家扩展开来。

怎样看待和评价辩证唯物主义? 为了回答这个问题,必须首先明确近现代哲学思维方式的不同特点。马克思在《关于费尔巴哈的提纲》结尾说:"哲学家们只是用不同的方式解释世界,而问题在于改变世界。"这是新旧哲学的一条重要的分界线。近代和近代以前的哲学家囿于追问世界本质和本原的历史传统,总想给世界提供一个一劳永逸的终极的解。无论是唯物主义或唯心主义,它们都以解释世界为己任,而从未想去改变世界。但是到了现代,当实证科学已经能够不依赖哲学独立地做出对世界本质和本原的确切回答时,哲学作为一种形而上学对世界本质和本原的信念和猜测就显得软弱无力甚至没有必要了。以马克思提出的"改变世界"为标志,哲学开始超越对世界本质的终极追求,而向人的生活世界回归,服务于人的生存和发展,实现了哲学由"解释世界"向"改变世界"的历史性飞跃。但是传统的辩证唯物主义哲学却没有跟上历史前进的步伐,未能贯彻马克思的"改变世界"的主旨,依然是一种"解释世界"的哲学。就其对世界的解释和说明来说,与其他一切旧哲学

---

① 参见《普列汉诺夫哲学著作选集》第 3 卷,第 106 页。
② 参见《列宁选集》第 2 卷,第 12 页。

相比,它在哲学史上是最卓越的,也是史无前例的。它把唯物主义与辩证法破天荒地结合在一起,给世界的存在提供了一个正确的解:世界确实是物质的、先在的,世界也确实处在永不停息的运动变化中,由此引申出的实事求是原则和辩证发展观点也体现了马克思的哲学精神,对人们的实践活动也无疑具有重要的指导意义。所有这一切都表明,在"解释世界"的层面上,辩证唯物主义不但没有什么偏颇可谈,而且在长达一个多世纪的历史流传中,对于宣传和树立正确的哲学信仰做出了不可磨灭的贡献。

但是,这种"解释世界"的辩证唯物主义哲学并不代表马克思哲学的特质。就辩证唯物主义的两大构成要素来说,无论是唯物主义或辩证法都不是马克思的哲学新创,它们作为既有的哲学成果在历史上源远流长。唯物主义自不必谈,到了费尔巴哈,唯物主义已经达到了新的高度,而"辩证法的真正规律在黑格尔那里已经有了"[①],黑格尔"第一个全面地有意识地叙述了辩证法的一般运动形式"[②]。在这种情况下,唯物论和辩证法的结合只是一个二者的"对接"或辩证法基础的"颠倒"问题,远谈不上什么哲学革命变革。特别是在费尔巴哈批判了黑格尔的唯心主义、恢复了唯物主义的权威以后,只要不像他那样把辩证法当作洗澡水和小孩一起泼出去,那么,唯物论和辩证法的结合几乎是理所当然或顺理成章的事。所以工人出身的狄慈根才能不依靠马克思和恩格斯独立地发现它。这就表明,把马克思的哲学革命变革归结为唯物论和辩证法的结合,无论从哪个方面来看,都是对马克思划时代的哲学贡献和创新的一种误解和贬低。

这种看法在逻辑上也站不住脚。众所周知,马克思以前的唯物

---

① 《马克思恩格斯全集》第 32 卷,第 535 页。
② 《马克思恩格斯选集》第 2 卷,第 218 页。

主义在运动观上都带有机械性,是一种形而上学的唯物主义。而黑格尔又把辩证法神秘化,禁锢在他所臆造的"绝对精神"的框子中,是一种唯心主义的辩证法。这就是说,它们自身都不完美,是与形而上学和唯心主义的共生体。在这种情况下,唯物论和辩证法的结合不仅可能产生辩证唯物主义,也可能产生形而上学唯心主义。怎样才能避免结合出这种恶胎呢?出路只有一个,那就是事先已经将唯物主义和辩证法净化了,从唯物主义中剔除形而上学,从辩证法中挖掉唯心主义基础,有了这个前提才可能结合成辩证唯物主义。可是若能做到这一点的话,那就表明事先已经有了辩证唯物主义意识,充分认识到与唯物论共生的形而上学和与辩证法并存的唯心主义的弊害,能意识到这一点,实际上已经达到了唯物主义与辩证法相结合的高度。显然这是反果为因,循环论证,把要证明的结论当作前提使用了。

此外,把马克思的新唯物主义归结为辩证唯物主义也有悖于真实的哲学背景。恩格斯在《费尔巴哈论》中曾说:"黑格尔不是简单地被放在一边,恰恰相反,上面所说的革命方面,即辩证方法,是被当做出发点的。"恩格斯还说过,马克思过去和现在都是唯一能担当起批判地改造和继承黑格尔辩证法的人。①于是就有人望文生义,断言马克思的哲学革命变革是从黑格尔的辩证法出发,是在辩证法的阵地上发生的。但是这种看法经不起推敲,也不符合历史实际。恩格斯说辩证法被当作出发点是就我们的观察和认识而言,必须从辩证法出发去看待问题,而不是谈历史上马克思的哲学革命变革是从辩证法出发的。实际上马克思直接面对的不是黑格尔,而是批判了黑格尔唯心主义的费尔巴哈。恩格斯在《费尔巴哈论》前言中已经说清了这一点,指出费尔巴哈是"黑格尔哲学和我们的观点

---

① 《马克思恩格斯选集》第 2 卷,第 121 页。

之间的中间环节"，马克思的哲学革命变革不是在辩证法的基地上，而是在费尔巴哈唯物主义阵地上发生和进行的，其使命是承袭费尔巴哈唯物主义的积极成果，将唯物主义继续向前推进。当然，这里也有一个正确对待黑格尔辩证法的成果问题，但这不构成起点或出发点。如果把辩证法视为出发点，那么马克思哲学革命变革的成果就不会是一种"新唯物主义"，而只能是一种新的方法。马克思走过的道路是通过费尔巴哈克服黑格尔的唯心主义，携带黑格尔辩证法的积极成果，投入到唯物主义的推进和革新中去。

　　最后文本上的材料也不支持辩证唯物主义的概括。马克思站在唯物主义营垒里，曾多次表明自己的唯物主义立场。① 但是，马克思很少从"解释世界"的角度谈论世界的基质和本原，更未十分留意地谈论世界物质性问题，在 18 世纪唯物主义特别是在费尔巴哈恢复了唯物主义的权威以后，世界的物质先在性已经无须赘述了。对于辩证法，马克思确实情有独钟，并且为批判地继承黑格尔的辩证法的伟大成果做出了巨大贡献。但是马克思从未专门系统地论述过辩证法，他的许多精辟的提法，如他说在黑格尔那里"辩证法是倒立着的。必须把它倒过来，以便发现神秘外壳中的合理内核"，"辩证法不崇拜任何东西，按其本质来说，它是批判的和革命的"②，等等，这些都是马克思谈论别的问题涉及到辩证法时画龙点睛勾勒出来的。马克思认为，为使辩证法真正摆脱黑格尔的神秘形式，"使一般人都能够理解"③，仅此还很不够，功夫远未下到。马克思多次表示，"一旦我卸下经济负担，我就要写《辩证法》"④。他还说，"如果以后再有功夫做这类工作的话，我很愿意用两三个印张

① 《马克思恩格斯全集》第 32 卷，第 526、213 页。
② 《马克思恩格斯选集》第 2 卷，第 218 页。
③ 《马克思恩格斯全集》第 29 卷，第 250 页。
④ 《马克思恩格斯全集》第 32 卷，第 535 页。

把黑格尔所发现、但同时又加以神秘化的方法中所存在的合理的东西阐述一番"①。众所周知,马克思的这个愿望未能实现,这除了因为忙而抽不出时间外,也反映了马克思对自己工作任务轻重缓急的安排和部署。

总之,马克思既很少谈及一般的唯物主义,也未十分专注地写出《辩证法》,更未见他如何致力于二者的结合,我们在马克思的文本中找不到这方面的充分论据。通过上述分析,我们得出结论,把马克思的新唯物主义归结为唯物论与辩证法相结合的辩证唯物主义,有违马克思的哲学本意,是难以站得住脚的。

2. 马克思的哲学革命和哲学创新的成果,我们可以依据马克思自己的表述认定,就是他终生一贯坚持的实践唯物主义。

所谓实践唯物主义就是"把感性理解为实践活动的唯物主义"②。与旧唯物主义不同,它开辟了唯物主义的新视野,把实践作为事物和现实的根基。旧唯物主义紧紧盯住物质,认为世界是先在的物质存在,世界的统一性在于物质性,这种认识作为对世界本原的终极回答,无疑是正确的。但是脱离人和人的活动来理解世界,把世界看成是与人无涉的纯自在的物质实体,这种物质观又带有明显的抽象性和思辨性,就思考世界的方式来说,它和唯心主义并无本质区别,唯心主义也不过是把精神加以神化了的绝对而已。马克思既不同意黑格尔"把实体了解为主体,了解为内部的过程,了解为绝对的人格",也不同意霍布斯的狭隘的片面的概括——"物质是一切变化的主体";他用实践把主客体联结起来,认为只有主观见之于客观的感性活动,即实践,才是"整个现存感性世界的非常深刻的基础"。③ 马克思引入并改造黑格尔的实践范畴,使之依附

---

① 《马克思恩格斯全集》第 29 卷,第 250 页。

② 《马克思恩格斯选集》第 1 卷,第 18 页。

③ 《马克思恩格斯全集》第 2 卷,第 75 页、164 页;《马克思恩格斯选集》第 1 卷,第 49 页。

于人的对象性活动,这就使唯物主义摆脱了先前的抽象性和思辨性,而面对现实,向人的生活世界回归。马克思称这种从实践和实践主体出发来理解世界的唯物主义为新唯物主义,并认为这是新旧唯物主义的分水岭。

恩格斯曾把马克思的《关于费尔巴哈的提纲》称为"包含着新世界观的天才萌芽的第一个文件",马克思在这个文件的第一条就开宗明义地指出:"从前的一切唯物主义——包括费尔巴哈的唯物主义——的主要缺点是:对事物、现实、感性,只是从客体的或者直观的形式去理解,而不是把它们当作人的感性活动,当作实践去理解,不是从主观方面去理解。"这段经典的至理名言不仅指出了旧唯物主义的缺点,而且从相反方面印证了新唯物主义的内涵,即对事物、现实和感性不能限于从客体的或直观形式去理解,只是被动地反映事物作用于自己的直观映象,而要把它当作人的感性活动,当作实践去理解,而实践都是主体带着自己的利益、需求、目的和价值追求而进行的感性活动,因而也是从主观方面去理解。正是出于这种理解,马克思称自然为人化自然,说"社会生活在本质上是实践的",因而历史已就是人的生成史、实践史,而"人的思维是否具有客观的真理性,这并不是一个理论的问题,而是一个实践的问题",如此等等。总之,对马克思来说,实践观点涵盖一切领域,无论自然、社会、历史、思维都应把它们当作人的感性活动的对象、过程或结果,都要当作实践来理解。早在《1844年经济学哲学手稿》中,马克思就已初步形成了实践唯物主义的基本思想,经过《关于费尔巴哈的提纲》和作为这个提纲进一步展开的《德意志意识形态》,马克思的实践唯物主义思想最终形成,从此,马克思把唯物主义学说推向现代的实践形态,并终生一直把实践唯物主义观点坚持到底。①

　　马克思能够创立实践唯物主义绝非偶然,而是近代唯物主义发展的必然结果。哲学在一定意义上也是人学,但它超越实证的科学人学观,是对人的存在、本质、价值、发展的总体把握。哲学离不开人,必须研究人,源于哲学自身的性质和使命。任何哲学都面临主客二分的矛盾,当主体反映客体和对象化于客体时,都要求解决一个前提性的问题,即什么是主体,人作为主体能否反映和改造客体?通过什么途径达到主客体的统一? 近代哲学就是沿着这个线索而由存在论走向认识论又走向实践论的,这个过程也正是人学不断拓展和深化的过程。马克思从《神圣家族》起始,特别是在《关于费尔巴哈的提纲》和《德意志意识形态》中详尽地论述了近代唯物主义哲学中人学内涵的扩张趋势,以人的基蕴为尺度,区分了近代唯物主义发展的三形态。马克思指出,近代唯物主义的第一个形态是纯粹的唯物主义,这是经过中世纪长期冬眠后近代最早出现的唯物主义。它用物质取代了神,但人并未表现出自己作为主体的丰富色彩。马克思说:"唯物主义在它的第一个创始人培根那里,还在朴素的形式下包含着全面发展的幼芽。物质带着诗意的感性光辉对人的全身心发出微笑。但是……唯物主义在以后的发展中变得片面了。霍布斯把培根的唯物主义系统化了。感性失去了它的鲜明的色彩而变成了几何学家的抽象的感性。物理运动成为机械运动或数学运动的牺牲品;几何学被宣布为主要的科学。唯物主义变得敌视人了。"②这种片面的失去了人的感性光辉的唯物主义就是马克思称谓的纯粹唯物主义。在《德意志意识形态》中,马克思进一步揭示了纯粹唯物主义的内涵,称把人淹没在物质中的近代早期的

---

① 《马克思恩格斯全集》第 19 卷,第 405 页。
② 《马克思恩格斯全集》第 2 卷,第 163 - 164 页。

唯物主义为纯粹的唯物主义。①

　　近代唯物主义的第二个形态是直观的唯物主义,即马克思在《关于费尔巴哈的提纲》中指出的"直观的唯物主义,即不是把感性理解为实践活动的唯物主义",费尔巴哈就是这种唯物主义的代表。马克思批评费尔巴哈说,他出于感性直观看到了人,并且重视人,高扬人,认为自然界和人是新哲学"唯一的、普遍的、最高的对象"②,他的唯物主义就是人本唯物主义。但是这种唯物主义的直观性决定了它对人的理解是表面的、肤浅的,只是看到了人的感性存在,不了解人的感性活动,不能从人的实践活动及其形成的社会关系中来发现"真实存在着的、活动的人,而是停留在抽象的'人'上"③。实践浇灌了现实的人,规定了人的具体性、历史性,与费尔巴哈的主观愿望相反,抛开实践及其形成的社会关系来观察人,不但不能提高人,反而贬低了人及人的主体地位,把人看成如同动物一样的纯粹的感性对象。这样,承认人又不了解人,就成了近代唯物主义的第二个形态即直观唯物主义的主要缺点。

　　唯物主义的第三个形态是实践的唯物主义,它超越费尔巴哈的直观唯物主义,并把唯物主义推进到现代形态,是马克思划时代哲学革命的集中体现。恩格斯后来在《费尔巴哈论》中说:"但是费尔巴哈所没有走的一步,终究是有人要走的。……这个超出费尔巴哈而进一步发展费尔巴哈观点的工作,是由马克思于 1845 年在《神圣家族》中开始的。"此后不久马克思写出的《关于费尔巴哈的提纲》及作为这个提纲的进一步展开的《德意志意识形态》则标志着马克思主义哲学革命的终结和新唯物主义的创生。恩格斯称《关于费尔巴哈的提纲》为"包含新世界观的天才萌芽的第一个文件",就是

---

　　① 《马克思恩格斯选集》第 1 卷,第 50 页。

　　② 《费尔巴哈哲学著作选集》(下),第 14 页。

　　③ 《马克思恩格斯选集》第 1 卷,第 50 页。

对马克思创立的实践唯物主义的肯定。

3. 马克思自称实践唯物主义为"新唯物主义",那么这种新唯物主义"新"在哪里呢？除了上述"把感性理解为实践活动"的新视野、新内涵和"改变世界"的新功能外,它的"新"还表现在以下五个方面:

第一,它是唯物史观的新起点。唯物史观是马克思的哲学新创,最集中地体现了马克思主义哲学的全面性和彻底性。可是传统的马克思主义哲学却将唯物史观依附于辩证唯物主义,认为唯物史观是辩证唯物主义在社会历史领域的运用和推广。马克思的实践唯物主义廓清了唯物史观的哲学渊源,在与旧唯物主义的比较中,揭示了唯物史观产生的真实源头和起点。从前的旧唯物主义在自然观上是纯粹唯物主义的,但在社会历史观上却背弃了唯物主义的原则,与一切历史唯心主义者一样,也是用精神、意志和理性来说明历史。旧唯物主义在社会历史观上的失败表明,在自然观上坚持一般的唯物主义观点并不十分困难,只要尊重客观现实,即使从直观经验出发,也会得出外部世界不依赖于人的意志而客观存在的唯物主义结论。但是对于社会历史,单凭表面直观就很不够了,历史呈现在人们面前的是无数纷繁复杂的事件和人物的迭起与沉浮,单纯的直观经验只能把人引向精神意志或英雄人物决定历史的唯心史观的歧路上去。马克思的划时代伟大贡献在于,他把历史当作逝去了的现实,并用观察事物、现实和感性的实践唯物主义观点来对待历史,发现:"社会生活在本质上是实践的。凡是把理论导致神秘主义方面去的神秘东西,都能在人的实践中以及对这个实践的理解中得到合理的解决。""任何人类历史的第一个前提无疑是有生命的个人的存在"①,获得满足生命需要的生活资料的方式把人和动

① 《马克思恩格斯选集》第 1 卷,第 24 页。

物区别开来。人要生活就需要生活资料,要获取生活资料就要进行物质资料的生产和再生产。在生产中形成现实的生产力,生产力的实现形式就是生产关系,生产关系的总和构成经济基础,在其上矗立起政治、法律和意识形态等上层建筑,于是生产力与生产关系和经济基础与上层建筑的矛盾运动就构成了人类历史演进的机制、动力和规律……可以看出,全部唯物史观的基本命题、范畴和概念系列都立足于物质资料生产这一最主要的实践活动上,只有实践才是唯物史观的真正起点。这个思想恩格斯早在马克思墓前的讲话中就做过精辟的论述,但对待历史的这种理解和阐述方式不是始自别人,正是发端于马克思。他在《德意志意识形态》中论述人类历史的第一个前提时说:"人们为了能够'创造历史',必须能够生活。但是为了生活,首先就需要衣、食、住及其他东西。因此第一个历史活动就是生产满足这些需要的资料,即生产物质生活本身。"①这样,生产实践被空前地提升了,成为唯物史观的基石,以生产实践为起点展开历史唯物主义的基本原理和逻辑系列,就成为马克思主义哲学的一大特色。

第二,实践唯物主义之新还体现在它揭示了"唯物"之"物"的新含义。旧唯物主义在社会历史观上失足的重要原因在于它们找不到可以作为出发点的"社会物质"。因此,它们空有唯物主义的前提,一到社会历史领域就背叛自己。马克思的唯物主义的显著特征就在于它是全面而彻底的,贯通于自然和社会历史领域。马克思扩展了物质概念的内涵,突破了旧唯物主义关于物质是可以感知的有形实体的界定,把物质理解为一种不依人的意志为转移的客观实在。这种实在既可以是物质实体,也可以是一种联系、关系或活动。马克思在《德意志意识形态》中就直接把人的生产劳动和其他社会

---

① 《马克思恩格斯选集》第1卷,第32页。

活动称为"物质实践",他说,唯物史观"不是从观念出发来解释实践,而是从物质实践出发来解释观念的东西"①,这是唯物史观区别于唯心史观的根本点。把实践和实践中形成的社会关系理解为不依人的意志为转移的客观基础,就使马克思找到了"社会物质",并把它当作如同自然界一样的出发点,从而社会历史的发展才能与自然界一样,是一个自然历史过程,这样实践唯物主义及唯物史观的确立就扭转了旧唯物主义单纯以物为本的哲学传统。由于自然界已经人化,社会历史本身又是人的实践积淀的结果,所以对于马克思来说,唯物主义的"物"已经不限于它本来的含义。唯物主义并不意味着哲学研究一定要以"物"为本,相反,"物"只表明人在创造历史的活动中不能随心所欲,离不开以外部世界为对象,必须承认外部世界和客观规律对人的制约。所以,唯物史观产生以后,唯物主义就不再是关于"物"的信念及劝喻人服从"物"的规律的哲学了,而是"关于现实的人及其历史发展的科学"②,这正体现了唯物主义哲学发展的新方向。

第三,实践唯物主义之新还在于它突出了实践者即人的主体性,在客观规律和主观能动性之间建立了一种新的平衡。旧唯物主义由于对事物、现实和感性只是从客体的直观的形式去理解,而不是把它当作感性活动,当作实践,从主观方面去理解,"所以,结果竟是这样,和唯物主义相反,唯心主义却发展了能动的方面"。与之相比,旧唯物主义在发挥人的主观能动性方面相形见绌,它更多是劝导人们服从必然,抑制自我,在客观规律的制约下达到客体和人与自然的统一。实践唯物主义的思维方式根本改变了人与自然和社会的关系,在唯心主义强调主观精神和旧唯物主义强调客观物

---

① 《马克思恩格斯选集》第1卷,第43页。
② 《马克思恩格斯选集》第4卷,第237页。

质这两极中间，马克思搭了一座主观见之于客观的桥，更强调人的实践的作用和意义。实践虽然是一种客观的物质性的活动，但人却是带着自己的利益意志、需求和价值判断来投入实践活动的，目的在于通过实践活动，否定和改变外部环境和条件，使之服从于我，在主体的尺度和坐标下，建立主客体的一致和统一。旧唯物主义者只看到客体制约性的一面，强调环境和教育对人的决定作用。而马克思在承认这种决定作用的同时，还看到了另一面："环境正是由人来改变的，而教育者本人一定是受教育的。"人作为实践主体不仅改变自然，而且创造环境，人的实践活动不仅服从物的尺度，而且遵循人的尺度，主体的价值需求、利益意志甚至审美原则也同样制约人的活动。所以马克思说："环境的改变和人的活动的一致，只能被看作是并合理地理解为革命的实践。"正是在实践活动中，才达到了人与自然社会和环境的和谐统一。而实践只能是主体的实践，主体尺度和活动不能不在实践结构中起越来越大的作用。实践唯物主义彻底改变了旧唯物主义的消极直观的性质，在历史上第一次真正地高扬了主体性，并把它置于科学的基础上。

第四，实践唯物主义之新还表现在它承认历史发展的多因性和非线性规律，在线性决定作用基础上，对概率的、或然的、随机的作用方式和意义做了新的揭示。自 17 世纪以来，经典力学的长期统治地位造成了那个时代特有的线性决定论的思维方式。这种思维方式强调二体或二极的相互作用必然产生相应的结果，而这个结果又作为一体或一极与另一体或一极相互作用，它又成为新的结果的原因，如此往复相继形成线性的因果链条。在纯粹的自然界，由于没有人的活动的干预，一切因果关系似乎都是线性的，规律以其命中注定的铁的必然性排斥一切概然的和随机的作用。即使承认偶然性的存在，也被理解为必然性的表现形式和补充，事物的多样化形态被取消了，机械论、宿命论、预成论被召唤出来，共同围剿辩证发展论。在社会历史领域,一切既成的事件和现象都被认为是必然的,否认可能性的多种趋向。用这种观点来观察历史,历史也就无从选择,成为某种内在目的和预成模式的展开。实践唯物主义和历史唯物主义把人的意志、激情和主体精神带进历史,成为影响历史发展的不可忽视的因素。人的参与赋予历史以或然和随机的性质,历史发展不可能完全遵循一成不变的必然性。一切既成的史实对后人来说都是历史,仿佛既然发生了,就是必然的,合乎规律的。其实它在历史参与者那里,是多种因素综合作用的结果,历史参与者完全可以通过自己的努力形成另一种历史局面。在后人眼中这种可能性隐逝了,但在当事者的实践中却是可以设想和努力争取的,就像在现实生活中人们可以能动地干预和改变现状一样。不仅如此,如果返回到历史的昨天,在历史参与者眼中,一切影响历史发展的因素也并非恒定不变,它们作为现实的东西,有它形成的多方面原因,这些原因无不带有或然性和随机性,曾经经历过既可发生又可不发生,既可这样发生又可那样发生的时刻,在这个时刻,人的选择和创造作用是不容否定的。因此,历史规律的作用既是线性决定的,又是或然随机的。对于实践唯物主义者来说,历史发展的方向、趋势和规律是不可改变的,它或早或迟一定要实现。但是通过什么方式实现,历史通过什么途径为自己开辟道路,这就带有概率的、或然的和随机的性质了。正因为这样,实践唯物主义和历史唯物主义给人参与和创造历史提供了更广阔的余地。

第五,实践唯物主义之新的最后一点是,它对辩证法的作用领域提出新的理解,更强调实践辩证法和思维辩证法传统的马克思主义哲学对辩证法的含义做了精确的区分,认为客观辩证法即是自然辩证法,而主观辩证法作为客观辩证法的反映,体现在思维和知识层面上,凝结为辩证法科学。对辩证法从主客两方面加以区分,最早始自恩格斯,他在《反杜林论》中指出:"自然界是检验辩证法的试金石……自然界的一切归根到底是辩证地而不是形而上学地发生的。"①在《自然辩证法》中恩格斯又指出,"所谓客观辩证法是支配着整个自然界的,而所谓主观辩证法,即辩证的思维,不过是自然界中到处盛行的对立中的运动的反映而已"②。这样,自然辩证法就成了"源",而辩证思维就成了"流",这种"源""流"之分对于强调自然本体论和反映论的唯物主义哲学来说,是不可避免和理所当然的。本世纪以来,从卢卡奇开始,萨特、梅洛庞蒂、马尔库塞等一些有影响的马克思主义哲学研究者都对自然辩证法持有异议,而特别倾心于人学辩证法和历史辩证法。当时苏联和德、意等国的马克思主义哲学家曾为维护恩格斯的见解而与之论战过,直到今天,这种否定自然辩证法的思想在国内外仍有一定的市场。问题的症结在哪里? 到底应当怎样看待辩证法的作用领地? 要讲清这个问题必须首先从黑格尔说起。在哲学史上,除了亚里士多德外,黑格尔是自觉地叙述辩证运动形式的第一人。他总结了自然科学和历史运动的经验与成就,提出事物辩证发展的总体思想和一系列具体的规律与范畴。黑格尔的辩证法是划时代的,对于人类理智的进步具有不可估量的意义。但是黑格尔是个唯心主义者,他褒扬精神概念,贬抑物质自然界,只承认思维概念的辩证法,不承认自然界的辩证法。这样,黑格尔就武断地排除了自然辩证法,而只将辩证运动赋予他所臆造的世界理念或绝对精神。在黑格尔之后,恩格斯是自觉地拯救黑格尔辩证法并做出巨大贡献的人。当他试图剥去黑格尔辩证法的神秘面纱,砸碎其唯心主义外壳时,十分自然地将目光萦注在黑格尔所贬抑的自然界上,努力从自然现象中寻找辩证法的事实和例证。当然也要看到,恩格斯并未完全受自然界所局限,他

---

① 《马克思恩格斯选集》第 3 卷,第 62 页。
② 《马克思恩格斯选集》第 3 卷,第 534 页。

还用许多社会生活的事例,如文明与平等、货币与资本、私有制和公有制的关系来论证辩证法基本规律的普遍性。但是由于恩格斯著有《自然辩证法》一书,所以,到底存不存在自然辩证法的争论也就主要围绕恩格斯来进行。应该说,西方马克思主义研究者对自然辩证法的诘难事出有因,是他们误解了恩格斯的原意。从表面上看,离开人和主体的尺度与评断,单纯的自然界运动确实不好说什么辩证不辩证的。就这个意义来说,辩证法确实带有主体性质,离不开对主体的依赖。恩格斯所讲的自然辩证法丝毫没有离开主体,更不是指纯自然界的辩证法,恩格斯不过是以自然现象为例,是在自然科学层面上来叙述辩证法的性质与规律的。而自然科学是实践的结晶,是主观见之于客观的活动的积淀,它已全然不是脱离人的自在世界的辩证法,恩格斯《自然辩证法》的确切含义是自然科学中的辩证法。如果从自然科学的角度来理解恩格斯的自然辩证法,它就毫无自然化和自在化之嫌,而且与马克思从实践唯物主义出发来理解辩证法完全相一致。对马克思来说,既然对事物、现实和感性都当作人的感性活动,当作实践去理解,要从主观方面去理解,那么,对于事物和现实的运动、变化和发展当然也要从实践活动方面去理解,因为导致事物和现实变化发展的只能是变化了的实践和活动。所以马克思在谈到如何理解辩证法时说,"辩证法在对现存事物的肯定的理解中同时包含对现存事物的否定的理解,即对现存事物的必然灭亡的理解;辩证法对每一种既成的形式都是从不断的运动中,因而也是从它的暂时性方面去理解"①。而实践,也只有人的不停息的实践才能使事物"否定"和"灭亡",从而体现出事物的暂时性。这样,辩证运动的真实空间廓清了,实践和作为实践凝结的历史与科学才是辩证法的载体与依托。因此,历史辩证法、人学辩

---

① 《马克思恩格斯选集》第2卷,第218页。

证法、科学辩证法、思维辩证法、主体辩证法等都是从不同的侧面对实践辩证法内涵的揭示。

综上所述可以看出,实践唯物主义所实现的哲学创新是深刻的、史无前例的,这是一场真正意义上的哲学革命变革,只有实践唯物主义才是对马克思哲学革命变革实质的正确揭示,马克思的新唯物主义是实践唯物主义。

选自:《新华文摘》1998 年第 9 期

原文刊于:《学习与探索》1998 年第 3 期

时空观新论

在马克思一生浩如烟海的著述中,除了早年的博士论文以外,从哲学意义上专门谈及时空问题的,几乎未见。这是个不争的事实,但也是个谜团,令人疑惑不解。时空观如同物质观、意识观、运动观、真理观等一样,是哲学构成的基本板块,是一切完备的哲学体系所不能回避的。马克思哲学思想博大精深,体现了划时代的哲学革命变革,是不可能存在时空空场的。那么,马克思的时空观在哪里呢? 它应该是什么样的形态呢? 下面试做一间接的探寻和回答。

一、物质时空:物质存在的基本形式

恩格斯在《反杜林论》序言中说:"本书所阐述的世界观,绝大部分是由马克思确立和阐发的,而只有极小的部分是属于我的,所以,我的这部著作不可能在他不了解的情况下完成,这在我们相互之间是不言而喻的。在付印之前,我曾把全部原稿念给他听,……在各种专业上互相帮助,这早就成了我们的习惯。"①而《反杜林论》恰恰是恩格斯集中论述时空问题的著作,那里曾专辟一章《自然哲学·时间和空间》。既然马克思对《反杜林论》全书包括时空这一章已经"听"了,有所"了解",并未提出异议,那么就可以认为,恩格斯在《反杜林论》中所阐发的时空观也就是马克思所赞同的时

---

① 《马克思恩格斯选集》第 3 卷,第 347 页。

空观。

马克思赞同恩格斯的时空观不是偶然的,有着深刻的时代背景和学理意义。恩格斯在《反杜林论》中把时空定义为"一切存在的基本形式",并在批判杜林的过程中深刻地论述了空间的无限性和三维性以及时间的永恒性与一维性等原理。恩格斯对时空本质和特性的表述是对历史上唯物主义时空观的批判继承,代表了当时对时空认识的最高水平。

古代不可能有时空观,而只能从人类自身活动和对自然界的变化的观察与体悟中形成顺序、间隔、距离、规模等模糊的时空意识。德谟克利特开了独立的空间概念的先河,他的原子－虚空说实际上是把虚空理解为空间,认为其为原子运动的场所。从此开始,时空的研究越来越独立化、抽象化,走上纯粹的哲学致思之路。

历史上一切唯心主义哲学家的共同特点是否认时空的客观性,把时空看成是主观感觉或意识的产物。贝克莱把他的"存在就是被感知"的命题运用于时空,认为时空仅仅是人们心中的观念。他的名言是:"离开了心中观念的前后继承,时间是不存在的。"他还说:"广袤所在之外……即是在他心中的。"康德也反对时空的客观性,认为时空不过是人类先验固有的"感性直观的纯粹形式",在他看来,抽去感性,时空就不存在。黑格尔不仅认为时空是绝对观念的外化,还杜撰了时空分离论,认为自然界先有空间,绝对观念外化为人类社会以后才出现时间。

与唯心主义相反,一切唯物主义者都坚持时空的客观性,反对把时空看成是感性和意识的产物。但是他们又将时空的客观性无限夸大,把时空看成是脱离物质或与物质平行的独立存在。伽桑狄、洛克及哥白尼、布鲁诺、伽利略等奉行机械唯物论的科学家一般都拥护和承袭了德谟克利特的原子－虚空说,认为时空是物体运动的框架,这个框架存在于人和人的意识之外,是均匀和绝对不变的。

牛顿集机械唯物主义时空观之大成，在实验观察及前人认识的基础上，系统地论述了绝对时空的原理，并以此为根据建立了庞大的经典力学的体系。牛顿认为，"空间是一切事物的贮藏所"，时间在事物之外均匀流动，与外界无关，存在着"空无一物"和"空无一事"的绝对空间和绝对时间。

恩格斯写作《反杜林论》时面对的就是上述唯心主义和旧唯物主义机械论这两种时空观。它们虽然在总体上都是错误的，但其性质不同，价值和意义也不同。唯心主义时空观在很大程度上是一种哲学玄想，是适应体系建构的需要而提出的一种武断。它既无生活实践的根基，也缺少坚强的逻辑，不过是对时空现象的一种主观化的曲解而已，驳倒它并非难事。而机械唯物主义时空观，特别是牛顿的绝对时空观，其性质和境遇则大不相同。由于绝对时空观符合人们日常的经验思维，加之在低速宏观领域内牛顿经典力学的原理在绝对时空中畅通无阻，适合于人类的日常生活和一切工程设计，所以，绝对时空观长期统治着科学界和哲学界，要撼动它并非易事。

恩格斯的划时代贡献在于，在《反杜林论》和《自然辩证法》中，他不仅推倒了唯心主义时空观，坚持了时空的客观性，而且在恪守世界物质统一性的前提下，把时空准确地定义为物质存在的基本形式。一方面，时空离不开物质，如恩格斯所说："物质的这两种存在形式离开了物质当然都是无，都是仅仅存在于我们头脑之中的空洞的观念、抽象。"[1]另一方面，物质也离不开它的存在形式，只能在时空中存在，如恩格斯所说："时间以外的存在像空间以外的存在一样，是非常荒诞的事情。"[2]恩格斯给时空下的物质存在基本形式的定义又划清了与旧唯物主义机械论时空观的界限，指明时空不是与

---

① 《马克思恩格斯选集》第 4 卷，第 343 页。
② 《马克思恩格斯选集》第 3 卷，第 392 页。

物质平行或无关的独立存在,而只是物质存在的基本形式。面对恩格斯的定义,牛顿的绝对时空观念就没有立足的余地了,时间不是物质之外均匀流淌的河流,空间也不是盛原子的容器,相反,时空作为物质存在的基本形式与物质密不可分,只要是物质存在就必定占有空间、经历时间,而时空正是物质存在的形式和体现。这样,恩格斯就把时空与物质的关系彻底说清了,它不仅继承了旧唯物主义关于时空的客观性、广延性、持续性等合理内核,而且在历史上第一次对时空的本质予以科学的界说,从哲学上给后来的爱因斯坦相对论时空观留下了逻辑空间。

爱因斯坦相对论是对牛顿绝对时空观念的巨大冲击,它有力地证明了恩格斯时空定义的先见性和正确性。按照恩格斯的定义,时空既然是物质存在的基本形式,那么,时空的特性就应由物质的状况所决定,这是逻辑上的潜台词,是可以而且应该能够导引出来的。爱因斯坦的相对论恰恰揭示了时空对物质存在状态的依赖关系:狭义相对论指出,时空的特性是随着物体运动速度的变化而改变的,当运动物体接近光速时,就会发生"尺缩钟慢"的现象,即空间缩短,时间因速率变快而延长;广义相对论又进一步揭示了时空与物质运动的内在联系,指出物质质量分布越大,运动速度越快,引力场作用越强,则空间曲率越大,时间流逝也越慢。

爱因斯坦相对论展示了一个前所未闻的新的时空观,它正是恩格斯时空观的深刻性、正确性、前瞻性和包容性的体现。1876 年恩格斯写作《反杜林论》,比爱因斯坦发表相对论早近 30 年。当时的时空观念无论在科学和哲学上都没有进一步跃迁的准备和积淀。在这种条件下,恩格斯凭借自己的哲学沉思,提出了时空是物质存在基本形式的正确理念,既批判了唯心主义的感性观念的时空观,反对了旧唯物主义割裂时空与物质本质关联的机械论时空观,又包容和孕育了后来时空观念深刻变革的前提和可能,给那个时代的时空观念画上了一个圆满的句号。这个事实就使马克思在时空问题上没有重新思考和重建的余地，马克思作为一个唯物主义者，他熟知 18 世纪法国唯物主义者的时空观，认同时空的客观实在性，而恩格斯对时空本质的揭示远远高于历史上一切唯物主义者的水平，克服了他们时空观中的种种弊病，因此，在《反杜林论》中一接触到时空问题，马克思赞同恩格斯的观点就十分自然了。

马克思一生有计划但没有机会写出正面阐述自己哲学思想的系统专著，因而也就没有可能去展示自己在物质、运动、时空等一切哲学都不可或缺的重大基本问题上的观点。但是，马克思在一些问题上没有机会表述自己的观点不等于他没有自己的观点，没有谈到时空观不等于他没有自己的时空观。各方面的情况都显示，恩格斯在《反杜林论》中表述的时空观也就是马克思赞同的时空观。这个时空观是从旧唯物主义那里承袭过来并加以完善和发展了的，但在根本点上是一致的，如同列宁所说，马克思和恩格斯在唯物主义的一切更基本的问题上，"同所有这些旧唯物主义者之间没有而且也不可能有任何差别"①。列宁这句话虽然不甚精确，但道出了一个基本精神，即在时空这类唯物主义更基本的问题上，马克思同传统唯物主义观点相一致是必然的，而认同恩格斯更加精确完备的时空观就更是理所当然的了。

二、实践时空：实践活动的广延和持续

赞同恩格斯的时空观只是马克思时空观的一个方面，仅局限于这一方面并不能使我们满足，而且严格说来，也未能使我们的认识有更大的前进。长期以来时空问题无人问津，特别是马克思的时空观成为哲学研究中的寂静领域，其重要原因就在于认识到此就停步

---

① 《列宁选集》第 2 卷，第 177 页。

不前了,总觉得该说的都说了,进一步深入研究的余地似乎已经告罄。其实远非如此,按照马克思哲学思想的内在逻辑,马克思应该有自己独特的时空观,存在着把唯物主义时空观进一步拓展和深化的潜能与余地,而这是与马克思的哲学革命变革紧密联系在一起的。

众所周知,马克思的哲学革命变革是在唯物主义基地上发生的,他把唯物主义从传统的唯物质形态推进到实践的形态,创立了实践的唯物主义。在这个过程中,时空观作为物质存在基本形式的表述也随之转化为对人类实践活动的持续和规模的哲学表达。

马克思以前的时空观都是本体论思维方式的产物,是适应"解释世界"的需要,为说明世界的终极本原或本体的属性或存在方式而出现的。这种时空观的最突出的特点是它与本体或本原相一致,是彻底脱离人和人的生活实践的,仅仅是对世界终极存在或"世界图式"的一种追寻。马克思彻底扬弃了本体论思维方式,不是去追寻世界的终极本原和始基,而是赋予世界以属人性质,使世界向人和人的生活现实回归。在马克思看来,现实的而不是虚玄的世界乃是人生活的世界,世界的奥秘首先在于人,"被抽象地理解的,自为的,被确定为与人分隔开来的自然界,对人来说也是无"[1]。"在人类历史中即在人类社会的形成过程中生成的自然界,是人的现实的自然界;因此,通过工业——尽管以异化的形式——形成的自然界,是真正的、人本学的自然界。"[2]把世界归结为人,使世界和自然人化,这只是马克思哲学革命变革的第一层次。还要继续追问:人何以为人,人的奥秘在哪里? 马克思回答说,"整个所谓世界历史不外是人通过人的劳动而诞生的过程"[3],劳动、实践是创造生命和世

---

① 《马克思恩格斯全集》第3卷,第335页。

② 《马克思恩格斯全集》第3卷,第307页。

③ 《马克思恩格斯全集》第3卷,第310页。

界的活动,人通过劳动而生成,通过实践而自立,劳动实践是人及自然和整个物质世界的根基与奥秘所在。在《德意志意识形态》中,马克思把劳动和实践提到如同世界的本原和本体的崇高地位,他说,"这种活动、这种连续不断的感性劳动和创造、这种生产,正是整个现存的感性世界的基础"①,并说它哪怕中断一年,整个人类世界也就不存在了。这样,马克思作为一个唯物主义者与先前的一切唯物主义者相比,在对世界的理解上发生了根本性的转折。马克思总结说:"从前的一切唯物主义——包括费尔巴哈的唯物主义——的主要缺点是:对对象、现实、感性,只是从客体的或者直观的形式去理解,而不是把它们当作人的感性活动,当作实践去理解,不是从主体方面去理解。"②马克思的"新唯物主义"或"实践的唯物主义"恰恰相反,用马克思的话来说,这是一种"把感性理解为实践活动的唯物主义"③。对世界、自然、对象、事物、感性这种理解上的根本区别,为马克思时空观的变革准备了逻辑前提,奠定了马克思新时空观的哲学基础。

马克思既然用实践超越了抽象的物质或自然,确立了实践活动的世界基础地位,那么原来作为物质存在基本形式的时空也就必然相应地向实践转移。经过马克思的哲学革命变革,时空已不局限于与物质相联结,为物质而存在,只表征物质存在的持续性和广延性,而是开始与实践活动相关联,用以表征实践活动的规模大小和持续的长短。因此,对马克思来说,时空既是他一贯认同的物质存在的基本形式,更是人类实践活动的基本形式,表明实践活动的持续和广延特性。正是从现实的人及人的实践活动出发,马克思才在《政治经济学批判》中从一般意义上指明:"时间实际上是人的积极存

---

① 《马克思恩格斯选集》第1卷,第77页。
② 《马克思恩格斯选集》第1卷,第58页。
③ 《马克思恩格斯选集》第1卷,第60页。

在,它不仅是人的生命的尺度,而且是人的发展的空间。"①在《资本论》中,他又多处从实践的视角,具体地阐明了时空在劳动和产品中的持续与广延。比如,马克思说,协作就是"把现成产品的各部分同时并存的空间变成了它们依次出现的时间"②,而这也是"不同的阶段过程由时间上的顺序进行转化为空间上的并存。因此在同一时间内可以提供更多的成品"③,等等。这样,先前唯物主义时空观的一个致命缺点,即离开人和人的实践来谈论时空就被彻底克服了,传统时空观的抽象性及由本体论思维方式所加诸的一切弊病也就被扬弃了。实践活动成为时空的载体,成为时空观的核心概念。

马克思说过,实践即人的自由自觉的活动是人的最根本的类特性,只要人类存在,人的实践活动就永远伴随,生生不息。在这个意义上,实践活动的时间和空间具有无限与永恒的特性。但是,实践是个总体性概念,任何具体的实践,其时空持续和规模又是暂时的、有限的。永恒和暂时、无限和有限的对立统一是马克思新时空观的根本特点。

正确处理人类实践活动的有限和无限的关系,使实践活动的持续和广延相宜适度,这是个价值取向问题。马克思新时空观的重大意义在于它使时空由原来对物质存在的"解释"转向对实践活动的规模和持续性的关注,使时空问题成为人类实践活动时刻都必须重视的问题。对人类的实践活动来说,采取多大规模,持续多长时间,这对实践的成败往往具有决定性的意义。战争中战线过长、行动拖沓,往往会导致战役的失败;经济建设中基础设施规模过大、战线太长、贪多求快,也会使国民经济比例失调;"大跃进"年代,事事都搞大规模的群众运动,片面要求多、快,很难做到好、省。这说明我们

---

① 《马克思恩格斯全集》第47卷,第532页。
② 《马克思恩格斯全集》第44卷,第258页。
③ 《马克思恩格斯全集》第44卷,第399页。

必须正确处理好实践活动中的时空适度问题。

按照马克思的基本思想,时空既然是人类实践活动的基本形式,那么,对时空就不应像从前那样,"只是从客体的或者直观的形式去理解",而应把它当作人的感性活动,当作实践去理解,要从主体方面去理解。而主体都带有自己的价值取向和选择尺度,这就不能不使马克思的实践活动和理论主张带有时空的倾向性与倾斜度。比如,马克思一直认为资本是一种国际的力量,不能囿于一国或民族范围内去理解;人类历史发展是从民族史、地域史走向世界历史,驱动世界历史潮流的是生产力的普遍发展和与此相联系的世界交往;无产阶级的世界革命要求全世界无产者联合起来,遵从国际主义原则;共产主义是世界历史性的事业,"交往的任何扩大都会消灭地域性的共产主义。共产主义只有作为占统治地位的各民族'一下子'同时发生的行动,在经验上才是可能的"①。他的生活实践也十分广阔,称自己为"世界公民",建立了第一个世界性的共产党,领导和支持了第一国际和巴黎公社革命……可以看出,马克思倾向于大尺度的宽广视野,反对狭小封闭的手工业方式。

在时间问题上,马克思既有对革命的期待,又不主张在条件不成熟的情况下贸然发动革命。他希望在有生之年能够看到革命的胜利,可是晚年又明确表示,他"人老了",对革命只能"预见"而不能"亲眼看见"。马克思认为各种不同的社会形态是依次递进的,我们不能跳越社会发展的阶段,然而当俄国出现革命形势时,他又反对革命后的俄国立即跳入资本主义火坑,主张在保存村社土地公有制的条件下,借助资本主义的"肯定成果",跳越资本主义"卡夫丁峡谷",直接进入共产主义。马克思跳越"卡夫丁峡谷"的设想,在时间上与原来的主张相比是一种无序,但又明显带有抓住机遇相

118

---

① 《马克思恩格斯选集》第1卷,第86页。

机行事之意。

总之,马克思把对世界的实践理解带到时空观中,使时空由物质存在的基本形式变成实践活动的基本形式,使从前与人类实践活动毫不沾边并只用来"解释世界"的时空范畴成为人类"改变世界"的实践活动的基本样态。过去,以本体论思维方式所理解的时空,由于只具有"解释世界"的世界观的意义,其实践功能就全部让位于牛顿经典力学的绝对时空观了。由于绝对时空观在日常生活中畅通无阻,所以绝对时空观虽被批判,但对人类的实践活动并无妨碍。人们照样可以把时空理喻为均匀不变的河流和贮藏器,并用以计量实践活动的规模和速度。马克思的新时空观不仅揭示了时空与实践的真实关系,而且也说明了实践时空观具有主体性和价值选择的功能。正确地处理好实践中的时空适度问题是当代科学和哲学的新课题,它鲜明地体现了时空观也像全部哲学一样,已离开"解释世界"的静谧王国,而向生活世界回归。

三、信息时空:在全球化和信息化背景下的"尺缩钟慢"效应

马克思的实践时空观使时空成为人类实践活动中随时都可以感受到的实实在在的存在。与传统的物质时空观相比,这种时空观的最大优点在于它是开放的、动态的,能够随着实践的发展而不断发展,形成与时代息息相通的新的时空理念。

第二次世界大战后,科技革命迅猛发展,以电子计算机为中心的网络化和数字化的信息革命,迅速把世界推进到全球化和信息化的新时代。这个时代的最大特点是高速化,与从前相比,一切都处在快速运转中。交通便利快捷,信息传递神速,计算快速简单,生活节奏变快。这一切都诱发时空的变化,并导致新时空观念的萌生。

爱因斯坦相对论认为,时空随着物体运动速度的变化而改变,随着速度的加快,空间会缩小,时间会变慢。这里描述的是接近光

速这种极高速度下的时空变化，人的实践活动速度的变化当然不能与之相比。但是当今信息的传递和处理已经达到每秒上百亿次，其速度之快，足以影响和带动时空的变化了。

说来也颇为神奇，如果我们沿着马克思哲学革命变革的思路，把时空由物质存在的基本形式提升为实践活动的基本形式，用实践的持续和规模来指谓时空，那么在当今全球化和信息化高速运转的背景下，时空确实朝着爱因斯坦相对论所指引的方向发生了深刻的变化。首先是空间缩短，人类正深切地感受到他们赖以生存和活动的地球空间已经变得越来越小，成为一个名副其实的地球村。在规模效应的作用下，人类从来都没有像今天这样感到空间规模的缺乏和宝贵，地大物博不存在了，土地稀少，资源奇缺，海洋和地球空间争夺激烈，人和动物也去争夺生存场所。万里之遥，瞬间通话，洲际之隔，半日到达，今日的世界犹如一台电脑，在掌股方寸之中，人生的斗争拼搏犹如棋盘上的博弈。其次是时间变慢，单位时间效率大增，"洞中方七日，世上几千年"和"一天等于二十年"的时代正在到来。高速意味着效率，而效率就意味着时间的珍贵，能在较少的时间内做出最大的效益来。如果时间过得很快，转眼间，耗费了很多时间，其效率自然低下。只有时间过得慢，用较少的时间间隔产生出相当于"二十年""几千年"的效益才能体现出高速的意义。所以，速度快、空间小的另一面必然是时钟变慢，这主要通过效益竞争、寿命延长、生产流程加速、策划研发和推销等非直接生产要素的增加等直接、间接地反映出来。集中地体现为时间弥足珍贵，必须一分一秒地充分发挥时间的效益，倏忽而过，无所事事的时代已经一去不复返了。

全球化、信息化所带来的时空变化正在多方面地影响着人类的生活，给传统的生活习俗、节律带来极大的冲击和挑战。

第一，空间变小使人们交往的机会增多，交往越来越超出民族或地域的狭小范围,而趋向国际化,马克思的世界历史思想将在更大的程度上得到验证和充实。交往的增多使竞争日趋激烈,国外的商品、资本都会冲击本国市场,行业垄断逐渐被淘汰,在人们密切的交往中摩擦纷争也会增多,交往的诚信受到考验,对于法律和道德的救助越来越感到迫切。

第二,空间变小将使世界越来越拥挤和嘈杂,为了摆脱由此而带来的烦躁,地球将面临更深度的开发。一方面,城市扩大,土地减少,耕地、林地、草地不断减少;另一方面,地铁增多,高层建筑拔地林立,海洋的进一步开发也被提到议事日程上。所有这一切都是为了使人们拥有一份属于自己的相对宽裕的自由空间。人类的这种本性和需求是难以遏止的,所以,土地、空间、海洋上的竞争将大大改变地球的面貌,加剧生态危机。同时也会从相反方面激起一部分人的出世情怀,他们厌烦交往,逃避斗争,过分迷恋电脑,在其虚拟的场景中讨生活,以满足自己对空间的需求感。

第三,空间缩小导致与空间相关联的产品价格高昂,从而影响人们的消费结构和消费心理。土地是人类生存之母,房屋、道路和农产品都是土地的产物,直接关系着人类的衣食住行,粮食可以通过科技革命大幅度提高单产来平衡粮价,而房屋和道路所占据的土地则是不可再生的,只能越用越少,这就不能不使房屋和道路的价格总趋势是绝对升高。比较起来,道路尚有海洋、空间、地下可用来分流,而房屋价格最易长期居高不下,占据人们消费支出的主要部分。在发达国家,人们几乎用一辈子的努力来解决住房问题,我国也出现类似趋势。这就说明,人们虽不明了空间的哲理,但生活的现实已使他们确信,拥有自己的一块空间该是多么重要。

第四,时间变慢对人的实践活动来说是间接感受到的,主要是与从前相比照。过去,在那种悠慢的生活状态下,时光不知不觉一晃而过,与此同时,成就鲜有,常有光阴似箭的虚度感。而当代,时间的含金量极高,每一时刻都联结着巨大的效益,乘飞机可以一小时就飞到千里之外,一部复杂的电脑和汽车可以在几分钟之内组装起来。现代时间十分珍贵,是以秒计算的,每一秒都发挥着巨大的效能,因而显得时间变慢了。时间变慢意味着效率的提高和由此带来的物质文明、政治文明和精神文明,人们会产生一种仔细品味生活、充分享受生活的时代认同感。寿命显著地延长,生活水平大幅度提高,过去为温饱而奔波的危机感消失了,电视、上网、锻炼、旅游等排解生活的众多乐天项目被开辟出来。这一切都有一个背后的潜台词:时间在变慢、效率在提高、寿命在增长、生活在变好。因此,必须百倍地珍爱生命,充分享受生活,这是时代的昭示,也是当代人类面临的新的课题,我们要从时空观的演变上确立这种哲学的自觉。

第五,时空适度问题在历史上从来没有像今天这样重要而迫切。人类作为智慧动物,在实践活动中凭借自发本能都会意识到时空适度的重要性,因为时空的失衡意味着资源和劳动的浪费。但是,从前时空不适度的结果远不及今天的危害程度,人们也经常重视不足。在计划经济时代,工厂的规模大小,工人人数的多少,浪费程度多大,往往不予计算或者算不出来,因此出现许多规模过大、效益不高的超级大厂,甚至出现了"文化大革命"中的停产闹革命的荒唐事。而"大跃进"中的大炼钢铁的小铁炉,后来允许兴建的大量小煤矿、小金矿等又规模过小、技术落后、质量差、效益低,应引以为训。

改革开放以来,我国在现代化建设实践中深深体悟到时空问题的重要性,并从适度把握时空机制入手提出了一系列重大的举措。邓小平"三步走"发展战略的指导思想就是抓住机遇,加快发展,隔几年就上一个新台阶,首先从时间上为现代化建设做出了规范。加快发展以提高效率为前提,高效率就要求在较少时间内多出成果,这与信息化时代时间变慢的效应是完全一致的。

近年来随着企业的破产、兼并和重组，规模效益日益显示出来。世界五百强企业许多都是跨国公司或集团，商业中世界规模的联销店在竞争中拥有巨大优势。我国高等教育实施扩招，把学校规模做大，已使许多学校走出办学的低谷。当然，在空间上也绝非规模越大越好。发达国家的小农场支撑农业生产的全部或大部，远比我国"一大二公"的人民公社和苏联的集体农庄有效得多。我国从具体国情出发，实行以家庭为单位的联产承包责任制，农业规模虽小，但机制灵活，调动了农民的生产积极性，多年来制约我国经济发展的粮食问题已经基本解决，并走上由关注量而转向追求质的良性发展道路。

世界和中国经济发展的成就表明，关注时空问题，注重适度的时空调控十分重要。没有统一的模式，而是要根据实际需要和主客观条件，把大小快慢调整到一个合适的度，这正是领导决策水平的体现，也是科学和实践应该深入研究的课题。

选自:《新华文摘》2004 年第 11 期
原文刊于:《江海学刊》2004 年第 1 期

辨析以人为本的人

　　自从党的十六届三中全会提出以人为本的科学发展观以后,人的概念成了理论界关注的热点。人们在思考:以人为本的人指的是什么人? 他们何以跃升为本? 与人概念密切相关的还有民和人民,为什么不能提以民为本或以人民为本? 为了深刻理解以人为本的确切含义,有必要对这些问题逐一考察和辨析。

一、以人为本的人是指生而平等的作为类的人

　　人字一撇一捺,看似简单,实际上内涵丰富,还有一段颇不平凡的生成史。在近代以前,严格说,没有人的意识,那时社会等级森严,一切个体的人都是作为某个等级的人而存在的,比如你是贵族领主或是农奴、第三等级等等,根本不存在超越等级的一般人,所以也就没有普遍的人的概念。马克思曾经深刻地揭露过那个时代,指出当时社会通行的是动物界的法则,只凭出身血统就注定了人的后天的地位,"他的肉体成了他的社会权利"①。从哲学上说,这是"使人同自己的普遍本质分离,把人变成直接与其规定性相一致的动物"②。所以,马克思断言:"中世纪是人类史上的动物时期,是人类动物学。"③马克思在另一处说得更痛切,"专制制度的唯一原则就

---

① 《马克思恩格斯全集》第 3 卷,第 132 页。
② 《马克思恩格斯全集》第 3 卷,第 102 页。
③ 《马克思恩格斯全集》第 3 卷,第 102 页。

是轻视人类,使人不成其为人"①,而成为与其血统和肉体相适应的动物。

真正结束动物时期,开启人类历史的是资本主义的商品经济。马克思说,商品是天生的平等派,商品生产的目的是为了交换,而交换只有在商品的价值相等的条件下才能进行。商品交换的等价原则消除了交换双方的一切特权,使买方和卖方处于完全平等的地位,正是这种经济上的平等性彻底摧毁了一切等级壁垒,人开始具有生而平等的普遍价值,真正成为彼此相同的作为类的人。

类是费尔巴哈的哲学用语,是在自然属性基础上对人的本质的一种归结,指的是"内在的、无声的、把许多个人纯粹自然地联系起来的普遍性"②。马克思也使用类概念,但是他所理解的类主要是为了区别生命活动的性质,他说:"一个种的整体特性、种的类特性就在于生命活动的性质,而自由的有意识的活动恰恰就是人的类特性。"③马克思把自由的、有意识的活动理解为实践,并看成是人所独有的生命活动的特性,而"有意识的生命活动把人同动物的生命活动直接区别开来。正是由于这一点,人才是类存在物"④。所以,类直接相对于动物而言,是指人基于实践而对动物的超越。这里的人是指人类,即"一个种的整体",个体的人都随着类对动物的超越而价值相同,人格平等,这就由类引申出人与生俱来的最基本的内在特性,即平等性。由于这种平等性源于人的共同本质,即自由自觉活动的类特性,所以马克思又说:"平等是法国的用语,它表明人的本质的统一、人的类意识和类行为、人和人的实际的同一。"⑤

但是由类推导出的平等只是一种超实践的逻辑平等,只有在类

---

① 《马克思恩格斯全集》第 1 卷,第 411 页。
② 《马克思恩格斯选集》第 56 页。
③ 《马克思恩格斯全集》第 3 卷,第 273 页。
④ 《马克思恩格斯全集》第 3 卷,第 273 页。
⑤ 《马克思恩格斯全集》第 2 卷,第 48 页。

基础上产生的意识平等才开启平等的真实的生成过程。在人类实践水平很低的情况下，人的自我意识也很薄弱，还意识不到自我和他人的价值，人与人之间处在一种天然平等的状态下，平等作为人的觉醒了的意识还没有产生出来。随着生产力水平的提高，人在社会生活中的价值的全面的凸显，人开始意识到自身和他人的价值，逐渐萌生平等意识和平等要求。但是最初出现的平等意识只能是一种类意识，即意识到只要作为人，都应该是生而平等的，没有什么真正立得住脚的理由支持人的不平等状态。这种意识最朴实，也是人作为一个类最容易产生的。所以我们看到近代最伟大的平等论思想家卢梭就是从人的自然状态出发来论证人的与生俱来的平等要求的，而与生俱来的自然状态正是类。由此马克思才对平等与自我意识的关系做了两个层次上的区分：一方面"自我意识是人在纯思维中和自身的平等"①，即个体抛开实践在纯思维中意识到自身和类的同一，另一方面"平等是人在实践领域中对自身的意识，也就是人意识到别人是和自己平等的人，人把别人当做和自己平等的人来对待"②。这种平等意识虽然还不等于人的实际平等，但它开平等的先河，是平等的思想前提，只有有了平等的意识和要求，才可能努力为平等而奋斗，开创出实际的平等来。但是，局限于纯思维领域的平等只能是意识到自身与类的平等，还没有进入到人与人之间的实际领域，真正把平等引领到社会实际领域的不是纯思维和类意识，而是实践，尤其是生产力的发展和商品经济体制的确立为人与人间的实际平等做了最强有力的奠基。所以，近代伴随着商品经济的诞生，也就同时喊出了自由、平等、博爱的口号，这个口号推出的是人与人之间的相互准则和实际关系，也是人之为人的基本内

---

① 《马克思恩格斯全集》第 2 卷，第 48 页。
② 《马克思恩格斯全集》第 2 卷，第 48 页。

涵。与中世纪以其封建等级制不把人当人相比，人的类平等是人自身发展的巨大进步，从此，人摆脱了基于生产力发展滞后而形成的人的依赖关系，而进入历史发展的第二形态，即以物的依赖性为基础的人的独立性阶段。人的独立就意味着人挣脱了等级制造成的人身的依赖关系，既取得了独立身份，又获得了平等地位，人才真正成为类的人。

以人为本的人指谓的就是生而平等和独立的人，这种人摆脱了等级和人身依附关系，是在世界历史中形成的，今天世界上所有处于文明状态的人都立足于人的现代形态，以人为本所指谓的人首先是指以平等和独立为内涵的作为类的人，而这也正是马克思所一再肯定和认可的。

二、解析中国的民

就世界历史范围来说，作为类的人是世界普遍必经的阶段，但是中国作为亚细亚生产方式的一个典型，却是一个例外。在马克思看来，中国和所有其他的东方国家一样，自原始公社解体以来就一直延续着土地公有、农村公社和专制国家三位一体的生产方式，在这种生产方式下生活的人与西欧的人有着显著不同的特点。西欧自原始公社以来先后经历了奴隶社会、封建社会和资本主义社会，在前两个社会形态中，等级林立，界限森严，人分别以奴隶、奴隶主、自由民和领主、农奴、第三等级的身份出现。进入到资本主义发展阶段以后，等级区分被商品大炮所摧毁，人都是作为以平等和独立为内涵的类而生存在世界中的。类的出现是人自身发展的根本转折，它虽然还没有摆脱对物的依赖性，但由于人享有平等和独立的社会权利，这就使它能够为建立在个人全面发展基础上的自由个性创造生成的条件。中国在社会发展形态上与西欧完全不同，它既没有经历西欧历史上那种典型的奴隶社会和封建社会，又没有进入充分发展的资本主义阶段，自从周秦以来一直处于中国特色的封建制中。中国封建制的最大特点是没有农奴制，而在马克思看来，农奴制虽然不是封建制的唯一因素，但也是重要因素，土地分封连同土地上的直接生产者对领主的人身依附关系是封建制的必备特征，不把直接生产者变为农奴，就等于不存在土地上的封建制。当年马克思曾经为东方存不存在封建制的问题而同柯瓦列夫斯基争论过，柯瓦列夫斯基在肯定印度历史上的封建化过程时就把农奴制抛在一边，孤立地考察土地所有制性质，对此，马克思提醒道："别的不说，柯瓦列夫斯基忘记了农奴制，这种制度并不存在于印度，而且它是一个基本因素。"①中国如同印度一样，也是个不存在农奴制的封建社会，广大的农业生产者虽也经受封建制特有的等级特权的压迫，但他们的基本身份不是农奴，而是农民。奴与民的区别是显而易见的，作为民，农民虽然也被束缚在土地上，但是他们并不存在固定的人身依附关系，要么自己拥有一小块土地自己耕种，要么租种地主的土地来耕种，而租种哪个地主的土地，农民自己拥有选择权。经济上的这种自主的地位决定了农民的自由身份，他们虽然被剥削、被压迫，但是他们在人格上并不比地主低下，大家都是民，只不过你富我穷而已。在中国，清贫并不卑下，嫌贫爱富在思想和品格上素来不被看好，所以，中国历史上不仅存在着经济和政治上平等的民，民在思想上也是平等的。

如此说来，中国的民就可以与西欧的作为类的人等同了吗？不能，类是伴随着商品经济的发展而产生的意识，中国直到近代，一直没有产生发达的商品经济，带有超经济强制的自然经济始终占主导地位，在这种情况下就不可能像西欧那样出现以平等和独立为内涵的作为类的人。在中国，民的平等地位完全是由亚细亚生产方式的

---

① 《马克思恩格斯全集》第45卷，第284页。

特殊机制造成的。对于欧洲的中世纪来说,中国的民比之于那时的农奴的奴是一种进步,但对于近代的欧洲来说,中国的民就大大地落后于作为类的人了。类具有生而平等的普遍性,它的外延是所有的人,而中国的民仅仅包括士农工商,他们与官相对立,是指被官统治和管理的平头百姓,因此,中国的民不等于西欧的类,而仅仅是类的一部分,民内部是平等和独立的,但他们与官则处于被统治的不平等的地位。中国常用家庭内部的不平等的关系来比照君臣和官民之间的关系,君臣如父子,官民如父子,把官比为民的父母,把民称为官的子民,提倡官要爱民如子,在官面前,民也经常以"草民"或"小民"自谓。中国社会是金字塔形的结构,它的顶尖是君,在君之下的所有人统称为臣民,臣即是官,官之下是民。君毕竟是一人,君臣构成官的总体,面对着广大子民,家庭内部的父子之间的不平等关系就是官民关系的写照。中国社会商品经济发展迟缓,不可能形成作为类的普遍的人的概念,也更谈不到用阶级概念来区分人,唯一可能做到的就是用表象直观将家庭内部的关系简单地搬到社会上,把全社会的人区分为官与民两部分。

其实,民首先是官的意识,是官在长期的统治和管理的实践中积淀起来的思维理念。在官的心目中,民首先是对立面,民既是官统治和压迫的对象,同时官又与民相互依存,互为前提,并能在一定的条件下相互转化。无数经验证实,官对民的剥削和压迫是绝对的,没商量,无官不贪,官官相护,官逼民反。历代的官们也正是从改朝换代的历史教训中总结出长治久安的治国术,认识到,既要压迫和剥削民众,又要把压迫和剥削保持在一定的限度内,实行必要的让步政策。历史上许多开明的统治者都懂得与民休养生息的重要性,也都通晓民可载舟亦可覆舟的道理,他们作为官既履行统治和压迫的职能,又肩负管理国家、治理百姓的重任。在官场中还通行"为官一任造福一方"以及"当官要为民做主"的为官之道,正是从这种官场的开明意识中形成了中国历史上悠久的民本思想传统，并在儒家学说中提升为仁者爱人的统治信条。早在战国时代，齐国政治家管仲就直接把这种思想称为以人为本，这里所说的人就是指的民。所以，以民为本在中国早已有之，尽管它有其内在的合理性和不可低估的进步意义，但归根到底没有超出统治阶级的视野，打上了浓重的官的思维的烙印。作为一种思想资源，我们可以从中得到启示和借鉴，连古代的思想家们都有爱民如子和仁者爱人的思想风范，当今时代的共产党人与之相比自然就更加博大和崇高了。不过作为一个口号和纲领，我们必须与之划清界限，而不能回到以民为本的狭隘的官的境界。

三、人民：民向人挺进的中介

中国自五四运动起开始了现代化的进程，中国的社会结构和民众的社会身份也逐渐与世界接轨，五四打出的科学和民主的旗帜本身就要求人的地位和称谓的平等化，突破官民界限，使民真正成为人。在中国，由民提升为人的第一步是改变被统治的社会地位，争得民主和平等，获得国家主人应享受的一切权利。这一步在西方经过商品经济的奠基和资产阶级革命的洗礼，一下子就使全体人跃升为生而平等的类，而在中国由于商品经济的缺位和革命进程的复杂性，民还不可能一步到位成为人，中间必须经过一个过渡阶段，这个过渡的中介就是人民。

人民是人与民的结合体，兼具人与民的双重特性。一方面，人民在战争时期是革命的主力和依靠对象，在新中国成立后是国家的主人，享受到西方作为类的人的一切权利，已具有类的基本属性。同时人民作为居民的主体，又是国家力量的主要源泉，他们既要履行各方面义务，又要接受国家的治理，具有历史上民的一系列特性。但是他们又不同于作为类的人，因为，人民不是指生而平等的所有人,在不同的历史时期,不同的敌人阶层被排除在人民之外,在这个意义上,人民是个政治概念,是指享有基本权利并对敌人实施专政的革命和建设的主导力量。人民也不同于民,民只具有被统治和管理的属性,只尽义务,不享受权利,而人民已跃升为国家的主人,享有一切法定权利。人与民的这种结合而成的人民概念是东方国家特有的历史现象,在中国是在共产党领导的民主革命和社会主义革命进程中产生出来的。

近代以来中国特殊的历史环境产生了中国社会复杂的阶级结构,中国社会分化得很不彻底,不像西方社会那样只存在工人阶级与资产阶级两大对立阶级,因而革命的对象、阵线和进程都比较简单。中国原有的封建势力的存在和帝国主义入侵的后果,造成了革命和反革命的营垒构成的多元化格局。革命一方不仅有工农,还有小资产阶级和民族资产阶级,反革命一方除了帝国主义和封建势力外还有官僚资产阶级。复杂的阶级阵线和多变的革命形势把区分敌我提到革命的首要地位,对共产党来说,一方面要确认敌人阵营的组成,明确主要的打击方向,另一方面要组织革命队伍,形成革命阵线,这也就是确认人民的构成,人民概念就是在历次革命斗争中逐渐形成和明确起来的。

没有确切材料说明人民概念始自何时,但有一点可以认定,即人民一词为共产党所大力推用,而国民党则很少使用。共产党使用的人民概念有三重含义:

1. 人民是原来民的主体,但已排除了地主、富农等反动阶级,是革命和建设的主要依靠力量。革命战争时期依靠的是人民战争和人民子弟兵;对待敌人依靠的是人民民主专政、人民公安、人民检察院、人民法院;建设社会主义依靠的是调动人民的积极性,正确处理人民内部矛盾;打败国民党和保卫国家依靠的是人民解放军;等等。

2. 人民是共产党服务的主要对象。共产党的宗旨就是全心全意为人民服务,它的所有的机构和设施都是为人民设立并服务于人民的,人民铁路、人民航空、人民邮政、人民医院、人民教育、人民大学、人民出版、人民日报等所有这些泛人民的称谓无外是为了表明人民的至高无上,党的全部工作都是为了造福于人民。

3. 用人民概念表明政权的性质。我们的国家称为人民共和国,我们的政权是人民政权,各级政府都称为人民政府,各级官员都称为人民公仆或人民勤务员,人民二字已尽显我们国家政权彻底为人民服务的初衷。

中国共产党本来是工人阶级的政党,在中国,工人阶级只占全部人口的少数,除了依靠本阶级之外,联合农民,组成工农联盟,这也是马克思主义的一贯教导。可是鉴于中国作为一个东方落后国家的特殊国情,在联合农民的同时还要进一步发展统一战线,这不能不说是中国共产党在领导革命进程中的独创。正是在对人民概念的全面的理解和实践中,包括对民族资产阶级的适度的斗争,体现了中国共产党的纲领、路线和政策的正确性并引导中国革命走向最后的胜利。从毛泽东起每一时代党的领导人都十分重视人民理念的阐发和发展,先后都做出了历史性的论断。毛泽东留给历史和党的珍贵的历史遗产是全心全意为人民服务;邓小平的独特贡献是社会主义本质论中的人民共同富裕和人民拥不拥护与人民答不答应;江泽民的"三个代表"重要思想,其中之一就是代表最广大人民的根本利益。从人民概念的重要性来说,把以人为本理解为以人民为本也没有什么不可以。但是仔细考究,可以发现,人与人民无论在内涵与外延上都有区别,人民与敌人相对立,是指排除了敌人之外的人,以人民为本难免产生误解,似乎今天的中国还有敌对阶级的存在,以人为本的人就是排除了他们,专门以人民为本的,显然这种理解没有反映今天中国变化了的现实,也不符合以人为本的本意。

四、以人为本的人是由人民向作为类的人的回归

中国共产党推出人民概念并领导人民取得革命和建设的辉煌胜利,是中国和世界历史上的伟大创举,其理论和实践意义是无法估量的。但是在全球化和信息化的今天,中国不能无视人民概念对本来意义上的非人民那部分人所形成的排斥,要充分认识到人民与作为类的人之间的差距,中国要融入世界必须实现由人民到人的历史转换。而这个转换的基础就是改革开放以来中国社会所发生的巨大变化。

中国的改革开放彻底地结束了以阶级斗争为纲,为实现人的类平等奠定了现实基础。本来社会主义制度的建立就已经从经济上消灭了阶级,按照列宁的阶级定义,阶级从根本上就是个经济概念,指谓的是这样一些集团,由于它们在一定的社会经济结构中所处的地位不同,其中一个集团能够占有另一个集团的劳动。我国社会主义改造完成后,就已经消灭了凭借生产资料私有制来占有他人劳动的可能,剥削不存在了,阶级也自然就难以存在。可是在很长一段时期内,强调以阶级斗争为纲,强化原有阶级和新的阶级的区分与认定。一个时期内,血统和出身压倒一切,成为人的现实地位和状况的决定因素,仿佛一下子回到了等级制的王国。相当一部分人背上了沉重的血统负担,不管他们的现实表现如何,他们都是带着原罪而来的,必须为他们的出身而赎罪。中国的改革开放以彻底否定"文化大革命"为开端,从政治上清算以阶级斗争为纲的极"左"路线是与经济上的开放市场、进行所有制和分配制度的改革配套进行的,特别是市场经济体制的确立,开辟了人与人之间平等竞争与和谐相处的现实前景。市场经济本身所铸就的民主和平等的氛围就与以阶级斗争为纲不相容,所以,随着改革开放的扩展和深化,以阶

级和阶级出身来定位人的观念逐渐在弱化,人生而平等和通过后天的努力来展示人的价值的思想和呼声逐渐增强。几乎用不着特殊的努力和批判,伴随着改革开放的进程,阶级和阶级观念很快就从社会舞台上淡出,一个与世界接轨的生而平等的人的观念开始在人们的头脑中确立和扎根,人不仅在国内的交往中是平等的,在国际的交往中更要以平等和自信的身份出现,要彻底清除以阶级斗争为纲给人们在人格和心灵上所造成的伤害。这样,随着改革开放的深化和推进,阶级退出了历史舞台,原来的地富反坏右等专门需要实行专政的对象消失了,敌人这一与人民相对立的阶级力量也不存在了,这就使人民概念失去了与其相对应的存在前提,人民开始向马克思所说的作为类的人回归。正是基于这种历史性的变化,党提出以人为本而不是以人民为本的科学发展观。人和人民一字之差,意思也很相近,但不可等同。本来意义上的人民是对敌专政的依靠力量,而人是指作为类的所有人,他们的内涵和外延都不相同。由人民到人凝聚了改革开放的深厚的历史积淀,它既是中国近代以来历史发展的必然走向,也反映了中国共产党人的理想追求。马克思虽然重视人的阶级区分,认为阶级是在一定的历史时期不可避免的,但马克思更重视解放全人类,他的未来理想就是建立自由人联合体,在那里,每一个人的自由发展是一切人自由发展的条件,这是一个人人平等的和谐社会,现在提出以人为本正是朝着这个方向迈出的一大步。

当然,人民这个概念今后还要长久使用,但已不是在阶级和政治的意义上使用人民概念,人民即人,在法律上称为公民,是指拥有中国国籍并享有法定权利的所有中国人。在外交上延续使用人民概念显得更庄重一些,所以全世界各国都在使用人民概念,中国也不例外。但是,这里所说的人民决不意味着在人民之外还存在被专政的阶级敌人,中国的特殊国情赋予人民概念以独有的政治与阶级含义,在国外人民就是人的整体而庄重的称呼。今日的中国跨越了人民与敌人纠缠在一起的那个历史阶段,现在每一个人都能以平等一员的资格出现在国内和国际的交往中,这是历史的进步,是人迈向自由个性和全面发展历程的起点。从民到人民再到作为类的人是中国历史的一个缩影,这个进程的每一步都凝聚着中国共产党的奋斗和牺牲,回顾这个历史进程也给我们提供一个深刻理解以人为本的新视角,昭示我们以人为本来之不易,要格外珍惜今天的人皆平等的和谐环境,努力奋斗,实现中华民族的伟大复兴。

选自:《新华文摘》2006 年第 12 期论点摘编
原文刊于:《学术交流》2006 年第 1 期

马克思哲学历程的深刻启示

马克思作为千年伟人,集思想家与革命家于一身,但他首先是旷代的伟大哲人。恩格斯在马克思墓前的演说中总结了他一生的两大发现,其第一大发现就是创立了哲学唯物史观,列宁说,这是"科学思想中的最大成果。人们过去对于历史和政治所持的极其混乱和武断的见解,为一种极其完整严密的科学理论所代替"①。马克思为创新和发展哲学而奋斗的一生给后人以极大的启迪,它告诉人们,哲学必须关注现实,与经济学结成联盟,在实践中不断地发展和完善自己。

一、马克思学说的哲学主旨

马克思才华横溢,博学广涉,恩格斯说:"在他研究的每一个领域,甚至在数学领域,都有独到的发现,这样的领域是很多的,而且其中任何一个领域他都不是浅尝辄止的。"②哲学,特别是以经济研究为其内核的历史哲学是他一生研究活动的主线。哲学是理论化和系统化的世界观,相对于一切具体科学,哲学总揽一切,具有全面性、总体性和根本性。因此,马克思为要探寻时代精神的精华,实现思想领域的彻底变革,不能不从哲学肇始。所以我们看到,马克思

---

① 《列宁选集》第 2 卷,第 443 页。
② 《马克思恩格斯选集》第 3 卷,第 776–777 页。

一走上思想和政治舞台，就打起哲学的旗帜，从他的大学毕业论文《德谟克利特的自然哲学与伊壁鸠鲁的自然哲学的差别》开始，中间经过《资本论》对哲学的升华，一直到晚年提出跨越卡夫丁峡谷设想，从而完成了划时代的东方社会理论为止，马克思一直在哲学战线上纵横驰骋。这是马克思崭新的哲学思想形成、发展和完善的过程，也是他用哲学武器认识历史、分析资本主义社会经济形态，涵盖整个世界的过程。这个过程生动表明，哲学一旦从玄奥的思辨王国降临到人间，它能够创造多么的辉煌的奇迹！

哲学倡导理性，孕育理想，目的是实现"哲学的世界化"，构建一个符合哲学本性的理想世界。但是为要建立新世界，就必须揭露旧世界，"在批判旧世界中发现新世界"。而批判需要武器，黑格尔是马克思在哲学上的第一个先师，马克思从他那里找到了理性和自由这两件武器来批判德国现实，并寄托自己对人的解放和全面发展的伟大理想。但是现实又使马克思认识到，批判的武器不能代替武器的批判，纯粹的理性是苍白无力的。哲学必须面向现实生活，面对不依人的意志为转移的客观世界，而这就必须抛弃旧哲学的思辨传统，从生活和现实出发，来把握历史，认识世界。在马克思发现黑格尔的唯心主义哲学所面临的窘境以后，他转向费尔巴哈，用恩格斯的话来说，他们一下子成了费尔巴哈派。费尔巴哈是马克思摆脱黑格尔影响的引路人，他从费尔巴哈那里借用了人本主义武器，用人性和人的本质回归的伟大理想充实了未来社会的理想目标。又用资本主义全面异化的现实与之相对照，既尖锐地批判了资本主义，又论证了共产主义的历史必然性。从《德意志意识形态》起，马克思开始转向经济和现实生活，但是马克思很快就发现，仅仅意识到经济和现实的重要性还不够，还要进一步挖掘经济现实本身形成的原因。马克思的思维触及这里，一个划时代的哲学革命进程开始了。

马克思首先把人视为有生命的个体存在,而人要维持生命,就需要生活资料,而自然界本质上是与人不相适应而存在的,人要生活就要劳动生产,生产出自然界本来没有的东西,于是,在生产中形成生产力和生产关系以及社会关系这一整套以实践为中心的概念系统,这就在创建实践唯物主义哲学的同时又导致历史唯物主义的诞生。由此哲学史上凝结的疑团解开了,人们从马克思划时代的伟大发现中,终于认识到,人之为人的根本特性在于劳动实践,所谓人的本质或本性不是由人主观设定的,而是存在于实践所形成的社会关系的总和中。这样,马克思哲学就以唯物主义为基本前提,以实践唯物主义、历史唯物主义和辩证唯物主义为特征,成为融会实践性、科学性和革命性为一体的完备而正确的世界观。马克思用了三年多的时间完成了从唯心主义到唯物主义和从民主主义到共产主义的转变,又用了三年多时间实现了对黑格尔和费尔巴哈哲学的批判与改造,整个马克思的青年时代就是在哲学批判的生涯中度过的,作为这一时期辛勤劳动的硕果,马克思完成了他生平的第一个伟大发现,创立了实践唯物主义和唯物史观,为他以后的全部学说奠定了理论基础。

从1848年革命到1875年的《哥达纲领批判》,可以看作马克思理论活动的中期,这时期马克思主要研究唯物史观在1848年革命和1871年巴黎公社革命中的实践与运用,写出了《1848年至1850年的法兰西阶级斗争》《路易·波拿巴的雾月十八日》和《法兰西内战》等著作,极大地丰富和发展了唯物史观和科学社会主义原理,显示了马克思哲学用于分析和指导实践的强大威力。但是在这四分之一世纪时间里,马克思研究的另一热点主要集中在经济学上,《资本论》及其手稿占据了这一时期马克思的大部分时间和精力。《资本论》不仅是一部经济学著作,也是一部博大精深的哲学著作。在《资本论》中凝聚着丰富的哲学思想,这已经是长期以来人们达成的共识。众所周知，在《资本论》以前，马克思的哲学思想，特别是他的唯物史观，在《德意志意识形态》和《〈政治经济学批判〉序言》中得到了经典的表述。但是，这里所表述的新世界观还只是个假说，它还需要经过实践和科学的检验和证明。不仅如此，《德意志意识形态》所使用的"交往关系"或"交往形式"等术语也不甚确切。《〈政治经济学批判〉序言》也只是以高度凝练的形式表述了唯物史观中与经济学紧密相关的内容，主要是反映马克思于 19 世纪 40 年代在巴黎和布鲁塞尔的研究所取得的成果。整个说来，《资本论》以前的哲学成果主要是从社会基本矛盾运动这一根本的历史机制去反映社会发展的自然历史过程，社会生活的丰富复杂的多重内涵还未完全展示出来。在这种情况下，《资本论》以前的唯物史观基本上还是一个尚需证实和检验的科学假说与总体构架，急需从实践上加以验证和从总体上加以整合。《资本论》的重大历史功绩在于，它把社会发展的自然历史过程推进到人的劳动实践的创生过程和现实人本身的发展过程，用社会有机体思想表述了历史发展的整体性，辩证性和系统性。特别是《资本论》及其手稿提出和探索了亚细亚生产方式，以生动的事实表明了前资本主义历史发展过程的丰富性和多样性，指出多角度地观察和概括历史发展的必要性。在《资本论》中，马克思把自然经济、商品经济和产品经济分别对应于亚细亚、古代、封建、资本主义和共产主义五种生产方式，而这五种经济形态又可以从人的发展和人与人的关系上，分别对应于人对人的直接依赖关系、人对物的依赖关系和人的全面发展及个性自由这三大社会形态。所有这些成果都表明，《资本论》及其手稿在现有形式上是一部完整的经济学著作，其中并不存在一个现成的唯物史观体系，但蕴含在其中的唯物史观确实具有内在的整体性及系统性。早期著作中新世界观的天才萌芽，《德意志意识形态》中的哲学假说，《政治经济学批判》序言中精心提炼的唯物史观根本原理，所有这一切都在《资本论》中得到进一步的提高、升华,丰富和补充。《资本论》及其手稿是马克思从经济学研究角度锻造唯物历史观的理论加工场和实验室,记录着马克思辛勤的哲学探索的匠心和足迹,其中确实潜藏着一个自在的哲学体系。在这个意义上,《资本论》这部经济学巨著同时也记录了马克思哲学思想发展的新里程,是马克思一生的哲学主线在中期的集中反映。

《资本论》是马克思哲学历程的一个新的制高点,但它还不是马克思一生哲学思想的顶峰,它还留下一些重大的哲学课题需要马克思在晚年去完成。其中,最重要的题目就是如何把历史发展的一致性和多样性相统一的思想贯彻到底,探索东方社会向共产主义发展中的多样化道路问题。《资本论》及其手稿通过亚细亚生产方式的研究,证明了前资本主义时期历史发展的多样性,但同时也指明,人类社会发展到资本主义时代,由于生产的社会化和商品经济的发展以及统一的世界市场的形成,历史将第一次实现归一,所有民族和国家,包括亚细亚生产方式占统治地位的东方,都将通过资本主义大工业使"历史完全转变为世界历史"[①],然后在资本主义奠定的物质基础上,再通过推翻资本主义的革命,实现共产主义。马克思提出的这个历史图式包含一个内在矛盾:面向过去,马克思充分注意历史发展多样性,但是面对未来,历史都要整齐划一,多样性的历史发展道路不见了。这个矛盾本身就是马克思哲学蕴含的巨大的张力和潜力,它表明,《资本论》中的唯物史观是开放的,还不是马克思哲学的最后完成。马克思在自己生命的晚年大力破除欧洲中心论,在他给《祖国纪事》杂志编辑部和查苏利奇的信以及人类学笔记中,马克思一再说明,不能用西欧的模式来裁剪东方和世界的历史,资本主义产生的历史必然性典型地体现于西欧;《资本论》丝

① 《马克思恩格斯选集》第1卷,第89页。

毫无意论证全世界一切国家和民族不问具体情况统统都要纳入资本主义轨道。马克思的这一澄清,不仅消除了人们对《资本论》的误解,而且为东方国家跳越资本主义卡夫丁峡谷扫除了思想障碍,提供了理论前提。正是出于对俄国 1878 年前后的革命形势的考量,马克思在充分考虑俄国村社土地公有制的有利因素和各方面必备条件的基础上,提出了俄国跨越卡夫丁峡谷的实际可能性。这一设想的提出不仅具有实践指导意义,而且具有重大理论意义。它表明,马克思晚年辛勤的哲学探索结出了丰硕的成果。跨越卡夫丁峡谷的设想足以证明,马克思晚年已经完成了东方社会未来非欧化发展道路的设计,从而将社会发展的一致性和多样性相统一的思想贯彻人类历史始终,马克思晚年放缓了《资本论》的写作,作了数以万页计的人类学笔记,其目的也就是为了给跨越卡夫丁峡谷设想提供史学前提。

综观马克思一生的理论活动可以看出,马克思早期和晚期为创立和完善唯物史观而努力,中间虽然从事《资本论》写作,但《资本论》从始至终贯通哲学,是马克思为推进和验证新哲学世界观所做的努力的一部分。在这个意义上可以说,哲学是马克思一生理论活动的主线,也是全部马克思学说的主旨。

二、哲学必须关注现实,重在实践

哲学具有双重身份:作为思想和文化的灵魂与核心,它是一定时代社会进步和科学发展的产物,是时代精神的凝聚和体现,作为社会意识形态,哲学是一定阶级的世界观,是上层建筑的一部分,为一定的阶级利益服务。在历史上,哲学的这种双重身份反映了它的双重使命和功能,它们一直相互交错,相互渗透,紧密地联结在一起。纯粹的时代哲学而不带阶级性或纯粹的阶级哲学而不体现时代精神,都是不可能存在的。但是哲学史上几乎所有的哲学都只亮出自己的时代精神而把自己的阶级属性掩盖起来,表面上都对现实采取超然物外的态度,似乎自己仅仅是一种与实践无关的纯学术或单纯理论。哲学表面上的这种超阶级超政治的特性,也使它对现实和实践采取一种漠然态度,它只关心解释世界、说明世界,甚至也可以提出理想世界的蓝图,但如何实现理想,如何进行操作,这就与哲学无涉了。所以,恩格斯在《费尔巴哈论》中把哲学称作"更高的即更远离物质经济基础的意识形态",认为"在这里,观念同自己的物质存在条件的联系,越来越错综复杂,越来越被一些中间环节弄模糊了"。①

马克思哲学的产生是哲学发展史上的伟大革命,这场革命集中体现在两个方面:一是它宣布新哲学关注现实,注重改变世界,当时的现实就是革命问题,因而马克思哲学革命变革的结果是创生革命的哲学。哲学中不仅包含有革命的理想和目标,而且哲学本身就是作为批判的武器,是为革命服务的;另一是它申明自己的实践特点,是指导无产阶级革命实践的思想武器,这正如毛泽东所概括:"马克思主义的哲学辩证唯物论有两个最显著的特点:一个是它的阶级性,公然申明辩证唯物论是为无产阶级服务的;再一个是它的实践性,强调理论对于实践的依赖关系,理论的基础是实践,又转过来为实践服务。"

马克思的哲学是唯物主义哲学,在唯物主义的基本点上,它与从前的唯物主义并没有区别。马克思看到的唯物主义,特别是18世纪法国的唯物主义,其学说本身就包含有社会主义和共产主义的内蕴。马克思说:"并不需要多大聪明就可以看出,关于人性本善和人们智力平等,关于经验、习惯、教育万能,关于外部环境对人的影响,关于工业的重大意义,关于享乐的合理性等等的唯物主义学

---

① 《马克思恩格斯选集》第 4 卷,第 253 页。

说,同共产主义和社会主义之间有着必然的联系。"①但是,过去旧唯物主义的超实践的存在方式窒息了它内蕴的革命内涵,把它变成单纯解释世界的空泛理论,马克思以实践为中心的唯物主义学说将从前旧唯物主义内蕴的社会主义和革命原则一下子解放出来,焕发出极大的革命活力。"对实践的唯物主义者即共产主义者说来,全部问题都在于使现存世界革命化,实际地反对和改变事物的现状。"这是马克思对实践唯物主义哲学本质和使命的精辟概括。这样,马克思哲学一产生就带着崇高的革命使命和强烈的革命精神来到尘世,而无论是唯物史观还是唯物辩证法本身又都是无产阶级认识和改造世界的思想武器。马克思哲学从不辩护任何落后过时的东西,真理性和革命性相一致,这是它与生俱来的特点。

马克思哲学产生以后,在它的漫长和曲折的发展中也一直是关注现实,以革命为准绳的。19世纪五六十年代,马克思哲学在《资本论》中达到了新的制高点,《资本论》以笔作锤,敲响了资本主义灭亡的丧钟,宣告了唯物史观不仅在分析资本主义的实践中得到了验证,而且做出具体范例,表明唯物史观就是以最终消灭资本主义为宗旨的。19世纪70年代中期以后,马克思逐渐把视野转向东方,对东方原始社会史和土地制度史方面的材料格外关注,全身心地投入人类学的研究中。马克思研究方向发生的转变与当时世界革命形势的变化密切相关。1877年爆发俄土战争,国内民粹派的恐怖活动加剧,沙皇政府内外交困,革命危机指日可待。东西方革命形势的巨大变化给马克思提出一个迫切的课题:革命胜利后的俄国向何处去? 在新的形势下,仍然拘泥原来的世界历史思想,坚持未来俄国要走西方资本主义的老路,那不仅辜负了千百万人为之付出代价的俄国革命,而且也牺牲了社会主义的未来前景。这样做就

---

① 《马克思恩格斯全集》第2卷,第166-167页。

会使哲学与革命撞车,哲学就将在革命面前退却,不成其为革命哲学了。在这个尖锐的矛盾和冲突面前,马克思以革命为坐标,重新审视了自己的东方社会理论,提出了跨越资本主义卡夫丁峡谷的设想,实现了理论上的巨大飞跃。

跨越卡夫丁峡谷设想的提出,既是马克思对自己的社会历史理论的澄清,也是他的唯物史观理论的巨大飞跃,无论如何这是前所未有的说法和表述,具有重大的理论和实践意义。而马克思之所以能够提出这个理论构想,其缘由和机制完全是为了服从现实与革命的需要。从这里我们可以领略,马克思哲学本来就是服务于无产阶级革命斗争的哲学,它既能指导革命实践,并在总结实践经验中不断向前发展,又从革命实践的需要出发校正某些结论和原理,然后再在实践中去检验和证明。马克思哲学和无产阶级革命斗争的这种密切关系正是它一个多世纪来得以不断丰富发展的秘密所在。

三、哲学要在与经济学的结盟中充实和发展自己

在马克思的哲学生涯中,哲学研究一直和经济学的研究紧密地结合在一起,这既是马克思的哲学传统,也是马克思哲学的重要特色。马克思之所以强调哲学与经济学的结盟,从经济学方面来说,需要哲学指导,这是重要的原因,但是从哲学方面来说,马克思哲学本身就要求扩展到经济学。经济学一方面是马克思哲学特别是唯物史观的底蕴,二者存在着共同的内容和范畴,另一方面,经济学研究的进展和突破是马克思哲学发展的重要机缘与途径。所以在马克思一生的理论活动中,哲学和经济学的发展几乎是同步的。对马克思来说,哲学和经济学的联盟,首先体现在:

第一,对经济学的研究为马克思创立和发展辩证法奠定了唯物主义基础。马克思的辩证法是唯物的辩证法,其理论前提是黑格尔的辩证法。马克思在《资本论》第一卷第二版跋中写道:"我的辩证法,从根本上来说,不仅和黑格尔的辩证法不同,而且和它截然相反。在黑格尔看来,思维过程,即他称为观念而甚至把它转化为独立主体的思维过程,是现实事物的创造主,而现实事物只是思维过程的外部表现。我的看法则相反,观念的东西不外是移入人的头脑并在人的头脑中改造过的物质的东西而已。"①物质的东西是什么?按照旧唯物主义的理解,只能是自然界的物质实体。马克思的划时代的贡献就在于他扩展了哲学物质概念的内涵,不仅承认自然实体的第一和决定作用,而且提出社会物质概念,社会物质就是由实践活动所形成的社会存在,其核心就是人们的社会关系和经济关系。从《莱茵报》开始,马克思逐渐意识到黑格尔辩证法的空虚和对事实理解的本末倒置。现实的物质利益和经济关系问题的争论使他看到,实际生活的辩证法不是意识和理性主宰现实,而是恰恰相反,是市民社会决定法和国家,正是这个认识,促使马克思从哲学思辨走向现实生活,开始进行经济学的研究。当马克思的研究从"副本"(法和国家)进到"原本"(经济学和经济关系)时,他第一次触及到了社会辩证法的奥秘。他发现,不是意识和理性,而是只有生产和实践,才是人类历史上真正起决定作用的范畴。人不是超生命的,首先是满足生存需要的劳动和实践的主体,由此开始形成人类的现实生活和历史运动,所以劳动及在劳动实践中所形成的社会性是人的本质的体现。在《1844 年经济学哲学手稿》中,马克思首先从经济学中找到了生产和劳动这把黑格尔唯心辩证法所不能充分理解的钥匙。马克思沿着这一思路不断深化自己的研究,在《神圣家族》中他已形成社会力的概念,触摸到了生产方式在历史发展中的决定作用问题。到了写作《德意志意识形态》时,马克思已经能够较为明确地叙述黑格尔的《历史哲学》所不理解的社会历史的辩

---

① 《马克思恩格斯选集》第 2 卷,第 111－112 页。

证运动。正是基于对生产力与生产关系和经济基础与上层建筑的对立统一关系的深刻理解,有了历史辩证法作底蕴,马克思才能在《哲学的贫困》这部重要的经济学著作中深刻地揭示唯物辩证法的本质特征:"两个矛盾方面的共存、斗争以及融合成一个新的范畴,这就是辩证运动的实质。"这也说明,对黑格尔唯心辩证法的改造不是单纯在思辨王国里将精神和物质关系一颠倒就可以完成的。只有深入到社会物质生活中,首先在经济学领域内才能找到社会历史的奥秘,真正揭示出人自身及其历史的辩证法。所以,马克思第一部蕴藏着他全部学说谜底的开山力作(《1844年经济学和哲学手稿》)把经济学和哲学结合在一起来进行研究,其原因也正在这里。

第二,经济学为马克思哲学提供了实践领域。马克思哲学是实践唯物主义,它的核心和本质就是要冲破传统哲学的理论樊篱,把自己的哲学原则和哲学理想付诸实践,兑现到实际生活中去。在马克思以前,实践是个宽泛的概念,甚至理论活动也被划到实践的范围中去。这就提出一个问题,马克思哲学的实践领地在哪里?无疑,人类的全部实践活动,其中包括政治斗争、科学实验等都是不可忽视的领域。但是,经济学所研究的生产、生产力、生产关系,生产方式和社会经济关系,社会经济结构与社会经济形态等是马克思哲学首要的根本的实践领地。马克思哲学的独创性体现于唯物史观,它的根本宗旨是说明和推进社会历史的演进,最终实现共产主义。而经济学为马克思哲学的宗旨和使命提供了要义,它指明,人类历史发展的根本机制和动力在于生产力与生产关系的矛盾运动,一部人类社会发展史首先是一部经济运动史,一切纷繁复杂的社会现象都可以从经济上找到它的最终原因。只有着眼于经济,从生产方式的演变上才能解开历史发展之谜。把马克思对社会历史的经济理解称为经济决定论、经济一元论或经济唯物主义是不确切的,它忽视或否认了政治和意识形态在社会发展中的巨大反作用。但是经济确实是马克思哲学特别是唯物史观的中心点,认识社会历史要从经济入手,马克思哲学的根本理想和目标,也只有在经济变革中才能最终实现。诚然,政治是社会变革的启动器,革命的根本问题是国家政权问题,但这只是推动社会发展的杠杆和手段,革命的根本宗旨归根到底还是通过经济变革借以改变生产关系,解放生产力。所以,哲学离开经济学就无从确立自己的历史观,实践唯物主义只能在经济领域中才能最终实现自己的目的。

第三,经济学与唯物史观相互交叉,融为一体,它们的许多范畴和概念是共同的。经济学为了揭示社会的经济运动,使用了劳动、分工、生产力、生产关系、所有制、生产方式和社会经济形态等范畴,这些范畴所揭示的内容构成社会经济关系和经济运动的基本骨架。同样,唯物史观在说明社会历史发展首先是经济的发展时,也必须使用这些范畴及由这些范畴的组合而构成的基本原理,从历史渊源上看,是先有经济学的这些范畴及原理,甚至在马克思以前,资产阶级经济学家已经在不同程度和意义上提出了这些概念,然后被马克思引入到哲学中。从现实生活来看,这些范畴所反映的经济关系和经济事实也是第一性的,只有在现实生活的基础上才能对它们进行哲学提炼,上升到哲学思索。哲学以自己的思维逻辑来把握经济,把经济学的范畴和概念纳入到自己的体系中。但是不论怎样,经济学在哲学特别是唯物史观中居核心地位,唯物史观所揭示的历史演进的奥秘、机制、动力、规律等等,都是在对经济运动的揭示和解剖中实现的。就这个意义说,没有对经济学的哲学升华就不可能有唯物史观。

正因为经济学对马克思哲学的形成和发展具有至关重要的意义,所以我们看到,在马克思哲学发展史上,哲学与经济学的发展总是互为前提,相得益彰。经济学的发展依赖于哲学的进步,这自不待言,恩格斯对马克思哲学与经济学的这一方面的关联曾经作过精辟的论述。他在《卡尔·马克思的〈政治经济学批判〉》一文中写道："马克思过去和现在都是唯一能够担当起这样一件工作的人，这就是从黑格尔逻辑学中把包含着黑格尔在这方面的真正发现的内核剥出来，使辩证法摆脱它的唯心主义的外壳并把辩证方法在使它成为唯一正确的思想发展形式的简单形态上建立起来。马克思对于政治经济学的批判就是以这个方法作基础的，这个方法的制定，在我们看来是一个其意义不亚于唯物主义基本观点的成果。"①而哲学发展对经济学的依赖就需要用事实来说明了。马克思对政治经济学的兴趣是出于对黑格尔哲学的思辨性的不满而引发的，《莱茵报》围绕林木盗窃法等实际物质利益问题的争论，充分暴露了黑格尔唯心主义自我意识哲学的无用。在恩格斯的《政治经济批判大纲》的启示下，马克思的目光转向经济生活和物质利益等实际问题，尽管他当时对市民社会的理解还比较抽象，但是转向经济学已使他在哲学上取得了长足的进展，认识到了市民社会对国家和法的决定作用。《1844年经济学哲学手稿》是马克思转向经济学的一个重要步骤，在这本书里，马克思已明确认识到"从当前经济事实出发"的重要性，并且接触到异化劳动、分工、私有制、工资等许多重要的经济范畴。正是在概括大量经济事实的基础上，马克思初步形成了实践唯物主义的基本思想，提出人化自然等重要的概念，又同样根据经济事实，马克思用异化劳动来概括资本主义社会对人的扭曲，论证了消灭资本主义和实现共产主义的必然性。1845年马克思的经济学研究又深入一步，写下了《评李斯特的著作〈政治经济学的国民体系〉》一文，在这篇文章中，马克思第一次把生产力范畴从经济学引向哲学，并作为新哲学体系的根本范畴，探讨了生产力与交往形式的辩证关系，找到了唯物史观理论体系的逻辑起

① 《马克思恩格斯选集》第2卷，第42—43页。

点。在这个基础上才有可能在随后写成的《德意志意识形态》中对唯物史观做出系统的表述。

从此以后，马克思终生一直把自己的主要精力集中在政治经济学的批判和研究上。他不仅写出四大卷《资本论》，而且给我们留下作为《资本论》序篇的《政治经济学批判》、专门探索历史观和方法论的《政治经济学批判》序言和导言以及三大卷《资本论》手稿《1857—1858 年经济学手稿》《1861—1863 年政治经济学手稿》《1863—1865 年经济学手稿》。这些著作标志马克思在经济学的研究中已经达到了光辉的顶峰，完成了生平的第二个伟大发现，创立了剩余价值学说。与此同时，马克思的哲学思想也在经济学研究成果的带动下，逐渐趋于完善。这时期马克思不仅通过对东方经济形态的研究，发现了东方国家由来已久的亚细亚生产方式，而且借助对亚细亚生产方式的考察，确立了历史发展的一致性和多样性相统一的历史观，提出了多角度地考察历史的必要性和可能性，把唯物史观关于社会形态的理论推进到一个新的高度。这些成果都是伴随着经济学研究的不断深化而得来的。

19 世纪 70 年代中期以后，马克思放慢了《资本论》的写作进度，特别是自 1879 年起，直到他逝世前基本上停止了《资本论》的写作，转向研究人类学。马克思对人类学的研究主要是侧重从经济学角度考察原始社会史和土地制度史，通过深入细致的考察，马克思发现，不能用西方的历史模式来概括东方历史上的经济演变。马克思阅读了上百种俄国官方或其他方面发表的经济资料，最后得出了俄国未来可以跨越资本主义卡夫丁峡谷这一具有重大意义的哲学结论。

所有这些事实都说明，马克思哲学与他的经济学有着不可分割的血肉联系，哲学如果离开了对经济事实的分析和研究，就将远离现实生活，陷入抽象和思辨的困境，而这正是历史上一切唯心主义哲学的共同特征。这个事实对我们当前的哲学研究也有极大的启迪。当前,我国正处在社会主义初级阶段,我们的一切工作都要以经济建设为中心,哲学也要面向生活,面向现实,既指导实践又总结实践,这就要从纯粹思辨的演绎中解脱出来,首先面向经济,在经济改革的大潮中不断总结生产力、生产关系、分工、所有制和分配等方面的变化与趋势,以马克思为榜样,不断汲取经济学研究的成果,把它融入哲学发展中去。这是马克思留给我们的精神遗产,也是时代对哲学的召唤。

选自:《新华文摘》2010 年第 23 期

原文刊于:《学术交流》2010 年第 7 期

论异化概念在马克思主义形成中的历史地位

异化问题是多年来国际哲学斗争的焦点。自一九三二年首次发表马克思的《经济学——哲学手稿》以来,在将近半个世纪的时间内,"异化热"久兴不衰,一直是各种哲学流派竞相争议的主题。资产阶级哲学家抓住异化不放,大做文章,肆意歪曲异化概念在马克思学说中的意义和地位。他们一方面把马克思主义归结为异化理论,认为马克思主义就是以实现人的本质为最高目的的非异化学说;另一方面又把马克思的异化概念归结于德国古典哲学,宣扬只有到黑格尔的《精神现象学》和费尔巴哈的人本学中才能找到马克思主义的真谛,云云。他们的目的就是要磨灭马克思主义的革命锋芒,贬低无产阶级革命和无产阶级专政的意义,把马克思主义变成资产阶级可以接受的宗教伦理学说。为了坚持马克思主义的科学性和革命性,同时也为了从理论上进一步探讨马克思主义产生的机制,有必要考察一下异化概念的历史发展,澄清异化概念在马克思主义形成中的历史地位。

一、马克思主义以前的异化概念

异化(Alienation)一词来源于拉丁字的 Alientio 和 Alienare,有脱离、转让、出卖、受异己力量统治、让别人支配等意。中文翻译成异化,以便和同化相对立,包含有异己化、对立化的意思。

哲学上的异化表明某种对立的社会关系或社会状态。在这里,人们通过物质活动和精神活动创造出来的产品,总是和创造者的主观愿望相背离,成为与人相对立的异己力量。这种力量反作用于人,给人的生活带来灾难或破坏性的影响。用哲学的语言来说,异化就是由主体产生出来的客体总是作为主体的对立面,成为一种外在的异己力量而反对主体本身。例如,工人劳动创造出商品,但商品过剩会造成经济危机,危害工人;农民开垦出土地,但为地主占有,成为剥削农民的手段;人为了精神上的幻想和安慰而创立了上帝和宗教,结果人失去了创造者的地位,反倒成了上帝的奴隶;科学家为了造福于人类而发现原子能和热核能,但最后导致原子弹和氢弹的出现,威胁人类的生存,如此等等。简言之,人类自觉的有目的的活动,结果总是超出人的预料和控制,成为凌驾于人类社会生活之上的敌对力量,这种不依人的主观意志为转移的社会现象就叫异化。

其实,异化现象并不神秘,它就是通常我们看到的社会盲目自发的力量对人的控制。当人还处在必然王国而没有获得更多的自由的时候,人的有意识活动总不免要带来程度不同的异化。因此,异化在历史上是个普遍现象,十分引人注目。揭示异化的奥秘对于深入地理解人们的社会生活和历史发展具有重要的意义。历史上许多有见地的思想家都从不同的角度研究过它。

在近代,霍布斯是第一个使用异化概念的哲学家。霍布斯主张人性恶,认为人与人的关系像狼一样,总是处在战争状态。人为了保护自己就要利用一切可以利用的东西,对一切事物都拥有使用和占有的权利。霍布斯把这种权利称为自然权利。他认为,如果自然权利总是沿袭下去,那么人就得永远处在战争之中,这只能造成人的相互损害,活不到自然赋予他的寿命。为此,人们应该互相订立契约,自愿放弃自然权利,把它转交给君主或由少数人组成的国家和议会。霍布斯说,国家的意志和公共的权利就是个人自然权利的异化。因此,在霍布斯那里,异化主要指转让,他不了解异化的对抗性质,幻想通过国家造成人与人之间关系的普遍协调。这说明,霍布斯的异化观念还是很模糊的。

在卢梭的著作中,异化思想也占有相当重要的地位。卢梭从经济、政治和道德方面考察了异化,认为私有财产是造成异化的根源,而国家,特别是封建国家则是社会异化的集中体现。他认为,只有用暴力手段推翻封建国家,建立起资产阶级统治,才能最终消除异化,实现社会平等。卢梭关于人类不平等的起源和社会契约的理论实际上就是消除社会异化的理论。

真正能从政治上探讨异化并达到一定深度的是爱尔维修。他认为当时法国社会异化的根本原因在于封建君主专制。他把铲除封建制度当作消除异化的根本途径。这是爱尔维修的异化思想的构成因素之一。

由此可见,在历史上异化概念并不是总和唯心主义哲学纠缠在一起,相反,在近代,它首先出自于唯物主义和启蒙学派的哲学家,是他们表达自己反封建的社会政治理想的一个工具。

真正把异化概念纳入唯心主义轨道,还是从德国古典哲学开始的。在德国古典哲学中,首先使用异化概念的是费希特,但是,在哲学史上,只有黑格尔才第一次系统地阐述了异化思想,赋予它以丰富而深刻的内容。因此,也只有从黑格尔起,异化概念才在哲学中占有自己的一席之地,从而才广泛地流行起来。

在黑格尔的本体论的观念中,异化概念极端重要,它是绝对精神演化的机制,是他全部哲学体系赖以建立和推演的杠杆。黑格尔的异化概念有三种互相交错的基本含义:

第一,异化是绝对精神向自然和社会的外化与倒退。黑格尔认为,绝对精神经过逻辑阶段而外化为自然界,又经过自然界而进入人类社会,这个发展图式就是一个异化和非异化的过程。绝对精神由自身发展到自然和社会体现异化,而在精神阶段,绝对精神又挣脱了自然界的束缚,回到自身,实现自我认识,体现了异化的克服。

由此可见,在黑格尔的体系中,异化是个彻头彻尾的唯心主义概念。

第二,异化是思维的对象化或物化和客观化。抛开黑格尔体系,黑格尔也经常在更广泛的意义上使用异化概念。在黑格尔看来,人的精神外化为对象世界,即向一切物质活动领域的飞跃都可以看作异化。这里,黑格尔把一切对象化都看成异化,扩大了异化范围。

第三,异化是人与人之间的不平等关系。黑格尔在《精神现象学》中把主奴关系看作是人与人之间关系的异化,并由此推而广之,把历史上各种人奴役人的社会形式都看作是异化了的社会关系。黑格尔认定,资本主义社会就是一个普遍异化了的王国。

这里,应该特别注意到,黑格尔在早期研究经济学时,接触到劳动问题,提出了一些颇有见解的看法。黑格尔发现,在资本主义商品生产的条件下,劳动越来越失去它的直接性。人们劳动的目的都不是为了满足自己的需求,而是为了满足市场和社会的需要,这就使得个人劳动和需求之间经常出现脱节现象。在这种情况下,人与人之间只能相互依赖,普遍依赖关系就会造成人无法控制的异己力量。黑格尔指出,这就是劳动的异化。在黑格尔看来,人的任何劳动所创造出来的产品一旦离开它的直接生产者而变成商品,那么它就必然和生产者的愿望发生冲突,成为和他们对立的异己力量。正因为这样,创造这种产品的劳动本身也就成了一种异化了的劳动。黑格尔关于劳动和异化的见解十分深刻,曾对后来马克思异化劳动思想的建立产生很大的影响。

怎样看待黑格尔的异化思想呢?

从根本方面来说,黑格尔的异化思想是错误的,是对现实的社会矛盾的歪曲。这主要表现在：

第一，黑格尔的异化思想是唯心主义的，他所谓的绝对精神异化为自然和社会其实就是一种改头换面的上帝创世说。

第二，混淆异化和对象化的区别，把任何对象化都视为异化。通常我们所讲的异化是指人有目的的活动的结果又反过来反对人，成为支配和奴役人的异己力量。而对象化则是指人精神活动的物质成果的体现。虽然它也是主体创造客体的活动，但它并不一定非得具有客体反对主体的性质。因此，任何异化都是对象化，但不能反过来说，任何对象化都是异化。黑格尔不做这种区分，将对象化等同于异化，这实际上是把异化永恒化。因为人类要生存就要劳动，而任何劳动都是对象化。如果把对象化等同于异化，那就意味着异化是人类生存的契机，只要人类存在，异化就成为一个永恒的特征。黑格尔把异化概念普遍化永恒化掩盖了异化概念所反映的社会冲突，在政治上只能起到麻痹人民的作用。

第三，扬弃异化的手段是空想的虚幻的。

从总体上看，黑格尔不承认能够最终地消除异化，但作为一个哲学家，他也希望人们能够按照他的思想来改造世界。这就使他在原则上不能否认异化的扬弃问题，不承认这一点，就等于宣布他的哲学是无用的，没有实践的价值。所以，在具体问题上，黑格尔也承认消除异化的可能性。黑格尔认为，异化是一种精神活动，世界上的一切异化都是自我意识的异化。所以，要消除异化，只有通过纯粹思维的中介才有可能。在黑格尔看来，消除异化的手段十分简单，只要了解了异化产生的秘密，异化就会被扬弃，主体和客体就会融合在一起。对于黑格尔当时生活的市民社会，他认为，只有通过普鲁士国家才能消除普遍的异化。而要最终地消除异化，则需要通过哲学，特别是他的哲学。对此，马克思曾批评道："因此，外化的全部历史和外化的整个复归，不过是抽象的绝对的思维，亦即逻辑

的、思辨的思维的生产史。"①这里,黑格尔把思维和存在等同起来了,以为在思维中做到的事就等于在实践中做到了。十分明显,黑格尔的这套扬弃异化的方案是空想的根本行不通的。

但是,也要看到,在黑格尔的唯心主义的异化观念中,也有其合理内核:

第一,不管黑格尔的异化观是多么唯心,但它总是一元论的。他不承认世界的二重本源,认为异化的基础只能是思维。黑格尔的这个一元论的唯心主义异化观客观上给一元论的唯物主义异化观准备了逻辑前提。既然黑格尔可以把异化理解为从绝对精神到自然和社会的发展,那么,唯物主义者也可以把这种颠倒的关系再重新颠倒过来,把异化理解为从自然到人的转化。

第二,黑格尔的异化观包含有丰富的辩证法思想。在黑格尔看来,主客体之间不仅存在着决定论的关系,而且还存在着客体对主体的反作用。异化正是对主客体双方的这种相互作用、相互制约关系的一种哲学概括,它集中地体现了黑格尔的对立统一规律的基本思想。

第三,黑格尔的异化思想还反映出,人的活动虽然是自觉的,有目的的,但不可能是完全随意的。它总要服从不依人的主观意志为转移的客观规律,要承认社会关系对人的活动的决定性的影响,这里就包含有历史唯物主义的萌芽。

在德国古典哲学中,只有费尔巴哈站在唯物主义立场上批判了黑格尔的唯心主义异化概念,建立了自己的人本主义的异化观。费尔巴哈指出,在黑格尔那里,绝对精神就是一个哲学化了的神,人就是神的异化。这正是一种唯心主义的本末倒置。费尔巴哈认为,人不是神的自我异化,恰恰相反,神倒是人的自我异化。人把自己的

---

① 《1844年经济学哲学手稿》,第114页。

本质集中起来,转移到一个人身上,并加以虔诚地崇拜,这时,神或上帝就产生了。因此,费尔巴哈提出一个著名的论断:神是人本质的异化。

可是,人的本质又是什么呢？费尔巴哈说,人的本质就是人的"类",所谓"类",就是一切人共有的特性,这个特性体现为人的理性、感情和爱。上帝是最高的"类",人把自己的全部精华付以上帝,于是上帝就有无所不包的全知全能的本性了。但是,人和上帝的关系很不公正,处在异化状态。当人把自己的"类"异化为上帝以后,人自己就很贫乏了。费尔巴哈说:"为了使上帝富有,人就必须赤贫;为了使上帝成为一切,人就成了无。"[1]上帝越是富有人性,人就越要相应地放弃自己的人性。所以,宗教是人与自己本质的分裂。人与上帝的对立反映人与自己本质的对立。当人把自己丰富的本质交给上帝以后,人就丧失了自己的本质,脱离了自己的"类"。在上帝面前,人不仅失去创造者的价值,反而被否定,成了自己幻想的奴隶和牺牲品。费尔巴哈认为,宗教信仰所造成的这种结果,恰是人们道德堕落的根源,社会病态的原因。因此,为了改造社会就必须把人的本质从上帝那里夺回来,重新交给人,使人的灵魂和躯壳相一致,真正过上符合自己本质的生活。这就必须消灭旧的有神的宗教,建立一个充满理性和爱的无神的宗教。只有这样,人的本质才能实现,异化才能消除。

费尔巴哈的上述见解中,有些是很精辟的,也正确地指出了宗教的实质是人本质的异化,这是唯物主义的。但是,他的唯物主义异化观很不彻底,在许多问题上还存在着很大的局限性。

首先,费尔巴哈的唯物主义是直观的。他虽然注意到了宗教来源于人的本质的异化,可是,他总以自然主义的观点来考察人,没有

① 《费尔巴哈哲学著作选集》下卷,第52页。

看到人的社会阶级属性。所以,一到历史领域他就陷入唯心主义。实际上,宗教产生的最深刻的根源乃是社会物质生活条件,由于费尔巴哈不了解这点,单纯注重宗教产生的心理因素,所以,他不能说明宗教异化在历史上的暂时性,反而认为宗教感情是与生俱来的,是永远消灭不了的。也正因为这样,他才主张在消灭有神的宗教以后,要建立无神的爱的宗教。

其次,费尔巴哈把异化概念的范围大大地缩小了。在他眼中,只有宗教异化这一种异化,对于尘世间经济、政治和道德等方面的异化现象,他持淡漠态度,不以为然,这就堵塞了人们对多种多样异化形态的发现和认识,造成了他远离现实的狭隘片面的异化观。

综上所述,可以看出,异化概念的历史来源是很复杂的。它既有十八世纪英法唯物主义哲学家和费尔巴哈唯物主义的渊源,也有德国古典哲学中费希特和黑格尔的唯心主义的历史渊源。而无论前者和后者,情况都比较复杂,其中既有正确的合理内核的一面,也有错误的局限性的一面。这种情况就使得我们在分析马克思的异化概念时出现许多错综复杂的因素。马克思到底是在什么意义上使用异化概念的呢?他到底继承或者抛弃了前人思想资料中的哪些部分呢?显然,这个问题对认识马克思的异化概念是十分重要的。

二、马克思的异化概念

马克思在他的早期著作中经常使用异化概念,甚至在他成熟时期的著作《政治经济学批判大纲》和《资本论》中也出现过异化概念。马克思在创立自己学说的过程中为什么也要使用异化概念?他的异化概念的基本思想是什么?与黑格尔和费尔巴哈的异化概念又有什么区别?

首先,任何一种新思想新理论的出现总要遇到前人留下的现成的思想资料,因而表现为对这些思想资料的改造和加工,马克思主义也是如此。1842—1844 年,正值马克思世界观的转变时期。在这个时期里,黑格尔和费尔巴哈哲学的影响还很大,特别是他们的异化概念对人们的影响更深。因为异化概念是黑格尔和费尔巴哈哲学的基本概念,在他们建立自己哲学体系时,起着杠杆和拐杖的作用。可以说,没有异化概念黑格尔就不能构造自己的体系,费尔巴哈也无从对宗教进行批判。在十九世纪四十年代的德国,异化概念深入人心,应用广泛,成为人们经常使用的概念,在这种情况下,马克思作为一个还没有完全摆脱黑格尔和费尔巴哈影响的青年,他在建立自己学说的过程中借用异化概念来表述自己的思想就是必然的了。

其次,马克思最初在哲学上虽然是个青年黑格尔派,但在政治上他是个激进的革命民主主义者。这种政治立场使他对当时德国的现状充满仇恨,而对人民的痛苦充满同情。对劳动人民和工人阶级痛苦的深刻同情促使马克思不断地去探索造成工人阶级苦难的原因和摆脱苦难的出路与办法。在马克思还不可能对资本主义社会进行经济和历史分析的时候,他转向异化概念,试图借助异化概念对资本主义社会的矛盾做出解释和说明。马克思认为,既然在黑格尔和费尔巴哈那里,异化概念是指由主体产生的对立面又反过来对主体进行奴役和支配,那么,工人阶级非人的痛苦生活恰巧就是一幅绝妙的自我异化的图景。因为在资本主义社会里,一切财富都是工人阶级创造出来的,但是,工人阶级创造出的巨大财富却不能造福于工人,反而被资本家占有,并转化为资本,成为奴役工人的异己力量。马克思认为,这种情形正是人本质的自我异化,这正如人创造了上帝而上帝又反过来奴役人一样。

但是,必须看到,马克思决不是原封不动地沿袭黑格尔和费尔巴哈的异化概念。在马克思看来,他们的异化思想在其现成的形式上是根本不适用的,不应简单地套用他们的异化概念去说明一切。只有不断地批判他们的唯心主义立场和人本主义的局限性,才可能利用异化概念对资本主义社会的矛盾做出探索和说明。因此,我们看到,尽管在《德法年鉴》时期马克思在《论犹太人问题》和《黑格尔法哲学批判导言》等文章中多次使用异化概念,但这时马克思的异化概念已与黑格尔和费尔巴哈的异化概念有着原则的不同。这尤其表现在对异化主体的不同理解上。黑格尔所理解的异化只是绝对精神的异化,至于人则不过是异化的产物和结果。因此,他的异化思想带有浓厚的思辨和神秘的色彩。费尔巴哈在这一点上不同意黑格尔,认为在现实生活中凡异化都是人的异化。但是,他所理解的人不是社会的人、阶级的人、历史的人,而是抽象的人、人本学上的人、生物学上的自然人。马克思的异化概念的主体区别于黑格尔和费尔巴哈,它既不是什么神秘的绝对精神,也不是抽象的人,而是苦难深重的无产阶级。

当然,马克思的异化思想也决没有停留在《德法年鉴》时期的水平上。随着马克思的世界观从唯心主义到唯物主义的转变及完成,他的异化概念也越来越具体,越来越深化。其重大标志就是马克思的异化概念越来越离开哲学,而转向政治经济学。因为只有经济学才能使异化概念摆脱哲学思辨,不致使它所说明的问题成为单纯的逻辑结论,只有经济学才能提供社会生活的具体内容,使异化概念立足于坚实的物质基础上。马克思当时就深刻地意识到这一点。1859年马克思在回忆这个时期自己思想变化时曾写道:"1842—1843年间,我作为《莱茵报》的主编,第一次遇到要对所谓物质利益发表意见的难事。……我的研究得出这样一个结果:法的关系……根源于物质的生活关系,这种物质的生活关系的总和,黑格尔按照十八世纪的英国人和法国人的先例,称之为'市民社会',

而对市民社会的解剖应该到政治经济学中去寻求。"①为了弥补自己政治经济学知识的不足,马克思于 1844 年 3 月开始在巴黎进行系统的政治经济学的研究,并对亚当·斯密和大卫·李嘉图等英国资产阶级经济学家的著作做了摘要和读书笔记。同年四月开始写作《经济学——哲学手稿》。

正是在这一时期,在对政治经济学进行深入钻研的基础上,马克思对异化概念的研究取得了重大的突破。马克思发现,在《德法年鉴》时期,他对异化概念的理解仍然是不深刻的。因为无论是人的异化或是工人阶级的异化的提法都十分抽象费解。人异化自己的什么东西呢? 人为什么会异化呢? 马克思从英国古典经济学家特别是从黑格尔关于劳动和异化的思想中得到启示,认为,人的异化归根到底是劳动的异化,这是人的一切异化的基础。只有把人的异化最终地归结为劳动的异化,才能展现人的异化的秘密,揭示出社会不平等的根源。马克思正是从政治经济学出发才提出了一个崭新的概念——异化劳动的概念,从而在历史上第一次确定了异化概念的严格的确切的含义。

1844 年马克思未完成的《经济学——哲学手稿》(以下简称《手稿》)是集中论述异化问题的著作。在这本书里,马克思对异化劳动从四个方面做了说明:

第一,劳动成果与劳动者相异化。这主要表现在,劳动产品本来是工人创造出来的,可是它却"作为一种异己的存在物,作为不依赖于生产者的力量,同劳动相对立"②。工人创造的财富越多,他失去的也就越多,因而越贫穷。马克思说:"劳动为富人生产了奇迹般的东西,但是为工人生产了赤贫。劳动创造了宫殿,但是给工

① 《马克思恩格斯选集》第 2 卷,第 81 – 82 页。
② 《马克思恩格斯全集》第 42 卷,第 91 页。

人创造了贫民窟。劳动创造了美,但是使工人变成畸形。……劳动生产了智慧,但是给工人生产了愚钝和痴呆。"①

第二,劳动本身与劳动者相异化。劳动是人的体力支出,但是在资本主义条件下,劳动者不能自由地支配自己和自己的劳动。一切劳动都是强制的,因而劳动者在劳动中不是感到幸福,而是感到不幸。马克思说:"劳动的异化性质明显地表现在,只要肉体的强制或其他的强制一停止,人们就会像逃避鼠疫那样逃避劳动。"

第三,劳动者与他的本质或族类存在相异化。族类存在或族类生活原是费尔巴哈的用语,用以表示一切人所共有的本质特征。人的族类存在就是体现在劳动上的自觉的创造性的实践,就是不仅为直接的肉体需要,而且也为间接的精神需要而进行的生产劳动。这是人与动物相区别的根本点。动物如蜜蜂也进行生产,但它们只是为了满足直接的肉体需要。而人则不是如此。人的生活是多方面的,不仅有物质需要,而且有精神需要。只有在脱离直接的物质需要时仍然进行生产活动才真正地体现了人的本质。但在资本主义条件下,劳动已不是为了满足人的全面的生活需要,而是变成了单纯的谋生手段,变成了仅仅为了满足直接肉体需要的动物式的生产。所以,人越来越同自己的本质相分离,越来越从人的本性中异化自己,因而人也就越来越成为不具有人本质的人,不是人的人。

第四,人和人异化。马克思说:"人同自己本身的任何关系只有通过人同其他人的关系才得到实现和表现。"②人既然和自己的本质相异化,那么,人和他人的关系也就相异化了。就是说,在生产过程中,人不仅生产出和自己对立的商品,而且还生产出不生产者对生产者的支配权。在资本主义社会里,无产阶级和资产阶级矛盾

---

① 《马克思恩格斯全集》第 42 卷,第 93 页。
② 《1844 年经济学哲学手稿》,第 52 页。

对立的加深就正是这种异化关系的反映。

至此,马克思完成了对异化概念的深化和改造。异化概念的提出是一个转折,它标志着马克思已经进一步摆脱了黑格尔哲学和费尔巴哈哲学的思辨性和抽象性的影响,而逐渐转到历史唯物主义的轨道上来。对马克思来说,由于提出了异化劳动思想,异化概念已不复是脱离人们经济关系和阶级关系的哲学思辨,相反,它是对人们现实的经济关系和阶级关系的概括。从此,马克思就把异化概念深深地融化在社会的生产关系和阶级关系之中。马克思在《神圣家族》中经典地叙述了资本主义社会中异化的阶级实质。他说:"有产阶级和无产阶级同是人的自我异化。但有产阶级在这种自我异化中感到自己是被满足的和被巩固的,它把这种异化看做自身强大的证明,……而无产阶级在这种异化中则感到自己是被毁灭的,并在其中看到自己的无力和非人的生存的现实。"①这样,马克思在提出异化劳动的思想以后,他的异化概念就直接和无产阶级解放事业联系起来了,成为辩护无产阶级利益的一个有力武器。

但是,异化劳动是怎么产生的呢?造成异化劳动的原因和机制又是什么呢?

马克思一向反对对异化现象做自然主义的解释。在马克思看来,劳动的异化决非从劳动的自身本性中产生出来的。人改造自然,这丝毫也不会异化自己的本质,而只能造福于人类。为自己建造房屋并在其中居住的人并不异化自己的劳动,但如果他为别人建造房屋而自己却住在破烂不堪的茅草屋中,那么他的劳动就有了异化的性质。一个歌唱家唱歌时并不异化自己的本质,相反,它表现了自己的本质,并感到是一种享受。可是,如果他受雇于人,唱歌是被强制的,是一种谋生的手段,那么,这当然就是一种异化的劳动。

---

① 《马克思恩格斯全集》第 2 卷,第 44 页。

一般说来,人类为攫取自然物而进行的劳动只要其成果不表现为商品,那么,这种劳动就不是异化劳动,只有在人类社会发展的一定条件和形式下,劳动产品才表现为商品,劳动才能成为异化了的劳动。这种条件和形式不是别的,就是私有制。如马克思所说:我们从政治经济学出发才得到了作为私有制运动结果的异化劳动的概念。①

在《手稿》中,马克思正确地指出了异化劳动是私有制运动的结果。因为只有私有制造成的劳动和劳动条件的分离才使劳动成为异化的劳动。但是,私有制及私有财产也并不是天生的,它也是劳动创造出来的。但它不是一般劳动创造的,马克思指出,私有制是异化劳动的产物。可是,劳动最初到底是怎样异化的? 这种异化又怎样产生了私有制? 私有制又怎样加剧了劳动的异化? 马克思自己也意识到这是应该彻底弄清的问题。所以在《手稿》中他紧接着就问道:我们已经把劳动的异化、外化作为事实接受下来,并且把这个事实分析了,现在我们要问:究竟人是怎么会使他的劳动异化呢? 这个异化在人的发展中有什么基础呢?② 可惜,在《手稿》中马克思并未具体回答这个问题,他只是说:"问题的新提法已经把问题的解决包含着。"但是,在翌年马克思和恩格斯合著的《德意志意识形态》中,可以找到这个问题的答案。

在《德意志意识形态》里,马克思和恩格斯提出了一个分工的概念,并把它作为劳动和私有制的中介。分工是一般商业生产的特点,它是生产发展的必然后果。而分工又进一步引起财产的积累和交换的发展,最后导致私有制的出现。所以马克思说:"分工和私有制是两个同义语,讲的是同一件事情,一个是就活动而言,另一个是就活动的产品而言。"③

---

① 参见《1844 年经济学哲学手稿》,第 62 页。
② 参见《1844 年经济学哲学手稿》,第 56 页。
③ 《马克思恩格斯全集》第 3 卷,第 37 页。

但是，在生产力十分低下的情况下，任何分工都带有强制性，否则劳动就不可能实现。因此，分工和强制劳动是密切联系在一起的，而强制劳动本身就是异化劳动的一个方面，所以马克思认为，私有制产生于分工，分工本身又造成了劳动的异化，于是，私有制就成了异化劳动的结果。但是，私有制一经产生之后，它就以国家的力量和刑律的形式确认了劳动和劳动条件分离的合理性和正当性。缺乏劳动条件的人为了生活就得把自己的劳动能力交给拥有劳动条件的人去支配，同时把自己劳动的成果也一并交给人家去占有。因此，劳动本身也越来越脱离劳动者，成为反对劳动者的异己力量。这样，私有制的产生就进一步加剧了由分工造成的劳动异化，私有制不唯是异化劳动的产物，反过来，也成了异化劳动的原因。

当然，不论是分工还是私有制都不是异化劳动的终极原因，只有低下的劳动生产率才最终地决定了分工和私有制。所以马克思认为，要想从根本上消除异化，只能"以生产力的巨大增长和高度发展为前提"①。

从私有制和异化劳动的关系可以看出，要解放劳动，消灭异化，必须首先消灭私有制。而消灭私有制恰恰是共产主义革命的任务。所以，消灭异化与无产阶级的解放是一回事，所谓共产主义就其实质来说，就是要使无产阶级和全人类从劳动异化，从而也就是从分工和私有制中解放出来。马克思当时曾说："共产主义是私有财产即人的自我异化的积极的扬弃，因而也是通过人并且为了人而对人的本质的真正占有；因此，它是人向作为社会的人的本即合乎人性的人的自身的复归。"②

总之，异化概念特别是异化劳动概念在马克思主义形成中起了

① 《马克思恩格斯全集》第 3 卷，第 39 页。
② 《1844 年经济学哲学手稿》，第 73 页。

巨大的作用,归纳起来,可以概括为以下三点:

第一,异化概念是马克思摆脱黑格尔和费尔巴哈的影响,建立自己独立学说的开端。马克思从异化问题入手,首先批判了黑格尔唯心主义的思辨体系和费尔巴哈只注重天国批判而忽视尘世批判的错误观点,从而在他们哲学体系的核心问题上和他们分道扬镳了。马克思以自己对异化问题的唯物主义理解,提出了异化劳动的概念,在历史上第一次使异化概念填充了历史和经济的实在内容,成为与黑格尔和费尔巴哈本意相对立的唯物主义概念。

第二,异化概念奠定了马克思理论研究的正确方向,对他共产主义观点的形成起了积极的推动作用。马克思提出异化劳动概念,揭示了资本主义私有制到底是无产阶级和劳动人民饱受苦难的根源,指出无产阶级只有通过实际的革命斗争,才能铲除私有制,实现人的本质。

第三,马克思的异化概念接近历史唯物主义,对马克思主义的产生起了奠基作用。历史唯物主义是马克思主义产生的关键问题。历史唯物主义的基本命题是社会存在决定社会意识,生产力决定生产关系的性质,等等。其中心思想是说,人类社会的发展具有不依人的意志为转移的客观规律。而异化概念特别是异化劳动概念恰好在人的活动后果不依人的意志为转移这一主要之点上和历史唯物主义是一致的。所以当马克思试图以异化概念作为一把钥匙来打开社会历史的奥秘的时候,他在异化概念基础上建立起的早期理论体系有广阔的发展余地。也正因为这样,马克思才能从 1844 年起在两年多的时间内就过渡到了比较成熟的时期,而中间不需要在理论上进行重建,这个事实也是实践对马克思异化概念的某种肯定。

三、为什么后来马克思很少使用异化概念

异化概念对马克思来说是个历史的概念。它的内容不断发展

变化,而马克思对它的态度也随着自己世界观的转变和理论研究的深入而不断改变。1844 年 4—5 月写的《手稿》是马克思使用异化概念的高峰。但是以后不久,马克思就逐渐明显地改变了态度,转而对异化概念进行批判。与此相适应,马克思对异化概念的使用也就越来越少了。

《手稿》写完后不到半年,马克思恩格斯合写了《神圣家族》。在这本书中,马克思虽然还受着费尔巴哈的影响,继续使用异化概念,但是,这时对异化概念理解的重心已不是人的本质,而是阶级和阶级斗争。这时在马克思的眼中,人已不是费尔巴哈的一般人,人已经被分裂了,成为"统一整体"的"两个对立面"①,而这两个对立面恰恰就是现代社会中的无产阶级和资产阶级。

《神圣家族》写完后不到半年,即 1845 年 3 月,马克思写了《关于费尔巴哈提纲》。在这个"包含着新世界观天才萌芽的第一个文件"中,马克思进一步摆脱了费尔巴哈对自己的影响,尖锐地批判了他的人本主义的异化观。马克思指出,费尔巴哈的异化观是从宗教上的自我异化出发的,虽然他致力把宗教世界归结于它的世俗基础,但"他没有注意到,在做完这一工作后,主要的事情还没有做。因为,世俗基础使自己和自己本身分离,并使自己转入云霄,成为一个独立王国,这一事实只能用这个世俗基础的自我分裂和自我矛盾来说明"。这里,马克思在描述费尔巴哈的观点时,用了费尔巴哈的自我异化一词,但当他表述自己的思想时,可以说有意识地回避了"自我异化"。因为,无论是"世俗基础使自己和自己本身分离",或者是"世俗基础的自我分裂和自我矛盾",在这里都可以简化为"世俗基础的自我异化"。马克思偏不这样说,可见,从此开始马克思已经对异化概念保持一定的距离了。

---

① 《马克思恩格斯全集》第 2 卷,第 43 页。

不仅如此,马克思在《提纲》中还对费尔巴哈的异化概念内容的核心——人及其本质展开了批判。马克思指出:"费尔巴哈把宗教的本质归结于人的本质。但是,人的本质并不是单个人所固有的抽象物。在其现实性上它是一切社会关系的总和。"马克思的这个看法清楚地表明,异化概念在他那里的含义已经和费尔巴哈大不相同了。对马克思来说,异化概念已经失去了它原来的人及其本质的理论基础,马克思好像釜底抽薪一样,已经使异化概念没有立足之地了。

正因为这样,马克思在 1846 年 1—5 月和恩格斯合著的《德意志意识形态》中对异化概念甚至采取批判和否定的态度了。这方面的材料在这本书中起码可以找到三例:

1. 当马克思谈到分工会造成劳动异化后,紧接着就说:"这种'异化'(用哲学家易懂的话来说)当然只有在具备了两个实际前提之后才会消灭。"①这里,马克思对异化概念的使用已经附有完全确定的保留条件,并把异化加引号。看来,在马克思的心目中,除非特殊情况,比如这里是沿用过去哲学家的习惯用语,以便使人们容易懂得,否则,一般就可以不必使用异化概念了。

2. 马克思在批判斯蒂纳对费尔巴哈的攻击时,曾经回忆了自己的唯物主义世界观的产生过程。他说,他们的新世界观当时"还是用哲学词句来表达的,所以那里所见到的一些习惯用的哲学术语,如'人的本质'、'类'等等,给了德国理论家们以可乘之机去不正确地理解真实的思想过程并以为这里的一切都不过是他们的穿旧了的理论外衣的翻新"②。这里清楚地表明,在马克思看来,"人的本质""类""异化"等概念原是不太确切的习惯用语,很容易被人误解,甚至被敌人歪曲利用,所以最好是不用为妙。

---

① 《马克思恩格斯全集》第 3 卷,第 39 页。
② 《马克思恩格斯全集》第 3 卷,第 261－262 页。

3. 马克思在批判斯蒂纳的唯物主义异化观时曾说:"我们暂且不谈桑乔如何随意地把任何一个关系说成或不说成异化的关系,我们在这里已经看出,〔桑乔只是把一切现实的关系和现实的个人都预先宣布为异化的(如果暂时还用一下这个哲学术语),把这些关系和个人都变成关于异化的完全抽象的词句。……用关于异化、异物、圣物的空洞思想来代替一切纯经验关系的发展……〕。"①这就是说,马克思认为,异化概念在青年黑格尔派手里已经毫无任何实在内容,变成了"空洞的思想"和"完全抽象的词句"。为了和他们划清界限,最好不使用这个概念,即使偶然使用,也是为了描述某种特定的看法而"暂时用一下"。

总之,在《德意志意识形态》中,马克思对待异化概念的态度比较明朗。这时的马克思已经看到,用人或人的本质来解释社会历史现象有唯心主义之嫌。马克思在《德意志意识形态》的第一章里间接地表白了这个想法。他说:"哲学家们在已经不再屈从于分工的个人身上看见了他们名之为'人'的那种理想,他们把我们所描绘的整个发展过程看作是'人'的发展过程,而且他们用这个'人'来代替过去每一历史时代中所存在的个人,并把他描绘成历史的动力。这样,整个历史过程被看成是'人'的自我异化过程……,由于这种本末倒置的做法,即由于公然舍弃实际条件,于是就可以把整个历史变成意识发展的过程了。"②既然用自我异化来解释历史会本末倒置,把整个历史变成意识的发展过程,那么这就可能意味着异化概念是历史唯心主义。正因为有此一虑,所以在《德意志意识形态》中,马克思总是觉得异化概念有问题,是什么"空洞的思想""抽象的词句",给了德国理论家们以可乘之机,等等。为了避免别

① 《马克思恩格斯全集》第3卷,第316－317页。
② 《马克思恩格斯全集》第3卷,第77页。

人"不正确地理解真实的思想过程",最好不使用这个"习惯用的哲学术语",即使有时不得不使用,那也只是选用"哲学家易懂的语言","暂时用一下",一般情况就不用了。这大概就是1846年初马克思和恩格斯合写《德意志意识形态》时对异化概念的看法。

以后的实践证实了,马克思在相当长的时期里都持这种态度。他在1847年1月开始写的《哲学的贫困》未谈异化问题。而在同年12月写的《雇佣劳动与资本》一文中,有许多地方牵涉到异化内容,但都未冠以异化概念。可见,此时马克思已经和异化概念没有任何缘分了。

在1848年马克思和恩格斯合著的划时代的纲领性文献《共产党宣言》中,通篇没有提到异化概念,只在一处对异化或外化概念嘲弄了一番。把它和"真正社会主义"的"哲学胡说"联系起来。

此后一直到1857年写的《政治经济学批判大纲》,马克思一直没有再使用异化概念。

怎么看待这项事实呢?是马克思彻底抛弃异化概念了吗?

从现象上看,不能否认,马克思在十多年的时间里确实不用或者很少使用异化概念。但是,马克思在自己的著作中却完全保存和发展了与这个概念相联系的全部内容,只是他观察人的角度有所改变。他逐渐地认识到,人不仅有社会性,而且人都生活在一定的生产关系中,都有自己的阶级性。只有从生产关系和阶级关系中才能把握人的实质,只有通过阶级斗争,推翻造成人异化的社会条件,才能彻底消灭异化。在这个意义上也可以说马克思并没有抛弃异化概念。正因为这样,异化概念似乎神奇地但又不容置疑地出现在马克思成熟时期的著作《政治经济学批判大纲》和《资本论》中。

一些人见此情景就大加发挥,说什么马克思在《资本论》中又重新回到了思辨的异化理论,并断言,异化是《资本论》中研究资本主义社会解剖学的出发点。这种看法显然也是错误的。谁都知道,

《资本论》的出发点根本不是什么抽象多义的异化，而是一个完全确定的经济范畴——商品。的确，马克思在《政治经济学批判大纲》和《资本论》中谈到了异化，指出为资本从劳动异化，而又支配劳动，是资本主义生产的起点；资本、利息、地租等劳动异化的不同形态掩盖了资本主义剥削的实质；论述了在资本主义社会中人与人之间的生产关系表现为物与物的关系，生产关系的这种物化必然产生商品拜物教；等等。但是，所有这一切，马克思都完全不是从异化概念出发说明的。单纯的异化概念是贫乏的，它根本不可能说明如此丰富的内容，为了说明这些内容，马克思使用了商品、货币、资本、价值、剩余价值和商品拜物教等概念。只有这些概念及其所构成的体系才能对异化概念的内容做出科学的说明。所以异化概念在这里根本没有被当作出发点。马克思正是在一种比较狭窄的意义上，而在需要强调某种社会过程的实质与它的表现形式之间具有特殊的对抗性的矛盾时，才使用异化概念。在许多情况下，异化只意味着对立化，向对立面转化，此外没有更深的含义。在《政治经济学批判大纲》和《资本论》中，异化概念正是在与从前迥然不同的意义上出现的。

因此，尽管在《政治经济学批判大纲》和《资本论》中出现了异化概念，仍然改变不了一个最基本的事实，那就是，自《手稿》以后，异化概念在马克思那里逐渐走下坡路，失去了先前的出发点的意义。这是一个值得深思的事实。为什么会出现这种情况呢？到底是什么原因使马克思不用或很少使用异化概念呢？作为对这个问题的研究和探讨，不妨列举如下两点原因：

首先，用异化概念来解释一切，有思辨地构造世界的危险。列宁说："马克思主义的哲学就是唯物主义。"① 在社会历史领域里，唯

---

① 《列宁选集》第 2 卷，第 442 页。

物主义世界观就表现在能否对社会历史现象进行经济的分析，做到一切从经济和事实出发，不去对客观世界进行臆造和幻想。异化概念恰恰在这一根本点上有导向历史唯心主义的可能。马克思在《德法年鉴》时期所使用的异化概念还是从人本质出发，缺乏对人的经济和阶级的分析，因而带有很大的抽象性。从1844年的《手稿》开始，马克思提出了异化劳动的概念，意识到异化首先是个经济现象，提出了无产阶级消灭私有制实现共产主义的伟大历史使命。这一切都是马克思思想发展的巨大飞跃。但是，马克思的这些正确或接近正确的结论仍然不完全是从对资本主义矛盾的经济分析中做出的。他当时还没有来得及对政治经济学进行深刻的研究，因而也就难以从经济学角度，运用经济学的具体范畴来对异化劳动问题做出深刻的揭示。在这种情况下，马克思的异化劳动的概念不能不更多地从逻辑推理入手，带有一定的思辨性。这就造成了当时他的异化理论经济学味少，而哲学味浓，似乎有从哲学角度思辨地构造世界之嫌。比如，为什么要进行共产主义革命呢？马克思的异化理论告诉人们，主要是因为资本主义社会造成了人的全面异化，为了消除异化，实现人的本质，无产阶级必须为消灭私有制而斗争。十分明显，这种回答方式难免使人产生一种模糊印象，似乎马克思的共产主义学说不是出自对资本主义社会矛盾的经济分析，不是对社会发展规律的正确认识，而是异化理论的逻辑演绎。

从1844年3月起，马克思在恩格斯的《国民经济学批判大纲》的影响下，开始转向经济学，并对亚当·斯密和大卫·李嘉图等经济学家的著作进行系统的研究和批判，《手稿》就是这工作的初步成果。从《手稿》到《德意志意识形态》虽然仅距一年多的时间，但在这段时间里，马克思除了写作《神圣家族》外，主要精力都用来研究经济学。辛勤的劳动带来了丰硕的成果，马克思的思想升华到一个新的境界。越研究经济学越使他认识到，经济归根到底是全部社会矛盾的根源和基础,而要弄清经济作为基础与其表现形式之间的联系和中介,就不能满足于对异化劳动概念的解释和发挥,必须深入到经济学领域,制定新的概念和范畴来对异化劳动做经济学上的解剖。这种认识就使马克思不能不感到,单纯建立在异化概念基础上的共产主义理论容易使人有"抽象"和"空洞"之感,甚至被人利用来歪曲他的学说。因此,在1845年恩格斯也移居布鲁塞尔后,马克思和恩格斯便决定在他们已经取得的共同思想成果的基础上,对他们的哲学思想进行研讨。他们钻研的成果便是《德意志意识形态》。

在《德意志意识形态》中,马克思的态度有所改变,不承认这个概念属于他的哲学体系的范畴,这就是马克思和恩格斯在布鲁塞尔清算前一时期哲学思想的一个后果。上述这些考虑可能是马克思后来不用或少用异化概念的主要原因。

其次,在异化概念和与它相联系的某些内容中,有些表达方式不够恰当,有些提法也不够准确。比如:

1. 资本主义剥削的实质是资本家无偿占有工人的剩余劳动,这里涉及的乃是资产阶级和无产阶级之间的阶级对抗关系。但是,异化概念,即使是异化劳动概念却不是从人们的相互关系,首先是生产关系中引申出资本主义的矛盾,而是力求从个别工人对自己劳动的关系中,从他和自己的冲突中来分析社会矛盾。这就容易造成一种误解,似乎资本家和工人的对立不是产生于资本家对工人的剥削,而是产生于工人同自己劳动的关系,工人劳动越多,失去的越多,因而也就越贫困。有些资产阶级哲学家正是利用这点来为资本主义做辩护,他们说,资本主义的社会灾难不是来源于资产阶级的剥削压迫,而是来源于工人的劳动本身或科学技术的应用。因而他们把工人阶级的苦难看成是天经地义的,无法克服的。

2. 异化概念所牵涉到的某些重要的根本性的哲学问题的表述

同后来所具有的那种经典形式相距很远,特别是在一些哲学术语上表现更为突出。这些术语是从黑格尔费尔巴哈那里沿袭下来的,不适于它们所表现的新的内容,甚至在一定程度上模糊了这种内容。

比如,马克思在论述劳动的意义时,为了强调人对自然的实践和改造,曾提到自然"人类化了"。资产阶级哲学家抓住了这点,宣布马克思是个唯心主义者,硬说马克思把自然界看成是"人类本质力量的异化",是"人的无机的身体",等等。

又比如,《黑格尔论哲学批判导言》中"批判的武器当然不能代替武器的批判"那句名言的末尾说:"理论只要说服人,就能掌握群众;而理论只要彻底,就能说服人。所谓彻底,就是抓住事物的根本。但人的根本就是人本身。"[①]这里抛开了人的社会关系、生产关系和阶级关系,把人的根本看成人本身,这种提法不唯模糊不清,而且明显地反映了费尔巴哈人本主义的遗迹。

再比如,关于"人本身是人的最高本质","共产主义是私有制即人的自我异化的积极扬弃,因而是通过人并且为了人而对人的本质的真正占有,因此,它是人作为社会的人即合乎人性的人向自身的复归"等说法,也都不是很妥当的。

正因为这样,所以当马克思的思想发展到成熟时期以后,他对自己从前的某些不确切的术语和表达方式就不能感到满意了。为了不给人以"可乘之机",他不能不对自己"用哲学词句表达的"一些不太确切的习惯用语,如"异化""人的本质""类"等概念加以节制或改造。

四、结论

马克思最初使用异化概念而后来不用或少用异化概念,这个事

---

① 《马克思恩格斯全集》第 1 卷,第 460 页。

实说明异化概念对马克思来说是个历史的概念,它在马克思主义形成的不同时期起着不同的作用,占有不同的地位。

在马克思早期的不成熟的著作中,异化概念是马克思分析资本主义社会矛盾的出发点。这时的异化概念是主动的,在马克思的早期著作中起主导和奠基的作用。

异化概念特别是异化劳动概念的提出,对马克思主义的产生具有积极意义。它是马克思摆脱黑格尔和费尔巴哈的影响,独立地建立自己学说的开端,为马克思的理论研究树立了正确方向,奠定了马克思主义产生的理论基础,对他的共产主义观点的形成起着巨大的推动作用。

但是,当马克思从哲学转向经济学,直接从事对资本主义社会的经济和历史分析的时候,异化概念就失去了先前出发点的意义。这时,异化概念不是用来说明经济和历史,相反,它需要用经济和历史来说明。因此,对成熟的马克思主义著作来说,异化概念已不复起主导和奠基的作用,它只是马克思主义哲学和经济学的一个具体的内容。而当马克思在经济学上创立了剩余价值学说,在哲学上创立了历史唯物主义以后,一条新的道路开辟出来了。这时,剩余价值、商品拜物教、生产力、生产关系、阶级斗争、社会革命等一系列崭新的科学概念已经担负起异化概念的职能,对异化概念的内容做了最深刻的揭示。异化概念在马克思主义形成过程中已经完成了自己的历史任务,于是,对于马克思主义理论来说,它就像哲学史上的实体、反思、悟性和自我意识等概念一样,只能作为历史保存在人们的记忆中了。

选自:《新华文摘》1980 年第 5 期

原文刊于:《学习与探索》1980 年第 1 期

推倒两个"凡是"的信条

无独有偶,两个"凡是"的口号不只有一对,人们还会记得,十年浩劫中另一对"凡是"口号也曾风靡一时,聒噪人耳,那就是"凡是敌人反对的我们就要拥护,凡是敌人拥护的我们就要反对"。这个口号,一不见马列经传,二未经严密论证,可是却天然具有极大的效力,是当时公认的思想和行动的信条,谁若是违背它,就等于背叛革命,和敌人同流合污了。臭名昭著的"对着干"就是由此推导出来的。

粉碎"四人帮"以后,"对着干"已经随着它的炮制者覆灭而寿终正寝。但是,这两个"凡是"却安然无恙。直到今天,它仍然束缚着人们的思想,成为理论研究中一条吓人的戒律。现在,某些理论禁区久攻不破,与这个戒律的存在大有关系。为了解放思想,繁荣学术,必须甩掉这个沉重的思想包袱。

一

"凡是敌人反对的我们就要拥护,凡是敌人拥护的我们就要反对",这句话原出自毛泽东同志抗日战争时期的一次谈话,是针对顽固派的破坏活动而言的。就当时我党与顽固派的根本对立来说,这个说法在政治上大体符合实际,是无可指责的。可是,林彪、康生一伙却抛开这次谈话的具体内容,掐头去尾,在一般意义上把它奉为普遍适用的方法论原则,这就不能不导致谬误了。

请先看事实：

资产阶级在历史上曾进行过反封建斗争，难道我们能够在反对资产阶级的时候同时拥护封建主义吗？列宁说过，帝国主义国家之间的矛盾和争夺是绝对的，甚至酿成世界大战，请问，他们互相反对，要我们去拥护谁呢？现在，苏联在国际上也反对以色列，难道我们可以因此去支持犹太复国主义吗？由此可见，凡是敌人反对的，我们并不一定拥护。同理，凡是敌人拥护的，我们也未必都去反对。资产阶级主张民主、自由和平等，我们也主张民主、自由和平等；资产阶级实行选举和三权分立，我们也可以借鉴和学习；"在法律面前人人平等"的口号是资产阶级首先提出来的，今后我们也要努力实行；资产阶级循法治国，不搞人治，我们也同样要注重法治，搞好体制改革，给子孙后代建立起一套好的制度来；如此等等。

所有这些事实都说明，世界上的事物是很复杂的，我们认识它的时候，决不能事先立下某种模式，搞一刀切。大量事例可以证明，敌人的敌人未必是朋友，敌人的朋友未必是敌人，这里需要的不是逻辑的简单推论，而是要用辩证的方法对问题进行具体分析。列宁说过，辩证法是认识论，它的精髓和活的灵魂就是具体地分析具体情况。所以，马克思主义认为，实事求是是唯一正确的认识路线。认识上的模式和框框无异于先验主义。

当然，马克思主义也承认认识的规律性，并且认为，遵循辩证的思维规律，是正确认识的前提。但是，规律不是模式，原则不等于框框。辩证法的认识规律只是给人的认识提供了方法论的指导，它没有也不可能提供任何认识的模式，去供人们简单套用。马克思和恩格斯都反对把亚里士多德的三段式和黑格尔的三分法当作现成的认识公式。因此恩格斯才说："原则不是研究的出发点，而是它的最终结果；这些原则不是被应用于自然界和人类历史，而是从它们中抽象出来的；不是自然界和人类去适应原则，而是原则只有在适合自然界和历史的情况下才是正确的。"①恩格斯的这段话是对"凡是"模式的中肯批评。

二

"凡是"信条之所以行不通,在很多场合下都不中用,主要是因它在理论和方法上有一系列重大的毛病,这突出地表现在:

首先,它满足于简单的逻辑推断,没有通过对大量事实的分析和概括去反映事物之间的必然联系。恩格斯说过,辩证法不是证明的工具,单纯的逻辑公式证明不了任何问题。一个原理或结论是否正确,不仅有求于实践的验证,而且只有当它是从事实中抽取出来时,才可能被验证为是正确的。恩格斯在《反杜林论》中曾列举了自然、社会和人类思维中的大量事例来证明辩证法基本规律的客观性和普遍性。只是在进行了这番论证以后,恩格斯才得出结论说,辩证法的基本规律是普遍适用的。"凡是"信条作为一个方法论原则,缺乏对事物的广泛而深刻的考察和研究,没有经过去粗取精、去伪存真、由表及里、由此及彼的筛选过程,因而它不可能概括出事物及反映事物联系的人的认识的规律性。它只是根据一般的逻辑原则就对敌我关系这样复杂的社会政治问题做出简单的推论,这就不能不带有极大的或然性。

分析事实,从中概括出普遍性的原则或结论,这是创造性的劳动,是很不容易的。科学不是对现象的直观,更不是日常生活实例的总和,它是在全面概括事实的基础上对事物内在本质和规律性的反映。两个"凡是"单纯着眼于某些有利于它的表面事实,而对于它所解释不了的东西不闻不问,这怎么能使它成为一个有普遍意义的科学命题呢?

186

---

① 《马克思恩格斯选集》第3卷,第74页。

其次,它把人的认识简单化了。认识是人对外部事物的反映。世界上一切事物都处在复杂的联系中,具有多方面的特性。列宁说:"辩证法是活生生的、多方面的认识"①,只有把握事物的一切方面和中介,才能认识事物的本质和规律性,社会现象有人的参与,它要比自然理解复杂得多。自然现象可以抛开某些因素的影响,在纯粹的形态上加以研究;数学可以不管对象质的不同,抽象出纯粹量的关系,得出负乘负得正的结论;生物学也可以不考虑意外因素的影响,抽象出种子——茎叶——果实的公式。然而对于社会现象,比如敌我问题,这样做就很不够了。敌人有主次之分,内外之分,是主要敌人呢,还是次要敌人呢? 是国内敌人呢,还是国外敌人呢? 在一定情况下,凡是主要敌人拥护的,我们可能反对,而次要敌人拥护的,我们就可能不一定要反对。凡是入侵的国外敌人拥护的,我们可能要反对,而这时国内敌人拥护的,我们就可能不一定去反对;即使反对,程度上也会有所不同。抗日战争中就发生过类似情况。"凡是"模式完全不考虑这些复杂的因素,简单武断地定框框,下结论,这怎么能符合实际呢?

第三,它以静止的眼光来观察问题,把人的认识形而上学化了。辩证法是发展的学说,它反映了事物永无休止的发展过程。人的认识作为对事物的反映,也应该用发展的观点反映事物的运动变化。敌人这个概念是具体的、历史的、经常变动的。到底是什么时候的敌人呢? 是过去的敌人,还是当前的敌人? 不明确这一点,敌人就是个模糊概念,在这种情况下是根本无法确定敌我关系的。历史经验证明,必须把过去的敌人和当前的敌人区别开来,我们对待他们的态度是大不相同的。一般地说,对于当前的敌人,他们拥护的,我们可能反对得多些,而对于历史上的敌人,则情况可能缓和些。

---

① 《列宁全集》第38卷,第411页。

不仅如此，就是对于当前的敌人也要做现状和历史的区分。是就什么时候的问题来谈论对他们的拥护和反对呢？如果是就当前问题而言，由于直接牵涉到现实利益，对抗的程度就大些多些；如果是属于历史问题，则对抗的可能性就小些少些。如对于资产阶级反封建问题即是如此。两个"凡是"把这些生动的变化着的因素都排除在自己的命题之外，自然就经常四处碰壁。

最后，完全依据敌人的态度来确定自己的立场，这在理论上是颠倒了主次，是站不住脚的。辩证唯物主义一贯强调，认识要从对象本身的实际情况出发，周密地考察它的成分、性质和特点，了解它的历史和现状，这是正确的认识和判断的内在根据。尽管在认识过程中也需要考察对象和周围事物的关系，特别要重视敌人的状况，做到在比较中加以鉴别，但是，这不能代替对事物本身的认识，它只能在认识和判断中起反衬的第二位的作用。任何认识都应以对象本身为主，把它作为根据来确定自己的立场和态度。列宁在《哲学笔记》中反复强调要从事物的"自身""本身"和"内在矛盾"来观察事物，就是这个道理。把对象本身抛开，单纯依据敌方的态度来决定自己的取舍，这是认识上的一种外因论。

在社会政治生活中，某些对敌人的否定，和随之而来敌人对它的否定，往往出于多方面的原因，为了达到不同的目的。因此，它们之间的相互否定的结果并不一定和第三者的利益相一致。《共产党宣言》曾经描述了封建社会主义、小资产阶级社会主义和"真正社会主义"对资本主义制度的批判，但是所有这些冒牌的社会主义都是反动的，它们同无产阶级社会主义完全不是一回事。如果无产阶级不从自己的地位和使命出发，而是单纯地考虑它们之间的对立。那么，就不可能提出消灭资本主义建设社会主义的伟大任务，而只能是在资本主义和假社会主义之间选择其一，这当然只能倒向错误。

上述都说明，"凡是"信条无论在理论、方法或实践应用上，都是漏洞百出，不能成立的。

三

长期以来，左倾路线的恶果之一就是造成了人们心理上的变态：为了站稳立场，划清界限，人们总是习惯于把敌人的立场和主张当作自己行动和思考的出发点。凡是敌人反对的就拥护，凡是敌人拥护的就反对，而不问这种拥护和反对是否正确，是否真有道理。有时甚至宁可牺牲真理，危害事业，也要拘守这个模式，以求平安无事，万事大吉。多年来，林彪、"四人帮"在"反修""灭资"的口号下，干了许多坏事。本来，利润作为资金积累的方式，这是人们公认的生活常识。可是，因为资产阶级是追逐利润的，于是他们就拼命反对"利润挂帅"，只算政治账，不算经济账，把国民经济弄到崩溃的边缘。资产阶级注重智育，提出过"知识就是力量"的口号。为了和资产阶级对着干，他们就大反"智育第一"，摧毁国民教育。在他们看来，"走资派"都是主张阶级斗争熄灭论的，于是为了和"走资派"相对抗，就实行阶级斗争扩大化，残酷斗争，无情打击。十年浩劫中，这方面的事例俯拾皆是，举不胜举。就是在当前，我们仍然可以看到"对着干"的魔影还在人们中间游荡，"凡是"信条还有它的威慑力量，使人们不敢实事求是地提出问题，研究问题。为什么在我国，人的问题一直没有在哲学中占据应有的位置？十年浩劫中，不把人当人，"人住牛棚"，"砸烂狗头"，人的尊严遭到极大的凌辱。鉴此，今天为什么不提出人的价值问题？为什么我国学术界对人性和人道主义的研究老是迈不开步子？这一切，说到底，不外是因为资产阶级在这方面研究得比较深广，人们害怕和他们滚到一起，犯"地主资产阶级人性论"的错误。这就向我们提出了一个严肃的问题：对立的阶级能不能在某些问题上取得共同的认识和主张？如果在某些问题上出现了和资产阶级一致的认识,这能否叫作"混线"或同流合污？现在偶尔还会看到,有的人不讲任何道理,不做任何论证,只列举国外某种观点存在的事实,就影射或判定国内类似观点是错误的。这种辩论中的吓人战术在我国流传已久。现在倒要刨根问底,它是否真有道理？它在科学上到底有多大根据？看来,不解决这些问题,我们就不能提高自己的信心,增强前进的勇气。

马列主义认为,社会存在决定社会意识,阶级对立必然决定他们在政治思想和文化道德方面的对立。但是,这种决定作用不是机械的摄影,由于社会生活联系的多面性和复杂性,阶级对立的表现往往被中介环节和反作用所扭曲。这就造成了各个阶级在政治思想、文化和道德方面很少有完全纯粹的形态,它们经常相互交叉,在某些方面表现出或多或少的一致性来。

首先,从政治上来说,对立的阶级在政治上当然是根本对立的。但是,这种根本对立主要是指它所依存的基础,即各阶级的经济利益的不可调和性,并不是说它们在每一个具体政治事件上都是绝对对立的。对待具体的政治问题,对立的阶级都从本阶级的长远的最高的利益出发,经常互相妥协退让,最后形成某种共同的认识和主张。历史上这方面的事例是不少的。比如,面对外国侵略,无产阶级和资产阶级就可以在爱国主义的基础上联合起来。在资本主义国家,为了争取选举的胜利,无产阶级政党也可以和资产阶级政党进行必要的合作,等等。马列主义一贯主张原则的坚定性和策略的灵活性。对无产阶级来说,在坚持根本利益的前提下,出于策略考虑,在某些问题上和资产阶级进行适当的有限度的联合和合作,这在理论上完全成立,是无可指责的。

其次,从学术理论来说,马克思主义一向认为,各阶级的经济利益和经济关系往往不能直接决定意识形态。恩格斯在晚年的通信中多次指出,经济对意识形态的作用要通过政治这一中介。由于政治不可能在每一个具体问题上完全无遗地反映阶级对立,所以,比政治更远离经济基础的学术理论就更难以直接地反映出各阶级的根本对立来。它们经常相互脱节。我们主张把学术问题和政治问题分开,其道理也正在于此。在这种情况下,对立的阶级就有可能在学术研究中出现一致或相近的看法。这并不值得大惊小怪。这里可以举民主问题为例。夺取政权以后,无产阶级和当年的资产阶级一样,开始主宰国家。虽然他们的国家性质是根本不同的,但他们都面临着一个共同问题,就是如何更好地实现对国家和社会的管理,这是人类社会生活的共同方面。在这一点上,他们之间就管理问题相互参照,互相借鉴,是很自然的,在所难免的。正因为这样,无产阶级和资产阶级在民主、法制等问题上,就比和封建阶级有更多共同的语言。

人在社会生活中有双重面貌,一是作为与动物相区别的人,一是作为阶级的人。人既有人性,又有阶级性,任何具体的人都是这双重本性的统一。就人作为与动物相区别的生命实体而言,人具有劳动性、社会性、意识性、能动性和实践性。在阶级社会里,虽然阶级性把人分裂了,但人的这些共有的特性依然把人联结起来,维系着共同的社会生活。这就决定了人和人之间除了阶级敌对之外,还有相互适应、相互一致的一面。如果没有这一面,人类社会早就在斗争中分崩离析了。因此,即使是相互敌对的阶级,他们在政治上和理论上也可以存在某种共通或一致的东西。

怎样看待这种一致呢? 这是不是一种同流合污呢? 仔细分析就可以发现,对立的阶级在某些问题上之所以采取共同的认识和主张,这完全都是从本阶级利益出发的,都是为了本阶级的生存和发展。因此,这种一致只是表面的现象,它们的基础和出发点并不一致,归根到底都是为了保存和壮大自己,以便将来消灭对方。正是在这里反映了阶级对立的深刻性。问题在于,我们不能在形而上学的意义上来理解这种对立,对于辩证法来说,一切对立都包含着对立面之间的依存和渗透,存在着相互间的某种一致和统一。这才是真实的对立,具体的对立,辩证的对立。恩格斯在《费尔巴哈论》中曾经批评"旧形而上学所不能克服的对立",指出,"这些对立只有相对意义"。正因为对立之间包含着共通的东西,所以它们才能相互过渡,相互转化。"凡是"信条恰恰在这一点上倒向形而上学,所以必须坚决推倒,彻底摈弃。

选自:《新华文摘》1981 年第 4 期

原文刊于:《求是学刊》1981 年第 1 期

论社会主义社会人的价值问题①

康德有一句名言:人是目的,而不是手段。这句话言简意赅,包含有深刻的哲理,是对人在社会生活中非人状况的沉思和抗议。试想,历史上哪一个统治阶级不把广大劳动群众视为牛马呢? 他们什么时候重视过人的尊严和价值呢? 一部阶级社会的历史充满了对人的屈辱和践踏,实际上就是人类的史前史。恩格斯说,只有社会主义和共产主义才使"生存斗争停止了。于是,人才在一定的意义上最终地脱离了动物界,从动物的生存条件进入真正人的生存条件。……只是从这时起,人们才完全自觉地自己创造自己的历史"②。开始了人类真正的文明史。

但是,新制度的建立只是给恢复人的价值和尊严创造了可能,离开了正确的政策和方针,社会主义制度本身并不能自动地实现人的本质和价值。十年浩劫中人住"牛棚","砸烂狗头"的惨痛教训深刻说明,在我国这样封建主义影响比较深重的国家,特别需要强调人的尊严,提高人的价值观念。没有思想上、舆论上对人的充分尊重,就没有社会主义。一旦极"左"思潮涌来,就会冲破民主和法制的堤防,照旧干出"惨无人道""灭绝人性"的勾当来。

历史表明,一个社会只有当它的全体成员都充分地享有作人的

---

① 此文系作者与毕治国、王雅林同志合写。
② 《马克思恩格斯全集》第3卷,第323页。

基本权利和义务,都能够在符合人性的条件下生活和劳动的时候,这个社会才能生机勃勃,具有无限的生命力和创造力。因此,正确地认识和宣传人的价值,这不仅是哲学、伦理学和社会学的重要课题,而且,对于我国社会主义社会的发展和完善也具有重大的现实意义。

一

　　人是万物之灵,是世界上唯一具有创造力的生命实体。马克思说:"实际创造一个对象世界,改造无机的自然界,这是人作为有意识的类的存在物的自我确证。"①正是人的创造性的劳动决定了人的生活是"能动的、类的生活"②,是"创造生命的生活"③。这种生活不以动物式的生存繁衍为满足,它的最高目的是要创造人的生活条件,真正把人变成人。所以马克思说:"全部历史都是为了使'人'成为感性意识的对象和使'作为人的人'的需要成为〔自然的、感性的〕需要所做的准备。"④历史的发展不过是人的准备和形成的过程而已,人类对自己所持有的这种强烈的人的意识,完全是人所独有的,是人的全部价值和尊严的基础,是推动人的发展和完善的强大力量。正是为了人的生存和幸福,人才孜孜不倦地实践和探索,正是为了人的价值和尊严,人才永无休止地创新和追求。一切为了人,这是衡量一切社会行为的尺度,是判明一切思想理论的标准。任何一种社会动机和效果只有在有利于人的生存和发展的前提下,才有存在的价值和理由。在这个意义上,人的价值是终极的、绝对的、无条件的。如马克思所说:"人就是人的世界"⑤,"人是人

186

　　① 《1844 年经济学哲学手稿》,第 50 页。
　　② 《1844 年经济学哲学手稿》,第 51 页。
　　③ 《1844 年经济学哲学手稿》,第 51 页。
　　④ 《1844 年经济学哲学手稿》,第 82 页。
　　⑤ 《马克思恩格斯选集》第 1 卷,第 452 页。

的最高本质"①，"人的根本就是人本身"②。所以，提高人的信念和意识，把人本身当作人的最高价值，这完全是发自人之为人的根本特性。人所具有的创造能力决定了天地间除了人以外，再也没有任何高于他的价值的东西了。

但是，几千年的"文明史"并没有表现出对人的价值的应有的尊重，相反，我们看到的完全是一幅非人的图景。强制的劳动分工和生产资料的私有制剥夺了广大劳动群众的人的生活条件，异化了他们的劳动，使他们脱离了自己的人的本质，成为不是人的人。

奴隶社会是对人的野蛮的蹂躏。广大奴隶完全丧失了作人的资格，被视为会说话的牲畜和工具。罗马法典就把奴隶同牲畜和什物置于同等的地位。

在封建社会里，农民的处境和奴隶相比，他们的人格受到了一定程度的尊重。但是，从根本来说，封建制度尊崇的是神而不是人，对于人，他们同样充满了轻慢和蔑视。马克思说："专制制度的唯一原则就是轻视人类，使人不成其为人"③，"专制君主总把人看得很下贱"④，因此，"专制制度必然具有兽性，并且和人性是不相容的"⑤。

近代资本主义社会的巨大功绩之一正在于它在高度发展社会生产力的同时，适应生产关系变革的需要，打破了封建的等级制度，建立了人与人之间在交换和法律面前的平等关系。但是，它只不过是用表面上的平等掩盖了事实上的不平等，用"公开的、无耻的、直接的、露骨的剥削代替了由宗教幻想和政治幻想掩盖着的剥削"⑥。

---

① 《马克思恩格斯选集》第 1 卷，第 460 页。
② 《马克思恩格斯选集》第 1 卷，第 460 页。
③ 《马克思恩格斯选集》第 1 卷，第 411 页。
④ 《马克思恩格斯选集》第 1 卷，第 411 页。
⑤ 《马克思恩格斯选集》第 1 卷，第 414 页。
⑥ 《马克思恩格斯选集》第 1 卷，第 253 页。

它把人的尊严、价值物化为商品和货币,把人与人之间的一切高尚的情感都"淹没在利己主义打算的冰水之中"①。由于资本主义社会的"一切生活条件达到了违反人性的顶点"②。因此,它在实际上并未能尊重人的价值,真正重视人,相反,资本主义社会是个高度异化了的社会,人处在普遍的异化状态中。马克思说,资本主义社会"是把人当作精神上肉体上的非人化了的存在物来生产"③,因此,"这里的所谓'非人的东西'同'人的东西'一样,也是现代关系的产物"④。

在资本主义社会里,人的价值的贬损是全社会性的。资产阶级极其重视本阶级生存的价值,为了追求腐朽糜烂的生活方式,他们不相信彼岸世界,而是一群十足的享乐主义者。自以为这就是本阶级的价值,实质上他们的人的价值无非是金钱、物质的代名词。马克思恩格斯说得好:"有产阶级和无产阶级同是人的自我异化。但有产阶级在这种自我异化中感到自己是被满足和被巩固的,他把这种异化看作是自身强大的证明,并在这种异化中获得人的生存的外观。而无产阶级在这种异化中则感到自己是被毁灭的,并在其中看到自己的无力和非人的生存的现实。"⑤

思想理论是社会现实的产物,非人的现实总是伴随着非人的理论。历史上人在哲学中的位置是逐渐被认识和突出出来的。古希腊罗马的唯心主义哲学家普遍推崇神灵和彼岸世界,蔑视人的现实生活,柏拉图在他的《理想国》中就把奴隶称为畜类。在漫长的中世纪里,经院哲学把上帝当作宇宙间唯一的创造主,在他们看来,人只不过是上帝的作品,他带着"原罪",是不可能在哲学中占有任何

---

① 《马克思恩格斯选集》第 1 卷,第 25 页。
② 《马克思恩格斯选集》第 2 卷,第 45 页。
③ 《1844 年经济学哲学手稿》,第 59 页。
④ 《马克思恩格斯全集》第 3 卷,第 507 页。
⑤ 《马克思恩格斯全集》第 2 卷,第 44 页。

席位的。因此,经院哲学宁愿对上帝进行烦琐无聊的考证,也不屑于瞻顾人的现实生活和可悲的命运。就是作为近代唯心主义之集大成的黑格尔哲学也轻视人,把人看作"绝对观念"的外化或退化,恩格斯称黑格尔哲学为"纯粹思维的专制"①。只是到了近代,随着资本主义的发展,资产阶级从第三等级一跃而登上历史舞台,人才开始恢复自己在自然界中的本来面目,逐渐成为哲学研究的中心问题。

阶级社会里人的这种异化和非人化,引起了人们正当的愤慨,历史上许多有正义感的思想家和哲学家对此发出了强烈的愤懑和抗议。从文艺复兴时代的人文主义运动到近代哲学中的人本主义思潮,从斯宾诺莎和伏尔泰的人的"自然权利"说到空想社会主义者对未来理想人的希望,所有这些人道主义的学说和理论都从不同的角度猛烈地抨击了封建制度和资本主义制度对人的摧残,满腔热情地抒发了他们对人的幸福和完善所抱的伟大理想。尽管他们所说的人都是一般的抽象人,实质上是以资产阶级为模特的。但是,他们能够正视社会的非人的现实,客观上代表了广大劳动群众喊出自己的心声,这无论如何是一种历史的进步。

马克思主义哲学批判地继承了历史上优秀的人道主义传统,从它诞生的最初起,就把人的解放、幸福、自由和需求当作哲学的最高目的。1843 年,当马克思主义刚刚开始形成的时候,马克思就认为,在当时的德国,对宗教的批判应当"最后归结为人是人的最高本质这样一个学说,从而也归结为这样一条绝对命令:必须推翻那些使人成为受屈辱、被奴役、被遗弃和被蔑视的东西的一切关系"②,做到了这一点"德国人就会解放成为人"③。1844 年,马克思

---

① 《马克思恩格斯选集》第4卷,第218页。
② 《马克思恩格斯全集》第1卷,第461页。
③ 《马克思恩格斯全集》第1卷,第467页。

在《经济学哲学手稿》中,详细地考察了资本主义制度下的异化问题,认为分工、私有制以及由此而产生的劳动异化是资本主义社会中非人化的基础。只有消灭私有制,进行共产主义的革命,才能消灭劳动异化和一切形式的异化,实现人对人的本质的真正回归。1845 年,马克思恩格斯在《神圣家族》的序言中,把自己的共产主义学说称为"真正的人道主义"①。1846 年,马克思恩格斯在《德意志意识形态》中,对人的全面自由的发展寄以极大的关注,认为这是共产主义社会的基本特征之一。1848 年,马克思和恩格斯在《共产党宣言》中,把自己对人的希望寄托于共产主义社会。他们认为,只有共产主义社会才能实现人的全面自由的发展,因为共产主义社会本身就是"一个以各个人自由发展为一切人自由发展的条件的联合体"②。马克思恩格斯对人的价值的高度重视贯穿于他们一生的全部著作。在将近三十年后,他们在《哥达纲领批判》和《反杜林论》中仍以极其充沛的感情倾吐自己对人的理想,在坚实的历史唯物论的基础上,把人的解放同建立共产主义社会的理想联系在一起。恩格斯在《社会主义从空想到科学的发展》的结尾中断言,只有到了共产主义,人才"终于成为自己的社会结合的主人,从而也就成为自然界的主人,成为自己本身的主人——自由的人"③。因此,尽管我们对未来共产主义社会的前景还不太清晰,但是,有一点可以肯定:"共产主义,决不是返回到违反自然的、原始的简单状态去的贫困。相反地,它们无宁是人的本质的现实生成,是人的本质对人说来的真正的实现"④,"因而也是通过人并且为了人而对人的本质的真正占有,……是人向作为社会的人即合乎人的本性的人的

---

① 《马克思恩格斯全集》第 2 卷,第 7 页。
② 《马克思恩格斯全集》第 4 卷,第 491 页。
③ 《马克思恩格斯全集》第 3 卷,第 443 页。
④ 《1844 年经济学哲学手稿》,第 128 页。

自身的复归"。①

二

人的价值问题不是孤立自在的,它与人的社会生活条件密切相关,从根本上来说,就是人的社会地位问题。为了真正把人本身当作人的最高价值,充分调动人民群众的积极性和创造性,需要从思想和舆论上端正对人的价值问题的认识,提高人的价值观念。而作为第一步,首先要明确社会主义社会中人的价值规范。我们认为,在社会主义社会中,要真正消除非人化,充分地尊重人的价值,必须逐步实现下列要求:

(一)要尊重个人尊严,做到在人格面前人人平等。

尊严,这不是个人的孤傲自赏和自满自足,它是人对自己价值的意识,是人的一种自我肯定。它产生于人和动物的根本区别,是人超出于动物的优越感。在本来的意义上,凡人都有尊严,就是说,他不仅要求别人尊重自己的人格,而且也能把别人当作人来尊重和对待。但是,阶级社会里各种形式的人身依附关系把人的尊严异化了,人的人格连同他们的人身一起也被当作交换价值出卖了,失去了人的尊严感。马克思说:"那些不感到自己是人的人,就像繁殖出来的奴隶或马匹一样,完全成了他们主人的附属品。"②

社会主义社会根本改变了人与人之间的人身依附关系,广大劳动群众"成为自己本身的主人——自由的人"③,这是相互尊重个人尊严的客观基础。在社会主义条件下,人的尊严不决定于金钱、出身和价值,而是首先决定于人作为人本身的最高价值,决定于人作为社会主义建设者和主人翁对社会所做出的劳动和贡献。因此,社

---

① 《1844 年经济学哲学手稿》,第 73 页。
② 《马克思恩格斯全集》第 1 卷,第 409 页。
③ 《马克思恩格斯全集》第 1 卷,第 443 页。

会主义社会对个人尊严的重视首先表现在它尊重一切人的人格,把一切人都当作人来对待,坚决反对贬损人格,禁止人身侮辱,不许用对待动物或什物的办法来对待人。应该鲜明地提出,在社会主义社会里,任何人在人格面前都是平等的,绝对不允许用损害别人人格和尊严的办法来抬高自己的人格与尊严。即使对于各种违法犯罪分子,也不应使用非人的手段。犯罪分子首先是人犯了罪。除了判处死刑者外,对他们的一切惩处都是立足于挽救和改造,使他们恢复人的本性,重新做人。因此,对待犯罪分子也应给予平等的人格,不能任意凌辱。只有在承认人格平等的前提下,才能谈到每个人的尊严在价值上的差异。在现实生活中,总是那些勤奋劳动、无私地贡献自己才能的人受到人们的推崇和敬重,而那些自私怠惰、猥琐平庸的人则总是被人们所轻慢,这是生活中严峻的逻辑和铁的法则,是根本不能避免的。但是,这和蔑视人的尊严有原则的不同,它只能提高人的尊严感,促进人的自尊。价值和尊严是无产阶级应有的内在本性。马克思说:"基督教的社会原则颂扬怯懦、自卑、自感屈辱、顺从驯服,总之,颂扬愚民的各种特点,但对不希望把自己当愚民看待的无产阶级说来,勇敢、自尊、自豪感和独立感比面包还要重要。"①因此,无产阶级在争取人的价值的斗争中就应当首先表现出人的"勇敢、自尊、自豪感"来。

(二)要尊重人作为社会主人的权利,实现经济、政治、思想、法律方面的充分的民主、自由和平等。

社会主义社会,要从社会主人的高度来考虑人的价值,这是社会主义社会中人的价值的根本特征。

在任何社会里,人的价值问题都不是抽象的空泛的东西,它总是与一定的社会生活条件和社会经济政治地位紧密联系在一起,没

---

① 《马克思恩格斯全集》第 4 卷,第 218 页。

有最起码的经济上政治上的保障，就谈不到人的价值。在社会主义社会中，人作为社会的主人，在经济方面不仅要在消灭私有制和剥削的基础上真正地实现对生产和交换过程的领导和监督，而且要创造出高度的物质文明，满足人民日益增长的物质和文化的需要，建立起高于资本主义的新生活。在这个前提下，消灭失业、普及教育，对劳动者休息和健康的关心，都是不言而喻的。在政治上，人作为社会主义社会的主人，其标志就是真正的当家做主，享有充分的民主自由和平等的权利。高度民主，这是社会主义政治制度的根本特征。但是，民主不可能离开自由和平等而单独存在。没有人在思想、人身和社会生活各方面的充分自由，反而用各种办法把人管得死死的，民主无法实现，实际上等于虚设；而没有人在经济政治和法律方面的平等，反而到处等级森严，特权林立，则根本无民主可谈。因此，自由平等是民主的有机内容，三者紧密配合，缺一不可，是人作为社会主义社会主人翁的必要标志。

（三）普及教育，合理分工，充分发挥人的才能。

人的价值蕴藏在人的才能之中。一百多年前，马克思恩格斯在构思共产主义蓝图的时候，极其重视人的全面自由的发展，认为充分发挥人的才能是共产主义社会的基本特征。马克思说共产主义是"个人的独创和自由的发展不再是一句空话的唯一社会"[1]，它"本身就是个人自由发展的共同条件"[2]，所以，"根据共产主义原则组织起来的社会，将使自己的成员能够全面发挥他们各方面的才能"[3]。

现在，我们处在社会主义时期，还不可能一下子就立即消灭异化，实现人的全面自由的发展。但是，社会主义作为共产主义的第

---

[1] 《马克思恩格斯全集》第3卷，第516页。

[2] 同上。

[3] 《马克思恩格斯选集》第1卷，第223页。

一阶段,应该逐步创造条件,克服异化,充分发挥人的才能。

发挥人的才能问题在实践上主要是教育问题和分工问题。人的才能主要不是先天的,后天的教育和培养对人的才能的形成起着巨大的作用。因此,加强教育,提高教育水准,是积累才能,培养一代人才的重要途径。但是,教育在培养了人才以后,这些人才能不能专业对口,发挥专长,这主要就是分工的问题了。马克思主义认为,发挥自己的才能,表现自己的特长,这是人的内蕴的顽强倾向,是人的不可扼制的本性。只有发挥自己才能的劳动,人才感到是一种享受和幸福,并在其中表现了人的创造性的价值,认为这是对自己存在价值的肯定。反之,压抑人的才能,就会造成巨大的痛苦,就等于扼杀了人的本性,是对人的价值的否定。因此,教育和分工对人的才能的发挥和价值的肯定具有重大的意义。

（四）要正确处理人的自由和责任。

对人的价值的尊重包括三个方面,即对自我的尊重、对他人的尊重和他人对自己的尊重。这三方面是紧密联系不可分割的。只有首先自己尊重自己,对自己的一切行动负责,才可能尊重别人,别人也才有可能尊重自己。如果自己都不尊重自己的价值,意识不到自己是人,那么,他就不懂得尊重别人,别人也就没有必要去尊重他。同理,尊重别人和别人对自己的尊重也是互为因果的。只有尊重别人,才能换取别人对自己的尊重,既然自己尊重自己,那么也就应该将心比心,"己所不欲、勿施于人",同样去尊重别人。这样,从尊重别人和尊重自己的关系中产生了一个自由和责任的关系问题,自己尊重自己的价值,就是维护自己的自由,而自己对别人价值的尊重,就是一个责任和义务的问题。人的自由和责任总是辩证地联系在一起的。人生在世界上都有追求自由、满足自己价值要求的欲望,但是,个人自由的实现取决于社会条件,以尽到自己对社会的责

任为前提。"只有在集体中才可能有个人自由。"①只有大家都诚实地尽到了自己的一切社会责任,个人的自由才有可能实现。必要时应为整个社会的利益牺牲自己的一切,这并不是个人价值的丧失,而是自我价值的最大满足。无产阶级的自由观同无政府主义、同资产阶级和小资产阶级的利己主义有本质区别。

三

社会主义社会应该提高人的价值,恢复人的尊严。但是,我们不能不看到,在现实生活中还存在着大量的影响人的价值的异化现象。

社会主义社会是共产主义的低级阶段。不可避免地保留着它脱胎出来的资本主义社会的某些痕迹。社会主义是资本主义向共产主义发展的"中介"。这个时期,还存在着商品生产、社会分工和三大差别,在分配方面还保留着资产阶级法权,实行按劳分配。所有这一切都决定了社会主义社会中的平等只能是初步的。我国没有经过资本主义的发展阶段,直接由半殖民地半封建社会进入社会主义社会,在现实社会中封建主义有着强大的影响。它们在心理、习惯、道德和传统上对人还有巨大的束缚。所有这些现象都严重地妨碍人的能动作用的发挥:政治上,官僚主义和特权完全颠倒了主人和公仆的关系,人民选出来为人民服务的仆人有的却成了人民的老爷。他们不是把人民看作主人,而是看成可以听凭他们任意支配的工具和手段,把人置于人身依附地位。有的甚至不把人当人,视工人的生命如草芥;经济上,劳动者与劳动产品的异化还存在,在很大程度上劳动者不能决定、支配自己的劳动产品;还不能自由地选择职业,聪明才智受到压抑,强制的分工妨碍人们进行创造性的劳

① 《马克思恩格斯选集》第1卷,第84页。

动,消费领域,看起来手中的货币可以自由支配,但商品的不足,支配的权力被限制在有限的范围;思想上,"文化大革命"的造神运动,使得人们把高尚的感情都奉献给了主宰一切的"太阳神"那里去了。自己却成了既可怜而又无价值的动物。

上述事实说明,在剥削阶级作为一个阶级已被消灭、阶级斗争已不具备完整形态的情况下,异化现象是大量存在的。

社会主义是对私有制的否定,是人对人的异化的否定,是人和自然以及人和人之间对抗的否定,是把"人的世界和人的关系还给人自己"。人在社会主义社会中具有最高的价值。我们建设社会主义和共产主义的目的,就是为了人本身的幸福和解放。除此之外,没有别的什么目的。一切为了人,是社会主义的根本信条,是一切工作的出发点和落脚点。我们要努力为消除异化现象、提高人的价值而斗争。

提高人的价值,实现人的彻底解放,需要创造一系列的社会政治经济和文化条件。为此,在我们这样一个穷困落后的国家,需要大力发展生产力,逐步建立社会主义物质技术基础,实行生产的社会化,以及生产资料与劳动者直接相结合,以期最终消灭一切私有制、缩小三大差别,由按劳分配过渡到按需分配,"个人的生存是最终目的;活动、劳动、内容等等都不过是手段而已"①。同时,不仅要注重物质生产,也要大力发展精神生产和智力的开发,这就是说,要开展真正意义上的文化(只能是文化的)革命,发展国民教育,提高全体社会成员的科学文化水平和文明程度。另外,社会主义经济是通过国家、集体和个人的相互关系来进行调整的,这样就必须按照民主和高效率的原则来调整和统一这三者之间的关系,充分发扬社会主义民主,实现人民群众的真正当家做主。民主是社会主义的本

---

① 《马克思恩格斯全文集》第 1 卷,第 346 页。

质特征,民主是直接的生产力。劳动异化是人的异化的前提,产品的异化是人的异化的主要特征。所以,劳动和劳动产品必须掌握在劳动者手中,否则,社会主义的全民所有制就不可能实现,甚至会变质。

还必须认识到,提高人的价值,在我们社会现实还存在着等级特权等封建主义残余影响的情况下,维护人权不能不是一个重要的问题。人权是当年写在资产阶级革命战旗上的一个口号,这个口号的提出有其具体的历史内容。但是,不能因为是资产阶级提出来的,就只能是资产阶级的。何况这一口号提出来时并不只是资产阶级拥护的,也代表了当时的无产阶级和劳动人民的一般利益,只是后来资产阶级占了统治地位没有履行这个口号罢了。今天,我们重提人权问题,就是要继承人类在历史发展过程中起过思想解放作用的优秀思想文化遗产,做民主革命的补课工作。惨痛的事实提醒我们,一天也不能忽视人的基本权利问题。当然,我们共产党人同资产阶级的个性解放,以及侈谈“人权至上”的无政府主义者不同。我们认为人权问题只有同社会主义发展道路联系起来才能从根本上解决,而且我们最终实现的目标是人的解放,是在整个人类发展的物质文化的基础上,向共产主义前进,建立“这样一个联合体,在那里,每个人的自由发展是一切人的自由发展的条件”①。

总体来说,人的价值和人的解放程度是考察社会主义优越性的综合指示器。它最能标志生产力、生产关系和社会精神生活的总的面貌。所以,对人的考察和研究应当成为科学社会主义的核心,成为马克思主义的重要组成部分。搞清楚人在社会主义社会中的地位、价值和前途问题,对于我们正在进行的政治、经济和社

---

① 《马克思恩格斯选集》第 1 卷,第 273 页。

会改革,具有重大的理论和实践意义。

选自:《新华文摘》1981 年第 4 期

原文刊于:《学习与探索》1981 年第 1 期

社会主义异化与资本主义异化的区别

社会主义社会存在着异化,这已经为某些文章充分地论列了,在此无须赘述。但是,怎样认识这种异化呢?它与资本主义社会的异化又有什么区别呢?我认为,社会主义异化与资本主义异化的区别主要表现在以下三个方面:

一、异化的根源、趋势不同

马克思在论述资本主义社会异化的根源时,主要强调两点,一是私有制,二是社会分工。

马克思认为,私有制作为异化劳动的产物,虽然不应看作是异化产生的根源,但是,不可否认,私有制一经产生出来以后,它就以劳动和劳动条件的分离为前提,加剧了劳动的异化,缺乏劳动条件的人,为了生活,就得把自己的劳动能力交给拥有劳动条件的人去支配,同时把自己劳动的成果也一并交给人家去占有。这样,劳动本身就越来越脱离劳动者,成为反对劳动者自身异己力量。正是在这个意义上,马克思肯定了私有财产和异化劳动的"相互作用的关系"[1],认为私有财产也是"劳动借以外化的手段"[2]。因此,消灭异化离不开消灭私有制,马克思把克服了异化的共产主义同时又称作

---

[1] 《1844年经济学哲学手稿》,第54页。
[2] 《1844年经济学哲学手稿》,第54页。

"私有财产的第一个积极的扬弃"①,其道理也就在这里。

但是,马克思从不满足于用私有制来说明异化的根源,在他看来,分工是异化产生的更深刻的原因。这是因为:

第一,在生产力还没有高度发展的条件下,任何分工都带有一定的强制性。这种强制性的分工本身给每个人圈定了"一定的特殊的活动范围"②。"社会活动的这种固定化"③使每个人的利益不是与人们共同的活动相结合,而是与各自特殊范围内的活动紧密地联系在一起。这就造成了私人利益和公共利益分裂的可能。对于整个社会活动来说,不论构成它的单个个人的劳动,起初抱有何种目的和动机,在其总体上,最终都是对社会有利的。但是,对于每个个人来说,就未必都有利,单个个人的劳动一经"聚合"④起来,成为社会共同活动的成果,那么,当它再返回到劳动者自身时,就会面貌全非,变成异己的东西。所以马克思说:"只要人们还处在自发地形成的社会中,也就是说,只要私人利益和公共利益之间还有分裂,也就是说,只要分工还不是出于自愿,而是自发的,那么,人本身的活动对人说来就成为一种异己的、与他对立的力量,这种力量驱使着人,而不是人驾驭着这种力量。"⑤

第二,在任何社会中,分工本身并不是劳动的目的,而仅仅是扩大劳动,提高劳动生产率的手段,因此,任何分工都只是作为社会总劳动中的一个部分,最终还要联合起来,在总体上显示出劳动分工的优越性。正因为这样,每个劳动者只了解自己所从事的劳动,而对于这种劳动的联合所造成的社会后果,他们一无所知。正如马克思说:"受分工制约的不同个人的共同活动产生了一种社会力量,

---

① 《1844年经济学哲学手稿》,第73页。
② 《马克思恩格斯全集》第3卷,第37页。
③ 《马克思恩格斯全集》第3卷,第37页。
④ 《马克思恩格斯全集》第3卷,第37页。
⑤ 《马克思恩格斯全集》第3卷,第37页。

即扩大了的生产力。由于共同活动本身不是自愿地而是自发地形成的，因此这种社会力量在这些人看来就不是他们自身的联合力量，而是某种异己的、在他们之外的权力。关于这种权力的起源和发展趋向，他们一点也不了解；因而他们就不再能驾驭这种力量，相反地，这种力量现在却经历着一系列独特的、不仅不以人们的意志和行为为转移的，反而支配着人们的意志和行为的发展阶段。"①

由于在社会主义社会以前，私有制和分工是普遍存在的，所以，自原始公社解体以来，一切社会形态都存在着异化。但是比较起来，资本主义社会是私有制发展的最高阶段，资本主义的分工也要比奴隶社会和封建社会发达得多。因此，资本主义社会是一个高度异化了的社会，无论是在经济、政治或思想、道德方面，资本主义社会的异化都已经达到了无以复加的顶点。

社会主义社会是从资本主义社会脱胎出来的，它一方面摧毁了资本主义的生存条件，另一方面又保留了资本主义社会的某些遗迹，异化就是其中之一。对于社会主义社会来说，异化的存在主要不是由于社会主义制度本身造成的，而是资本主义制度的遗留。这是因为：

第一，在社会主义社会里，曾经导致资本主义社会严重异化的私有制已经消灭了，私有制所造成的劳动和劳动条件的分离对异化的加剧作用也不复存在了，代之而起的是社会主义公有制，是广大劳动人民在经济上和政治上的当家做主，这就从根本上堵塞了从所有制方面产生异化的可能。尽管社会主义社会还存在着个体所有制，但是，它们在国家的统一管理之下，只是作为公有制经济的一种补充，根本不可能"每日每时地"产生资本主义和异化。

第二，在社会主义社会里，产生异化的唯一的经济原因只能是

① 《马克思恩格斯全集》第3卷，第38－39页。

分工。但是,分工并不是社会主义社会特有的,社会主义社会作为共产主义社会的第一阶段,其使命之一就是要消灭分工,实现人的全面发展。然而社会主义时期分工是不可避免的,因为它所承袭的资本主义生产力就是以细密的分工为特征的。所以,如果说社会主义社会的分工必定产生异化的话,那么,归根到底,它也是资本主义社会遗留下来的。马克思多次讲过,共产主义是"人的自我异化的积极的扬弃"①,由此可以推断,社会主义社会自然就是逐步扬弃异化的过程。如果社会主义制度本身总是不断地产生异化,那么异化就永远不可能消灭,共产主义也就无法实现了。显然,这在逻辑上是说不通的。

正因为社会主义社会的异化是由资本主义社会的异化遗留下来的,社会主义制度本身并没有再生异化,所以社会主义社会的异化总是与社会的发展成反比。随着生产力的发展,三大差别的缩小,社会主义分工越来越合理,社会主义社会的异化总的趋向不是加强,而是逐渐削弱,可以说,它是一种正在消灭过程中的异化。这是社会主义异化与资本主义异化的显著区别之一。

当然,就社会主义社会还存在着异化这一点来说,不能认为是理想的。但是也要看到,社会主义社会消不了生产资料私有制,实行计划经济,提倡按客观规律办事,从而大大地限制了异化的深度和范围,这是人类历史上第一次达到的。只有在社会主义制度下人们才能自觉地意识到异化,提出消灭异化的伟大目标;只有广大人民群众主宰自己的命运,真正成为历史的主人,才有可能在实践上实施消灭异化的伟大任务。在这个意义上又可以说,没有社会主义就不可能有异化的消灭和扬弃。

有的同志曾经著文,列举了社会主义社会存在异化的许多事

---

① 《1844年经济学哲学手稿》,第73页。

例。如,经济上的瞎指挥,生产目的不明确,轻重工业比例失调;政治上官僚主义和特权使人民公仆变成人民的主人;思想上的造神运动和现代迷信,等等。这些事实都是实实在在的异化现象,应予鞭笞。但是,它们的存在和社会主义制度本身并没有什么必然性的联系。我们总不能说社会主义的经济制度必然产生瞎指挥,也不能认为官僚主义和特权现象是不可克服的,现代迷信注定非出现不可。其实,这些现象不但不是从社会主义制度中产生出来的,而且从本质上说,它恰恰是对社会主义制度的反动。因为我们所说的社会主义制度主要是指公有制的生产关系和以马克思主义为指导的无产阶级专政的国家制度。就社会主义公有制来说,它本来就是适应社会化大生产的要求,为解决资本主义的竞争和无政府状态而建立起来的,它的重要使命就是有计划按比例地发展国民经济。瞎指挥与社会主义公有制的这种本性是根本不相容的。同样,官僚主义和个人崇拜作为旧的上层建筑的一个特征,也与人民当家做主的国家制度毫无共同之处。

二、异化的内容、实质不同

异化,是人类社会特有的现象,凡异化都离不开人,都是人的异化。马克思说:"在实践的、现实的世界中,自我异化只有通过同其他人的实践的、现实的关系才能表现出来。"[①]因此,"不是神灵,也不是自然界,而只有人本身才能是这个支配人的异己力量"[②]。但是,由于社会制度的不同,同是人的自我异化也会表现出不同的内容和实质来。

马克思多次强调指出,在资本主义社会里,全部人与人之间的

---

① 《1844年经济学哲学手稿》,第53页。
② 《1844年经济学哲学手稿》,第53页。

社会关系都具有异化的性质,异化渗透到一切领域,资本主义社会本身就是一个全面异化的社会。这主要表现在:

第一,在资本主义社会,人类生存的最基本的活动——劳动是以异化形态出现的。无论是劳动产品还是劳动本身都是劳动者控制不了的,它们都作为一种异己力量反对劳动者自身。

第二,由于劳动是异化的,资本主义社会的人也是被异化了的,这特别表现在人的本质的异化上。马克思认为,人的劳动具有自由自觉的特征,"有意识的生命活动直接把人跟动物的生命活动区别开来"[1],"实际创造一个对象世界,改造无机的自然界,这是人作为有意识的类的存在物的自我确证"[2]。因此,劳动构成人的本质,它反映了人与动物的根本区别。可是在资本主义社会里,劳动已经不构成人的内在本质,人的劳动都是强制的,片面的,仅仅是"维持人的肉体生存的手段"[3]。因此,人的本质被否定,实际上,人已经变成不是人的人了。正因为资本主义的人在其本质上被异化了,所以在资本主义社会,人与人之间的关系也物化了,变为纯粹利己的金钱关系。

第三,在劳动异化和人的本质异化的基础上,资本主义社会的异化具有绝对的包罗万象的性质。不仅经济领域中的商品、货币、私有财产以及工资、利润、利息、地租等都是劳动异化的转化形态,而且政治领域中国家与社会的对立,人所体现的市民和公民的二重化,思想上的宗教迷信,道德上的普遍堕落,文化科学为战争服务,所有这一切无不是资本主义普遍异化的后果。这种异化不仅侵袭着无产阶级,使他们陷入非人的生活境地,而且资产阶级也深深地陷入异化之中。资产阶级腐朽堕落的生活和他们对无产阶级的野

---

① 《1844 年经济学哲学手稿》,第 50 页。

② 《1844 年经济学哲学手稿》,第 50 页。

③ 《1844 年经济学哲学手稿》,第 51 页。

蛮统治充分地表现了他们的非人本质。所以马克思说："有产阶级和无产阶级同是人的自我异化。但有产阶级在这种自我异化中感到自己是被满足的和被巩固的,它把这种异化看做自身强大的证明,并在这种异化中获得人的生存的外观。而无产阶级在这种异化中则感到自己是被毁灭的,并在其中看到自己的无力和非人的生存的现实。"①

由此我们可以看出,资本主义社会的异化实质上可以归结为对抗的社会关系或社会环境,是指非人的生活条件对人的本质的泯灭和否定。异化,不管它包含有多么丰富的含义,最后都离不开社会生活条件对人的作用。一个社会,人之所以感受到异化,无外是因为在这个社会里人不能按照自己的需求去驾驭周围的条件,为自己服务,反而屈服于外界条件,失去主动和自由,成为盲目规律的奴隶和牺牲品。

社会主义社会的异化与资本主义社会的异化相比,无论在内容或实质上都具有完全不同的意义。从总体上看,社会主义社会的异化不是普遍的,而是局部的,不是根本的,而是残余的,从异化的存在来说,它是必然的,但是其具体的表现形式和程度又带有或然性。这主要表现在:

第一,在社会主义社会,由于私有制的消灭,人类生存的基础——劳动不再具有异化的性质。马克思所指出的异化劳动的基本内容都发生了根本的变化。比如,劳动成果不再与劳动者相异化了,全体劳动者作为社会的主人,既是生产资料的所有者,又是劳动成果的所有者。虽然单个的劳动者个人不能得到不折不扣的劳动所得,但是由于实行了按劳分配的原则,毕竟消灭了剥削,劳动产品能以社会占有的形式直接或间接地满足劳动者的需要。又比如,劳

---

① 《马克思恩格斯全集》第 2 卷,第 44 页。

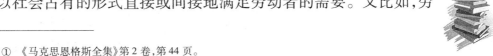

动本身也不再与劳动者相异化了。虽然劳动也还是谋生所必需的，因而带有一定的强制性，但它已不是资本主义条件下的强迫劳动。劳动既是为了自己，同时又是为了大家，归根到底是为劳动者的利益服务的。按劳分配的原则给劳动带来的强制性并不完全意味着劳动是谋生的手段，它只是表明了人类生存的一个根本原则：劳动是生存的基础，没有劳动就不能生存。当然也要看到，在社会主义社会里，劳动产品和劳动与人的异化并未完全消灭，还经常出现劳动产品不归劳动者占有的情况，如贪污、盗窃、浪费、特权等等。同时，在社会主义时期，有些劳动还很单调笨重，缺乏创造性，很难说是人的内在需要。但是这些现象都是异化的残余，它们的存在并不能改变最基本的事实：随着剥削制度的消灭和社会主义制度的确立，劳动异化的最经常、最主要、最基本的方面被消灭了。

第二，由于劳动不是异化的，社会主义社会的人也就不再是异化的人了。这特别表现在社会主义时期作为人的本质的劳动已经不是与劳动者格格不入的，摧残他、奴役他的活动了。由于劳动条件的改善，劳动者觉悟水平的提高，劳动逐渐成为人的自觉需要，体现了人的本质。许多先进人物并不计较劳动报酬，他们所进行的诚实的创造性的劳动早已超出了谋生的需要，完全发自于他们的崇高的人的本质，这是资本主义社会所不可想象的，是实践上对人的自我异化的扬弃。正是由于社会主义社会人不再是异化的了，所以人与人之间的异化关系也就在历史上第一次有可能消除了。社会主义社会是对资本主义社会中通行的金钱关系的决然否定，它在公有制基础上所建立的人与人之间的同志互助关系，开历史之先河，形成了崭新的道德风貌。当然也要看到，在社会主义社会里，由于劳动还有谋生的一面，所以人的本质的异化还不可能完全消除，因而人与人之间的关系也就不可能完全建立在同志互助的基础上。三大差别的存在，各种犯罪分子的存在，决定了人与人之间关系的某些异化是难以避免的。但是,社会主义社会中人与人之间关系的这种异化只是事情的一个方面,而且随着社会主义的发展,它们不断地受到抑制和削弱,是一种正在消灭中的异化,这是资本主义社会所不可比拟的。

第三,由于劳动异化和人的本质的异化已经失去了存在的基础,所以社会主义社会的异化不具有全面性和系统性,特别是其具体表现形式和程度又带有很大的或然性。我国的历史实践证明,无论是经济、政治或思想领域里的异化,往往与政策指导上的进退得失有很大的关系。一般说来,当党的政策走上正轨,我们的各项事业兴旺发达的时候,异化现象就比较少些,而当各项政策不断失误,党的事业备受损失的时候,异化现象也就比较猖獗。许多文章列举的西水东调、滥伐森林、神化领袖等异化现象大都发生在文化大革命时期,就是一个证明。因此,社会主义制度下的异化与资本主义异化不同,它既不是包罗万象的,又不是命中注定非以某种形式出现不可的,它具有很大的或然性。

当然,社会主义异化与资本主义异化不仅在内容上有所不同,而且就其所反映的异化实质来说,也有原则的区别。如果说,资本主义社会的异化主要反映了一种对抗的社会关系或社会环境,表明了非人的生活条件对人的压抑的话,那么,社会主义社会的异化的实质则主要反映了必然和自由的关系,是指盲目自发力量对人的控制,这是社会主义异化中经常大量起作用的因素。马克思主义哲学认为,自由是对必然的认识,必然在它没有被了解的时候是盲目的。列宁说:"当我们不知道自然规律的时候,自然规律是在我们的认识之外独立地存在着并起着作用,使我们成为'盲目的必然性'的奴隶。一经我们认识了这种不依赖于我们的意志和我们的意识而

起着作用的规律,我们就成为自然界的主人。"①恩格斯也指出,人类"文化上的每一个进步,都是迈向自由的一步"②。因此,自由是历史的产物,人类社会越是向前发展,人类认识和驾驭规律的能力也就越强,从而人类也就拥有更多的自由。迄今为止,整个人类的历史还很年轻,还远远谈不到对必然性的充分认识和控制。在这种情况下,人的一切活动虽然是有意识的,都怀有特定的目的和动机,但是,其结果都很难如愿以偿,它总是超越人们的预料,带来程度不同的异化,这是人类自我异化的重要机制。但是,在资本主义社会里,这种异化虽然存在,但不占重要地位,和劳动的异化、人的本质的异化相比,它是从属的、次要的,而且一般都和资本主义的经济制度和政治制度紧密地结合在一起,并不单独发生作用。比如,资本主义的经济危机,很难说是由于资产阶级不懂得经济规律造成的,它是资本主义基本矛盾的必然后果,同样,环境污染在资本主义社会主要地也不是对规律的认识问题,而是资本主义制度所造成的。但是,对社会主义社会来说,情况就不同了。由于社会主义社会已经消灭了私有制,劳动和人的本质异化正处在消灭的过程中,因此,由社会制度方面造成的异化被堵塞了,与此同时,由于必然和自由的关系所造成的异化突出了,成为社会主义社会异化的重要内容。上面提到的经济、政治和思想方面的许多异化的事例,如共产风、经济发展中比例失调、西水东调、环境污染、破坏草原等等,究其原因,主要在于不认识不尊重客观规律,蛮干瞎指挥,从而受到了规律的惩罚。这种形式的异化在社会主义社会中越来越突出,并且日益成为社会主义社会异化的实质,这也是社会主义异化与资本主义异化的重大区别之一。

---

① 《列宁选集》第 2 卷,第 192 页。
② 《马克思恩格斯选集》第 3 卷,第 154 页。

三、异化的后果及消灭异化的途径不同

由于社会制度不同,社会主义社会和资本主义社会在异化的后果和消灭异化的途径上也各不相同。资本主义异化是资本主义社会总问题的一部分,它是和资本主义的基本矛盾紧密结合在一起的,是资本主义社会灾难的重要原因之一。这是因为:

第一,资本主义社会全部异化的基础——劳动异化反映了人与人之间的剥削关系,因而整个资本主义的异化都是和阶级对立纠缠在一起的。马克思在分析异化劳动时,反复强调:"如果说人自己本身的活动对人说来是一种不由自主的活动,那么,这是因为人自己本身的活动是替别人服务的、受别人支配的、处于别人的强迫和压制之下的活动。"[①]因此,"在实践的、现实的世界中,自我异化只有通过同其他人的实践的、现实的关系才能表现出来"[②]。正像劳动者的生产活动变成了对自己的惩罚,他所生产出来的产品根本不属于他一样,异化劳动本身也"生产出不从事生产的人对生产和产品的支配。在他把自己本身的活动从自身异化出去的时候,他也就使不属于别人的活动为别人所占有"[③]。因此,劳动异化和资本主义的剥削是完全一致的,在资本主义条件下,它们无法分开,实际上就是一回事。任何异化劳动都带有剥削性,同样,任何剥削也都离不开异化劳动。劳动异化如此,在此基础上产生的整个资本主义异化也都是这样。

第二,资本主义社会全部异化的后果最后都落到了无产阶级和广大劳动人民身上。异化在资本主义社会里无疑是一种社会灾难,某些异化,如经济危机甚至也威胁到资产阶级的利益。但是,资产

---

① 《1844 年经济学哲学手稿》,第 53 页。
② 《1844 年经济学哲学手稿》,第 53 页。
③ 《1844 年经济学哲学手稿》,第 53 – 54 页。

阶级利用自己手中掌握的经济和政治权力把异化的灾难性后果转嫁给无产阶级。事实上,只有无产阶级才是经济危机的最大受害者。环境污染,生态平衡被破坏也是对劳动人民损害最深。科学被异化,用来制造杀人武器,进行军备竞赛,甚至导致战争,这一切都使无产阶级和劳动人民蒙受了最大的牺牲。

由此可见,资本主义社会的异化具有阶级对抗性质,其后果必然是对无产阶级和广大劳动群众剥削和压迫的加深。无产阶级消灭异化的斗争如同消灭整个资本主义制度一样,是一场深刻的社会革命,它必然遭到资产阶级的强烈的反抗。资产阶级竭力维护自己的统治,同时也就是为保持资本主义的异化而斗争。由于资本主义的异化是同资本主义制度紧密结合在一起的,所以,必须把消灭资本主义异化与消灭资本主义制度统一起来。如果说只有无产阶级革命和无产阶级专政才是推翻资本主义制度的唯一正确的道路的话,那么,消灭资本主义的异化同样也只能通过无产阶级推翻资产阶级的政治革命。一旦资本主义制度被消灭了,寄生在这个制度上的资本主义的异化也就基本被铲除了。

但是对于社会主义社会来说,异化的后果和扬弃异化的途径就与此不同了。社会主义社会消灭了生产资料私有制,剥削阶级作为一个阶级已经不存在了。在这种情况下,社会主义社会虽然还存在着异化,但是,它已经不具备阶级对立的前提。社会主义社会的异化作为盲目必然性对人蔑视规律的惩罚,也会给社会生产和人民生活带来巨大的危害,但是,这种危害既不包含剥削,也不是专门针对哪一部分人的,它所造成的后果是由全社会来共同承担的。因此,社会主义社会的异化不具有阶级斗争性质,它主要是认识问题、计划问题、工作问题、政策问题,属于人民内部矛盾。林彪、"四人帮"把社会主义社会中出现的一切矛盾和问题都牵强附会,无限上纲,硬说是阶级斗争和路线斗争的反映,结果不但无助于问题的解决,反而人为地加剧了矛盾。现在当我们分析社会主义异化的性质和后果的时候,这是应该引以为戒的。

既然社会主义社会的异化在性质和后果上根本不同于资本主义社会的异化,所以我们也就不应混淆它们的界限,用解决资本主义异化的办法来解决社会主义社会异化问题。社会主义异化的扬弃是一个过程,因为异化的最深刻的根源在于分工,而分工的消除只能"以生产力的巨大增长和高度发展为前提"①。所以,在生产力没有达到高度发展以前,即使是社会主义社会的异化也不可能通过几项最革命的行政措施在某一天早上被扬弃。在社会主义社会,人们对异化现象不应熟视无睹,麻木不仁,应该表现出正当的不满和义愤,这是我们扬弃异化的思想前提。但是,光性急没有用,无论我们怎样诅咒它,它也不会因为我们的急切愿望而减退。社会主义社会的异化不是根源于社会主义制度本身,主要是资本主义异化的遗留和我们的政策及工作的问题。因此,解决社会主义社会的异化问题无须采用一个阶级推翻另一个阶级的暴烈手段,主要在于努力学习,做好工作,全面规划,搞好改革。应该相信,随着四化建设的发展和党的工作全面走上正轨,社会主义社会的异化必将逐渐被扬弃。

在这里,我们把社会主义社会的异化不归结于社会主义制度,而是归结为我们的政策和工作,这决不是说我们的社会主义制度已经尽善尽美了,它与异化的存在没有任何关系。事实上,我们的社会主义制度还很年轻,还不够十分健全和完善,我们社会中存在的经济上和政治上的许多异化现象都与我们制度上的问题有关。但是,这只能牵涉到我们制度中的某些环节问题,就社会主义的根本制度来说,它还是否定异化的。何况社会主义制度的某些环节的缺

---

① 《马克思恩格斯全集》第 3 卷,第 39 页。

陷也不可自动剔除，它仍然要靠我们正确的政策和工作才能加以改革。因此，与其说从根本制度来解决异化问题，还不如说从政策和工作上来解决异化问题更主动，更及时，更有利。

为了实现扬弃异化的伟大目标，当前在宣传和认识上，应该强调：

第一，社会主义制度是优越的，它本身就是对异化的限制和克服。但是，制度不是万能的，不要以为有一个好的制度就可以保证事事正确。实际上，在社会主义制度下，一旦我们的政策和工作脱离正轨，就不可避免产生出违背社会主义原则的异化现象。因此，我们必须保持清醒的头脑，务求政策对头，工作得力，只有这样，才能真正发挥出社会主义制度扬弃异化的优越性来。

第二，刻苦学习，掌握规律，不做盲目必然性的奴隶。要使每一个同志都认识到，无论做任何工作，都不能以良好的愿望为满足，不要以为有了正确的目的和动机，就可以万事大吉，放松对自己的严格要求，犯了错误也去原谅自己。事实上，社会主义社会存在着异化，良好的动机并不一定产生出良好的效果来。要开阔目光，高瞻远瞩，讲究方法，注意政策，只有这样，人的自觉的有目的的活动才不至于超出人的控制，成为敌视人的异己力量。

第三，要自觉地抵制传统的异化观念的影响，与导致社会主义异化的一切旧思想旧传统实行彻底的决裂。中国是个既受到资本主义猛烈冲击同时又长期保留过封建主义影响的国家，封建社会和资本主义社会中存在的异化现象还以观念的形态遗传下来，对社会主义社会的异化发生重要的影响。官僚主义、特权思想、个人崇拜、不尊重经济规律、瞎指挥等各方面异化的现象都与此密切相关。因此，大力批判封建主义和资本主义的余毒、树立社会主义和共产主义的思想风尚对扬弃异化具有重要的意义。

第四，全身心地投入四化，为高速发展社会主义生产力而斗争。

社会主义社会存在异化的最深刻的根源在于生产力发展水平不高，分工不可避免。因此，加速发展社会生产力是扬弃异化的最根本的条件。一切关心异化问题的人都不应该停留在口头的义愤上，要向群众讲清道理，使他们能够自觉地大干四化，从而为扬弃异化做出自己的贡献。

选自：《新华文摘》1982 年第 10 期

原文刊于：《社会科学辑刊》1982 年第 3 期

社会机体的自我调节功能

列宁指出,"辩证方法是要我们把社会看做活动着和发展着的活的机体"①。在社会机体中,存在着社会基本矛盾,同时也存在着对这种矛盾进行调节的功能。唯物史观作为社会其发展规律和科学,不能只讲社会基本矛盾学说的正确和重要,还要研究社会基本矛盾是怎样调节的。只有这样才能如实地反映社会发展的全貌,深刻揭示社会运行的机理。深入地研究这个问题,对于推进历史唯物主义的现代化和增强改革的自觉性都是有益处的。

社会机体的自我调节机制

人类社会的发展不仅是一个自然历史过程,而且还是人本身的发展过程,是人类实践活动的过程。社会发展虽然受到客观规律的支配,但它毕竟通过人来进行,人把自己的意识目的和激情带到历史活动中来,就使社会发展在较大程度上受到人的主观方面的影响和制约。正是在这个意义上,马克思恩格斯一再指明,人是社会的主体,"人们自己创造着自己的历史"②,"历史不过是追求着自己目的的人的活动而已"③。

人一方面是社会的主体,历史发展不能不受到人的干预;另一

---

① 《列宁选集》第 1 卷,第 54 页。
② 《马克思恩格斯选集》第 4 卷,第 506 页。
③ 《马克思恩格斯全集》第 2 卷,第 118 – 119 页。

方面,人所组成的社会及人与人之间的社会关系又成为人类认识和实践的客体,具有不依人的意志为转移的客观性质,这就是社会发展所包含的内在矛盾,人类社会的历史就是在这种矛盾的对立和统一中发展前进的。主体不仅反映客体,而且能动地改造客体,主体对客体的改造贯穿着主体的能动性和创造性,是主体影响和干预客体发展的实践过程。对于社会历史来说,这个过程既体现在人民群众创造历史的伟大作用中,也反映在上层建筑的反作用上。主体能动作用的这两个方面怎样影响历史发展的进程的呢?人民群众创造历史的作用反映了社会基本矛盾的要求,生产力与生产关系和经济基础与上层建筑的矛盾正是通过人民群众的伟大斗争来体现和解决的。上层建筑的反作用就是统治阶级干预社会发展的体现。它不仅表现在能积极地维护经济基础,巩固现存的政治制度,而且表现在它能适时地采取措施,调节社会基本矛盾,缓解社会冲突,稳定社会生活秩序,这同样也能起到维护经济基础的目的,是上层建筑反作用的不可缺少的一面。

正是人民群众创造历史的伟大作用和统治阶级利用上层建筑对社会机体进行自我调节的功能的结合才充分反映了社会主体的能动性,绘出了一幅多种因素互相交织共同决定社会发展的历史画面。

社会机体的自我调节功能是社会发展中经常起作用的因素,在不同的社会形态中其作用的大小和表现方式有所不同。一般来说,社会发展程度越高,上层建筑系统越完备,社会信息量越多,信息接收和反馈渠道越畅通,其自我调节功能就越大,社会发展的可控性也就越强;反之,其自我调节功能也就减小,社会发展也就越在较大的程度上表现为自然的历史过程。

在奴隶社会和封建社会中,上层建筑比较简单,君主的绝对专制和政治法律设施之间缺少横向的互相监督,大大限制了上层建筑的调节余地。生产力与生产关系和经济基础与上层建筑的矛盾经常处在直接对立的状态下,一旦这些矛盾以及表现这些矛盾的阶级斗争激化了,就很少有调节的可能,往往发展为激烈的阶级冲突,最后导致战争。在漫长的奴隶社会和封建社会里,生产力发展缓慢,长时间保持同一低下水平,生产力与生产关系的矛盾并不经常十分尖说。可是,战争连年不断,王朝频繁更迭,究其根源,并不都直接发端于社会基本矛盾,在许多情况下,是因为自我调节机制不灵,以致任何一点微小的政治火花都要刀兵相见,这正是自我调节功能的反面表现。当然,这并不是说奴隶社会和封建社会就不具有自我调节功能,相反,当时统治阶级中某些有识之士所实行的变法和改革,某些清官所采取的爱民和让步政策,都在人民群众中产生了极为深刻的影响,实际上就是一种局部的自我调节。

资本主义社会是自我调节机能空前发展的社会。资产阶级为了发展科学和生产力,在长期的反封建斗争中,针对封建制度的各种弊病,建立了一整套富有活力的上层建筑系统,创造了新时代的政治文明。在政治上,取消了封建特权,标榜民主自由和平等,创立了司法、立法和行政互相牵制互相制约的三权分立制度,确立了法律至高无上、在法律面前人人平等的依法治国的根本体制;在思想上,废除了教会对思想文化的垄断,实行新闻自由和学术自由,提倡在真理面前人人平等。资产阶级在上层建筑中的这些建树,沟通了政治和经济的紧密联系,扩大了社会信息量,加强了国家对社会生活的管理,有利于发挥资产阶级的集体领导力量,禁绝个人专断可能造成的谬行,从体制上堵塞了可能发生的各种弊端和漏洞,有力地发挥了调节社会基本矛盾的效能。

自上一世纪以来,马克思恩格斯依据唯物史观指明的社会发展的常规,曾对无产阶级革命问题做出了某些预言,但没有完全应验,这些问题长期存疑于马克思主义发展史中,得不到应有的说明。如果我们能在历史唯物主义中引进自我调节这个概念,把它和社会基本矛盾概念结合起来,共同去说明社会发展的机理,那么,上述这些问题就能得到较为圆满的说明。例如在 19 世纪中叶,马克思恩格斯曾预言,社会主义革命将首先在西方先进的工业国家取得胜利,这是对比东西方社会基本矛盾状况所得出的正确结论。但事实却恰好相反,社会主义革命并没有在马克思瞩目的西方先进的工业国家里取得胜利,而是首先在东方落后的国家里取得胜利的。当时西方先进的工业国家虽然社会基本矛盾十分尖锐,存在着发生社会主义革命的客观条件。但是,这些国家同时也存在着较强的自我调节能力和灵活的适应性,能够采取各种应变措施来缓解社会基本矛盾,把阶级斗争限制在不致发生革命的范围内。巴黎公社以后,欧洲各国政府小心谨慎地采取两手策略,在疯狂镇压工人运动的同时,又普遍地实行了一些缓和社会冲突的政策,加强了对社会基本矛盾的自我调节,使他们能够较为平安地渡过从 70 年代开始的向帝国主义过渡的紧张时期,出现了欧洲历史上少有的四十多年的和平发展的新局面。从 20 世纪开始,情况改变了,东方特别是俄国,社会基本矛盾激化,社会革命的条件开始成熟。俄国是个封建军事帝国主义国家,和英法等国家相比,它的资本主义发展很不充分,保留有大量的封建残余,资本主义的民主制度和上层建筑的互相制约系统也很不完备,缺乏内在的自我调节能力。所以在第一次世界大战同样困难的条件下,西欧各国都相继渡过难关,避免了革命,而沙皇俄国一方面各种矛盾尖锐集中,同时又无力调节这些矛盾,最后走到死胡同,成为世界上第一个社会主义革命取得胜利的国家。第二次世界大战以后,又有一系列国家走上了社会主义道路。仔细分析仍可发现,这些国家都是东方类型的,东欧各国与俄国情况相类似,亚洲的中国、朝鲜和越南比俄国更落后。这起国家之间彼此虽有差别,但有一点是共同的,即它们原来的资本主义发展程度不高,封建主义的上层建筑影响较大,近代资本主义民主制度没有充分地发展起来,缺少调节社会基本矛盾的能力,抗击社会矛盾冲击的弹性强度较小。因此,它们都经不住内外各种复杂矛盾集合的压力,最后都被推翻,相继跨入社会主义国家的行列。

由此可见,马克思主义关于社会基本矛盾的学说无疑是正确的,但是要看到,社会基本矛盾并不以直接自在的形式表现出来,它要受到社会机体自我调节机能的影响和制约。只有经过自我调节的社会基本矛盾才是生活中的实际矛盾,才能表现出它的现实作用。抛开社会机体自我调节的社会基本矛盾,是抽象的矛盾,理论上的矛盾,是实际生活中根本不存在的。马克思关于社会革命的预言之所以没有完全应验,其原因并不是社会基本矛盾原理本身有什么毛病,而是因为他们当时只是考察了社会基本矛盾的一般时代特征,没有把社会机体的自我调节作用估计在内,没有在二者统一的基础上去分析社会基本矛盾的实际作用和表现。

社会机体的自我调节系统

社会机体属于耦合闭环系统,具有反馈信息的自动调节功能,完成这种功能的有各种要素,它们彼此配合,互相补充,以一定的结构联系在一起,构成一个完整的自我调节系统。一般说来,社会机体的自我调节系统可以区分为以下几个层次:

第一,国家的政策调节。国家是上层建筑的核心,是一切政策的制定者和执行者。政策体现统治阶级的意志,是统治阶级维护自己统治和管理社会的主要手段。凡政策都具有一定法律性的效力,是各级政府机关必须贯彻执行的。古往今来,任何对政策的违反、拖延和贯彻不力都被视为渎职行为,都要受到统治阶级的惩处。这种观念已经深深地渗入到人们的意识中,成为社会生活中的基本律条。所以,政策调节具有可靠性和及时性,是调节社会基本矛盾的主要手段和措施。一般来说，政策调节具有较大的威力，在一定条件下，它甚至能够产生出超越社会基本矛盾规定的巨大效果。政策调节的这种特殊作用，使它在社会机体的自我调节系统中居核心地位，是最得力的调节手段。只有加强政策意识，注意社会信息，务求决策正确，才能协调社会基本矛盾，推动社会稳步健康地发展。

第二，法律调节。为了调节社会基本矛盾，统治阶级不仅采取了一系列政策措施，而且采用了立法手段，法律调节是社会机体自我调节的强有力的杠杆之一。法律调节虽然没有政策调节那样灵活和及时，但法律一经确立，就有比政策更加威严的强制性质，违法被视为犯罪，要受到法律的惩处。它能比政策更有力地起到调节社会基本矛盾的作用。所以，历史上一切统治阶级在注意政策调节同时，也十分重视法律的调节作用，经常把政策升到法律或法令的地位，以增强政策调节的威力。

第三，体制调节。历史经验证明，无论任何社会或任何时代，如果统治阶级的权力是不受限制的，则必将导致掌权者肆行妄为，其结果只能引起人民的不满，加剧社会基本矛盾。这种情形在封建社会里司空见惯，绝对君主专制所造成的种种弊端及其引起的连年战乱和王朝的频繁更迭，其根源也盖因于此。18 世纪法国启蒙思想家们深刻洞悉封建制度的黑暗和无能，在资产阶级夺取政权前夕，就为未来的资本主义制度设计了政体方案，主张权力分散，以权力约束权力，形成一种能联合各种权力的政治体制。其中各种权力既协调配合，又相互制约，在权力的统一中来运用权力。资本主义国家的三权分立从制度上保证了上层建筑对社会基本矛盾的调节机能，同时它的存在本身也是对社会矛盾的一种调节形式。经验表明，分权体制是一种自我保障体制，这种体制为调节社会基本矛盾提供了广阔的余地，在一定限度内，可以说是其生命力和活力的表现。

第四,民主调节。民主既是一种国家制度,也是解决社会矛盾的形式。在奴隶社会和封建社会里,专制君主主宰一切,没有任何民主可言,在这种制度下,社会冲突不可能用民主办法解决,而只能诉诸武力。资本主义制度与此相反,它赋予人民群众以选举和表达自己意志的权利,建立了反映民意、测验民意和代表民意的代议制机构。尽管这一切民主权力都是虚伪的,残缺不全的,但它能够沟通信息,开辟了用民主办法解决社会矛盾的新途径和新形式。民主体制有利于随时发现问题,寻求对策,把矛盾解决在摇篮中,避免矛盾的总爆发。历史和现实的经验都表明,凡是民主国度,一般来说,社会权力机构上下畅通,各种矛盾容易理顺。民主不仅仅是一种体制,也是一种意识和传统,是调节社会基本矛盾的一种方法。因此,必须加强民主观念,提高民主意识,促进民主发展,把它当作社会机体自我调节的一个重要环节来看待。

第五,舆论调节。社会舆论作为社会意识的表现方式,一向在社会生活中起着重要作用。它不仅可以作为一切重大事件的思想先导,起到思想发动的作用,而且,它作为一种思想力量,具有巨大的威力,能够直接间接地起到调节社会基本矛盾的作用。实际上,社会舆论树立了衡量一切的行为尺度,是对统治阶级的一个有力的约束,在一定程度上限制了他们的恣意妄为,有利于缓和社会基本矛盾。舆论本身就是社会监督的一个层次,它具有类似政策和法律的功能,从思想影响的软方面实现对人的生活及其相互关系的协调和监督,是整个社会机体自我调节系统中的不可缺少的环节。社会舆论首先体现统治阶级的利益,反映政策和法律的要求,是调节社会基本矛盾的"综合指示器"。如果说某种行为因其违背政策、法律和道德规范而受到惩处和谴责,那么首先要受到社会舆论的抨击;如果说统治阶级因慑于政策和法律的威力而不得不约束自己的行动,那么它首先就表现为慑于舆论的压力。舆论作为一种强大的社会力量,在现代生活中,对调节社会基本矛盾起着越来越大的作用。

总之,正像生命机体的自我调节功能一样,社会机体的自我调节功能也是一个相互联系、相互制约的有机系统。在这个系统中,政策和法律是核心,起主导作用,民主的政体是制度上的保证,舆论是先行,是一切调节手段的联结点。这些环节既相区别,又互相依赖,互相补充,具有多方面的功能,能够对社会基本矛盾起到巨大的调节作用。我们只有用整体性的观点来考察社会机体的自我调节功能,充分认识构成自我调节系统的各要素的特点和作用,才能更深刻地理解社会机体自我调节机制的意义,自觉地运用自我调节的手段,为更好地发挥社会机体的自我调节功能而斗争。

社会机体自我调节功能的评价和形式

《新华文摘》（纸质刊）

随着社会的进化和发展,社会机体也越来越完善,其自我调节功能也相应越来越大,这是一个必然的历史趋势,是人作为社会主体日益能动地干预历史发展进程的体现。但是,不论社会机体的自我调节功能的作用有多么大,这种作用怎样随着社会的发展而增强,它都不可能取代历史发展规律的决定作用,改变历史的发展趋势,因为社会机体的自我调节只不过属于上层建筑反作用范畴,它只能促进或延缓历史的进程,而不可能根本改变历史发展的方向。否则就会把社会机体的自我调节作用无限夸大,导致社会发展问题上的主观唯意志论。

社会机体的自我调节作为统治阶级干预社会生活进程的手段总会产生相应的结果的。怎样评价这种结果是一个颇为复杂的问题。从表面上看,如果统治阶级对社会基本矛盾的自我调节取得预期成效,那么无疑它会起到缓和社会冲突,延缓旧制度寿命的作用。任何统治阶级实行自我调节政策的目的也正在于此。鉴此,过去曾经流行一种看法认为,社会机体的自我调节是统治阶级的骗术,是他们用以维护自己统治的狡猾伎俩。文化大革命前曾经批判过封建社会的"清官"和"让步政策",认为这是比残酷的剥削和野蛮的镇压还要阴险毒辣的措施。与此相呼应又宣扬剥削压迫越厉害越能激起革命,言下之意,这比"清官"和"让步政策"更有利于革命,这种观点纯是超级革命的怪论。评价社会机体的自我调节如同评价统治阶级的任何一项政策一样,不能单纯以是否直接有利于革命作为标准,因为,革命本身还不是终极目的,不能为革命而不择手段。对于推进社会进步来说,发展科学技术,提高生产力水平,自觉地调整生产关系和上层建筑的某些不适应的环节,同样是不可回避的重大使命。一般来说,评价社会机体的自我调节作用首先要考虑它是否有利于社会发展和人类的进步,不管统治阶级的主观动机如何,只要客观上有利于社会起步,起到了推动社会前进的作用,就必须给予适当的评价。与此同时还要坚持人民性,要站在人民的立场上,看它是否符合人民的利益,是否有利于人的休养生息和积极性的调动。任何政策不管怎样革命,只要侵犯了人民利益,以牺牲人民为代价就不能认为是正确的政策。只有把人民性放在政策评价中才算坚持了正确的标准,在实践中才能真正行得通。

如果依据这两条标准来评价社会机体的自我调节作用,那么,我们可以认定,在一般情况下,它构成社会发展的积极因素,是社会发展总链条中不可缺少的环节。因为任何自我调节行为都是针对社会基本矛盾的不适应,其结果都可以在一定程度上缓解危机,协调社会基本矛盾各方面的关系,从而有利生产的恢复和发展。不仅如此,社会机体的自我调节反映在阶级关系上,往往意味着统治阶级放慢剥削步伐,在经济、政治和思想统治方面对人民做出某些让步。这种让步客观上有利于人民的生存和进步,能够起到改善和提高人民生活状况的作用,正因为这样,马克思主义对历史上一切重大的调节社会基本矛盾的行动,如古今中外历次的变法和改革,一般都给以应有的评价,认为它们是属于有益于社会发展的进步行动。按照马克思主义的观点,资产阶级采取的改革和让步措施虽然延缓了革命,但它却为革命培植了深厚的基础,准备了更加充分的客观条件和主观条件。它预示着,未来的革命将在更加成熟的基础上爆发,这与那些条件尚未成熟的革命相比,成功的机会更大,反复会更小。

社会机体的自我调节有自发与自觉之分,认清这两种不同的自我调节,具有重大的实践意义。

资本主义社会及以前各社会形态的自我调节都是自发的。当时的统治者根本不了解社会基本矛盾学说,不理解自觉调节社会基本矛盾对维护和推进社会发展的重要意义。他们只是出于维护自己统治的需要,从政策上对传统的统治和管理方法做一些适当的调整,从而客观上调节了社会基本矛盾。这种自发的调节虽然也起到了维护和推动社会发展的作用,但它有很大的局限性。自发调节主要着眼于维护自己的统治,缺乏理论上的指导,是单纯的防御性的行为,是本能的被动的措施。其效能主要体现在暂时的延长统治的寿命上,不可能对社会基本矛盾做出全面的调整,推动社会大幅度的前进。

自觉调节是社会主义社会所独有的,它是党和国家指导社会生活的主要手段之一。社会主义社会建立在生产资料公有制的基础上,人民群众成了国家的主人。特别是党的领导和马克思主义意识形态的指导,使社会主义国家建立在充分掌握客观规律的基础上,从而在人类历史上第一次实现了对社会基本矛盾的自觉的认识和调节。

但是,过去从指导思想上来说,对社会主义社会中自觉地调节社会基本矛盾问题的认识还是很不够的。斯大林在《辩证唯物主义与历史唯物主义》中第一次提出了社会主义制度下生产关系同生产力完全适合的说法,不仅完全否定了对社会基本矛盾进行自觉调节的必要,而且从根本上就取消了社会主义社会中的基本矛盾。后来斯大林虽然在《苏联社会主义经济问题》一书中纠正了这个说法,承认了社会主义条件下生产关系同生产力还存在矛盾的一面,但是从主导方面来说,一直强调适合一面是基本的,而且永远如此。这就是通常人们所指谓的社会主义制度的优越性。社会主义制度与资本主义制度相比,无疑具有巨大的优越性,但是这种优越性是否就排除了社会基本矛盾的存在和这种矛盾进行自我调节的必要呢? 显然不能,社会主义制度的优越性是指对社会主义的经济基础和政治制度的定性分析,它只表明,社会主义制度从根本性质来说,是适应生产力发展的需要的,它能够为人的全面发展创造物质和精神的前提。而这种优越性的发挥恰需要正视社会基本矛盾的存在,并有赖于对它进行自觉的调节,各社会主义国家实践中的经验教训都充分证明了这一点。

事实表明,社会主义社会不仅没有消除矛盾,反而更需要对社会基本矛盾进行自觉调节。这是社会主义与资本主义的本质区别之一,也是社会主义优越性的体现。社会主义的自觉调节根本不同于以前一切社会形态的自发调节,它不是单纯从维护政权的被动防御心理出发的,也不是光凭自己对社会形势的主观感受来决定自我调节的方式和尺度,而是出于对社会生活本质的深刻洞察和对社会基本矛盾的动态分析,目的在于协调经济生活、政治生活和精神生活的关系,使社会基本矛盾运动趋向和谐和平衡。因此,社会主义制度下对社会基本矛盾的自觉调节带有生动性、整体性、预见性和计划性,是自觉推动社会发展的积极进取的行为。经济调节仍是一切调节的基础和核心,只有健全经济调节机制,努力发展社会生产,才能为社会基本矛盾的和谐的运动提供坚实的基础。同时,政治和思想文化方面的调节也不可忽视,特别是在我国这样一个封建主义影响深重的国家,政治和思想文化方面的现代化的任务还很艰巨。所谓政治和思想文化方面的调节不是要重蹈过去阶级斗争扩大化的覆辙,而是要适应经济调节的需要,进行政治体制的改革,特别要在政治生活和精神生活的建设方面消除封建主义遗毒,废止终身制和一言堂,反对裙带关系和宗法思想,防止权力过分集中,搞好权力部门的横向互相监督,健全民主体制,真正实行选举制,提高人民代表的素质和能力,不使其成为单纯的荣誉职称,同时实行学术民主,彻底贯彻"双百"方针,等等,所有这一切越来越显示出其必要性和紧迫性。只有在经济调节的同时充分注意发挥政治和思想文化方面的调节机制,才能形成一个互相影响互相制约的整体性的调节系统,充分发挥出社会主义制度自觉调节社会基本矛盾的优越性。

当前我国正在进行的改革就是从我国实际情况出发自觉调节社会基本矛盾的体现。三中全会以来党中央清醒地看到我国现行经济和政治管理体制存在的严重弊端,下定决心除弊兴利,大胆改革。一切社会弊端归根到底是社会基本矛盾不适应的体现,改革就是在马克思主义指导下,自觉地调节社会基本矛盾,推进社会的发展。几年来我们在经济改革中所取得的巨大成就雄辩地证明了社会主义社会自觉地调节社会基本矛盾的重要性。

选自:《新华文摘》论点摘编 1987 年第 5 期

原文刊于:《江海学刊》1987 年第 1 期

关于马克思人的本质问题的再思考

对人的本质的探究是人最深层次的自我意识,其抽象性、思辨性和深邃性内蕴和呈现了广阔的思考空间,以致无论给出什么样的答案都很难证实或证伪。因此,过去虽然有许多人涉猎过此研究领域,但直到今天它仍然是哲学史上的"老大难"问题。在当下的中国,"人"已被提升到"本"的地位,"以人为本"已成为科学发展观和执政治国的基本理念;在这种情况下,重新追问和思考"人"和"人的本质"对于我们深刻理解和贯彻"以人为本"无疑会起到某种理论和学术奠基的作用。马克思是科学阐释人的本质内涵的第一人,伴随着哲学变革的曲折历程,他先后提出了"人是人的最高本质""人的类本质"和"人的社会关系本质",这三重规定在今天仍具有巨大的理论和实践意义。

一、人是人的最高本质

本质是隐匿于现象背后的内在特性,是无法经由实验而只能通过思维才能把握的范畴,因此,严格地说,人的本质不是一个科学(自然科学意义上的科学)问题,在很大程度上它是一种思维的概括和抽象。但是,若要这种概括和抽象能够有说服力并最终得到广泛的认可,却一刻也离不开科学的思维和逻辑,离不开人类的进化和发展史,只有从人类历史演进的科学研究中才可能抽象出人的本质来。

在马克思主义产生以前,尤其在宗教哲学和德国古典哲学中,不乏关于人的本质的各种表述:宗教神学把人的本质推向神,认为上帝创造了人也就最终地赋予和决定了人的本质是"彰显神的形象和样式";黑格尔推崇理性,认为人是绝对精神认识自身的工具和手段,因此,神圣的理性就是人的本质和目的。无论是宗教神学或黑格尔哲学都有一个共同点,就是将人的本质外在化,在超人的神和超人的绝对理性中去寻求人的本质。这就提出一个问题:人的本质是内在于人的还是由某种外部精神实体赋予的? 如果答案是后者,那么人的本质问题不仅远离科学并被神秘化,而且其主观随意性也将被无限放大。

费尔巴哈可以说是马克思的人的本质观的引路人,他在《基督教的本质》等著作中提出的"人是人的本质"的命题,直接把马克思带入了正确思考人的本质的切入口。费尔巴哈作为人本学唯物主义者,在人的本质问题上,他既不求助于神,也不理会黑格尔的绝对精神或理念;他一向强调人的本体地位,提出了"人的本质是人自身"的观点。费尔巴哈设定了一个逻辑和推导模式:人由对象而意识到自己,对对象的意识就是人的自我意识;人的本质在对象中显现出来,而对象就是他真正客观的"我",所以,"我"即人本身,就成了人的本质的显示。费尔巴哈断言:"人所认为绝对的本质,就是人自己"①,"人的绝对本质、上帝,其实就是他自己的本质。"②由此,费尔巴哈与宗教神学和黑格尔的绝对理念划清了界限,迈出了在人本身中探求人的本质的关键性的一步。费尔巴哈的这个思想和他的"宗教是人的本质异化"的论断完全一致,他既把神的本质归结为人的本质,又把人的本质归结为人本身,这对于当时德国的

---

① 《费尔巴哈哲学著作选集》下,第 555 页。
② 《费尔巴哈哲学著作选集》下,第 30 页。

宗教批判具有重要的引领作用。宗教就其实质而言,不过是"人的本质在幻想中的实现"①;费尔巴哈则另辟蹊径,在宗教批判中抛却幻想,给人的本质注入现实性,指出人的本质就是人本身。这就把宗教批判变为尘世批判,把对天国的批判变为现实的批判,把对神学的批判变为政治批判。

马克思充分肯定费尔巴哈关于"人是人的本质"命题的重大意义,1843 年的马克思还处在费尔巴哈光环的笼罩下,因此他就不可避免地要借用费尔巴哈的概念和思想来表达自己对人的本质的理解。所以马克思在《黑格尔法哲学批判》导言中谈到未来德国革命将要达到的"人的高度"时,立即触及到人的根本,即人的本质,当时的马克思说了一句至理名言:"人的根本就是人本身"②。这句话不仅重述了费尔巴哈的"人是人的本质"的思想,而且还进一步地明确了德国宗教批判的人学意义。马克思说:"德国理论是从坚决积极废除宗教出发的。对宗教的批判最后归结为人是人的最高本质这样一个学说"③。这个学说首先是由费尔巴哈在《基督教的本质》等著作中揭示的,其目的和宗旨是揭穿宗教的神秘性,把宗教的本质归结为人的本质,而人的本质就在于人本身,即人的"世俗基础的自我分裂和自我矛盾"④,宗教不过是这种分裂和矛盾在幻想中的解决。把这种幻想引向现实,就是要求实现社会平等,使人成为人,马克思将此进一步引申并归结为:"这样的绝对命令:必须推翻那些使人成为被侮辱、被奴役、被遗弃和被蔑视的东西的一切关系。"⑤显然,这个要求直接指向封建的等级制度,还没有超出资产阶级革命的界限,这和当时马克思的整个思想状况是相适应

---

① 《马克思恩格斯选集》第 1 卷,第 1 – 2 页。
② 《马克思恩格斯选集》第 1 卷,第 9 页。
③ 同上。
④ 《马克思恩格斯选集》第 1 卷,第 59 页。
⑤ 《马克思恩格斯选集》第 1 卷,第 9 – 10 页。

的。1843 年马克思写作《黑格尔法哲学批判》导言时,思想正处在向唯物主义和共产主义的转变过程中,科学的共产主义思想还没有最终确立起来,资产阶级的革命对德国来说还是新生事物,具有积极意义。由此,费尔巴哈宗教批判所展示的唯物主义内核与内蕴的"人的高度",恰恰也是马克思当时内心境界的真实写照。

总之,"人是人的最高本质"的命题,尽管立意还不算高远、表述也不甚精准,但在当时宗教批判的背景下,不仅是正确的、必要的,也是一切刚刚接触到人的本质问题所不能绕过的门槛。在一般的意义上,自然、意识、社会、审美都可以成为人的本质的要素,但不能成为人的最高本质,因为这些要素并非人所独有,某些动物在浅层次上也具备这些要素。因此人的最高本质不可能存在于自然、精神或审美中,马克思说:"人不是抽象的蛰居于世界之外的存在物,人就是人的世界,就是国家,社会。"①人的最高本质只能是潜藏着丰富内涵的总体性的人本身。

二、人的类本质

费尔巴哈关于"人是人的本质"和马克思关于"人是人的最高本质"的论断,迈出了科学理解人的本质的第一步,但也具有明显的缺陷,它只是确定了人的本质的居所和出处,并未回答人的本质是什么。费尔巴哈最先意识到这一点,所以他在确立了"人是人的本质"的大方向之后,立即就转向人的本质的具体研究。费尔巴哈在人类思想史上第一个提出人的类本质思想,把人的本质首先定位于"类"。"类"并不神秘,不过是对世界存在物的种属划分。最大的、包含一切的"类"是物类,指全部客观存在物,物类又可以分为有生命和无生命两类,有生命的存在物又进化出天地间唯一具有智

①《马克思恩格斯选集》第 1 卷,第 1 页。

慧和灵性的人类。费尔巴哈所说的类本质就是指人之为人而与动物相区别的共同特性。那么,到哪里去寻找这种共同性呢? 有两条道路可供选择:第一条道路是从人的进化和发展史中去寻找,马克思后来走的就是这条道路。马克思指出,人是有生命的存在物,人一旦开始生产自己生命所需要的生活资料时就把自己与动物区别开来。费尔巴哈不理解生产和实践对世界和人的生成的决定意义,于是,他选取了另一条简单化的道路,这就是把类理解为单个人的相加,在孤立的个体中找出既能把所有人纯粹自然地联系起来又能与动物根本区别的普遍性。这时费尔巴哈首先想到了意识,他说:"究竟什么是人跟动物的本质区别呢? 对这个问题的最简单、最一般、最通俗的回答是:意识。"①不过他对意识附加了一个条件,特指严格意义上的意识。他认为,如果意识仅仅是指感性的识别能力或对外界事物的知觉和判断,那么,这样的意识很难说动物就不具备。由此,费尔巴哈强调:"只有将自己的类、自己的本质性当作对象的那种生物才具有最严格意义上的意识。"②根据这个标准,费尔巴哈认为:"动物固然将个体当作对象,因此它有自我感,但是它不能将类当作对象,因此它没有那种由知识得名的意识。科学就是对类的意识。在生活中我们跟个体打交道,而在科学中,我们是跟类打交道。"③人就是通过科学意识而把"类"当作对象,从而与动物根本区别开来。费尔巴哈不仅把人的类本质归结为意识,他还进一步将意识扩展和升华,他问道:"人自己意识到的本质究竟是什么呢? 或者,在人里面形成类、即形成本来的人性的东西究竟是什么呢? 就是理性、意志、心。……理性、爱、意志力这就是完善性,这就是最高

230

---

① 《费尔巴哈哲学著作选集》下,第26页。
② 《费尔巴哈哲学著作选集》下,第26页。
③ 《费尔巴哈哲学著作选集》下,第26页。

的力,这就是作为人的人的绝对本质,就是人生存的目的。"①

此外,费尔巴哈对人的类本质还提出过其他一些说法,有时他十分重视人的自然本质,如"自然是人的根据"②;有时又强调社会性对于人的类本质的重要性,如"只有社会的人才是人"③,"人的本质只是包含在团体中,包含在人与人的统一中"④。但这些说法在他那里都不占主要地位,他的类本质思想主要还是凸显"感情范围内""单个的、肉体的人"的爱和友情⑤,认为除了这种"观念化的爱与友情以外",人与人之间没有任何"其他的人的关系"⑥。

费尔巴哈关于人的类本质的说教有其合理之处。他把类本质定位于人与动物的根本区别是正确的,所谓本质就是指与他物根本区别的特性,人的本质自然也要在与动物相比照中才能显现出来。但是,他把意识、理性、意志和爱当作类本质,这无疑缺乏严格的根据和论证。因为意识和理性本身并不具有始初性和第一性,倘若进一步认真研究就可以发现,还有产生和决定意识与理性的更根本性的源头,费尔巴哈没有去追寻这个根本性的源头,这正是他的类本质学说的不彻底之处。

马克思不同意费尔巴哈对人的类本质命题的抽象理解,但为了把人的本质推向人与动物根本区别的境界,他认为仍可借助费尔巴哈的类概念。不过,在《手稿》中,马克思不是直奔类本质概念,而是通过"人是类存在物"的命题渐次介入类本质本身的。在马克思看来,人具有类本质是因为人是类存在物,而人之所以是类存在物,主要源于人与动物相互区别的两个方面:其一,人不仅把外部世界

---

① 《费尔巴哈哲学著作选集》下,第 27－28 页。
② 《十八世纪末——十九世纪初德国古典哲学》,第 600 页
③ 《费尔巴哈哲学著作选集》下,第 571 页。
④ 《费尔巴哈哲学著作选集》下,第 185 页。
⑤ 《马克思恩格斯选集》第 1 卷,第 78 页。
⑥ 《马克思恩格斯选集》第 1 卷,第 78 页。

当作自己认识和活动的对象,而且把自身及其"类"也当作同样的对象,这一点是人所独有,而动物是不可能具有的。动物不仅不把自身当作对象,就是对外部世界,动物也没有从中分化出来,而是紧密地与之融合在一起,根本谈不到对象化。其二,更重要的是:"人把自身当作现有的、有生命的类来对待,当作普遍的因而也是自由的存在物来对待。"①人作为一个"类"和其他物的"类"的最大的不同在于,人有生命,这就与无机界的"类"区别开来;但是动物也有生命,人与动物的不同恰恰在于人比动物更具普遍性。所谓普遍性表现在,人和动物虽然都靠无机界生活,但人赖以生活的无机界的范围要比动物广阔得多。从思想领域来说,植物、动物、石头、空气和阳光等既是自然科学研究的对象,又是艺术塑造的对象,因此"都是人的意识的一部分,是人的精神的无机界,是人必须事先进行加工以便享用和消化的精神食粮。"②从实践领域来说,"这些东西也是人的生活和人的活动的一部分。人在肉体上只有靠这些自然产品才能生活"③,同时,人又把它们当作自己的活动的资料和工具,"变成人的无机的身体"④。人在自然界面前所表现出的这种普遍性表明,人虽然靠自然界生活,但不像动物那样依附于自然界,而是处处以自然界作为自己的精神食粮、生活食粮和无机的身体。因此,人和动物不同,人在自然界面前为自己争得了自由,这就是马克思在《手稿》中所说的"人把自身当作普遍的也是自由的存在物来对待。"⑤动物虽然也有生命,但它紧紧依附于自然,受制于自然界,因而不是自由的存在物。

人的自由和动物的不自由都体现在生命活动中,人的生命活动

---

① 《马克思恩格斯全集》第 3 卷,第 272 页。
② 同上。
③ 同上。
④ 同上。
⑤ 同上。

首先是劳动,人的生活首先是生产生活。马克思说:"生产生活就是类生活,这是产生生命的生活。"①人"使自己的生命活动本身变成自己意志和自己意识的对象。它具有有意识的生命活动"②,而"动物和自己的生命活动是直接同一的。动物不把自己同自己的生命活动区别开来。"③动物的这种生命活动缺少意识环节,一切全凭本能,因而与人的生命活动不同,是无意识的生命活动。由此,马克思不仅揭示了人的生命活动的自由属性,而且又进一步将自由向前探伸到意识。正因为动物的生命活动是无意识的,所以是不自由的;而人的生命活动是有意识的,所以才是自由的。由此马克思得出结论:"自由的有意识的活动恰恰就是人的类特性,有意识的生命活动把人同动物的生命活动直接区别开来。正是由于这一点,人才是类存在物。"④

有史以来,人面对自然界,在认识和改变自然界的同时,总是不断地反观人自身,提出人为何物的问题。马克思在哲学史上第一次清晰地回应:人是类存在物,自由的有意识的活动是人的类特性,人凭借这种类特性而与动物区别开来。这里的"自由的有意识的活动"其实就是指人的实践,实践恰恰具有自由和有意识的特性,所以马克思才说:"通过实践创造对象世界,改造无机界,人证明自己是有意识的类存在物,它把类看作自己的本质"⑤。这里,马克思把类、类特性、类本质都归结为实践,认为实践是产生生命的活动,是创造对象世界的活动,人与动物的根本区别就在于人通过实践肯定自身。

马克思在《手稿》中提出了自己所理解的人的类本质思想,尽

---

① 《马克思恩格斯全集》第 3 卷,第 272 页。
② 同上。
③ 同上。
④ 《马克思恩格斯全集》第 3 卷,第 273 页。
⑤ 同上。

管与费尔巴哈的类本质思想相平行,却没有对费尔巴哈展开批判。因为这时在马克思内心深处还存在着对费尔巴哈的崇拜,认为只有费尔巴哈才"真正克服了旧哲学",费尔巴哈的著作是"包含着真正理论革命的唯一著作"①。但是《手稿》中喷薄欲出的人化自然等实践唯物主义思想,又鲜明地与费尔巴哈带有唯心主义色彩的"类"概念相对立,时刻酝酿着对费尔巴哈思想的决裂和批判。1845 年春,马克思在《提纲》中实现了立场的转变,开始着手批判费尔巴哈的类本质概念。

首先,马克思从人生存的实践基础出发指出,费尔巴哈的类本质的内涵是浅层的、第二性的,没有抓住人之为人的根本。费尔巴哈把意识、理性、情感和爱视为人的类本质,以为用这种纯粹感情范围内的抽象物就能把人联系起来,使人成为与动物不同的类。马克思说,无论是费尔巴哈所诉诸的感性直观还是他一再拔高的感情、意志和爱都脱离了现实的根基,没有把它们"看作是实践的、感性活动"②的产物。与费尔巴哈相反,马克思用科学的态度面对人的类本质问题,先把人定义为有生命的存在物,因而必须进行生活资料的生产,而人的生产活动具有自由和有意识的特性,正是这种自由的、有意识的活动才从根本和源头上把人与动物区别开来。所谓意识、理性、感情和爱不过是人在长期的生产实践中形成和发展起来的,这才真正地触及到问题的根本。马克思在《黑格尔法哲学批判》导言中说过,理论只有彻底才能说服人,所谓彻底就是抓住事物的根本,而人的根本就是人本身。费尔巴哈关于人的类本质说之所以软弱无力不能说服人,就是因为他没有抓住生产实践这个人之根本,人正是以此为本,才形成与动物根本不同的类。

234

---

① 《马克思恩格斯全集》第 3 卷,第 314、220 页。
② 《马克思恩格斯选集》第 1 卷,第 60 页。

其次，与不理解实践密切相关，费尔巴哈关于人的类本质的承担者不是进行实践活动的现实的人，而是他假定的"抽象的——孤立的——人的个体"①，意志、友情和爱就是从中抽象出来的"一种内在的、无声的、把许多个人纯粹自然地联系起来的普遍性。"②费尔巴哈口头上承认人的社会性，但他并不理解人的社会性是由实践铸就的，而不理解实践就永远也看不到社会性的人；因此在他的视野中人只能是单个的、孤立的个体，而社会不过是这些同质单个人的累积和相加。而且，对于单个人的认识，费尔巴哈又只能做到表面、直观的理解，他看到每一个个人都有友情、意志和爱，这些纯粹感情上的抽象物很自然地把人联结起来，最终成为费尔巴哈所理解的"类"。如果费尔巴哈理解实践，那么在他视野中的人就绝不是孤立的个体，联结他们的普遍性也就不会是感情、意志和爱，而只能是生成它们的实践活动。所以，在《手稿》中，马克思对于费尔巴哈立足基础的单个人做了强有力的回应："他所分析的抽象的个人，实际上是属于一定的社会形式。"后来马克思在，《德意志意识形态》中又进一步发挥了这个思想，他指出，费尔巴哈之所以一再强调单个人，是因为他不理解实践，"把人只看作是感性对象，而不是感性活动，没有从人们现有的社会联系、从那些使人们成为现在这种样子的周围生活条件来观察人们"③。看不见感性对象背后的感性活动，自然就不理解实践活动的社会性，呈现在他面前的只是一个个孤立的感性对象。因此，从孤立的个体中抽象出来的感情、意志和爱只能表征单个人的特性，而不可能升华为类的本质。人的类本质与人的社会性相比较，只能是作为社会的人所具有的自由的、有意识的活动。

---

① 《马克思恩格斯选集》第 1 卷，第 60 页。

② 同上。

③ 《马克思恩格斯选集》第 1 卷，第 70 - 78 页。

最后，马克思通过对费尔巴哈"宗教感情"的分析批判，进一步揭露了与其相通的类本质的虚幻实质。费尔巴哈认为："人的依赖感是宗教的基础"①，不仅是对自然的"无知和畏怖"，还有"欢乐、感恩、热爱和崇敬这样一些积极的感情"②也是宗教产生的"心理根源和主观根源"。马克思批评说，费尔巴哈不是从人的生命活动入手、在人的生存实践中探讨宗教产生的机理，而是"撇开历史进程，把宗教感情固定为独立的东西"③。依赖感作为一种宗教感情，实际上与被费尔巴哈当作类本质的感情、友谊和爱是完全一致的，它们的形成绝非平白无故，其深刻根源只能到社会实践和社会环境中去寻找。费尔巴哈把宗教感情与生活实践和历史进程相脱离，并使其独立化，但最终他还是不理解"社会生活在本质上是实践的。凡是把理论导致神秘主义的神秘东西，都能在人的实践中以及对这个实践的理解中得到合理的解决。"④

这样，马克思就通过对费尔巴哈关于人的类本质思想的借鉴和批判，在《手稿》和《提纲》中排除各种干扰和歧见，为我们留下了宝贵的关于人的类本质思想遗产。今天，在《手稿》和《提纲》写作一个半多世纪之后，重新研读马克思关于人的类本质学说，仍然感慨良多。马克思写《手稿》时不过26岁，一个未经尘世沧桑的青年，却能对人的本质和类本质这样旷古的哲学难题提出颠覆俗见的精湛见解，我们除了感叹其天赋以外，只能为马克思的博览古今、勤奋多思而折服。

马克思关于自由的有意识活动的类本质规定，对于今天以人为本大背景下的中国人也颇多启示和激励。作为"本"的人，应该是

① 《费尔巴哈哲学著作选集》下，第 436 页。
② 《费尔巴哈哲学著作选集》下，第 532 页。
③ 《马克思恩格斯选集》第 1 卷，第 60 页。
④ 同上。

什么样的人？怎样才能不愧对崇高的"本"的地位？马克思的自由的有意识活动的类本质规定告诉我们，人作为一个"类"的人，必须具备的品格就是要勤于实践活动，勇于不断探索，不能怠惰成性，无所事事，随波逐流，得过且过。而人的实践探求必须是放开手脚，增强自由度和选择度，为此必须努力学习，把握必然，真正体现人的生命活动区别于动物生命活动的自由特点。人的实践活动时刻要有意识和追求，要拒绝盲目，远离本能，确立起远大的生活目标和正确的生活态度。总之，人之为人要有一个不枉一遭人生、不负人间一世的高尚活法。如果不把马克思的类本质思想带给我们的这些启示当作说教，而是视为理应激发的感悟，我相信，这也正是作为"千年伟人"的马克思当年的真诚祈望。

三、人的社会关系本质

自由的有意识的活动作为人的类本质，其功能在于把人与动物区别开来，这是人走出动物王国迈向人类世界的第一道门槛，也是人之为人的最根本的依据。但是，人的类本质对人的本质的全面揭示是初步的和有限的，它只是圈定了人的外延，划了一道人与动物的分界线，而对于人本身固有的本质则毫无涉及，没有提供任何具体的确认。人的本质作为人与他物的根本区别要划清两个界限，除了用类本质划清人与动物的界限之外，还要划清人与人之间的界限，把人的个体本质和个性凸显出来，这也是人的本质的内在要求。

费尔巴哈对人的本质的"类"概括，已经达到了他所能及的最高点，由于他不理解人在生命需求基础上进行的实践活动，所以他总也找不到人的本质的科学源头，不能在人的实践和进化中进一步揭示人的深层本质，至此费尔巴哈的资源已经枯竭了。马克思在《提纲》中用自己的类本质概念与费尔巴哈分道扬镳的同时，立即开始转向对人自身的本质探究。在马克思看来，揭示人的自身本质首先必须走出类本质的一般性和虚幻性,向具体的人(泛指一切人的根本属性)的现实性靠拢。自由的有意识的活动虽然是人的类特性,但这是所有人之为人的底线,它抛开具体的人,因此类特性不能区分人,只能认定某人被囊括于自由的有意识的活动中,因而是人;而仅仅确立某人是人还远远不够,至于他们是什么样的人,他们之间有什么样的区别,类本质就无能为力了。在这个意义上,类本质只是对人的总体属性的概括,对个别的和具体的人,类本质太宽泛、太笼统、太虚幻,不具现实性。人的本质走向现实的唯一出路就是在人的生存和发展中实现人的分化、细化和具体化,以便找出人与人的区别,确认不同人的个性本质。实践是这一过程的唯一的源泉、动力和起点,这正如马克思所说:"个人怎样表现自己的生活,他们自己就是怎样。因此,他们是什么样的,这同他们的生产是一致的,既和他们生产什么一致,又和他们怎样生产一致。因而个人是什么样的,这取决于他们进行生产的物质条件。"[1]

实践作为哲学的根本的、总体性的范畴,不仅是生成人和创造世界的活动,也是发展人、分化人、区别人的根本途径。古代人的生产和实践水平低下,分工不发达,人主要是作为自然人,彼此之间区别不大。随着三次社会大分工和由渔猎文明进到农业文明再进到工业文明,人类历史在生产实践和科学启蒙中大幅度跃迁。伴随着这个过程,能够把人区别开来的人的现实本质也随之生成,这就是人的社会关系本质。马克思说:"人的本质不是单个人所固有的抽象物,在其现实性上,它是一切社会关系的总和。"[2]马克思的这个论断,既是对费尔巴哈的理性、意志和感情的类本质的否定,又是人的新的社会关系本质的确立和开启。

---

① 《马克思恩格斯选集》第 1 卷,第 67—68 页。
② 《马克思恩格斯选集》第 1 卷,第 60 页。

社会关系是基于生产实践而形成的人际间经济、政治和思想交往的关系，社会实践水平对社会关系具有决定性的作用。人类童年时代，科学落后，生产力水平低下，社会关系也非常简单。马克思说："男人对妇女的关系是人对人最自然的关系"[①]，因此，婚姻和家庭也就成为最自然和最早的社会关系。鉴于原始社会人类实践水平极度低下，马克思曾一度把整个原始的社会关系视为家庭关系的扩大。随着科学和生产力的发展、分工的细化，人的社会关系越来越复杂，在家庭关系的基础上又产生了民族、国家及经济、政治、文化关系。现代社会更是通过社群和网络把人们的社会关系和社会交往推到极致。社会关系好比一张大网，任何人都在网上布下了自己的社会活动和社会关系的经纬线，这些线条的交叉和集合形成了凸显自己特色的纽结，本质作为自身与他物相区别的根本特性就在这些纽结中体现出来。无论任何时代，人都是社会关系总和的大网中的一个纽结，正是这些不同的纽结既反映了人与人之间的本质的区别，又标注了人在社会关系中所承担的责任和扮演的角色。人在社会关系上的具体定位，一方面突破了类本质的局限性，将人的本质追问由人与动物的区别引入到个体人的境界，同时又以社会关系的总和具体地再现了人的实实在在的区别，从而将人的本质现实化，实现了由人的类本质到人的社会关系本质的过渡。所以马克思才强调，在其现实性上，人的本质是一切社会关系的总和。如果不在现实性上，类本质就足够了；如果在理想意义上，人的本质又可以推广到无限完美至善的地步，那时人类将有类而无差别，用来标识人的根本区别的本质概念也就失去了意义。

　　《提纲》以其鲜明的实践唯物主义思想标志着马克思哲学划时代革命的完成，与此相适应，在人的本质问题上马克思也将立足点

　　① 《马克思恩格斯全集》第3卷，第296页。

转移到实践上来,用实践及其所形成的社会关系把人区别开来。马克思的实践唯物主义实现了哲学发展的革命性变革,他的"人的本质是社会关系总和"的论断首次将人的本质现实化,是从人的进化和发展的科学视角对人的本质的深层拷问和回答。至此,人的本质问题终于驱散了笼罩其上的神秘和思辨的迷雾,而成为一个可以理解和把握的人生态度的现实课题。

人作为社会关系总和的承担者,实际上肩负着具体使命,扮演着多重社会角色,正是这些角色的集合把不同的人区别开来,使人成为具体的、历史的、现实的人。不管人们主观意识到与否,人都是在社会关系中演出一幕幕生活大剧,历史也"不过是追求着自己目的的人的活动而已"①。马克思对人的社会关系本质的揭示,深刻启发着人的意志和良知。人不能对自己所处的社会关系和社会环境无动于衷,社会关系是一种处所、联系、角色和责任,人作为共同体的一员,只有理解自己的处境,扮好自己的角色,履行好自己的责任,共同体才能兴旺发达。如果对自己的境遇和角色一知半解、浑浑噩噩,对自己的工作敷衍塞责、消极怠工,那么人皆如此就真要天诛地灭了。我们的社会之所以还能发展前进,并不代表百分之百的人都能奋发努力,尽职尽责,实际的情况是一些人在为另一些人无偿地工作,只是那些人还不能自觉罢了。所以,每一个人都应该反思自己作为社会关系总和中的一员,应该如何凸显自己的本质和个性,在各种角色中称职合格,人皆如此,社会就会出现百花齐放、万马奔腾的活跃局面。

马克思从青年时代起就立下了为全人类幸福而献身的崇高志向,关心人和人的本质对他来说是理所当然的。尤其是在费尔巴哈

---

① 《马克思恩格斯选集》第2卷,第118页。

的"哲学上的最高的东西是人的本质"①见解的影响下,马克思也力图对人的本质问题有所突破。马克思的卓越贡献在于他将人的本质研究与自己的哲学革命变革的步伐相协调,走出了一条从"人是人的最高本质"到"人的自由有意识活动的类本质"再到"人的社会关系的现实本质"的科学演绎之路。历史已经走过了超过一个半世纪,许多人在马克思主义旗帜下继续研究人的本质问题,提出的见解也层出不穷。卢卡奇的总体性、弗洛伊德的自然、马尔库塞的爱欲、萨特的存在先于本质、东欧新马克思主义者的实践,以及其他诸如劳动、意志等都曾被视为人的本质。这些看法虽然各有其长,但比较起来,都未超出马克思的视野,直到今天我们仍然能够强烈感受到马克思的人的本质思想的巨大穿透力。当此以人为本的时代,作为"本"的人,要为人格的提升而自豪,更要为履行人的使命和责任而充分自觉,马克思关于人的本质思想是永恒的呼唤和不竭的动力。②

选自:《新华文摘》2012 年第 2 期

原文刊于:《哲学动态》2011 年第 8 期

---

① 《十八世纪末——十九世纪初德国古典哲学》,第 536 页。

② 同上。

马克思世界历史思想的深远意义

唯物史观作为马克思创立的科学的社会历史观,是正确把握历史的锐利思想武器。与唯物史观同时提出来的世界历史思想,在马克思对历史的把握中占有十分重要的地位。但是,长期以来马克思的世界历史思想却被淡忘了。由于世界历史思想首次完整地表述于 1846 年的《德意志意识形态》中,而这本书一直到 1932 年才得以问世,普列汉诺夫、列宁等许多权威的马克思主义理论家终生都未读到这本书,所以在他们对唯物史观的阐述中,很自然地就出现了世界历史思想的空场。中国改革开放的巨大成就证明,一个国家不走向世界,融入世界历史,就难以摆脱封闭和僵化的格局,就不能借鉴世界发展的成果,中华民族只有深度地介入世界历史,引领世界历史,才能实现伟大复兴的中国梦。中国共产党十八大提出的道路自信、理论自信和制度自信,在很大程度上也是基于对马克思的世界历史思想的深刻理解。现在,当世界历史思想提出一个半多世纪的今天,有中国改革开放的巨大成就做注脚,我们重温马克思世界历史思想的深刻意蕴,无疑将对我们更坚定地走出中国,立足于世界,是一个有力的促进和鞭策。

一、世界历史思想的渊源和沿革

世界历史思想源远流长,是个相当古老的社会思潮,古希腊哲学家柏拉图的"理想国",历史学家希罗多德编纂的《历史》中,都渗透出历史过程具有共同性和世界性的思想。但是只有到了近代,随着资本主义世界市场的形成,冲破民族和地域的局限,历史才逐渐具有世界性。作为对这个历史背景的回应,世界历史观念也逐渐萌发和形成。意大利著名思想家维科是近代世界历史思想的第一位杰出的代表,他的名著《新科学》一书较为深刻地表述了不同民族历史发展的一致性。维克认为,民族史和地域史不可遏制地融汇了一种世界性趋势,认为世界上一切民族和地区都不可避免地服从循环规律的制约,普遍经历了三个发展阶段:觉醒——繁荣——衰落灭亡。每个民族经历的三个阶段构成一个封闭的圆圈,各民族依次排列的闭合圆圈构成世界历史的集合体。维科指出,这些圆圈之间互不联系,不能连接构成大圆圈,因此维科的世界历史思想只讲循环,不讲历史的前进和发展。但他提出了历史的共同性和一致性,这在四分五裂的封建割据状态下不能不说是一种进步观念。

1784 年德国思想家赫尔达发表《关于历史哲学的观念》一书,这本书突破了维科的循环论,强调民族史作为世界史的环节,与世界史是协调一致的。世界史本质上是人类的前进和上升的过程,民族史不能脱离这个总的过程,并为这个过程和趋势所制约,所以,世界史与民族史是同一事实的两个侧面,反映了历史演进中同一性与特殊性的统一。

同年,康德也发表了《从世界主义观点出发的世界通史观念》一书,认为以民族和地域为基点来看历史,人类历史就是狂妄、虚伪和残忍的历史。只有开阔视野,走出狭窄的民族圈子,从全世界历史视角探寻历史的进步性和规律性,才能化恶为善,使狂妄、虚荣和残忍转化为历史发展的动力和条件。

在马克思以前,黑格尔的世界历史思想别具一格,他在《法哲学原理》和《历史哲学》中首次深刻阐发了自己的真知灼见。黑格尔认为,历史并非前人所说的毫无内在联系的大量偶发事件的堆积,历史发展中存在着不可抗拒的必然性和规律性。走出狭窄的民族和地域的局限,由涓涓细流的民族史和地域史汇成浩瀚广阔的世界历史就是其中的规律之一。黑格尔认为,历史是绝对精神的外化,在它外化为历史的过程中,绝对精神表现出内在的能动性,它不断地将地域性的"民族精神"提升为纵贯历史的"世界精神"。黑格尔认定,"世界精神"的"实体或本质就是自由"①,因此就可以依据"自由意识的各种不同的程度"②,将它们有机连接,就可以勾勒出世界历史的趋向和行程。黑格尔断言,世界历史的走向和脉络就像太阳的运行一样,"以光明的路线为其特征",以东方中国这个"不含诗意的帝国"为起点,逐渐向西展开自由意识。他说,东方只知道一个人(即皇帝)是自由的,希腊和罗马知道少数人(奴隶主)是自由的,而日耳曼则知道全体人是自由的。因此,世界历史就从东方开始,经过希腊和罗马,最后到日耳曼终止,于是普鲁士王国也就成为人类历史的顶峰。黑格尔在《历史哲学》中还以法国大革命为例,考察了它和世界历史的关系,进一步揭示了世界历史思想的含义。他说:"这件大事依照它的内容是'世界历史'性的"③,因为"它的原则差不多灌输到了一切现代国家,或者以军事战争的方式,或者明白地推行到了各国的政治生活中"④。可见,黑格尔把他自己杜撰的历史进程所遵循的自由原则当作世界历史的主要动因。

由此可见,在马克思以前,早已存在着深远的世界历史观念,它启迪人们的智慧,传承优秀的文化遗产,它告诉人们,历史有章可循,在丰富多样的民族和地域的溪流中,有着共同性和一致性的主航道。因此,必须站在世界历史的高度来俯瞰历史,在纷繁复杂的

---

① 黑格尔.《历史哲学》,王造时译,三联书店,1956年版,第55页。
② 黑格尔.《历史哲学》,王造时译,三联书店,1956年版,第57页。
③ 黑格尔.《历史哲学》,王造时译,三联书店,1956年版,第499页。
④ 黑格尔.《历史哲学》,王造时译,三联书店,1956年版,第499页。

民族和地域史中发现世界历史的意蕴。

当然，必须指出，马克思以前的世界历史思想遗产本质上是唯心的，在现成的形态上是不科学的。维科、康德和黑格尔都把世界历史归结为人的共同的一致本性，或者是神秘的绝对精神与世界理性的外在体现。不仅如此，当时的世界历史思想又都带有明显的欧洲中心论的色彩。世界历史思想的缔造者们都生活在欧洲，而欧洲确是那时世界的中心，他们都很习惯地把欧洲看成是世界的未来，所以，他们把欧洲的一切都标准化，视为裁剪世界及其历史走向的基本尺度。民族史必将走向世界史，这是肯定无疑的，但是硬说世界历史就是重蹈欧洲模式，这就把本来已经拓宽了的世界历史眼界又蒙上了一层狭隘的地域的阴影。与欧洲中心论相对抗，这时，又涌现出一批所谓的法学派历史学家，如卡莱尔、艾赫戈斯、胡戈等，他们打着弘扬民族个性旗号，极力宣扬多元文化论。于是，世界历史观念又被边缘化了，一时间民族史和地方史几乎取代了世界史。这个事实也说明，欧洲中心论过分地宣扬以自己为中心的历史的一致性也会走向反面，反而助长地方主义和民族主义。

19世纪40年代初期，当马克思登上哲学舞台的时候，面对世界历史思想的两个极端即欧洲中心论和多元文化论。为了正确地继承和把握世界历史思想遗产，在批判欧洲中心论的同时，必须揭露传统的世界历史思想的唯心主义实质，使其成为建立在唯物主义基础上的一株奇葩。同时，还要把世界历史思想进一步升华，使其与实现无产阶级的历史使命和共产主义理论相接轨。

二、马克思对世界历史思想的改造和提升

1846年，以《德意志意识形态》为标志，唯物史观正式诞生。与此同时，作为唯物史观展开的空间向度的世界历史思想，也随之形成。马克思的划时代的伟大功绩在于，他对以黑格尔为代表的传统

的世界历史思想进行了新的审视和改造,创立了科学的世界历史思想。这主要表现在以下两个方面:

首先,批判世界历史思想的唯心主义与神秘化弊病,将其改造并置于唯物主义基础之上。马克思像其先驱者那样,确信在人类历史长河中确实奔涌着一条滔滔不息的世界性的洪流,这就是由民族性和地域性汇成具有普遍意义的世界历史性。但是马克思强调,驱动这股洪流的不是什么人的一致性本性或绝对精神的外化,而是两个"普遍":即在生产力普遍发展基础上形成的各民族之间的普遍交往。马克思说:"各民族之间的相互关系取决于每一个民族生产力、分工和内部交往的发展程度。"①生产力的发展导致分工的扩大,分工又促进了交换的发展和地区与世界市场的形成,最后各个民族的联系交往成为常态,这就冲破了民族和地域的壁垒,使每个民族只有依赖与其他民族的交往才能维系正常的生产和生活。马克思在《德意志意识形态》中具体描述了世界历史形成的机制和情景:"各个相互影响的活动范围在这个发展进程中越是扩大,各民族的原始封闭状态由于日益完善的生产方式、交往以及因交往而自然形成的不同民族之间的分工消灭得越是彻底,历史也就越是成为世界历史。"②马克思还具体举例说明了世界历史的形成和含义:"如果在英国发明了一种机器,它夺走了印度和中国的无数劳动者的饭碗,并引起这些国家整个生存形式的改变,那么,这个发明便成为一个世界历史性的事实。"③19世纪初,由于拿破仑在欧洲推行大陆封锁令,导致砂糖和咖啡急缺,从而激起德国人参加反法战争,于是砂糖和咖啡就成为具有世界历史意义的产品。马克思总结以上事实,得出结论认为:"历史向世界历史转变,不是由于'自我意

---

① 《马克思恩格斯选集》第1卷,第68页。
② 《马克思恩格斯选集》第1卷,第88页。
③ 《马克思恩格斯选集》第1卷,第88-89页。

识'、宇宙精神或者某个形而上学怪影的某种纯粹的抽象行动,而是完全物质的、可以通过经验证明的行动,每一个过着实际生活的、需要吃、喝、穿的人都可以证明这种行动。"①

由于世界历史反映了在生产力的普遍发展基础上形成的普遍交往,而这种交往又是以社会化大生产为契机,所以马克思认定,资本主义大工业"首次开创了世界历史,因为它使每个文明国家以及这些国家的每一个人的需要的满足都依赖于整个世界,因为它消灭了以往自然形成的闭关自守状态"②。马克思还特别强调,随着每一个国家和民族进入世界历史,每一个人也都改变了原有的孤寂的生存状态,和世界市场紧密地联系着。世界市场改变了每一个人的生活,也改变了每一个人,使大家趋向更多的共同性,这就使"狭隘的地域性的个人为世界历史性的、真正普遍的个人所代替"③。

马克思把生产力的普遍发展和在此基础上的普遍交往作为世界历史思想的现实基础,这是对世纪历史思想的唯物主义的改造和奠基,反映了客观的历史必然性。而他的前驱者们由于不理解生产和交往对世界历史形成的决定意义,找不到历史何以带有世界性的原因,转而求助于人的本性和神秘的天意,实际上既带有一厢情愿的主观色彩,也表明他们还没有真正跨入科学的境界。

其二,马克思的突出贡献还在于,他把世界历史思想与无产阶级的历史使命联系起来,架起了通过世界历史实现共产主义之桥,为马克思的共产主义理论增添了新的元素。马克思哲学不仅说明世界,更重要的是改变世界,世界历史思想也是如此,它在说明世界的同时,还肩负着改变世界的使命。马克思认为,个人的世界历史化只是表明个人的需求和活动范围拓宽了,处在经常的相互交往

① 《马克思恩格斯选集》第 1 卷,第 89 页。
② 《马克思恩格斯选集》第 1 卷,第 114 页。
③ 《马克思恩格斯选集》第 1 卷,第 86 页。

中,但它并不能直接带来个人的解放。相反,"单个人随着自己的活动扩大为世界历史性的活动,越来越受到对他们来说是异己力量的支配,受到日益扩大的、归根结底表现为世界市场力量的支配"①,这就是异化,只要这种异化还存在,人们就不能主宰自己的命运,就摆脱不了对自然必然性的动物般的屈从,马克思恩格斯把这种状态称为人的史前史。所以不能过分夸大世界历史作为人类活动的外在空间规模的意义,进入世界历史并不等于进入真正的人类历史,它只不过是以其高度发展的生产力和各民族间的普遍交往为理想社会的实现奠定了物质前提,还不等于实现了理想社会本身。因为共产主义"不仅决定于生产力的发展,而且还决定于生产力是否归人民所有"②。"只有在伟大的社会革命支配了资产阶级时代的成果,支配了世界市场和现代生产力,并且使这一切都服从于最先进的民族共同监督的时候"③,人类才会结束史前史,真正进入人类的历史。这就把世界历史思想与无产阶级革命连接起来,两者互相作用,互为前提,把世界历史推向共产主义的深层次。

共产主义是全人类彻底解放的伟大壮举,它的根本原则就是"每一个人的自由发展是一切人的自由发展的条件"④,而每一个人的解放和自由发展不可能在狭窄的范围和孤立的地点真正实现,如马克思所说:"每一个单个人的解放的程度是与历史完全转变为世界历史的程度一致的。"⑤只有深度卷入世界历史的进程,个人的解放和共产主义的实现才是可能的。马克思通过消除异化,揭示了个人世界历史化与实现共产主义的内在关联:"各个人的全面的依存关系、他们的这种自然形成世界历史性的共同活动的最初形式,由

① 《马克思恩格斯选集》第1卷,第88页。
② 《马克思恩格斯选集》第1卷,第771页。
③ 《马克思恩格斯选集》第1卷,第773页。
④ 《马克思恩格斯选集》第1卷,第294页。
⑤ 《马克思恩格斯选集》第1卷,第89页。

于共产主义革命而转化为对下述力量的控制和自觉的驾驭,这些力量本来是由于人们的相互作用产生的,但是迄今为止对他们来说都作为异己的力量威慑和驾驭着他们。"①在这个意义上,共产主义既是真正的人类历史又是深远的世界历史,是两者的有机统一。

世界历史不仅是共产主义的实现机制,还是共产主义的实现途径。实现共产主义是无产阶级肩负的历史使命,而无产阶级就是一个世界历史性的阶级。马克思所说:"当每一个民族的资产阶级还保持着它的特殊的民族利益的时候,大工业却创造了这样一个阶级,这个阶级在所有的民族中都具有同样的利益,在它那里民族独特性已经消灭,这是一个真正同整个旧世界脱离而同时又与之对立的阶级。"②无产阶级的世界性决定了它所肩负的共产主义事业的世界性。马克思一再强调,共产主义是世界历史性的事业,决不能把共产主义狭隘化、民族化,理解为孤立的地域性的存在,"交往的任何扩大都会消灭地域性的共产主义。共产主义只有作为占统治地位的各民族'一下子'同时发生的行动,才可能是经验的,而这是以生产力的普遍发展和与此相联系的世界交往为前提的"③。这样,马克思就把他的共产主义思想和世界历史思想统一起来,并寄希望于无产阶级在世界范围内同时发动共产主义革命。由此马克思才说:"无产阶级只有在世界历史意义上才能存在,就像共产主义——它的事业——只有作为'世界历史性的'存在才有可能实现一样。"④

马克思对世界历史思想的阐述揭示了世界历史思想与唯物史观的相互包容的关系,它们同时说明人类历史发展的两个不可或缺

① 《马克思恩格斯选集》第 1 卷,第 89 - 90 页。
② 《马克思恩格斯选集》第 1 卷,第 115 页。
③ 《马克思恩格斯选集》第 1 卷,第 86 页。
④ 《马克思恩格斯选集》第 1 卷,第 87 页。

的基本概念,反映了历史演进中人的活动作为内在的质与其外在表现的空间量度或规模的统一。人类历史演进的根本机制是生产力与生产关系和经济基础与上层建筑的矛盾运动。但是社会基本矛盾运动只是表现为历史发展中的内在的质的方面,它同时还必须伴之以量或空间规模的外在方面。质和量的统一是辩证法的基本要求,没有量的外在规定性,任何内在的质都无从体现。社会基本矛盾运动作为内在的质必须有一定的空间规模作为量相统一才能运行起来。在实践中,随着生产力的发展和交往的增多,人类活动的空间规模也随之不断地扩大,而这就表现为民族史和地域史越来越超出狭隘的空间规模,演变为世界的历史。任何民族只要生产力和交往水平达到一定的高度,都必然会发生这种改变。反之,历史向世界历史的转变,也印证生产力和交往水平的提高,世界化的程度也是衡量社会发展水平的尺度。所以,世界历史思想与唯物史观是外与内、里与表的关系,它们互为前提、彼此配合,共同说明社会历史的发展。

马克思的划时代的贡献还特别表现在他不忘记革命的本色和使命,不满足于单纯地说明历史,还把世界历史与无产阶级的解放和共产主义的实现联结起来,这说明,共产主义与世界历史是相互平行、互为条件的,没有世界历史的深入发展,共产主义就不可能实现。所以,关注世界历史,融入世界历史,推进世界历史是一切共产主义者的神圣责任。

三、世界历史思想的实践旨归

马克思提出世界历史思想的目的绝不限于理论旨趣,仅仅是为了说明历史,更重要的是为了改变世界,推进历史,解决世界历史的实践课题。世界历史思想的核心问题是各民族如何加速走向世界历史,深入推进世界历史。对于西方资本主义国家来说,他们已经开创和走向世界历史,今后的问题是如何发动革命实现社会主义和共产主义,结束史前史,走向真正的人类历史。马克思一方面深化对共产主义的理论研究和阐发,相继写出了《共产党宣言》《资本论》和《哥达纲领批判》等著作,使科学共产主义理论臻于完善。同时加强对工人运动的领导,成立了第一国际,指导了巴黎公社革命,在实践上为推进国际共产主义运动而斗争。

可是,欧洲以外的广大的东方世界如何贯彻世界历史思想呢?这就必须从东方世界的具体国情出发,具体分析,具体对待。当时这些国家都处于前资本主义状态,还没有进入世界历史。为了这些国家和民族的未来,马克思坚定地认为,他们必须结束孤立和封闭状态,走向世界历史。可是根据以往的经验,走向世界历史只有一条路可遵循,那就是"在亚洲为西方式的社会奠定物质基础"①,走西方资本主义发展道路。可是这又与马克思一向追求的消灭资本主义的理想不符,使马克思陷入实现世界历史思想与资本主义现实抉择的两难境地。在 19 世纪 50 年代,马克思考察了不列颠在印度的统治,权衡了英国侵略及其带来的后果,认为英国的侵略一方面"破坏了这种小小的半野蛮半文明的公社,因为这摧毁了它们的经济基础";另一方面又带来了科学、技术和新的交通工具,"结果,就在亚洲造成了一场前所未有的、老实说也是唯一的一次社会革命"②。接着马克思说了一段名言,表明了他对印度走向世界历史所付出的代价的基本立场:"的确,英国在印度斯坦造成的社会革命完全是受极卑鄙的利益所驱使,而且谋取这些利益的方式也很愚蠢。但是问题不在这里。问题在于,如果亚洲的社会状况没有一个根本的革命,人类能不能实现自己的命运?如果不能,那么,英国不

---

① 《马克思恩格斯选集》第 1 卷,第 768 页。
② 《马克思恩格斯选集》第 1 卷,第 765 页。

管干了多少罪行,它造成的这个革命毕竟是充当了历史的不自觉的工具。总之,无论一个古老世界崩溃的情景对我们个人的感情来说是怎样难过,但是,从历史的观点来看,我们有权同歌德一起歌唱:既然痛苦是快乐的源泉,我们何必因痛苦而悲伤?"①马克思的意思很明显,走向世界历史是社会进步的决定性步骤,为此必然要付出代价,但这些代价同时又能为未来的社会奠定物质基础,因而是必要的,也是值得的,当时马克思在社会进步与人的价值选择上,倾向于前者。

但是,到了 19 世纪 70 年代中末期,马克思对东方国家进入世界历史的态度又发生了根本的转折。理论是灰色的,生活之树是长青的。当革命来临,人民即将取得政权,在这个关键时刻,理论本身要由实践来权衡取舍。马克思一生都追求革命,他不能容忍把革命胜利后的俄国重新投入资本主义的苦海。而当时东方国家进入世界历史就意味着进入资本主义,以这种代价来进入世界历史,这是马克思在感情上绝对通不过的。马克思理智地意识到,必须修正 19 世纪 50 年代的结论,不能以进入资本主义和牺牲、贬损人的价值为代价去实现世界历史和社会进步,这个代价太沉重了。对马克思来说关键是要找到一种新的出路和平衡,既能避免资本主义的痛苦和牺牲,保持人的价值和尊严,又能进入世界历史,实现社会进步。马克思找到了一个两全其美的办法和出路,那就是跨越资本主义卡夫丁峡谷,在东方土地公有制的基础上,借助资本主义的肯定成果,实现社会主义。

俄国和中国都是资本主义没有充分发展的国家,十月革命和中国新民主主义革命都避免了资本主义前途,革命胜利后的主要任务是发展生产力,努力缩小与资本主义在经济上的差距,不管人们主

---

① 《马克思恩格斯选集》第 1 卷,第 766 页。

观上自觉与否,从客观上来说,这就是跨越卡夫丁峡谷式的社会主义。这种社会主义本来就蕴含走向世界历史的宗旨,是在隔断了资本主义的发展趋向的同时所选取的世界历史的新形式。

中国是一个有开放传统的国家,与世界各国平等交往,共享世界共同发展的成果是中国历史的主流。唐、元、明各朝代都很重视国家间的贸易和各民族的交流,并以自己的高度发展的文明成果为世界历史的进步做出过杰出的贡献。只是到了近代,中国落伍了,满清帝国实行的闭关锁国政策,极大地延误了历史发展的时机,错过了科技发展和交流的关键时刻。清朝各代君王盲目自大、迂腐无知,严重缺乏对西方新事物的敏感,拒先进文明成果于千里之外,不消百年便与先进国家有了很大差距。近代中国先进分子痛感自己国家被世界边缘化,决心融入世界,与发达国家共同驰骋于世界民族之林。康有为的《大同书》是对世界大同的向往,折射了中国人内心的宽广境界。中国革命的先行者孙中山发出感人肺腑的世界历史性的宣言:"世界潮流,浩浩荡荡,顺之者昌,逆之者亡。"这既是他颠沛流离的革命一生的真切感言,也是他对国人的忠告和训导。毛泽东很早就发出过自立于世界民族之林的宏愿,在延安时期,就多次表示,革命胜利后他出访的第一个国家就是美国,要向他们学习如何搞现代化,如何管理现代工业和农业。只是由于帝国主义的封锁,他的走向世界、融入世界的良好愿望一直受阻。但他在有生之年仍然竭尽努力,打破封锁,率先实现了和日本与美国的邦交正常化,这在当时是很难做到的勇敢壮举。

党的十一届三中全会吹响了改革开放的号角,改革是深刻的社会变革,触及到一切束缚生产力发展的旧的机制和旧体制。但是变革内在机制必须同时与对外开放的格局相配套,要在更广阔的世界空间充分上演中国改革和发展的大戏,同时吸取人类一切文明积淀,包括资本主义的文明成果,把对我有用的技术、资金、设备、管理经验吸取过来,为我服务。改革开放一开始,邓小平就以博大的胸怀,提出和平与发展是当代世界的主题,为我国深刻介入世界历史,扩大与各国的交往扫清了思想阻力。近年来中共中央先后提出和谐亚洲、和谐世界的主动性的口号,表明了中国参与世界一体化进程的诚意。在中国成为世界第二大经济体的基础上,中国的和平崛起成为世界性探讨的热门话题,中国经验、中国道路、中国模式一时为人所热衷,竞相讨论,这意味着中国不仅深深地融入世界历史,而且已开始主导和引领世界历史,中国和平崛起的旷世成就既是在开放中取得的,又是对世界历史的进一步地拓展和推进。

当前,凝聚几代中国人的国家富强、民族振兴、人民幸福的真切愿望和理想,已经编织成美丽的梦想,正在提振民族精神,焕发冲天的干劲去努力实现中国梦。正像马克思所说"交往的任何扩大都会消灭地域性的共产主义"一样,在全球化背景下的中国梦也绝不是狭隘的、孤立的事业,世界需要中国,中国需要世界。只有在广阔的世界空间,参与和引领世界历史潮流,才能以宏大的规模去为世界发展做出贡献,展现中国改革和发展的强大的生命力,真正实现美丽的中国梦。

选自:《新华文摘》2014 年第 2 期

原文刊于:《哲学动态》2013 年第 10 期

马克思东方社会理论的再反思

东方社会理论是马克思留给后人的重要思想遗产。自 20 世纪 90 年代起,对东方社会理论倍感兴趣的人骤然增多,出现过一股颇有气势的东方社会理论热。但是,反对和批评者也不在少数,有些人从根本上否定东方社会理论的存在,认为纯系主观臆想。还有些人将马克思的东方社会理论与民粹主义混为一谈。时至今日,这种争论早已成为公案。笔者重温了马克思相关的哲学文本,感触颇多,仅陈如下,愿与学界共勉。

一、马克思东方社会的理论奠基

马克思的东方社会理论是否真实存在,首先取决于历史上是否存在一个东方社会,有了东方社会才能谈到东方社会理论。东方社会当然是针对西方社会而言的,在地缘上是指欧洲以外的广大世界,尤其是亚非拉等东方世界。在近代殖民主义大肆扩张之前,欧洲人对东方世界的了解很肤浅,即使是博学大师黑格尔也只是朦胧地认为,东方存在专制制度,其余细节就知道得很少了。随着殖民进程的加深,西欧大批传教士和探险家涌入东方各国,他们写出了许多传奇和游记,这才有机会把东方社会的真实情景呈现在欧洲人面前。从这些资料中可以看出,东方世界与欧洲社会明显不同,还处在前资本主义时代,没有进入世界历史进程。但这些国家又都不同于欧洲历史上的封建制,马克思在马·科瓦列夫斯基的《公社土地占有制》一书摘要中,曾经花很大力气证明,不存在封建制是东西方社会的根本区别之一。就这个意义来说,东方在欧洲人眼中确实是一片神奇的沃土。在这片地广人众的土地上,存在的不是欧洲长达千年的中世纪封建王国,相反,这里到处都盛行着土地共有、农村公社和专制国家的三位一体。问题在于,马克思是否关注了东方社会,在他那里,是否形成了关于东方社会的系统理论。

马克思的唯物史观作为人类社会发展规律的学说,在其诞生之初,还看不出对东方社会的兴趣和关注。标志马克思主义形成的划时代巨著《德意志意识形态》几乎没有给东方社会留下任何空间。后来在《共产党宣言》中,马克思、恩格斯在描述资本主义殖民扩张时涉及东方,指出,在资产者看来,东方是"未开化和半开化的国家",属于"农民的民族",其未来前景是"东方从属于西方"[①]。西方资产者对东方社会的这种偏见并没有真凭实据,不过是反映了当时盛行一时的欧洲中心论的看法,只有脚踏实地的写实材料才能揭开东方社会的面纱。

19世纪50年代,有关东方社会的考察和游记大量涌现,这为马克思了解东方社会的真实情况并在此基础上建立起东方社会理论奠定了现实基础。马克思意识到,从前所有关于东方社会的看法都是基于西方社会的现实而做出的逻辑推断:西方处于资本主义文明时代,东方就必然是前资本主义的半文明的封建时代;西方是工业的民族,东方就必然是农业的民族;西方的今天就是东方的明天,如此等等,欧洲中心论是其基调。逻辑在对事物的认识中是重要的,但任何逻辑都不能最终地强制历史和事实,东方社会的真实状况只有依据这些考察和游记等第一手资料才能被披露出来。马克思、恩格斯高度重视这些资料,从1853年3月到5月,他们专门阅

---

① 《马克思恩格斯选集》第1卷。

读了贝尔尼埃、克列姆、萨文梯柯夫和麦克－库洛赫等人的著作,并做了详细的摘录。为了深入理解东方的现实,他们还通信进行讨论。这年6月2日,马克思在致恩格斯的信中特别赞扬了贝尔尼埃关于东方土地所有制的见解。他写道:"贝尔尼埃完全正确地看到,东方(他指的是土耳其、波斯、印度斯坦)一切现象的基础是不存在土地私有制。这甚至是了解东方天国的一把真正的钥匙。"①恩格斯回信完全赞同马克思的见解,他也说:"不存在土地私有制,的确是了解整个东方的一把钥匙。这也是东方全部政治和宗教史的基础。"②恩格斯不仅同意马克思的意见,而且还深入思考:"东方民族为什么没有达到土地私有制,甚至没有达到封建的土地私有制呢?"③他认为:"这主要是由于气候和土壤的性质,特别是由于大沙漠地带,这个地带从撒哈拉经过阿拉伯、波斯、印度和鞑靼直到亚洲高原的最高地区。在这里,农业的第一个条件是灌溉。"④正由于任何个人都无力承担兴修水渠和灌溉的任务,所以这些地区从根本上就排除了土地私有的可能,土地公有成为这些地区的普遍特征。马克思后来在《不列颠在印度的统治》一文中采用了恩格斯的这个思想,并进一步发挥说:"节省用水和共同用水是基本要求,这种要求,在西方,例如弗兰德斯和意大利,曾使私人企业家结成自愿联合;但是在东方,由于文明程度太低,幅员太大,不能结成自愿联合,所以就迫切需要中央集权的政府来干预。因此,亚洲的一切政府都不能不执行一种经济职能,即举办公共工程。"⑤这种机制不仅导致了土地公有制,而且使管理兴修水利和灌溉的专制国家成为不可避免的普遍存在。马克思后来在《资本论》中说:"在这里,国家就是

---

① 《马克思恩格斯全集》第28卷,第256页。

② 《马克思恩格斯全集》第28卷,第260页。

③ 同上。

④ 《马克思恩格斯全集》第28卷,第262－263页。

⑤ 《马克思恩格斯全集》第25卷,第891页。

最大的地主;在这里,主权就是全国范围内集中的土地所有权。但因此也就没有私有土地所有权,虽然存在着对土地的私人的和公共的占有权和使用权。"①那么,是谁主宰这种对土地的私人或公共的占有权或使用权呢? 马克思说:"印度人民也和东方各国人民一样,把他们的农业和商业所凭借的主要条件即大规模公共工程交给政府去管,另一方面他们又散处于全国各地,因农业和手工业的家庭结合而聚居在各个很小的地点。由于这两种情况,所以从很古的时候起,在印度便产生了一种特殊的社会制度,即所谓村社制度,这种制度使每一个这样的小单位都成为独立组织,过着闭关自守的生活。"②马克思断定:"根据古印度教徒的习惯,土地所有权属于村社,村社有权把土地分配给个人耕种。"③这就是说,东方各国所处的自然地理条件,决定了这些国家不可能形成土地私有制,兴修水利和灌溉的需要又促进了中央集权的专制国家的形成,而人民把公共工程交给国家以后,就被组织在村社中过着手工业和农业相结合的自给自足的生活。这就形成了东方社会独有的土地共有、农村公社和专制国家三位一体的特点。按照马克思的理解,在这三位一体的紧密结合中,自然地理因素是根本原因,土地公有制是基础,专制国家是竖立其上的专门管理公共工程、军事和税收的上层建筑,农村公社是社会基层组织形式,它既负责分配土地,是土地的实际所有者,又是社会的最小单位,在它身上体现出东方社会的根本特点。

马克思的这些论述充分表明,为了扩展唯物史观的视野,必须走出西方社会的历史局限。马克思极端重视刚刚涌现出来的东方社会的资料,不仅大量收集,而且潜心思索研究,提炼出土地共有、农村公社和专制国家的三位一体,这就抓住了东方社会的根本特

---

① 《马克思恩格斯全集》第 28 卷,第 256 页。
② 《马克思恩格斯全集》第 9 卷,第 147 页。
③ 《马克思恩格斯全集》第 12 卷,第 145 页。

点,为建立东方社会理论做了强有力的奠基。

二、东方社会的未来走向

马克思的东方社会理论包括两大部分,一是上述东方社会的理论奠基,即土地共有、农村公社和专制国家的三位一体,二是对这种三位一体的存在态势和发展趋向的估量和评价,二者的紧密结合构成了马克思严整的东方社会理论。

19世纪50年代,根据刚刚在《德意志意识形态》中提出的世界历史思想,马克思坚定认为,东方所有处于前资本主义形态的国家都应毫无例外地通过资本主义大工业进入世界历史,这是东方社会摆脱封闭落后走向发展和进步的唯一选择。所以马克思在《不列颠在印度的统治》中一再强调,要辩证地看待英国侵略印度的未来结果。一方面,"他们破坏了本地的公社,摧毁了本地的工业,夷平了本地社会中伟大和崇高的一切,从而摧毁了印度的文明。他们在印度进行统治的历史,除破坏以外很难说还有别的什么内容"①。但也要看到,英国在侵略和破坏的同时,还带来了先进的工业、铁路、技术和管理,"不列颠的蒸汽机和科学在印度全境彻底摧毁了农业和制造业的结合"②。马克思说:"这就破坏了这种小小的半野蛮半文明的公社,因为这摧毁了他们的经济基础;结果,就在亚洲造成了一场前所未有的最大的、老实说也是唯一的一次社会革命。"③马克思深刻地预见了这场革命的前景,他总结道:"英国在印度要完成双重使命:一个是破坏的使命,即消灭旧的亚洲式的社会;另一个是建设的使命,即在亚洲为西方式的社会奠定物质基础。"④最

---

① 《马克思恩格斯选集》第1卷,第268页。
② 《马克思恩格斯选集》第1卷,第764页。
③ 《马克思恩格斯选集》第1卷,第765页。
④ 《马克思恩格斯选集》第1卷,第768页。

终，这两个使命都指向一点，即摆脱封闭落后的亚细亚生产方式，走向西方资本主义式的世界历史之路。

这里明显地包含了一种历史取向的抉择，即人道主义与历史进步的价值权衡。马克思多次表白，资本主义从头到脚都充满了流血与污秽，"它的历史今后只是对抗、危机、冲突和灾难的历史"[①]。进入世界历史无疑是跳进资本主义火坑，是对东方世界各国人民的最大的价值贬损。马克思清楚地意识到这一点，他不无憾意地说道："的确，英国在印度斯坦造成的社会革命完全是受卑鄙的利益所驱使，而且谋取这些利益的方式也很愚蠢，但是问题不在这里。问题在于，如果亚洲的社会状态没有一个根本的革命，人类能不能实现自己的命运，如果不能，那么，不管英国干了多少罪行，它造成这个革命毕竟充当了历史的不自觉的工具。总之，无论一个古老世界崩溃的情景对我们个人的感情来说是怎样的难过，但是从历史的观点来看，我们有权同歌德一起高唱：我们何必因这痛苦而伤心，既然它带给我们更多欢乐？"[②]这里明显地表现了马克思对社会发展和历史进步的憧憬，在他看来，虽然走进世界历史付出了沉重的人道主义代价，但从长远的历史眼光来看，能够给未来社会发展换来物质前提还是值得的。所以马克思说："英国资产阶级将被迫在印度实行的一切，既不会使人民群众得到解放，也不会根本改善他们的社会状况……但是，有一点他们是一定能够做到的，这就是为这两者创造物质前提。"[③]比较起来，马克思更重视历史的积淀，倾心于社会的长远进步和发展。

但是，到了19世纪70年代中期以后，由于世界革命形势骤变，马克思的立场和观点也随之发生了重大的转折。

---

① 《马克思恩格斯选集》第1卷，第443页。
② 《马克思恩格斯选集》第1卷，第766页。
③ 《马克思恩格斯选集》第1卷，第771页。

世界革命一直是马克思终生的执着追求，也是他全部活动瞩目的焦点。马克思、恩格斯一向认为，无产阶级的世界革命是资本主义高度发展的必然结果，革命只能在工业发达的西欧国家首先发生。马克思曾预想，世界革命的格局是"法国人发出信号，开火，德国人解决战斗"①。马克思一生都在为实现这个理想而斗争，他积极参加1848年革命和1871年巴黎公社革命，为了从理论和组织上为未来的革命做准备，他在努力撰写《资本论》的同时，还亲自指导德国工人阶级组建自己的政党，成立第一国际。1873年，德、美两国爆发经济危机，马克思对这次经济危机充满期待，认为是"资产阶级世界寿命的不祥之兆"②。但是，欧洲革命并没有像马克思预料的那样如期来临。到了1881年也就是马克思逝世的前两年，他终于意识到欧洲革命在他的有生之年已不可能发生。这一年的4月29日，他在致燕妮顺利分娩的祝贺信中写道，新生的一代将"面临着人类未曾经历过的最革命的时期。糟糕的是现在人'老'了，只能预见，而不能亲眼看见"③。

世界形势瞬息万变，西方不亮东方亮。欧洲革命的沉寂并未阻挡东方特别是俄国革命形势的来临。俄国作为土地公有制保持得比较完整的亚细亚生产方式的典型，1861年的农奴制改革并未起到缓和阶级斗争的作用，相反，国内的各种矛盾和冲突空前地集聚和紧张，光是一个民粹派及其他们的密谋组织"民意党"就已搅得俄国社会动荡不安，沙皇亚历山大二世东躲西藏，当时的俄国犹如一座活火山、一个炸药桶，随时都可能爆发革命。依据马克思、恩格斯的乐观判断，俄国革命"指日可待"，"几个月就能发展到决定性的关头"，"可能在今年爆发"。而主导这场革命的恰恰是深受马克

261

---

① 《马克思恩格斯全集》第39卷，第246页。
② 《马克思恩格斯全集》第34卷，第139页。
③ 《马克思恩格斯全集》第35卷，第179页。

思影响并和马克思保持良好关系的民粹派。马克思的期待喜形于表,他写道:"要是老天爷不特别苛待我们,我们该能活到这个胜利的日子吧!"①

民粹派信奉农民社会主义,尽管其思想和纲领与马克思主义根本不同,但是,民粹派的胜利无疑也是俄国真正的人民革命的胜利。革命胜利后的俄国走向何处?这是摆在马克思面前的一道难题。按照马克思的世界历史思想,俄国作为一个东方亚细亚生产方式的国家,革命胜利后和印度一样,理所当然要进入世界历史,发展大工业,"为西方式的社会奠定物质基础"②。而这就意味着,虽然人民革命胜利了,但俄国仍将按照历史常规,跳入资本主义的苦海。这不是单纯的理论上的推论和演绎,如不改弦更张,就将成为摆在眼前的现实痛苦和灾难,等待俄国人民去苦熬苦度、挣扎救赎。马克思终生以消灭剥削和压迫实现人的解放和全面发展为己任,摆脱资本主义的苦难是人类解放的第一个目标。现在俄国出现了推翻沙皇统治,建立人民政权的难得的历史机遇,却要把俄国引向资本主义的无边苦海,这是让理论和逻辑强制历史和现实,对马克思来说,无论是从理性上还是从感情上都难以通过。理论是灰色的,生活之树长青,只有从现实及需要出发,修正和创新以往的理论,使之适应新的形势才是理论发展的正确出路。马克思严肃对待自己的思想转向的念头,如他自己所说,"为了能够对俄国的经济发展做出准确的判断,我学习了俄文,后来又在许多年内研究了和这个问题有关的官方发表的和其他方面发表的资料"③,才坚定地、"直截了当地说",俄国可以在公社土地公有制的基础上,利用同时期的资本主义"肯定成果",跨越资本主义的"卡夫丁峡谷",直接进入社会主

262

---

① 《马克思恩格斯选集》第 35 卷,第 275 页。
② 《马克思恩格斯选集》第 1 卷,第 768 页。
③ 《马克思恩格斯全集》第 19 卷,第 129 页。

义。如果俄国放弃这个可能，"那它将会失去当时历史所能够提供给一个民族的最好的机会，而遭受资本主义制度所带来的一切极端不幸的灾难"①。

历史给俄国等东方社会的"最好机会"是那里普遍存在着土地公有制，它们的经济发展虽然落后，但它们又和资本主义高度发展的西方国家处于同一的历史时期，可以直接借助它们的科学、技术和管理等经验，而不必自己重新经历一遍银行和信用公司等发展阶段，这就有可能在革命危机的情况下跨越资本主义发展阶段，于是，"现今的俄国土地公有制便能成为共产主义发展的起点"②。

俄国、印度和中国都是东方国家的典型，他们的土地共有、农村公社和专制国家的三位一体代表了东方社会的普遍特点。在资本主义的历史"今后只是对抗、危机、冲突和灾难的历史"的大背景下，在"欧洲和美洲的一些资本主义生产最发达的民族，正力求打碎他的枷锁，以合作制来代替资本主义生产，以古代类型的所有制最高形式即共产主义所有制来代替资本主义所有制"③的革命酝酿中，马克思开启的跨越资本主义"卡夫丁峡谷"的设想，揭示了东方社会历史发展的普遍必然性，是可以创造条件争取实现的光明大道。

三、马克思东方社会理论的历史命运

马克思提出东方社会理论后，恩格斯最早表示了对这一理论的充分理解，他认为，"在推翻沙皇制度指日可待"的情况下，"马克思在他的信里劝告俄国人不必急急忙忙地跳进资本主义，是不奇怪

① 《马克思恩格斯全集》第19卷，第129页。
② 《马克思恩格斯选集》第1卷，第231页。
③ 《马克思恩格斯全集》第19卷，第443－444页。

的"①。但第二国际的某些权威人物认为,东方社会理论反映了马克思晚年思想已经脱离正统,是"对世界革命发展进程的幻想"而不值得重视。跨越"卡夫丁峡谷"设想的策源地俄国,由于后来的革命进程与民粹派的主张相距甚远,因而对跨越资本主义发展阶段问题一直讳莫如深。系统反映马克思东方社会理论的致《祖国纪事》杂志编辑部和查苏利奇的信,被长期搁置一边,不被理睬。

民粹主义批评者认为,资本主义在人类历史上是极为重要的时期,培育了后来一切社会发展的健康基因,社会主义本身就是资本主义高度发展的产物,因而,不经过资本主义的社会主义就是先天不足的早产儿。在他们看来,俄国民粹派绕过资本主义发展阶段的设想是以失败告终的,苏联和东欧的解体和巨变就是没有经历资本主义充分发展埋下的祸根,中国当下的贫富分化、腐败问题、道德滑坡等也是欠缺资本主义经历的恶果。他们忘掉了马克思对资本主义的深刻批判,把资本主义崇高化、神圣化,当作评判社会发展的终极尺度,这是对马克思学说的严重歪曲和误解。

不能否认,资本主义在历史上起到"非常革命的作用",甚至直到现在,市场、资本、竞争、反垄断和诚信等也都在社会发展中起着不可低估的作用。但是,同样不能否认马克思、恩格斯在《共产党宣言》中对资本和资本主义的经典批判及其当代有效性。资本主义本质上是一个资本剥削劳动的高度私有制的社会。马克思为了人的价值理想,劝告革命胜利后的俄国人民不要跳入资本主义苦海,但一直又主张借助资本主义的肯定成果。在马克思那里,不经历资本主义发展阶段并不影响对资本主义积极成果的借鉴和继承。中国特色社会主义既跨越了资本主义发展阶段,避免了资本主义的痼疾,又充分发挥了社会主义制度固有优越性,同时积极吸取资本

---

① 《马克思恩格斯全集》第19卷,第506页。

主义肯定成果,三者并行不悖,交相呼应,由此中国特色社会主义事业才取得了前所未有的伟大成功。

毋庸讳言,马克思与民粹派在跨越"卡夫丁峡谷"问题上有共同点,但他们的出发点和理论根据则完全不同。马克思只是鉴于俄国存在公社土地公有制又与西方发达的国家处于同一历史时期的事实,因而认为俄国可以借助资本主义的肯定成果,不经过资本主义发展阶段,避免走发展私有制再重建公有制的弯路。而民粹派是历史唯心主义者,他们肆意夸大俄国村社的地位和意义,认为"村社是共产主义的基础",俄国农民是"天选"的社会主义人民,"天生的共产主义者","整个欧洲只有用俄国公社的精神才能改造"。马克思从不对俄国村社加以恭维,他说:"对于这种共产主义的黄金国我从来不抱乐观的看法。"①他也"不赞成这样的意见,似乎旧欧洲要用俄罗斯的血液来更新"②。马克思突破了对俄国公社的迷信,完全是从人的价值理想出发,根据对当时国际国内条件和形势的科学分析才得出跨越"卡夫丁峡谷"的结论的。

按照历史唯物主义的经典理论,资本主义生产力的发展造成生产力与生产关系矛盾的激化,当资本主义的生产关系已经不能容纳生产力进一步发展的时候,革命才会到来。而在生产力相对落后的情况下,无产阶级首先进行革命,夺取政权,然后在人民政权下,由无产阶级政党领导人民发展生产力,赶上资本主义的发展水平,这是一种崭新的经济和社会发展模式,是前所未见的。正是在这个新事物面前,不少人不适应。列宁当年在与第二国际的论争中也遇到类似的问题。当时为了反对即将到来的十月革命,第二国际的理论家们抬出了所谓的"唯生产理论"。他们认为,只有俄国生产力充

---

① 《马克思恩格斯全集》第32卷,第506页。
② 《马克思恩格斯全集》第28卷,第433页。

分发展,人民经济文化水平有所提高,才有可能进行革命。而当时俄国经济落后,生产力水平低下,根本不具备革命的基本条件,即使强行进行革命,也未必成功。列宁和他们争论说,既然革命和建设都需要一定的生产力水平和文化水平,那么"我们为什么不能首先用革命手段取得达到一定水平的前提,然后在工农政权和苏维埃制度的基础上追上别国的人民呢?"①这个道理也完全适合中国国情,中国特色社会主义就是要在人民政权下完成发展生产,追上别国人民的任务。中国特色社会主义超越的只是资产阶级专政的政治制度,至于资本主义的经济发展水平非但不能超越,而且要通过经济建设全力追赶。

中国特色社会主义理论和实践在许多方面是与跨越"卡夫丁峡谷"设想遥相呼应的。中国比俄国更落后,它的村屯及其土地公有制和大一统的专制国家印证了亚细亚生产方式三位一体的普遍特征,而中国又是在没有经过资本主义充分发展的情况下取得革命胜利的,新中国成立后的主要任务是发展生产,借助资本主义的肯定成果,在人民政权下组织合作经济,建立社会主义,这和马克思心目中的跨越"卡夫丁峡谷"式的社会主义何其相似?邓小平理论与马克思的东方社会理论相距久远,但是面对东方落后国家未来的发展走向,他们英雄所见略同,都认为可以不通过资本主义发展阶段而取得社会主义的胜利。中国特色就"特"在避开资本主义道路,开辟符合自己国情的改革开放之路。正如党的十三大决议所指出:"在近代中国的具体历史条件下,不承认中国人民可以不经过资本主义充分发展阶段而走上社会主义道路,是革命发展问题上的机械论,是右倾错误的重要认识根源。"②中国"必须经历一个很长的初

① 《列宁选集》第4卷,第691页。
② 《中国共产党第十三次全国代表大会文件汇编》,人民出版社1987年版,第7页。

级阶段,去实现别的许多国家在资本主义条件下实现的工业化和生产的商品化、社会化"①。正是这条阳关大道引领中国走向今天,成为世界第二大经济体,中国道路、中国模式、中国经验、中国声音成为当代世界不能不关注的焦点。在这个意义上,中国特色社会主义理论和实践见证了马克思东方社会理论的正确和普遍意义,反过来,学习和研究马克思的东方社会理论也有助于我们更自觉地坚定建设中国特色社会主义的勇气和信心,在实践和理论的互动中,实现中华民族伟大复兴的中国梦。

选自:《新华文摘》2015 年第 4 期

原文刊于:《求是学刊》2014 年第 5 期

---

① 《中国共产党第十三次全国代表大会文件汇编》,人民出版社 1987 年版,第 8 页。

《新华文摘》(网络刊)

马克思的新唯物主义再探

在中国马克思主义哲学界，人们都承认马克思曾经进行了一场划时代的哲学革命性变革，并创立了一种"新唯物主义"哲学。但是，这场哲学革命性变革的基础和背景是什么？锋芒指向哪里？马克思创立的新唯物主义的内涵、特点和意义何在？所有这些都属于马克思主义哲学建构的基础性问题，直到目前仍有不同说法，存在许多分歧。解决分歧的出路不在于智驳和强辩，只有深入地学习和研讨马克思的经典文本，尤其是马克思自己的权威表述，才能正确理解他的哲学革命性变革新唯物主义哲学的划时代意义。这里，我们以马克思的文本为依据，充分考虑近年来学术界有关研究成果，对上述问题加以确证、辨析和概括。

一、马克思哲学革命性变革的基础和前奏

哲学作为理论化和系统化的世界观，肩负重大使命，需要回答两个重大问题："世界是什么"和"世界是怎样的"，这是世界观的内涵所不可或缺的。但是从认识的逻辑来说，这两个问题有先有后，只有首先解决"世界是什么"的问题，才能知道"世界是怎样的"及处在何种状态。黑格尔由于轻视物质，把辩证运动的天性赋予了精神性概念，才导致了他根本性的失误，陷入了头足颠倒的"倒立着的"辩证法。在这个意义上，唯物主义与唯心主义的分野在世界观中占据优先和首要的地位。

马克思一贯认为自己是唯物主义者,多次表明自己的唯物主义立场,指出:"当我们真正观察和思考的时候,我们永远也不能脱离唯物主义。"①马克思虽然高度评价黑格尔辩证法的重大意义,自称是这位大思想家的学生,但他从未忘记划清自己和黑格尔的根本界限,指出:"我的阐述方法和黑格尔的不同,因为我是唯物主义者,黑格尔是唯心主义者。"②正因为唯物主义和唯心主义在哲学世界观中具有基础和决定地位,所以列宁把唯物主义的意义发挥至极,认为"马克思主义的哲学就是唯物主义"③。

但是,马克思的唯物主义不是一般的唯物主义。唯物主义经历了长期的历史发展,随着时代的变迁,表现为历时性的多样化的形态,马克思的唯物主义是近代唯物主义发展的必然结果。

在古希腊哲学中,唯物主义呈现为朴素唯物主义,也称素朴唯物主义,虽然它坚持了世界的物质统一性,但它把物质混同于具体的物质形态,从而沦为直观的猜测和幻想,更不具科学意义。经过中世纪的长期"冬眠",伴随着经济的发展和科学的进步,近代的唯物主义第一次采取了理论的形式,从世界观的视角提出了的世界的本源和存在问题。马克思在《哲学的贫困》和《德意志意识形态》中系统地论述了近代唯物主义的发展历程。

马克思认为,近代唯物主义的第一个形态是"纯粹的"唯物主义,"纯粹的"唯物主义是马克思针对"人"与"物"的关系而使用的概念,是指近代早期见物不见人的唯物主义。马克思在《哲学的贫困》中指出,近代哲学发展中,"唯物主义变得漠视人了"④。本来,唯物主义在世界观上表现了对物质客体的重视,但这是人对世界的

---

① 《马克思恩格斯全集》第 32 卷,第 213 页。
② 《马克思恩格斯选集》第 4 卷,第 579 页。
③ 《列宁选集》第 2 卷,第 4 页。
④ 《马克思恩格斯文集》第 1 卷,第 331 页。

理解，是人对外在世界的重视。人与世界是相互对应的，没有人也就谈不到哲学和世界观，也就不会有唯物主义。"纯粹的"唯物主义见物不见人，在强调物的意义的同时，反倒把人淹没在物中，这不仅在认识上走向极端，也反映了近代早期唯物主义的单纯和不成熟，还不善于在人与物的互动中来理解世界。

　　人作为认识和感知的主体，永远是唯物主义发展的一个重要因素。近代哲学由本体论经过认识论到实践论，人的身影且行且近。由物到人、由人到实践是唯物主义发展的必然规律。唯物主义虽然形态各异，但存在基本共同点，即破除一切唯心主义怪想，按照事物的本来面貌来理解事物，这为一切生活常识和经验所认同。不断重复的生活经验告诉人们，现实的物都不是与人无关而存在的，物的背后是人。因此，由物及人、在人的视野中来观察物就是唯物主义的基本要求。唯物主义具有的这种不断完善的潜力和趋势，使其在发展进程中不断突破物的局限而向人靠拢。"纯粹的"唯物主义不过是唯物主义历史长河中的一瞬，它不可能永远地把人排除在自己的视野之外，长久地"纯粹"下去。费尔巴哈的唯物主义，正是适应了唯物主义发展的历史要求，成为近代唯物主义的第二个形态。马克思指出："费尔巴哈比'纯粹的'唯物主义者有很大的优点：他承认人也是'感性对象'。"①在马克思看来，"纯粹的"唯物主义者认为"只有物质的东西才是可以觉察到的，才是可以认识的"②，即：世界上只有清一色的物质自然界才以可感知的时空特性与人直接联系，构成人的感性对象，也构成哲学研究的对象；人既不是主体，也不能构成客体，他们连主客二分的水平都没达到，他们唯一知道的就是物质客体或自然界。对于神，"纯粹的"唯物主义者说"丝毫不

---

① 《马克思恩格斯文集》第 1 卷，第 77 页。
② 《马克思恩格斯选集》第 2 卷，第 164 页。

能有所知"①;对于人,也只能从自然的层面加以理解,因为"人和自然都服从同样的规律"②。在"纯粹的"唯物主义者看来,人是机器,"人的一切情欲都是正在结束或正在开始的机械运动"③。所以,人既不能构成感性对象,更不能成为哲学研究的对象。

费尔巴哈的优长之处在于,他在哲学史上第一次把人提到与自然同等重要的地位,认为人也是感性对象。费尔巴哈作为德国古典哲学伟大的哲学家,既经过康德哥白尼式革命的历史洗礼,具备将人作为认识主体的既成思想基础,又经历黑格尔绝对思维专制对人的极端贬斥,从而在19世纪三四十年代的德国,在批判黑格尔的过程中掀起了人学的思潮。费尔巴哈在全面解决思维与存在的关系问题的过程中,很自然地将思维的主体现实化、人化。他不仅要考察自然存在,而且要重视人,考察作为思维主体的人;由此在批判黑格尔哲学、构建新哲学的过程中十分自然地创立了别具一格的人本主义哲学。

费尔巴哈在唯物主义导向人、融入人,以及承认人是感性对象和哲学对象的方面是杰出代表,他承接德国宗教批判的成果,认为"近代哲学的任务,是将上帝现实化和人化,就是说,将神学转变为人本学,将神学溶解为人本学"④。所谓人本学就是指对人高度重视、把人作为世界之本的哲学学说。费尔巴哈自己表白:"我的方法是什么呢?是借助人,把一切超自然的东西归结为自然,又借助自然把一切超人的东西归结为人。"⑤所以,他规定:"新哲学将人连同作为人的基础的自然当作哲学唯一的、普遍的、最高的对象"⑥;

---

① 《马克思恩格斯选集》第2卷,第164页。
② 同上。
③ 同上。
④ 《费尔巴哈哲学著作选集》(上),第122页。
⑤ 《费尔巴哈哲学著作选集》(上),第249页。
⑥ 《费尔巴哈哲学著作选集》(上),第184页。

他号召:"观察自然,观察人吧! 在这里,你们可以看到哲学的秘密。"①

近代唯物主义由"纯粹的"形态前进到人本形态,这是唯物主义自身发展的一大进步。唯物主义只有把人作为自己的研究对象,并且把哲学研究立足于人,及其发展和完善的时候,才能摆脱近代以来唯物主义的自发和直观的局限性,真正与市场经济、民主政治和人道意识的时代精神相匹配。费尔巴哈以自己对人的理想和未来的执着追求,引领唯物主义走向新生。尽管费尔巴哈的人本主义有许多缺陷和不足,但他能走出"纯粹的"唯物主义的羁绊,重视人,高扬人,把人提升为哲学研究的最高的对象,这就吹响了马克思以人的实践为核心的哲学革命性变革的前奏,为马克思的新唯物主义哲学奠定了重要的人学基础,具有历史性的丰功功绩。

二、马克思哲学革命性变革的指向和新唯物主义的生成

费尔巴哈转向人本主义的历史功绩受到了马克思和恩格斯的高度评价。

马克思认为,面对弥漫德国的宗教神学和黑格尔的唯心主义,必须高举唯物主义的大旗,用人和自然的实证事实来对抗神和绝对理念的虚拟实质。费尔巴哈的《基督教的本质》和《未来哲学原理》等著作为这种实证的批判"打下真正的基础"②如马克思所说:"从费尔巴哈起才开始了实证的人道主义的和自然主义的批判。……费尔巴哈的著作是继黑格尔的《现象学》和《逻辑学》之后包含着真正理论革命的唯一著作。"③恩格斯认为《基督教的本质》"直截了当

---

① 《费尔巴哈哲学著作选集》(上),第115页。
② 《马克思恩格斯全集》第3卷,第220页。
③ 同上。

地使唯物主义重新登上王座"①,它宣告"在自然界和人以外不存在任何东西,我们的宗教幻想所创造出来的那些最高存在物只是我们自己的本质的虚幻反映"②。

成为费尔巴哈派就意味着接受了费尔巴哈的哲学思想,可是这种接受对马克思而言不是完全的,"还有种种批判性的保留意见"③,更准确地说,费尔巴哈的唯物主义不是马克思的哲学的最终的目的地和落脚点,它只不过是"黑格尔哲学和我们的观点之间的中间环节"④。马克思的哲学在费尔巴哈的基础上前进了一大步,这一大步就是详尽地发挥对费尔巴哈哲学的"批判性保留意见",深刻地揭示费尔巴哈唯物主义的缺点和局限性,完成划时代的哲学革命性变革,创立"新唯物主义"哲学。

费尔巴哈唯物主义的功绩主要在于突出了人,一方面用人及其本质的异化来揭示宗教信仰的秘密,另一方面又把人视为感性客体,认为人和自然是哲学之普遍的、最高的对象。但是,费尔巴哈的这种唯物主义的见解先天就带有一种弊病,即它的直观性。马克思揭露说:"费尔巴哈对感性世界的'理解'一方面仅仅限于对这一世界的单纯的直观,另一方面仅仅局限于单纯的感觉。"⑤费尔巴哈完全凭借外在事物作用于人的感官所形成的直观、表面的感觉来认识和理解事物,根本触及不到事物的本质。马克思对费尔巴哈这种基于表面感官映像而形成的唯物主义,给了一个恰如其分的称呼:直观的唯物主义。在《关于费尔巴哈的提纲》的第一条,马克思非常经典地揭示了这种唯物主义失误的原因:"从前的一切唯物主义(包括费尔巴哈的唯物主义)的主要缺点是:对对象、现实、感性,只

---

① 《马克思恩格斯选集》第 4 卷,第 222 页。
② 同上。
③ 同上。
④ 《马克思恩格斯选集》第 4 卷,第 219 页。
⑤ 《马克思恩格斯选集》第 1 卷,第 75 页。

是从客体的或直观的形式去理解,而不是把它们当作人的感性活动,当作实践去理解,不是从主体方面去理解。"①马克思在这里认为不理解感性活动和实践,不能从实践的视角去观察事物,这是从前的一切唯物主义,其中包括费尔巴哈的直观唯物主义的主要缺点,马克思对费尔巴哈的"批判性的保留意见"也主要集中在实践上。

在马克思看来,实践是生成世界和生成人的根本的、总体性的活动,我们身边和我们视野所及的一切事物无不是实践的产物和结果:自然是"人化的自然",历史是实践的积淀,思维以实践为动力和检验的标准,社会是实践基础上凝聚成的共同体。费尔巴哈承认他所面对的感性存在和感性现实,但却不承认它们背后的实践成因。马克思批判说:"他没有看到,他周围的感性世界决不是某种开天辟地以来就直接存在的、始终如一的东西,而是工业和社会状况的产物,是历史的产物,是世世代代活动的结果。"②费尔巴哈从来没有把感性世界理解为构成这一世界的个人的全部活生生的感性活动。③

从活动的视角来理解感性世界和感性,这是哲学史上从来没有过的革命创举。从前的一切哲学,不论是唯物主义或唯心主义都把世界理解为一种实体性的东西,要么是物质实体,要么是精神实体,从来没有哲学家把世界植根于非物非心的活动之上。费尔巴哈强调自然,又特别推崇作为自然产物的人,这已经使他远远超出一般的唯物主义者之上,但是他到达自然和人的感性存在面前后就止步了。马克思承接费尔巴哈的唯物主义基础,在他止步的实践面前,继续前进:一方面,指明费尔巴哈唯物主义的缺点和要害在于不理

① 《马克思恩格斯选集》第 1 卷,第 54 页。

② 《马克思恩格斯选集》第 1 卷,第 76 页。

③ 《马克思恩格斯选集》第 1 卷,第 77 – 78 页。

解实践,不能在感性面前深入一步,用其背后的实践来解说自然和人;一方面又深刻地揭示了费尔巴哈止步实践之前的原因,指出费尔巴哈和当时的德国人都忽视了一个最基本、最普通的事实,即人是有生命的类,人要生活就必须有生活资料,为了获取生活资料就必须劳动、实践和生产。这是"一切历史的第一个前提",也是"第一个历史活动"①。"德国人从来没有这样做过,所以,他们从来没有为历史提供世俗基础。"②马克思用自己对历史和现实的深刻洞察和感受,挖掘出实践这一历史和现实的根本动因,既批判了费尔巴哈唯物主义的不彻底性,开启了哲学革命性变革的实际历程,又为新唯物主义奠基,敲响了新世界观诞生的钟声。所以,马克思哲学革命性变革是在唯物主义阵营发生的,针对的是费尔巴哈的直观的、人本的唯物主义,目的在于把唯物主义从直观的物的形态推进到现代的实践形态。

马克思哲学革命性变革的直接结果就是新唯物主义的诞生,其实这是一个一而二、二而一的同一过程。在叙述上我们不得不先探讨马克思对费尔巴哈直观唯物主义的批判,而后交代新唯物主义的生成。但在实践中,批判费尔巴哈的过程也就是新唯物主义诞生的过程,不仅时间上是同一的,操作上也是同一的。然而必须指明,这种同一性主要限于核心内容,即对费尔巴哈忽视实践的批判和对新唯物主义实践内核的论证。在表述上,马克思批判费尔巴哈主要围绕其直观唯物主义展开,而论述新唯物主义的世界观则抛开费尔巴哈个人的局限,更多在一般和普遍意义上进行,这就形成了不同的侧重。所以我们看到,新唯物主义的生成在批判费尔巴哈之后进入了新章节。

---

① 《马克思恩格斯选集》第1卷,第78-79页。
② 《马克思恩格斯选集》第1卷,第79页。

新唯物主义是针对"从前的一切唯物主义（包括费尔巴哈的唯物主义）"①而言的,旧唯物主义的缺点首先是它在方法上坚持形而上学,摒弃辩证法,更深层的弊病在于它不理解实践的意义,不能从实践的视野去理解现实事物。实践是从前的唯物主义与新唯物主义的最后分界线。马克思以实践为内核,对新唯物主义同时有不同称谓:与直观唯物主义相对应,称新唯物主义为"把感性理解为实践活动的唯物主义"②。在《德意志意识形态》中又提出"实践的唯物主义者即共产主义者"③,这实际上已经提出了实践的唯物主义,因为没有实践的唯物主义就不可能有实践的唯物主义者。马克思在批评费尔巴哈唯心史观时又说:"正是在共产主义的唯物主义者看到改造工业和社会结构的必要性和条件的地方,他却重新陷入唯心主义"④,这里所谓的"共产主义的唯物主义"就是新唯物主义的另一种说法。

新唯物主义、实践的唯物主义、共产主义的唯物主义,不论哪种称谓,其共同的内涵就是把"感性理解为实践活动的唯物主义"。这种概括已经脱离了费尔巴哈直观唯物主义的缺点,在一般意义上推出了一种新的世界观。对于这种新的世界观,马克思在《德意志意识形态》中有过更精彩的表达:"这种活动、这种连续不断的感性劳动和创造、这种生产,正是现存感性世界的基础。"⑤这里直截了当地指明,实践不管其是否实体,就其生成自然界和人而言,它就是世界的终极基础和本源,具有本体论的意义。

马克思的新唯物主义世界观是全面的、完整的、彻底的,它一经产生之后就贯彻到自然、历史、社会、宗教、思维和人及其本质等各

---

① 《马克思恩格斯选集》第 1 卷,第 56 页。
② 《马克思恩格斯选集》第 1 卷,第 75 页。
③ 《马克思恩格斯选集》第 1 卷,第 78 页。
④ 《马克思恩格斯选集》第 1 卷,第 77 页。
⑤ 同上。

个领域中。

关于自然界。马克思丝毫没有否认自然界的优先地位,承认在人出现之前,自然界长期存在。但是,这种"先于人类历史而存在的自然界……是不存在的自然界"①。当今的自然界没有哪一个领域未经过人化和人的染指。马克思新唯物主义的重大成果就体现在,他以实践为中心对自然界进行了新的界说,区分了现实的自然界和非现实的自然界。马克思认为,凡是与人及其实践无关的自然界都不是现实的自然界,比如遥远的宏观宇宙和深层的微观粒子,它们最大的趋势和可能是构成科学研究的对象,逐步经历人化和对象化的过程而向现实世界靠拢。马克思指出:"被抽象理解的,自为的,被确定为与人分隔开来的自然界,对人来说也是无"②,只有"在人类历史中即在人类社会的形成过程中生成的自然界,是人的现实的自然界;因此,通过工业——尽管是以异化的形式——形成的自然界,是真正的、人本学的自然界"③。

关于历史。必须承认,历史是逝去了的现实,是人的实践的积淀。实践对现实起支配作用,同样对历史也起支配作用,必须用实践的观点去说明历史。所以马克思说:"整个所谓世界历史不外是人通过人的劳动而诞生的过程,是自然界对人来说的生成过程。"④

关于社会生活。表面看,社会现象纷繁复杂,各不相同,似乎难以理出头绪。可是如前所述,实践不仅生成了自然,生成了人本身,还制约着人的一切关系和活动。马克思认为,对于对象、现实和感性,要把它们当作人的感性活动、"当作实践去理解";同理,对于社会性的事物和现实也必须从人的感性活动、从实践方面去理解。马

---

① 《马克思恩格斯全集》第 3 卷,第 335 页。
② 《马克思恩格斯全集》第 3 卷,第 307 页。
③ 《马克思恩格斯全集》第 3 卷,第 310 页。
④ 《马克思恩格斯选集》第 1 卷,第 55 页。

克思以环境和教育为例指出，当时人们普遍认为环境和教育是第一性的，对人的成长起决定和"改变作用"。马克思认为，这些人忘记了，"环境是由人来改变的，而教育者本人一定是受教育的"①，在环境和教育起改变作用之前，一定的实践已经铸就了环境和教育本身。改变了的环境和教育，与人及其活动的改变相一致，而这"只能被看作是并合理地理解为革命的实践"②。从这些事例中马克思得出结论："全部社会生活在本质上是实践的。凡是把理论引向神秘主义的神秘东西，都能在人的实践中以及对这个实践的理解中得到合理的解决。"

关于宗教。费尔巴哈曾对宗教进行了深刻的批判，指出上帝和神不过是人的本质的自我异化。马克思认为，费尔巴哈的工作不过揭示了宗教产生的根源，致力于"把宗教世界归结于它的世俗基础"，但还远没有达到救世的目的，也并未指出如何摆脱宗教的桎梏。宗教的世俗基础在于生活实践，人世间的矛盾和分裂才使宗教在"云霄中"升格为"独立王国"。在马克思看来，要摆脱宗教就必须直面世俗基础，"并在实践中使之革命化，因此，例如，自从发现神圣家庭的秘密在于世俗家庭之后，世俗家庭本身就应当在理论上和实践中被消灭"③。

关于思维的真理性。人的思维是否具有客观真理性，一直是个争论不休的问题，神即真理、有钱即真理、有用即真理、胜者即真理等各种五花八门的真理观长期以来争议不绝。马克思的新唯物主义一语中的，明确指出："人的思维是否具有客观的真理性，这不是一个理论的问题，而是一个实践的问题。人应该在实践中证明自己思维的真理性，即自己思维的现实性和力量，自己思维的此岸性。

---

① 《马克思恩格斯选集》第1卷，第55页。
② 《马克思恩格斯选集》第1卷，第56页。
③ 《马克思恩格斯选集》第1卷，第55页。

关于思维——离开实践的思维——的现实性或非现实性的争论,是一个纯粹经院哲学的问题。"①

关于人的本质。人的本质是一个十分古老的哲学问题,费尔巴哈称之为"哲学上最高的问题"。在马克思以前,所有关于人的本质的研究都有一个共同的缺陷,就是离开人及其实践来抽象地议论人的本质问题。费尔巴哈算是其中的佼佼者,他的人本学主张不要在人之外,而应从人自身来探寻人的本质,于是他从人自身中找出"类",作为人的本质的基本要素。可是"类"又是什么呢? 他说"类"就是意识,而所谓意识就是指感情、意志和爱。马克思也反对将人的本质外在化,认为"人是人的最高本质","人的根本就是人本身"②,并且也同意人的本质在于"类",但是不同意费尔巴哈对"类"的界定。费尔巴哈总是摆脱不了对人的理解常犯的两个的错误:一是脱离人的社会性,把人看成单个人;一是脱离实践,只看到人的肉体存在,而看不到人的能动的感性活动。所以,他只是从"单个人所固有的抽象物"及其简单相加的视角来界定人的本质,完全把人的实践活动抛在一边。马克思的新唯物主义把实践引入人的本质,认为人的本质是一个实践系统,随着实践的深入,人的本质将被逐步揭示出来。马克思首先以"自由的有意识的活动"来界定人与动物根本区别的类本质,然后又相继提出人的发展本质、共同体本质、社会联系本质,最后落实到社会关系总和的个体本质。人的实践活动铸就了多方面的社会关系,这些社会关系好比多条的经纬线,它们的总和和交汇,锁定了个体的人和人的个体本质。所以马克思说,"人的本质不是单个人所固有的抽象物",它植根于实践,是实践所形成的"社会关系的总和"③。

---

① 《马克思恩格斯选集》第1卷,第55页。
② 《马克思恩格斯选集》第1卷,第9页。
③ 《马克思恩格斯选集》第1卷,第56页。

三、新唯物主义的特点和意义

新唯物主义是马克思伟大的哲学创造，它在哲学史上最大的贡献是在费尔巴哈的自然和人的基础上推出了实践，并把实践运用到自然、历史、社会和认识等一切方面，从根本上改变了唯物主义的面貌，构建了崭新的实践的唯物主义的世界观。恩格斯把集中反映马克思实践观点的《关于费尔巴哈的提纲》称为"包含着新世界观的天才萌芽的第一个文件"①，恩格斯所说的"天才"和"第一"，显然是指马克思精湛的实践观点。因此，若说新唯物主义的特点，其"特"之处首当实践，实践是新唯物主义的首先的、第一的、基本的、普遍的特点。但是，新唯物主义之"新"还有另一层含义，即针对旧唯物主义而言，只有在和旧唯物主义的比较中找出实践的独到之处，才能进一步彰显出马克思的唯物主义之"新"，这就需要首先明确旧唯物主义是指何而言。马克思在《关于费尔巴哈的提纲》的第一条批评直观唯物主义的缺点时就圈定了旧唯物主义的范围。在马克思的视野中，旧唯物主义比较宽泛，凡从前的一切唯物主义，包括古代朴素的唯物主义、近代"纯粹的"唯物主义、18 世纪法国唯物主义、费尔巴哈的直观唯物主义等都属于旧唯物主义范畴；其主要缺点，即抛开实践，囿于对事物的客体的或直观的理解，则更鲜明地体现在近代、特别是费尔巴哈的唯物主义中。费尔巴哈的直观唯物主义忽视实践的直接后果是贬斥人的社会性，把人看成单个的孤立个体。社会性是实践的基本特性，只有社会性的人进行团体协作方式的活动，实践才能取得预想的成功。离开实践去看人，只能看到单个的人或由单个的利己主义的市民所构成的市民社会，而看不到社会的人和由实践有机组合的社会机体。所以马克思精辟地指出：

---

① 《马克思恩格斯选集》第 4 卷，第 213 页。

"直观的唯物主义,即不是把感性理解为实践活动的唯物主义,至多也只能达到对单个人和市民社会的直观。"①旧唯物主义,特别是费尔巴哈的直观唯物主义在人和社会问题上的肤浅和狭窄的视野,形成了新旧唯物主义相互区别的不同特点,即马克思首次明确提出来的"立脚点"的区别。马克思说:"旧唯物主义的立脚点是市民社会,新唯物主义的立脚点则是人类社会或社会的人类。"②立脚点显然是指社会行动或实践的根基和出发点,旧唯物主义脱离实践而显现的直观性,决定了它只能立足于单个的市民或由他们组成的市民社会,从此立场出发,表达其利益诉求。恩格斯在1888年发表的马克思的《关于费尔巴哈的提纲》稿本中,特意把市民社会中的"市民"加上引号,用以提醒人们,这里的市民社会主要是指由作为单个人的"市民"所构成的社会。马克思在后来的《德意志意识形态》中指出,这些单个人或市民就是费尔巴哈设定的"一般人","而不是'现实的历史的人'。一般人实际上是'德国人'"③。由于费尔巴哈不能从实践及其形成的社会关系的视角来理解人,所以他始终触及不到人的阶级存在。

与旧唯物主义相区别,新唯物主义秉承实践思维方式,从人的社会关系的角度观察人,如果说旧唯物主义的立脚点是单个市民所构成的市民社会,那么,新唯物主义的立脚点则是以实践为基础的人类社会。马克思在《1844年经济学哲学手稿》中已经指明,人以自由的有意识活动的类本质与动物相区别,人类不是单个人的简单相加,而是以实践为根基生成和组合的人的共同体。新唯物主义心胸宽广,目标远大,它所关照的不是单个人,而是人类社会或者说是社会的人类。马克思主义的终极目标也是通过革命斗争,实现全人

---

① 《马克思恩格斯选集》第1卷,第56－57页。
② 《马克思恩格斯选集》第1卷,第57页。
③ 《马克思恩格斯选集》第1卷,第57页。

类的彻底解放。马克思说:"每一个单个人的解放程度是与历史完全转变为世界历史的程度一致的"①,只有解放全人类才能解放每一个单个人。

世界观和立脚点的分野也决定了新旧唯物主义的使命和功能的不同。恩格斯在《路德维希·费尔巴哈和德国古典哲学的终结》中指出,黑格尔认为他的理论是正确的,正确的理论就应当转移到实践中去,按照他的原则"改造整个世界,这是他和其他几乎所有的哲学家所共有的幻想"②。赋予哲学以改造世界的功能对一个哲学家来说可以理解,但是恩格斯说这只是他们的幻想,他们根本不可能用哲学武器去改造整个世界。原因就在于,从前的一切旧哲学只注重感性直观,从根本上排斥实践,既不能用实践来理解人和世界,也更不想付诸实践,用实践来检验与证实理论和思想,在实践中改变现存的世界。费尔巴哈也一直在理论上纠结不清,他"仅仅把理论活动看作是真正人的活动,而对于实践则只是从它的卑污的犹太人表现形式去理解和确定"③。同时,费尔巴哈对人的理解"仍然停留在理论领域内",对于共产主义,他"只是希望确立对存在事实的正确理解,然而一个真正的共产主义者的任务却在于推翻这种存在的东西"④。马克思由此概括出新旧唯物主义的使命和意义的不同,得出一个铿锵有力的结论:"哲学家们只是用不同的方式解释世界,问题在于改变世界。"⑤

选自:《新华文摘》网络刊 2016 年第 1 期

原文刊于:《哲学动态》2015 年第 4 期

① 《马克思恩格斯选集》第 1 卷,第 89 页。
② 《马克思恩格斯选集》第 4 卷,第 225 页。
③ 《马克思恩格斯选集》第 1 卷,第 54 页。
④ 《马克思恩格斯选集》第 1 卷,第 96 - 97 页。
⑤ 《马克思恩格斯选集》第 1 卷,第 57 页。

人的本质：马克思对哲学最高问题的回应

哲学在任何意义上，其核心都是人的问题：人及其思维与外部世界的关系不仅是哲学的基本问题，而且，人的认识、人的实践和人的历史构成哲学的几大板块，涵盖了全部哲学的基本内容。哲学因人而丰富多彩，人因哲学而被认识和提升。但是，哲学对人的思考的最高境界莫过于人的本质问题，如费尔巴哈所说，人的本质是"哲学上最高的东西"①。哲学探索人的本质触及到人类生存的最深层次的秘密：本质向来以其抽象和艰深包容了极为广阔的思考空间，以致无论怎样言说都很难证实或证伪。人的本质作为深奥的形上意识，更是百孔千面，扑朔迷离，一直是哲学上公认的"老大难"问题。但是，揭示人的本质是任何哲学都不能回避的历史拷问，马克思伴随着实践唯物主义的创生，对人的本质问题已经有了充分的思想积淀，成为哲学史上科学地阐释人的本质的第一人。马克思的人的本质思想博大精深，是他划时代哲学革命变革的结晶。深刻地理解马克思的人的本质思想对于当代人的现代化，提高人的素质和自觉意识具有重大的理论和实践意义。

一、人的本质的五重规定

1844 年夏至 1845 年春，正是马克思的科学世界观形成的关键

---

① 《费尔巴哈哲学著作选集》上卷，第 83 页。

时期,这期间马克思所写的《1844 年经济学哲学手稿》(以下简称《手稿》)和《关于费尔巴哈的提纲》(以下简称《提纲》)以不可抑制的思想喷涌,见证了他的实践唯物主义世界观的形成过程。与此同步,马克怀着一种紧迫感,抓紧把哲学革命变革的成果融入哲学的最高问题。一方面对费尔巴哈直观唯物主义的人的本质思想进行清算,同时在新的实践唯物主义基础上,阐发科学的人的本质观。从 1844 年夏到 1845 年春不过半年多的时间里,马克思连续抛出了人的本质的五重规定,从人类生产、生活和人的本性等各个层面圈定了对人本质的基本看法。下面就是具体的清单:

1. 在《手稿》中马克思最先提出了人的类本质概念。类本质来源于费尔巴哈的哲学术语,是指人与动物根本区别的特性。费尔巴哈认为,人与动物都是有生命的类,即人类和动物类。但是这两种类却有着本质的区别,他问道:"究竟什么是人跟动物的本质区别呢？对这个问题的最简单、最一般、最普通的回答:是意识。……理性、爱、意志力这就是完善性,这就是最高的力,这就是作为人的绝对本质,这就是人生存的目的。"①费尔巴哈把人与动物的根本区别锁定在意识上,反映了他的人的本质思想的不彻底性:意识固然也是人与动物的重要区别,但它不是最根本的区别,意识从来不具有原初性和决定性,还有产生和决定意识的更根本的源头,比如物质和生产,等等。费尔巴哈对此视而不见,却抓住了意识这一非决定性的环节,表明费尔巴哈对人与动物根本区别的理解是弃首追尾,舍本求末。

马克思不同意费尔巴哈对类本质的理解,但认为他把类本质定位于人与动物的根本区别还是有道理的,动物是与人最切近的有生命的类,他们之间不仅有横向上共性关系,还有纵向上的进化关系,

① 《费尔巴哈哲学著作选集》下卷,第 26 - 28 页。

与动物相比,最能显示出人的本质特点。所以,马克思认为费尔巴哈的类本质概念大方向正确,可以沿用,但必须舍弃其认定的意识本质,重新确立真正的类本质。

根据马克思的看法,人具有与动物不同的类本质不是因为人有意识,而是因为"人是类存在物"①,马克思对于人这个类存在物从两个方面进行了界说:第一,人这个类与动物类不同,人作为主体,在把外部世界当作对象并进行对象化活动的同时,还把自身也当作对象,进行研究、创作等对象化活动,生成一种新的主主关系,这是人高于动物的独到之处。动物不仅从不把自己当作主体去进行对象化活动,更不把自身当作对象,而且把自身淹没在对象中,这是人这个类区别于动物类的主要方面。第二,人类和动物类虽然都是有生命的类,但是人还把自身"当作普遍的因而也是自由的存在物来对待"②。人的普遍性表现在人赖以生存和掌控的自然界的范围要比动物大得多:"从理论领域来说,植物、动物、石头、空气、光等等,一方面作为自然科学的对象,一方面作为艺术的对象都是人的意识的一部分,是人的精神的无机界,……在实践上,人的普遍性正是表现为这样的普遍性,他把整个自然界——首先作为人的直接的生活资料,其次作为生命活动的对象(材料)和工具——变为人的无机的身体。"③而动物则缺乏这种普遍性,他们只能在狭小的范围内紧紧地依附自然,消费自然恩赐的有限的现成资源。马克思认为,人时时处处把自然界当作自己的精神食粮和无机的身体,这就在自然界面前争得了自由,不是服从自然而是让自然服从人,从而确立了对自然界的主体地位。这就是马克思所说的"人把自身当作普遍的因而也是自由的存在物来对待"的深层意蕴。

---

① 《马克思恩格斯全集》第 3 卷,第 272 页。
② 同上。
③ 同上。

人作为有生命的类,其生命活动不仅是自由的,还是有意识的,人不仅进行生命活动,而且还把生命活动当作自己的对象,不断地思考生命活动的性质、目的和意义,因此人的生命活动是"有意识的生命活动"①。而"动物和自己的生命活动是直接同一的,动物不把自己同自己的生命活动区别开来"②,也不把自己的生命活动当作对象,因此动物的生命活动无目的、无意识,一切听凭于本能,是无意识的生命活动。这样,马克思就通过人与动物生命活动的对比,过滤出自由和有意识这两大特征,指出:"自由的有意识的生命活动恰恰就是人的类特性"③,人的类本质就凝聚在自由的有意识的活动中。

2. 马克思在《手稿》中提出人的类本质概念的同时,还推出了"人的发展的本质"概念,这是在类本质的基础上,为了进一步揭示人与动物的根本区别而提出来的新概念。马克思说:"现在要问:人怎么使他的劳动外化、异化?这种异化又怎么以人的发展的本质为根据?我们把私有财产的起源问题变为外化劳动对人类发展进程的关系问题,就已经为解决这一任务得到了许多东西。"④这里首先必须明确,人的发展的本质作为一个概念是指何而言?人的类本质是指人与动物根本区别的自由的有意识活动的特性,是人任何时候都具备的绝对特性。但是这种类本质,不过是表明人已经从动物中分化出来的静态属性,然而,人脱离了动物后并不是静止在那里,人还要继续进化,发展才是人的常态。因此,人的本质不能滞留于类本质上,还要有表明人的发展常态的发展的本质。

那么,人的发展本质是什么呢?从马克思提出这个概念的前言

---

① 《马克思恩格斯全集》第3卷,第273页。
② 同上。
③ 同上。
④ 同上。

后语中可以看出,要理解发展本质的寓意,必须首先解决两个前提性的问题:一是异化以人的发展本质为根据,要顺着异化产生的原因和根据的线索来理解发展的本质。二是私有财产的起源如何与异化劳动对人类发展进程的关系挂起钩来?按照马克思的说法,解决了这两个问题,并把他们合理地串联起来,就可以找到人的发展的本质的答案。很显然,这是一个十分艰深的问题,关涉到异化、私有财产及其在人类历史发展进程中的意义,是正确理解全部人类历史演进的关键性的问题。

按照马克思在《德意志意识形态》(以下简称《形态》)中的说法,异化产生的根本原因是生产的发展和分工的出现:"受分工制约的不同个人的共同活动产生了一种社会力量,既扩大了的生产力。因为共同活动本身不是自然形成的,所以这种社会力量在这些人看来就不是他们自身的联合力量,而是某种异己的、在他们之外的强制力量。"①因此,分工和扩大再生产产生了异化,那么,分工和扩大再生产又是怎样或通过什么成为人的发展的本质的根据呢?马克思怕读者走弯路,又特别提醒大家,在寻求人的发展本质的动因时,要把私有财产的起源问题和异化与历史发展进程的关系作为参照系。私有财产起源的物质前提是生产发展,出现剩余产品,使私人占有成为可能。而人们之所以去追逐私有财产,这又和人具有需要本性以及私有财产先天就具有满足需要的特性纠结在一起。私有财产的起源放大了人的需要和它能够满足人的需要的功能,二者的结合凝聚成历史发展的真实的动力图景。马克思说:"历史不过是追求着自己目的的人的活动而已。"②人活动的终极目的不外是满足生命的需要,而这又只能通过生产、分工和扩大在生产来实

---

① 《马克思恩格斯选集》第 3 卷,第 85 – 86 页。
② 《马克思恩格斯选集》第 2 卷,第 118 页。

现,这恰恰与异化对历史发展进程形成有机关联。异化源于分工和扩大再生产,生产的发展始终是历史进步的发动机和起搏器,而异化是历史发展的必要前提,没有异化,就意味着没有生产的分工和扩大,人们的行为都是心想事成,也就没有历史进步的动力和契机了。所以,无论是生产、私有财产和异化都离不开需要,人的需要是生产、异化和私有财产的终极根源,也是历史发展的真正起点。这样,马克思提出人的发展本质的各种相关的要素最后都聚焦在需要上,需要成了人的发展本质的深刻内涵。

马克思对人的需要一直予以高度重视,不过在其他场合换了一个说法,称需要为"人的本性"。在《手稿》中马克思批评粗陋的共产主义者,说他们"还没有理解私有财产的积极本质,也还不了解需要所具有的人的本性。"①后来马克思在《形态》中有又说过一句千古名言:"他们的需要即他们的本性"②。

人的需要本性何以作为人的发展本质的核心而与动物根本相区别呢? 表面看,动物也是有生命的存在物,似乎也有满足生命活动的需要。但是马克思在《形态》中坚决地拒绝了动物具有需要本性的说法,在马克思看来,人基于自己的需要才与他物发生关系,认为这种关系都是为我的需要而存在的,这是一种真正的关系。动物没有主体的需要意识,它与他物的关联完全是出于本能,因而就不是为我的真正的关系。马克思就人与动物是否存在因需要而形成的与他物的关系进行了对比,说过一段鲜为人知的精湛概括:"凡是有某种关系的地方,这种关系都是为我而存在的;动物不对什么东西发生'关系',而且根本没有'关系';对于动物来说,它对他物的关系不是作为关系而存在的。"③所以,人有需要,为我而与他物

---

① 《马克思恩格斯全集》第 3 卷,第 297 页。
② 《马克思恩格斯全集》第 3 卷,第 514 页。
③ 《马克思恩格斯全集》第 3 卷,第 81 页。

发生关系,动物谈不到需要,一切出于本能,也就不存在与他物的关系问题。需要作为人的发展本质的核心,进一步地深化了人与动物的本质区别。

3. 1844 年 7 月 31 日马克思在《前进报》上发表了《评一个普鲁士人的〈普鲁士国王和社会改革〉》一文,指出"人的本质是人的真正的共同体",在提出人的发展本质的同时,又增添了人的共同体本质。马克思的这篇文章是针对《德法年鉴》曾经的合伙人卢格在西西里织工起义问题上的错误观点所提出批评,其中牵涉到对人的生活共同体问题不同见解的交锋。卢格断言:"在人们不幸脱离了共同体和他们的思想离开了社会原则这种情况下爆发的"起义肯定失败。马克思争辩道,西西里织工起义"决不是在思想脱离了社会原则这种情况下发生的",不过在这里不和他纠缠这个问题,"只是还要讨论一下'人们不幸脱离了共同体'这种情况。"①

共同体一般是指共同条件和共同利益的生存集体,常见的有血缘共同体、地域共同体、文化共同体等。卢格所谓的共同体是指政治共同体,即德国的国家和制度。但是卢格却否认这种共同体的政治性质,用马克思的话来说,就是在重复"关于非政治的德国的老调"②。在马克思看来,过去的所有起义都是在与国家政权相脱离的状况下,去反对国家政权,"没有政治影响的阶级企望着消除自己同国家制度和统治相脱离的状况"③,建立起由自己统治的国家共同体。这种共同体当然带有鲜明的阶级和政治性质,完全是政治共同体。"可是与工人相脱离的那个共同体,无论就其现实性而言,还是就其规模而言,完全不同于政治共同体。工人自己的劳动使工人离开的那个共同体是生活本身,是物质生活和精神生活、人

---

① 《马克思恩格斯全集》第 3 卷,第 394 页。
② 同上。
③ 同上。

的道德、人的活动、人的享受、人的本质。"①行文至此，马克思断言道："人的本质是人的真正的共同体"②。这种共同体现实性强，规模大，远远超出政治共同体，实际上就是体现工人真实本质或者说人的类本质和发展本质的现实生活本身。异化劳动使工人与自己的类本质和发展本质相异化，这远比资产阶级脱离政治共同体，处于在野地位的危害要严重得多，这是人的本质的丧失，无异于非人化。所以马克思说："消灭这种相脱离的状况或者哪怕是对它做出局部的反应，发动起义反对它，其意义也更是无穷无尽。因此，产业工人的起义不管带有怎样的局部性，总包含着恢弘的灵魂。"③马克思特别强调，个人与共同体的关系是共同体的精髓，只有每一个单个人的需要和本质在共同体中彻底实现，这种共同体才是现实的而不是虚幻的共同体。所以马克思又说："那个脱离了个人就引起个人反抗的共同体，是真正的共同体，是人的本质。"④共同体的功能就在于它能够创造条件，去充分展示个人的独立、自由和才能。这个思想为其后的《形态》所印证，马克思在那里说："只有在共同体中个人才能获得全面发展的手段，也就是说，只有在共同体中才可能有个人的自由。"⑤

4. 在1844年夏秋之际，几乎与提出共同体本质的同时，马克思在詹姆斯·穆勒《政治经济学原理》一书摘要中，又提出了人的社会联系本质，指出："因为人的本质是人的真正的社会联系，所以人在积极实现自己本质过程中创造、生产人的社会联系、社会本质。"⑥

---

① 《马克思恩格斯全集》第3卷，第394页。
② 同上。
③ 同上。
④ 同上书，第395页。
⑤ 《马克思恩格斯选集》第3卷，第119页。
⑥ 《1844年经济学哲学手稿》，第170页。

马克思这里所说的社会联系本质是与共同体本质同时提出的同一层级的概念，它们互相包容，互相说明，是人的本质的不可分割的两个方面。如果说共同体本质表明了人的类本质和发展本质的实现条件和途径，那么，社会联系本质就把共同体本质具体化，现实化，表明类本质和发展本质只有在共同体内的社会联系中才能实现。社会联系是共同体的内涵，共同体是社会联系的基地，只有共同体的存在才生成社会联系，只有社会联系才维系共同体的存在。因此，马克思在提出共同体本质的同时，必然要提出人的社会联系本质。

马克思认为，人与人之间的联系源于两个方面：一是人先天就具有社会联系的需要和本性，人不交往和联系就不能生产和生活；

二是人在通过实践积极实现自己本质的过程中，不断把自己的社会联系本性外化，创造和生成新的社会联系，使不同时代的社会联系具有不同的特点。因此，社会联系既具必然性和普遍性，又具时代性和再生性，是人须臾不可离开的内在本质。人生活在社会中，长时期的、多方面的社会联系和交往内化为人的本质特性，离开这种本质人也就不成其为人。所以马克思又说："有没有这种社会联系，是不以人为转移的。"①社会联系形态多样，涵盖社会生活的一切领域，但是马克思强调："真正的社会联系并不是由反思产生的，它是由于有了个人需要和利己主义才出现的，也就是个人在积极实现其存在时的直接产物。"②像个人与共同体的统一一样，真正的社会联系也必须反映个人的利益和需要，在个人与社会的共同发展中实现人的社会联系本质。

5.1845 年春，马克思在关于《费尔巴哈的提纲》中提出了著名

---

① 《1844 年经济学哲学手稿》，第 171 页。
② 同上。

的"人的社会关系总和"本质，指出："人的本质不是单个人所具有的抽象物，在其现实性上，它是一切社会关系的总和。"①把人的本质视为单个人固有的抽象物是费尔巴哈的观点，费尔巴哈不理解实践和在实践中形成的社会性，他视野中的人都是单个人，即使是团体和社会对他来说也不过是单个人的简单相加，而不是通过实践凝聚成的人的共同体。费尔巴哈用表面直观去看这些单个人，发现每个人都有意识，于是就把人的本质归结为意识、感情和爱，即马克思所说的"理解为一种内在的、无声地、把许多人自然地联系起来的普遍性。"②费尔巴哈还想把意识、情感和爱提升为"宗教感情"，企图建立爱的宗教，去化解尘世纷争。马克思批评说："费尔巴哈没有看到，'宗教感情'本身是社会的产物，而他所分析的抽象的个人，是属于一定的社会形式的。"③所以，费尔巴哈的整个的人的本质思想，从他所设想的单个人，即马克思称之为"抽象的——孤立的——人的个体"④，到他所赋予人的本质以意识、感情和爱，都是抽象的，"观念化的"⑤。马克思的任务就是批判这种抽象性，用现实性来浇筑人的本质。

实践是人的本质通往现实性的唯一道路。一方面，实践消解了费尔巴哈的抽象的人的个体，把人的本质赋予现实的具体的人。此前，马克思所提出的人的类本质、发展本质、共同体本质和社会联系本质都是用来表征人类与动物的总体差别，只要是人作为人无一例外都具有这些特性。因此，人的这些本质只是针对总体人，说明人类的根本特性，不是针对个体人，也起不到表征单个人及其他们之间区别的作用。而人的本质研究的着眼点，不仅是为了揭示人与动

---

① 《马克思恩格斯选集》第1卷，第56页。
② 同上。
③ 同上。
④ 同上。
⑤ 同上书，第78页。

物的总体区别,还要把人的本质锁定到每一个现实人的身上,揭示出个人的特质和人与人之间的差别,这也是人的本质研究的重要使命。实践是区分个人及其相互区别的唯一途径,只有实践中人的不同分工、活动及其生成的不同的社会关系才凸显出每一个不同的个人。这里所说的个人和费尔巴哈视野中的抽象的单个人根本不是一回事,前者是用实践过滤出来的现实的个人,后者是用表面直观看到的一般人和抽象人,这种人的抽象性根本承载不了人的现实本质。而现实的个人恰恰是人的本质研究的出发点和落脚点,只有把人的本质及其相互间的差别落实到个人上,才能够认识和把握现实的具体的人,人的本质才算真正植根于现实性的基础上。

另一方面,只有实践特别是生产实践所形成的生产关系和社会关系才能冲破费尔巴哈为人的本质设定的意识壁垒,真正给人的本质填充现实的内容。人的本质究竟是什么? 这一直是哲学史上争议不休的问题。旧唯物主义强调自然界的决定性,认为人的本质就是自然本质,宗教神学把人的本质赋予神和上帝,唯心主义认为精神和思维是人的本质,而费尔巴哈作为一个唯物主义者竟然把意识奉为人的本质,可见,确证人的本质是多么艰巨和复杂。马克思从自己划时代的哲学革命变革的立场出发,坚持把人的本质和实践相挂钩。实践对人的本质现实化的巨大贡献是实践特别是生产实践,奠定了生产关系和更广泛的社会关系的基础,而社会关系作为人与人之间的联系纽带,连接着不同的人,是人的本质及其相互区别的终极确立者。

社会关系的生成和发展是个自然历史进程。远古时代由于生产力水平低下,分工也不发达,人与人之间共性多,差别少,人都是以自然人的身份出现。这时人的社会关系比较简单,婚姻和家庭成为最早和最自然的关系。伴随着三次社会大分工和渔猎文明、农耕文明和工业文明的出现,生产力水平空前提高,分工急剧扩大,人类的社会关系越来越发达和细密。在原有的家庭关系基础上又产生了种族、民族、宗教、国家的关系。与此同时，在经济关系基础上有相应地产生了政治、文化和社会的关系。这些关系好比一张大网，任何人都连接着多方面的关系，都在这张大网上布下自己实践活动的经纬线。每一个人的家庭、职业、经历、品格、信仰、教育、组织和生理等多重线条相互交织，形成自己独特的纽结，这些各不相同的纽结锁定了不同的人，构成个人的本质，是对每一个人的具体定位。这就突破了先前类本质、发展本质、共同体本质和社会联系本质的总体化和一般化的局限性，不仅在人与动物根本区别的意义上来揭示人的本质，而且通过人现实生活中的多重社会关系来规定人，指谓人，把人的本质固定在个人身上，真正体现了人的本质的现实性。至此，马克思终于用实践及其社会关系的总体定位驱散了蒙在人的本质问题上的重重迷雾，实现了人的本质这一哲学最高问题的划时代的革命变革。

二、人的实践本质和社会本质：人的本质的归结与演绎

人的本质问题在中国研究起步较晚，长期来一直没有把它当作哲学的最高问题予以重视，加之资料稀缺，介入的研究者较少，从未形成引人瞩目的研究氛围。在一般的教材和研究成果中，基本上都停留在解读"社会关系总和"的水平上，人的类本质、发展本质、共同体本质和社会联系本质还是鲜为人知的天外来客。本文的任务不仅是把马克思关于人的本质的五重规定从书本的潜藏状态召唤出来，加以界说，还要进行分析和研究，首先是把马克思平行展开的五重规定，从互不相关的分立状态进行归结，找出背后深层次的思想奠基及其演绎逻辑，昭示马克思内心深处潜藏的体系建构。

细心揣摩马克思的人的本质的五个规定，总觉得它们都是直接的、具体的、表象的东西。还没有挖掘出产生和决定这些具体本质

的更深刻的源头,因此,虽然五个规定构成人的本质,但不是一级本质,而只能是二级本质。

就其属性和来源而言,马克思人的本质五重规定可以分为两大类:人的类本质和发展本质出自《手稿》,主要是由人的生产、劳动和实践衍生出来的;而人的共同体、社会联系和社会关系总和本质出自三篇论文、摘要和《提纲》,主要是对人的社会性的展开和发挥。而实践和社会性恰恰是马克思最先提出和确立的人的深层本质。

马克思在《手稿》《提纲》和《形态》中一直把实践视为人与动物相区别的根本特性,是人之为人的最深层的基础,是划时代哲学革命变革的关键词。早在马克思以前,亚里士多德、康德、黑格尔等都提出和阐发了他们所理解的实践概念,其中不乏卓有见地的精湛思想。但是,马克思的实践概念在承接前人积极思想成果的同时,又单独把矛头直指同时代的费尔巴哈,是在批判他的直观唯物主义基础上阐发的新唯物主义的实践概念。费尔巴哈占据马克思以前唯物主义的制高点,马克思既继承费尔巴哈唯物主义的基本内核,又批判他的唯物主义的直观性和不彻底性,从一开始就起点高,统揽以往唯物主义的是非得失,使马克思的新实践观具有集大成的优势。

马克思在《形态》中把近代以来的唯物主义区分为两个发展阶段:第一阶段是以培根和霍布斯为代表的"纯粹"的唯物主义,这种唯物主义太纯粹了,只看见物质和机械运动,否认人和精神的存在和意义,是一种绝对化的见物不见人的唯物主义。第二阶段是费尔巴哈的直观唯物主义,马克思说:"费尔巴哈比'纯粹的'唯物主义者有很大的优点:他承认人也是'感性对象'"①。费尔巴哈看到了

① 《马克思恩格斯选集》第1卷,第77页。

人,并在自己的哲学中推出了人,把人和自然视为哲学的最高的对象。但是费尔巴哈看到了人又不理解人,马克思说"他只把人看作是'感性对象',而不是'感性活动',……他还从来没有看到现实存在着的、活动的'人'"①。马克思在哲学史上第一次把感性活动召唤出来,用活动来判定他和费尔巴哈之间的分野。马克思所说的感性活动就是对象化活动,也就是劳动、生产和实践。马克思在《手稿》中说实践是"生产生活","而生产生活就是类生活。这是产生生命的生活。"②实践既创造了世界,人化了自然,同时也生成了人,赋予了人以内在的实践特性。人因实践而成为主体,实践因依附和承载于人而被提升,成为人的终极本质。马克思在《手稿》中提出的人的类本质和发展本质就是人的实践本质的具体化,也是对实践本质内涵的展开和说明:

　　首先,人的实践活动是类活动,具有自由的有意识的特性,与动物相比,自由自主和有目的追求既是类意识和类特性,也是人类实践活动独有的特征。因此,类本质是实践本质的构成要素,是在自主和目的性层面展开了的现实化的实践本质。可以设想,没有自由的有意识活动的类本质,人的实践本质就空泛化,落不到实处;没有人的实践本质,自由的有意识活动的类本质就成为无水之源和无本之木,就会抽掉它对实践的寄寓和描述关系。所以,实践本质下探至类本质和类本质探伸到实践本质都是逻辑的必然。

　　其次,人的实践活动是体现人的需要本性和发展本质的活动。人只有通过实践,而且是扩大再生产的实践才能满足不断增长的需要,体现人的发展本质。所以,人的实践本质内蕴着发展本质,人的发展本质必然是实践本质的要素和体现。人只有基于需要本性而

---

① 《马克思恩格斯选集》第 1 卷,第 77 - 78 页。
② 《马克思恩格斯全集》第 3 卷,第 273 页。

不断向前发展才能生存,离开了需要动力和发展常态,人静态的生存就维持不下去。动物没有需要本性和发展本质,生命存在一致处在危急中,只要环境发生变化,他们就会灭绝,现在几乎每一天都有多少物种在消失。人类不能在停滞状态下生存,人只要懈怠下来,自然和社会的各种灾难和危机就会把人类压垮。人类生存确实有如逆水行舟,不进则退,停将溺亡。所以,人的发展本质不仅内蕴于人的实践本质,而且人的实践本质也依赖发展本质,实践是发展了的实践发展是实践中的发展,它们不仅相互依存,而且还彼此互动。

总之,人的本质是总题目,马克思突破了费尔巴哈对人的本质意识界定的狭隘性,选定从实践层面加以界说。实践是人的本质的第一层次。而人的实践又是自由的、有意识的和以需要本性为基础的,因而人又具有类本质和发展本质,它们一起构成人的本质的第二层次。

由于的实践本质的重要性和特殊地位,使它在人的本质系列中成为不可或缺的概念,马克思在《提纲》中说:"社会生活在本质上是实践的。凡是把理论导致神秘主义的神秘东西,都能在人的实践中以及对这个实践的理解中得到合理的解决。"[①]人的本质历来都带有一定程度的神秘性和思辨性,只有实践才是打开人的本质的一把钥匙,人的实践本质不仅是人的本质和类本质与发展本质之间的中介,而且它统揽人的类本质和发展本质,是对人的本质思想的终极奠基。

和人的实践本质一样,在马克思人的本质系列中还有一个十分重要的概念,即人的社会本质。社会本质统领人的共同体本质、社会联系本质和社会关系总和本质,与人的实践本质相呼应,共同构成人的本质大夏的两大支柱。

---

① 《马克思恩格斯选集》第1卷,第60页。

社会性与实践一样,是众所公认的人之为人的根本特性,人既是实践的动物,又是社会性的动物。社会性与实践相互包含,互相说明:人在实践中相互交往,形成共同体和社会联系,并结成广泛的社会关系,使人具有社会性。而人只有在社会和共同体中才能进行生产和实践,如马克思所说:"孤立的一个人在社会之外进行生产,……这是罕见的事"①,而且任何活动和生产都不仅满足自己的需要,同时也满足他人的需要,是为社会而进行的生产。人与社会密不可分,社会产生人,人组成社会,社会是人的存在方式。社会性与实践属于同一层级,人既是实践的存在,同时也是社会性的存在,说人是社会性的动物,也就意味着这种社会性与实践紧密相连,是实践中形成的社会性,是社会中生成的实践性。因此社会性与人,与人的实践须臾不可分离,人的这种社会性凝聚为人的社会本质。

但是,人的社会本质不同于某些动物表现出来的社会性。蜜蜂、蚂蚁等也是与生俱来的是社会性的生物,离开社会性它们也不能生存。但是它们的这种社会性完全是出于本能,不是人所独有的作为人的意识对象的那种自觉的社会性。动物和它的社会性是直接同一的,它不把自己同这种社会性区别开来,它就是这种社会性。人则把这种社会性变成自己意识的对象,进行研究、思考、重组,选取最佳的社会组合。所以,动物的社会性根本不能与人的社会性相比拟。动物在这种社会性中所进行的生命活动也根本不是自由的有意识的实践活动,也不具备以需要为内涵的发展的本质。按照马克思的说法,动物只能进行所谓的"生产",而不能进行对象化的实践。"动物的生产是片面的,而人的生产是全面的;动物只是在直接的肉体需要的支配下生产,而人甚至不受肉体需要的影响也进行

---

① 《马克思恩格斯全集》第12卷,第273页。

生产,……"①

正因为人与动物不同,人的社会本质"不是人与之直接融为一体的那种规定性"②,而是人自己意识的对象,是可以不断地进行再造和创新。经过长期的历史过滤和积淀,人的社会本质最终衍生出人的共同体本质、人的社会联系本质和人的社会关系总和本质。

人的共同体本质是人的社会本质的直接体现,社会就意味着个人的集合,但把许多人集合起来绝非易事,必须有一定的内在关联和机制,通过一定的形式,才能把大家聚拢在一起,这种关联及其形式就是共同体。共同体生成的动因源于生产实践和生命延续的需要,单个人不能进行生产,也不能繁衍生命,只有能够协作进行生产和延续生命的人集合在一起,才是真正的共同体。所以,人类第一个共同体首先家庭血缘共同体。家庭既是生产单位,又是生活和生命得以延续的单位。在家庭共同体的基础上,人们的交往和联系增多,把大家集合起来的机制和形式也随之增多,逐渐形成了共同体多样化的趋势。当代还出现了社区共同体、单位共同体、保护环境的绿色生态共同体、女权主义共同体等等。共同体的多样化是利益多样化和交往多样化的反映,是社会发展和人类进步的必然趋势。当未来生产高度发展,产品空前增多,人们不需要在生产上花费更大的精力的时候,共同体的生活和交往自然就成为人类的主要的生活方式。

社会联系本质出自一篇摘要,表面看是孤立的,与另一篇论文中提出的共同体本质没有什么关联。但是它们都在同一时间提出,表明马克思当时思想中一直存在着人的社会本质的悬念,一有机会接触到社会联系问题,哪怕是穆勒的《政治经济学》一书摘要,也毫

---

① 《马克思恩格斯全集》第3卷,第273页。

② 同上。

不放过,立即抓住。这也说明,社会联系本质与共同体本质是马克思这期间的思想牵挂,它们之间必然存在着逻辑关联,需要我们去揭示。

孤立外在的共同体只是人群的一个围城和大框,是对人的社会本质的形式上的圈定,没有真实意义。如果围城中人与人之间没有任何关联,人群就会涣散,最后这个围城和大框也维系不住,人的社会本质就体现不出来。所以,在提出共同体本质的同时,必须用有血有肉的内容充实它。这时马克思立即推出了人的社会联系,认为这种社会联系是共同体中人与人的黏合剂,通过这种联系,人群强有力地结合在一起,维系了共同体的存在和发展。所以,真正的社会联系对共同体或对人的社会本质都是不可或缺的。在一定的意义上可以说,有什么样的社会联系就有什么样的社会共同体,社会联系的紧密和稳固程度决定了共同体的命运。

马克思揭示社会联系本质为思维转向,转向社会关系总和本质奠定了基础,人的社会联系直接关联着人的社会关系,社会联系是人与人之间关系的动态过程,社会关系是社会联系的相对固定化,多种联系的碰撞、磨合最后形成稳定的社会关系。所以,社会联系恰恰为向社会关系的过渡提供了一个路径和起点,马克思紧接着就在《提纲》中阐发人的社会关系总和本质的原因正在于此。

在马克思看来,像费尔巴哈那样,离开实践和会性,把人的本质赋予抽象的单个人,那么这种本质也必然是抽象的,是"单个人所固有的抽象物",即"观念化了的爱与友情"[1]。只有社会关系总和才使人的本质具有现实性,而社会关系总和恰恰锁定的是人的个体及其本质。所以为了批判费尔巴哈人的本质的抽象性,最后必须把人的本质落实单个人身上。费尔巴哈的单个人与马克思的单个人

① 《马克思恩格斯选集》第 1 卷,第 60 页。

的区别在于,费尔巴哈的单个人是离开实践和社会性的抽象的单个人,马克思的单个人是实践中形成的社会关系总和的纽结,这种人身上凝聚了人的多方面的社会属性,是人的本质现实化、具体化的集中体现。所以,《提纲》不仅在思想和逻辑上是对费尔巴哈抽象的人本质观的有力批判,而且是马克思人的本质思想的最后归结。至此,马克思在哲学史上第一次完成了人的本质思想的逻辑建构,为人类深刻地认识自己、提升人作为人的自觉意识做出了划时代的伟大贡献。

三、马克思人的本质思想的理论和实践意义

哲学既是理论化和系统化的世界观,又是人的自我反思和自我意识。哲学作为人的自我意识之塔,人的本质盘踞塔顶,确如费尔巴哈所说,是哲学上最高的东西。人的本质意识是人所独有的自我反思,由于涉猎最高的本质境界,所以不是任何时代都能完满达到的,但是这并不能阻止人类努力去思考、触摸人的本质问题。从苏格拉底提出认识你自己就能认识人的本质时起,哲学对人的本质的探索从未中断,各种哲学思潮都曾经提出过对人的本质的不同看法,什么自然、思维、上帝、善恶等都曾纳入人的本质的视野,充当了不同时代的人的本质思想的重要内涵。特别是近代文艺复兴以来,批判宗教天国幻想,弘扬尘世生活成为哲学永不衰竭的主体题。但是批判宗教,就必须揭示神的本质,而神的本质不过是人的本质的异化,所以借助宗教批判,人的本质的研究也高潮迭起。各种更为精致的、富有哲学理性意蕴的人的本质思想更多地喷涌出来。据统计,人的本质、本性和人性的定义加起来不下二百多种,费尔巴哈就是在这种背景下提出人的本质是哲学上最高的东西。

本质是一种绝对的形上思维,摸不着,看不见,只能凭借思维来把握。那么人类为什么知难而上,不屈不挠地探索人的本质呢?这

与人类具有的自由的有意识的类本质密切相关。人的本质思维如同哲学一样，也是在长期的科学和实践中逐渐形成的。哲学虽然历史久远，但早期的哲学并未派生出真正意义上的人的本质意识，人类也曾经经历了有哲学而人的本质思想匮乏的时代。一直到近代，经过中世纪的漫长的冬眠，人类进入了经济发展、民主意识增强、人道意识觉醒的商品经济时代，竞争成为一切领域的关键词，由此极大地焕发了人的主体意识。时代召唤人，也塑造人，人的时代化，主体化，能力化，成为各个领域取得成功的最后关键。在这个大的时代背景下，人的本质意识以不可阻挡之势被召唤登场。

哲学思考人的本质，不管其直接动机如何，从根本上来说都是瞄准人的素质，目的是适应时代需要，塑造一代新人。所以，哲学史上除了少数人性本恶的哲学家以外，绝大多数哲学家都是在理想和应然的意义上界定人的本质，近代以来把人的本质定义为人与动物的根本区别更是得到普遍的认同。哲学家们希望人以动物本性为警戒，彻底划清人与动物的界限，成为一个脱离兽性的真正的人。

马克思承接哲学先辈们不懈探索人的本质的优良传统，在批判地继承费尔巴哈的人的类本质思想的基础上，提出了划时代的人的本质的五重规定。认真辨析可以发现，这五重规定本身既是对人在长期历史中形成的正面的、积极的因素的发掘，也是对人的进化发展史的充分地肯定，召唤人们，珍重人类的历史积淀，确守人的五大本质的坚挺而不流失。

与人的本质的五重规定的崇高意蕴相统一，马克思在同时期还相应地料理了与人的本质概念纠缠在一起的人的本性和人性概念的关系问题。人的本质、本性和人性一直是难以区分的哲学坚果，历史上许多哲学家都持人性本恶或不善不恶的"白纸说"。马克思既然已经为人的本质做出了科学的积极的定性，这就决定了他在人的本性和人性问题上的相同立场。关于人的本性，如前所述，马克思只说过"他们的需要即他们的本性"和"需要所具有的人性",除此之外,马克思再也没有其他说法,而需要恰恰是人类发展本质的内在根据,是任何时代都要积极加以面对的积极因素。关于人性,恩格斯的说法十分经典,他在《反杜林论》中说过一段名言:"人来源与动物界这一事实已经决定人永远不能完全摆脱兽性,所以问题永远只能在于摆脱得多些或少些,在于兽性与人性程度上的差异。"①所以,人性是相对于兽性而言,兽性是野蛮、残忍、贪婪的代名词,人世间的自私、报复,为达目的不择手段等都是兽性的变种。既然人来源于动物的事实决定人永远不能摆脱兽性,那么同理,人从动物中分化出来的事实,也必然决定了人已告别兽性,而具有与兽性相反的人性。马克思从未给人性直接下过定义,但他在《神圣家族》中把用"非常残酷的手段""狠狠地把人弄死"称为"惨无人性"。可见,在马克思的视野中,人性是指人的善良本性,即通常所说的同情、恻隐、友善、仁爱、利他、诚信等等。这样,马克思就实现了人的本质与人的本性和人性三大概念的统一,在理论上不仅使人的本质自身概念清晰完整,而且也扫除了可能带来的相关障碍,完成了理论上的统揽、突破和创新。

马克思从人的类本质一直到社会关系总和的个体本质所进行的全部探索和努力,都是为了把人的本质这一最高的形上思维从天国拉向人间,变成人们可以理解并付诸实践的现实鞭策。在马克思看来,缺失人出场的哲学是空洞无物的哲学,而研究人不去触摸人的本质这一哲学的最高东西,对人的认识和理解就是不完整的,有欠缺的。以往哲学对人的本质的研究的最大弊病是抽象化,没有把人的本质这一思辨艰深的形上难题沉降为对每一个个体人都有实际指导意义的现实关照。马克思以解放全人类的宽广胸怀,把健全

---

① 《马克思恩格斯选集》第3卷,第442页。

人的本质作为人的全面发展的思想奠基,呼唤人的本质的实现和人的素质的提升。为此:

首先,要树立人类大意识。人作为有生命的存在物首先是以类整体出现在世界上,人的生命虽然以个体的形式来到世间,但是诞生一个生命,同时也就把人类长期积淀类特性携带过来,正是这些特性在人的社会关系中是使人成长为人。所以,人任何时候都不要忘记自己是人类的一员,个人的命运与全人类的命运息息相关。马克思说:"每一个单个人的解放程度是与历史完全转变为世界历史的程度一致的"[①],无产阶级只有解放全人类才能后解放自己。在当今全球化的时代,特别是在生态文明的建设中,任何个人的命运最终都与人类命运相一致。所以,一切志存高远的人,都应该胸怀全球,放眼世界,把自己的进取与人类的进步相联系,在人类的发展中实现自己的发展。这绝不是虚妄谈玄,当今界和人类的命运在一定程度上系之于中国特色社会主义事业,中国人办好自己的事同时也就是在为全人类服务,更不要说直接为全人类服务的那些事业,如航天、潜海、南极科考、地震救援、国际维和等等。中国作为世界第二大经济体,特别是作为世界工厂和"中国制造"已经为全人类做出了巨大的贡献。这些贡献都是自觉的,同时都伴随着民族的牺牲和代价。马克思时代把无产阶级和被压迫人民的联合和相互支援称为国际主义,认为是一切共产主义者应尽的国际义务。其实国际主义的出发点就是全人类的彻底解放,即使在今天仍然是一切真正的克思主义这和共产主义者必须具备的基本品格。

其次,自由的有意识的类本质召唤我们增强人之为人的自觉性,努力培养庄强自重的健康心态。人自成一类而与动物相区别主要源于自由和有意识两大特性。人挣脱自然和社会的束缚,在自然

---

① 《马克思恩格斯选集》第1卷,第89页。

界面前争得了主体和自由的权力和地位,这是人迈出动物界的关键性的一步。人类的这个基因在人类长远发展中不仅继续发挥作用,而且越来越显得十分重要,是人的真正的生存常态。不自由就不能自强、自立,一切仰仗后台和靠山,看人眼色,仰人鼻息,奴性十足,表现不出任何的主体和独立品格,这就完全有违人的自由的类特性,是向动物依附自然、融于自然的本性的复归。古人为争自由曾发出"不自由毋宁死"的呼号,其实自由作为人的类本质是主体沉思和奋斗的过程,是人对事物研判和奋发实践的结果。一切思想和行动的懒汉,都拿不出任何有力的见解和举措,就只能听从吆喝,随波逐流。所以自由和自强、自立密不可分,只有付出努力,深思、果断、慎行的人才会真正获得自由。

　　人的类本质还包括人的生命活动具有有意识的、目的性特征,马克思说:"通过实践创造对象世界,改造无机界,人证明自己是有意识的类存在物"[①].人之所以创造对象世界,改造无机界,完全是为了人化自然,实现人和自然在满足人的需要的基础上的统一。因此人的实践活动是一种有目的性的活动,人把自己的活动和自己分开,当作意识的对象,服务于人的生命需求和发展。人的有意识的活动作为类特征给人类生命打上了深深的烙印,人有意识和目的才是人,动物没有意识和目的,也不和他物发生关系,一切全凭本能,动物的这种天性也殃及于人,是人在动物阶段自发本能的遗传和返祖。现实生活中,有些人没有高远的志向,没有不达目的绝不罢休的崇高追求,因而也不愿付出艰辛和努力,低标准,瓜菜代,浑浑噩噩,得过且过,让动物式的本能支配了自己,失去了人之为人的有意识活动的特征。这种现象在当今的人类活动中相当普遍,一些人从不把自己的工作当作思考的对象,也从未下功夫去思考和研究自己

---

① 《马克思恩格斯选集》第 1 卷,第 273 页。

的工作的性质、特点和要求，努力创造性的工作，而是把自己和工作混在一起，他就是工作，工作就是不能分开、不去研究的自我。这种动物式的工作态度只能导致懒人庸政，平淡无奇。

第三，马克思首次提出的人的发展本质对树立正确的人生态度具有极大的指导意义。马克思确认，人的发展的本质基于人的需要本性，需要提供永不衰竭的强大动力，砥砺人们保持发展常态，促进人自身的发展和社会历史的前进。因此，人类必须永远牢记发展使命，用发展的视野来解决一切社会难题。对社会历史来说，不发展就要后退，个人也是如此，在激烈的竞争中，你不前进人家前进，对于飞速发展的环境来说，前进慢了就是后退。所以必须树立发展意识，正确对待人的需要本性。无论是经济、政治或社会行为，需要都是源头和起点，一个没有需要或需要不断衰减的社会，是没有生机和活力的，需要作为人的本性，不能压抑，只能正确引导。推升正当需要，反对不合理的非正当需要，对于虽然合理但因客观条件不具备而无法实现的长远或特殊的需要，要发挥政治思想工作的优势，说服群众，在奋斗和发展中逐渐解决。马克思的人的发展本质思想给人类指明了一条永不停歇、永远前进的光明大道，需要是动力，发展是硬道理，一个国家、民族、社会和个人只要认清并抓住了这两头，就必将义无反顾，勇往直前。

第四，马克思揭示的人的共同体本质，发人深省，感悟至深。马克思说人的本质是人的真正共同体，其意不仅是指共同体作为人的生存的基本方式体现了人的社会性本质，而且更重要的是马克思强调，只有因工人的劳动被异化而"使工人离开的那个共同体"，即"真正的共同体"才完满地体现了人的本质。十分明显，马克思说的共同体是没有被异化的、真正表现人的类本质、发展本质和需要本性的那种理想的、良善的共同体。现实生活中一切共同体都受到异化的污染，真正的共同体难以寻见。但是在人类发展进程中这种真正共同体的要素总是不断地被增加和积累,这也是历史发展的大趋势。尤其是在社会主义社会,真正的共同体正在不断地被呼唤、培植,正在走向自觉地缔造真正共同体的过程,人的本质实现和发扬的渠道也在日益增多。这就要求我们自觉地为培育真正的共同体而努力,从社会和个人层面反对一切不正之风,不断净化社区、社团和各种组织的活动宗旨和氛围,为实现"自由人联合体"的伟大目标和人的本质的积淀而做出实际努力。

第五、马克思祈望的人的社会联系本质是人的共同体本质的展开和延伸,填充了共同体本质的实际内容,其含义与共同体本质是一致的。人生活在共同体中,就意味着人处在共同体内的相互联系中。马克思追求反映人的本质和生活、不淹没个人需要和利益的"真正的社会联系"。在这种社会联系也带有理想性,但在人类发展进程中也是不断积累和增加着。社会主义社会为建立人的真正的社会联系创造了良好的大环境,为消除社会联系的异化,增进人与人之间的朴实纯真的相互交往奠定了基础和前提。但是,正像真正的共同体必须落实到个人需要和反映人的本质一样,社会联系的净化也需要每个人的努力。个人是社会联系的主体和承担着,如何在个人的联系中既反映个人利益的真实一面,又不损害别人并且做到诚信利他,这始终是人的本质建设的重要课题。现实生活经验证实,多少贪官都毁在交友不善和社会联系的扭曲和异化中。因此,人的社会联系与共同体本质并非是单纯的形上思维,而是社会生活的实际问题,它们作为人的社会本质的体现,具有重要的实践意义。

第六、马克思人的社会关系总和本质是他哲学形成时期探索人的本质思想的最终归结,此后马克思一生再也没有回到人的本质问题上,因此,马克思在《提纲》中提出的"人的本质在其现实意义上是社会关系总和"的命题,具有终极的经典意义。反对人的本质的抽象化是马克思批判费尔巴哈直观唯物主义的重要组成部分,在马克思看来,人的本质现实化的基点是要将人的本质从人与动物根本区别的总体视角转向个体的人,落实到单个人的本质上,只有这样,人的本质才能成为可以具体把握的现实本质。社会关系总和是人的多方面社会联系和交往集合的纽结,是对人的具体定性。人的现实性、本质性就体现在社会关系总和上。因此人的本质修养和历练必须从多方面的社会关系入手。

社会关系表现为民族关系、国家关系、生产关关、阶级关系、组织关系、家庭关系、单位关系、社团关系以及其他更广泛的社会联系。个体的本质和个人的现实取决于人在所有这些关系及其总和中的状况和表现。总和不是简单相加,而是有机构成,是这些关系相互作用和影响的结果,其功能早已超越人与动物的根本区别,而是表征人与人之间的差异和特征。个人只有在这些关系中才能锻炼和提升自己,领导和组织部门也要在这些关系中考察个人。只有考察某个人在多方面社会关系中的自然状况和现实表现,才能得出结论,这个人品行是否端庄、本质是否高尚、能力是否很强、是不是一个谦虚谨慎、遵纪守法、善于团结共事的人,由此才能得出结论,这个人是否可以信赖和任用。

批判费尔巴哈的抽象的人的本质思想,揭示人的本质的现实性是一场深刻的哲学革命,马克思最后以人的本质在其现实性上是社会关系总和的论断,终结了一切抽象的人的本质观,宣告了科学的人的本质观的诞生。马克思卓有见地的人的本质思想既在理论上反映了划时代哲学革命变革的深刻意蕴,又对人的本质的净化和提升具有实际可操作的指导意义,是人类自我意识的极大升华,真正体现了哲学的最高的境界。

选自:《新华文摘》网络刊,2016 年第 5 期

原文刊于:《北京大学学报》(哲学社会科学版)2015 年第 5 期

《中国社会科学》

存在概念及其认识论意义

存在,按其抽象性和普遍性来说,是最基本的哲学概念之一。可是长期以来,由于不少唯心主义哲学也大谈其"存在",加上现代西方存在主义的株连,存在概念一直声誉不佳,在马克思主义哲学研究中往往被忽略。现在,几乎所有的哲学教科书的辩证唯物主义部分,都回避存在概念,即使在讲述哲学基本问题时不得不提到它,也是把它当作物质概念的同义语。这就提出了一个尖锐的问题:存在作为一个哲学概念能不能成立? 它的基本含义是什么? 研究它有什么意义?

一、存在概念的逻辑和历史的根据

存在与物质一样,是一个普遍适用的哲学概念。这个概念在哲学上之所以能够成立,首先是因为它反映了世界的普遍特性,在逻辑上具有客观的根据。人类生活的现实世界,形形色色,千差万别,是多方面特性的统一。物质、运动、时空、矛盾等概念是世界普遍特性的反映,同样,存在也是世界的最基本的特性之一。存在概念表明,不论具体事物怎样不同,它们最终都有一个共同点,即它们都现实地存在着。事物的这种特性是客观的,是人的感觉可以直接或间接感知到的。虽然感觉不可能一下子把握住存在物的属性和本质,但是感觉却可以通过各种手段判明事物的存在或不存在。因此,尽管存在概念内容空旷,但它确实有自己特定的含义,是任何其他概念都代替不了的。哲学要认识世界、说明世界不但离不开存在概念，而且必须以世界的存在为前提，就是说，首先是世界存在着，然后才可能揭示世界的本质和它的发展规律。如果世界根本不存在，像宗教神学中的上帝和神一样，本来就是无，那也就不可能有哲学这门关于世界观的学问了。所以，世界的存在，认识对象的存在，乃是哲学和一切科学认识的起点，在认识上具有基础和前提的意义。历史上许多哲学家都把存在概念纳入哲学，使其成为自己哲学概念系统的不可缺少的环节。

存在作为一个哲学概念，是古希腊哲学家们首先提出来的。赫拉克利特曾把自己的一切皆流、万物常新的辩证法思想表述为："我们踏进又踏不进同一条河，我们存在又不存在。"[1]巴门尼德则相反，他强调"存在者存在，它不可能不存在"[2]，对于任何存在者，我们首先都必须加以判断："它存在还是不存在。"[3]巴门尼德所理解的存在有很大程度的唯心主义和形而上学的局限性，但是，他能摆脱自然物的具体形态，指出万事万物都有一个共同点，即它们都存在着，这在哲学史上就是一个巨大的进步。它反映了人类对外部世界认识的深入，体现了人的抽象思维能力的提高。黑格尔曾经高度地评价了存在概念提出的哲学意义，他说："真正的哲学思想从巴门尼德起始了，在这里面可以看见哲学被提高到思想的领域。"[4]

存在概念在以后漫长的哲学发展中也一直占有重要的地位。中世纪唯名论和唯实论的斗争实际上是围绕存在问题进行的。到底什么是真实存在的东西？是上帝、共相，还是个别具体事物？这是唯名论和唯实论争论的焦点。在近代，许多资产阶级哲学家也借

---

① 《西方哲学原著选读》，第 23 页。
② 《西方哲学原著选读》，第 31 页。
③ 《西方哲学原著选读》，第 33 页。
④ 《哲学史讲演录》第 1 卷，第 267 页。

助存在概念来建立自己的哲学体系。笛卡尔虽然提出"普遍怀疑"的原则，但并不怀疑自我的存在，他的著名论题"我思故我在"就是以自我的存在为依托的。贝克莱作为一个极端的主观唯心主义者，否定我的感觉之外的一切，他的著名哲学公式是"存在就是被感知"，但在实际上仍然要以我的存在为前提。存在概念在德国古典哲学中得到了进一步的发挥和应用。康德哲学的唯物主义倾向在于他肯定了"自在之物"的存在；费希特则公开鼓吹"存在就是被思维"；谢林把自我和存在统一起来，认为"自我意识"是唯一高级的存在，"就是存在本身"；黑格尔则从唯心主义出发，第一次在逻辑和历史的统一、辩证法与认识论一致的基础上解决了存在问题。在黑格尔看来，存在不仅是"绝对精神"演化的初始概念，而且也是人类认识的起点，他的庞大的唯心主义体系就是从纯存在开始的。费尔巴哈也很重视存在问题，他的哲学思想的基本内核就在于他恢复了唯物主义的权威，深刻地论证了自然界和人是真实存在的，而上帝是不存在的。

诚然，在马克思主义哲学产生以前，存在概念往往被蒙上一层唯心主义的迷雾，特别是在贝克莱和黑格尔那里，它成了唯心主义哲学概念的标本。但是，哲学是不讲株连的，一切科学概念能否成立，其根据都在于自身。因此，马克思主义经典作家从未因为唯心主义歪曲存在概念而断言：存在概念只为唯心主义哲学专用，辩证唯物主义哲学便该禁绝使用存在概念，恰恰相反，马克思、恩格斯、列宁都曾在不同的意义上使用过存在概念。马克思在《德意志意识形态》中说："意识在任何时候都只能是被意识到了的存在，而人们的存在就是他们的实际生活过程。"[①]他还在唯物史观中运用了"社会存在"的概念。恩格斯曾经用思维和存在的关系来规定哲学

---

① 《马克思恩格斯全集》第3卷，第29页。

基本问题,为划分哲学派别、揭露唯心主义提供了伟大的认识工具。他还用存在概念来表征其他哲学范畴,把运动定义为物质的"存在方式",把时间空间定义为"存在的基本形式"。列宁在《哲学笔记》与《唯物主义和经验批判主义》中,也曾多次摘录和使用存在概念,并对黑格尔存在概念的合理因素做了明确的肯定。

所有这些都说明,存在概念不仅在逻辑上是成立的,在哲学史上也有充分的根据。现在,我们的任务就是要对这个概念进行科学的分析,赋予它以应有的地位。

二、存在概念的含义

存在,由于其外延广大,内涵稀薄,在哲学史上一直是争议最多的概念之一,不同的哲学派别都有自己对存在的规定和理解。宗教神学认为,尘世生活是虚妄的,神是世界的始因,只有上帝才是唯一的真实存在。中世纪经院哲学曾经提出了上帝存在的本体论证明,其目的就是为了论证上帝存在的唯一性和万能性。唯心主义则从人的主观方面去解释存在。贝克莱认为,"心外无物","不可能在心灵或感知它们的能思维的东西以外有任何存在"①。列宁指出,贝克莱的这种说法是一种唯我主义,因为他"除了自己以外,就不能承认别人的存在"。休谟则连自我也不承认,只承认知觉。他说:"我们除了出现在那狭窄范围以内的那些知觉以外,也不能想象任何一种存在。"②在他看来,在知觉以外世界是否存在的问题,在原则上是不可解决的。如果说贝克莱和休谟的这些说法是为了强调要从主客观的联系中来理解存在,那当然不无道理。因为存在问题是人提出来的,事物的存在又是可以被感知的,所以从逻辑上

---

① 《十六—十八世纪西欧各国哲学》,第 539 - 540 页。
② 《十六—十八世纪西欧各国哲学》,第 594 页。

说,人无法在自己的感觉之外来确定存在或不存在的问题。正如恩格斯说:"在我们的视野的范围之外,存在甚至完全是一个悬而未决的问题。"①但是,贝克莱和休谟意不在此,他们把存在依附于感觉,看成是感觉的产物,这就完全本末倒置,是一种彻头彻尾的唯心主义货色。马克思主义以前的旧唯物主义对存在的看法是与唯心主义针锋相对的。他们一般都认为,只有物质的自然界和人才是唯一的真实存在,而精神不过是人脑的产物,离开自然界和人是不能独立存在的。

上述这些对存在的看法,不论是唯心主义的还是唯物主义的,都是一个共同的特点,那就是它们都把存在和存在的具体形态混同起来了。一提起存在就把它归结为物质或精神,没有从一般意义上说清到底什么是存在。在这方面,黑格尔则远远高出前人,他认为,不应从存在的具体形态上去规定存在,而应该在最普遍和最一般的意义上对存在概念本身做出规定。就问题的实质而言,黑格尔既然认为存在只是"绝对精神"的最初体现,那么,他所理解的存在当然是精神性的东西了。但是,黑格尔从来没有像贝克莱和休谟那样直接声言,存在就是精神或感觉。在黑格尔看来,存在是不能直接用宾语来指谓的。不能说存在是这是那。所谓存在,乃是事物舍弃其一切具体属性,抽象到最后剩下的唯一共同点,即有,此外再没有任何规定性。因此,存在意味着自身等同,除了肯定它是存在或有以外,不能再说出任何别的东西了。在这个意义上,黑格尔的存在概念是抽象的、空洞的,它不指任何具体存在物,仅仅是存在的一般。也正因为这样,它可以指谓任何事物的存在,而其本身又不归结为任何事物。实际上,它是表征一般事物存在的纯粹的逻辑范畴。因此,黑格尔说:"这种'有'是不可感觉,不可直观,不可表象的,而是

---

① 《马克思恩格斯选集》第3卷,第83页。

一种纯思。"①黑格尔对存在概念的这种界说虽然是思辨的,但它却在唯心主义的形式下道破了存在的本义。如果去掉其唯心主义的思辨性,从唯物主义的角度来加以理解,那么,它的意义犹如列宁的物质定义。列宁是在批判旧唯物主义把物质和物质的具体形态相混淆的基础上,才科学地规定了物质概念的。黑格尔也是在克服了存在和具体存在形态的混淆之后,才从一般的意义上对存在做出了规定。

马克思主义的存在概念基本上继承了黑格尔《逻辑学》的积极成果,是在对黑格尔的存在论加以唯物主义改造的基础上建立起来的。根据经典作家的论述,马克思主义存在概念的含义大体包括以下三个方面:

第一,存在是所有事物的共同点。经典作家们都注意到,存在是个极其广泛而抽象的概念,因而无法像其他概念那样,能够具体指谓它是什么。列宁在《唯物主义和经验批判主义》中,曾经谈到给物质和意识概念下定义的方法问题,他说:"对于认识论的这两个根本概念,除了指出它们之中哪一个是第一性的,实际上不可能下别的定义。"②存在概念更是如此,由于它的包罗万象性,无法按照下定义通常使用的种加属差的原则,将它引入更大的概念,所以,它同样不能具体指谓,只能在自身等同的意义上指出它是什么或不是什么。从这一点来说,存在就是有,而不是无。这似乎与黑格尔对存在的理解相似。其实,这只是表面相似,在本质上是不同的。对黑格尔来说,存在或有的概念不是事物基本特性的反映,而是现存事物的本原,现实世界就是从存在起始的逻辑推演中创造出来的。因此,黑格尔对存在的规定完全是唯心主义的。马克思主义所

---

① 《小逻辑》,1980 年版,第 190 页。
② 《列宁选集》第 2 卷,第 146 页。

理解的存在则完全相反,它不是主观加强给外部世界的,而是事物或现象的现实存在性、不可抹杀性在人的头脑中的反映。所以恩格斯在《反杜林论》中说:"存在是所有这些事物的共同点。"①

冷眼一看,这个共同点似乎没有意义,因为当我们一般地断言事物都是存在的时候,这不仅没有赋予它们以具体的特性,而且首先排除对事物具体特性的考虑。但是,这并没有削弱存在概念的价值。因为世界必须先存在,然后才能谈到世界的具体特性,才能引出物质、运动、时空、矛盾等概念。如果不首先肯定世界的存在,那么,其他一切哲学概念也就成为空中楼阁了。所以恩格斯在谈到世界统一性的时候,明确指出:"世界的存在是它的统一性的前提,因为世界必须先存在,然后才能够是统一的。"②

有一种看法,认为存在似乎是一种可以具体指谓的实体,因此每当引证恩格斯的"世界必须先存在"这句话的时候,他们就要诘问:先于世界的存在是什么东西?其实,这完全是一种误解。我们已经再三指出,存在像运动、时空一样,是世界普遍的共同特性,而世界的特性必须和世界同时并存,它不可能先于世界而存在。因此,所谓世界之前的存在是什么东西的问题,在逻辑上是不成立的。恩格斯说世界必须先存在,并不是说在世界之前有一个脱离世界的存在,而只是说,要认识世界、把握世界,必须首先肯定世界是存在的,是有而不是无,然后才可能谈论世界统一于什么的问题。因此,这句话完全是就认识的逻辑层次而言的。

第二,存在意味着世界。存在作为一个哲学范畴,首先是个本体论的概念。这是因为存在是万事万物的共同点,它反映了世界所固有的普遍特性。但是,特性不等于事物本身,特性必须有特性的

---

① 《马克思恩格斯选集》第 3 卷,第 82 页。
② 《马克思恩格斯选集》第 3 卷,第 83 页。

承担者。是什么东西具有存在的特性呢？显然，具有存在特性的不是局部性的东西，一切事物首先都是一种存在。所以，存在是无所不包的，在存在以外就没有任何东西了。存在的这种特性决定了，只有世界这个概念才能与之相适应，才能完满无遗地承担起存在的特性来。所以，在马克思主义经典作家的著作中，存在常常与世界相提并论，实际上，存在就是世界。恩格斯在《反杜林论》中曾将"被思考的存在"和"世界概念"、"现实的存在"和"现实的世界"①当作同义语并列提出。他还在《自然辩证法》中说："实物、物质无非是各种实物的总和。"②同理，存在也可以理解为存在事物的总和，而这一总和恰好构成现实的世界。

世界，就其本质来说，当然是物质的。但是，人类出现以后的世界，不仅存在物质现象，而且还有它的"最美的花朵"——精神现象。精神是特殊物质——人脑的属性和产物，不能离开物质而独立存在。但是，精神现象本身并不等同于物质，它有自己独特的机制和规律，看不到它们的差别，将它们简单等同，那是庸俗唯物论。人类生活的现实世界就是由物质和精神这两大类现象所构成，因此，存在就不仅是物质的存在，还包括精神的存在以及融二者为一体的社会的存在，一般的存在即指三者的总和与统一。科学史证明，精神从来不只是认识的主体，而且常常也是认识的对象和客体。随着科学的发展和社会的进步，人类的精神劳动和精神产品已经成为一个相对独立存在的世界，在人类的生活中发挥着越来越大的作用。在这种情况下，存在作为无所不包的世界概念，必须把精神存在包括进来。

第三，存在相当于认识论中的现象。存在不仅是本体论的概

---

① 《马克思恩格斯选集》第 3 卷，第 80 页。
② 《马克思恩格斯选集》第 3 卷，第 556 页。

念,也是认识论的概念。人类只能认识实际存在的东西,而不能认识根本不存在的东西,世界的存在,认识对象的存在,这是认识的前提和起点。但是,无论是整个世界或具体的认识对象,在认识的一开始,都只是肯定它的存在,而不能一下就知道存在的本质和规律是什么,这只有在认识的过程中才能逐步揭示出来。因此,存在在认识论中直接表现为尚待揭示其内在本质的表面现象。列宁在《哲学笔记》中表露了这个思想,他说:"概念(认识)在存在中(在直接的现象中)揭露本质。"①正因为存在表现为浮现在人们面前的现象,所以,存在才可以被感知;正由于人们感知的存在仅仅是一种现象,它还很模糊和粗糙,远未达到本质,所以才需要质和量、一与多、同一和差别、现象和本质等范畴来逐步深入地揭示存在的本质。正是在这一点上,黑格尔《逻辑学》的概念系列符合人的认识顺序,体现了辩证法、认识论和逻辑学三者的统一。列宁在《哲学笔记》中对黑格尔存在概念的某种肯定,也主要偏重于认识论,即强调要把存在理解为现象而当作认识的起点。

三、存在概念和物质概念

存在概念和物质概念是等同的吗?自苏联三、四十年代哲学教科书问世以来,认为存在概念即物质概念的看法被奉为正统,很少被人怀疑过。可是,它的根据何在呢?查阅一下马列经典著作可以发现,这种看法并没有首尾一贯的肯定的根据。在《路德维希·费尔巴哈和德国古典哲学的终结》中,恩格斯确实将存在概念与物质概念等同起来,认为思维与存在的关系和精神与物质的关系可以并列提出,存在和物质是一回事;可是,在《反杜林论》中,恩格斯又认为存在不能等同于物质,把存在和物质区分开来,明确主张世界只

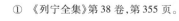

① 《列宁全集》第 38 卷,第 355 页。

能统一于物质的而不能统一于存在。在《唯物主义与经验批判主义》中，列宁认为，"除了物质的存在，没有别的存在"，这是一个"起码的真理"①，似乎赞同《路德维希·费尔巴哈和德国古典哲学的终结》的说法；可是，在同一本书中，列宁并不排斥精神的存在，他说过："所谓唯物主义断言意识具有'更少的'实在性，……这当然完全是胡说八道。"②

那么，到底应该怎样看待存在和物质的关系呢？

应该肯定，存在和物质确实有许多相似之处。首先，它们都不是感性具体，具有极大的抽象性。恩格斯曾经这样描述过物质概念："物质本身是纯粹的思想创造物和纯粹的抽象。当我们把各种有形地存在着的事物概括在物质这一概念下的时候，我们是把它们的质的差异撇开了。因此，物质本身和各种特定的、实在的物质不同，它不是感性地存在着的东西。"③存在更是这样，它也不是感性地存在着的东西，而是人们把握世界所使用的逻辑范畴，是对有形存在的物质现象和无形存在的精神现象的哲学抽象。其次，它们的外延广大，具有高度的普遍性，列宁把它们称为"广泛已极"的概念，并说："在认识论所能使用的概念中，有没有比存在和思维、物质和感觉、物理的和心理的这些概念更广泛的概念呢？没有。"④现实存在的各种事物都可以被容纳到物质概念和存在概念中来。特别是对于意识之外的客观实在的现象来说，它既具有物质的属性，又是存在的具体形态。因此，存在和物质在概念上容易被混同使用。

不仅如此，在特殊狭窄的意义上，存在概念确实可以等同于物

---

① 《列宁选集》第 2 卷，第 130 页。
② 《列宁选集》第 2 卷，第 286 页。
③ 《马克思恩格斯全集》第 20 卷，第 598 页。
④ 《列宁选集》第 2 卷，第 146 页。

质概念。这主要是指:精神现象是人所特有的,在人类出现以前,世界上并没有精神现象,那时存在和物质是统一的,存在的具体形态就是物质自然界。在人类产生以后,虽然由于精神现象的出现,使存在与物质不再等价了,不过,当把精神现象从存在中划分出来同剩下的存在相对立,回答哲学的基本问题即思维与存在何者是第一性这个问题的时候,存在和物质两者确实是等同的。

但是,在普遍的科学意义上,存在概念与物质概念是不同的,主要表现在:

第一,存在概念与物质概念的外延和内涵不同。存在不仅包括物质现象,还包括精神现象以及作为物质和精神统一之社会现象。精神是物质的属性,社会是人们相互关系的共同体,物质的属性和关系离不开物质,但它们又都不等于物质本身。物质及其属性和关系的总和构成存在。物质仅仅是存在整体的一部分,它的外延小于存在。外延和内涵成反比,由于存在概念外延广大,内涵也就极其稀薄,除了表明存在(或有)以外,不包含任何内容和特性。就是说,只知其有,而不知有什么,有的内容潜藏着。黑格尔由此认定,存在的特性就是无,在逻辑上等于无。列宁肯定了黑格尔的这个思想,他说:"一般存在?——就是说,是这样的非规定性,以致存在=非存在。"①正因为存在概念在外延上包含一切,在内容上潜藏着一切,世界的全部特性都可以在存在概念的展开过程中被揭示出来,所以,存在概念是比物质概念更高的哲学抽象。

第二,存在与物质作为哲学概念反映事物的深刻程度不同,在认识论上居于反映的不同逻辑层次。如前所述,存在相当于认识论中的现象,它主要是感觉中存在的东西,仅仅接触到了事物的表面。它所要答的只是事物的有与无的问题,至于有的本质和规律是什

---

① 《列宁全集》第38卷,第112页。

么,对于存在概念来说,则是无能为力的。因此,肯定事物的存在固然十分重要,但是,它对事物的反映是表面的、浅近的,属于认识中的第一或最初的层次。而物质概念则不同,它已经突破了事物的有与无的界限,是在肯定有的情况下,对事物特性的进一步。当我们说一事物具有物质属性的时候,这已经是对事物的进一步的规定,指明它不属于精神现象,而是在人脑之外的客观实在的东西。因此,物质概念对事物的反映程度要比存在概念深,从哲学意义上来说,它已经接触到了事物的本质,在认识论上居于较深的层次。存在概念和物质概念的这种区别在认识的次序上也清楚地表现出来。认识要从现象的存在入手,这是认识的基础或前提。但是,任何认识都不会到此为止,它还要进一步揭示存在的是什么,是物质存在还是精神存在,从主客观的界限上划清它们的归属,至此,认识又深入了一步。① 表面看,这一步很简单,似乎很容易做出判断,比如,凡是客观实体性的东西,我们都可以认定其为物质。但是,对于许多非实体性的东西,判断起来就不那么容易。比如,怎样看待人们的社会关系? 千百年来,唯心主义者历来用人的主观动机来解释历史,把社会关系看成是纯粹意志的产物。马克思的划时代的贡献就在于他肯定了人们的社会关系,特别是经济关系是客观的、不以人的意志为转移的,它构成社会的经济基础。一方面,它由社会生产力水平所决定,并反作用于生产力,另一方面,它又决定了社会上层建筑,并受到上层建筑的反作用,这正是马克思所创立的历史唯物主义的核心。马克思由此得出结论,人们的社会关系是一种物质性的关系,社会历史运动是物质运动的一种基本形式。同样,有许多

---

① 列宁在评论黑格尔《逻辑学》的概念系列时,曾经表述了类似的思想。他说:"起初有一些印象浮现,而后有某种东西分出,——然后质(事物或现象的规定)和量的概念发展起来。……"(《哲学笔记》,第356页)这里,"起初有一些印象浮现"相当于存在,而后是质即对"事物或现象的规定",相当于达到了是物质或是意识的判断。

社会现象和自然现象也不是一下子就能轻而易举地判断它们的属性的。比如,社会上层建筑,一方面它有军队、国家、法院等物质实体;另一方面,它们又是统治阶级意志的表现,按照列宁的说法,是一种"思想关系"①。因此就不能简单地把它们归结为物质现象或精神现象,确切地说,上层建筑中的政治法律设施部分具有中介性质,是物质现象和精神现象的综合和统一。其他诸如信息、人工智能等,也都如此,要断定它们的物质或精神属性,必须缜密地进行研究,方有可能。因此,尽管物质概念也比较空泛,仅仅意味着客观实在性,但是,断定世界或事物是客观实在的,这个认识本身在哲学上已经达到了对世界本质的认识。

总之,从认识论来说,从存在概念到物质概念正是人的认识不断深入的表现。既然存在概念与物质概念是如此的不同,因此,除了在特定的意义上,是不应该将它们混同的。

四、存在概念是马克思主义哲学体系的起点

科学是概念的体系,任何科学体系都要选取一个恰当的特定概念作为内容展开的逻辑起点,然后从一个概念推演出另一个概念,形成概念的体系。马克思主义哲学也不例外。那么,它的起始概念究竟是什么呢?

过去在苏联和我国,所有的马克思主义哲学教科书,严格说来都够不上"概念的体系",而只能说是缺乏严密逻辑联系的诸原理的汇集。显然,它们未能按照科学体系的要求,缜密地研究过选取什么样的概念作开端的问题,而是仅仅选取辩证唯物主义中的一个基本命题——世界的物质性来展开其全部原理。这种做法本身就不合乎马克思主义。因为马克思主义认为,从抽象上升到具体是一

① 《列宁选集》第1卷,第18页。

切科学体系叙述方法的原则。马克思主义哲学的概念系列也应该是从抽象到具体的。根据这个原则,马克思主义哲学体系的起始概念应该是最抽象、最简单、最空旷的。如同黑格尔对开端概念的规定那样,它"不可以任何东西为前提,必须不以任何东西为中介","它本身也不能包含任何内容"[①];同时它又潜在地包含着"结果以前的发展中的全部事物"[②],一切都可以在它的发展中展现出来。显然,物质概念不具备这些条件。一方面,它不是最简单最抽象的,它有自己确定的内容和前提,这就是它的客观实在性;另一方面,在人类出现以后,物质概念本身也不是包罗万象的,它排除了主观的精神现象,在纯粹的物质概念的逻辑推演中,不可能把包括精神世界在内的全部世界的丰富内容展现出来。因此,马克思主义哲学体系不应以物质概念为起点,物质是世界的本质,本质只有在概念展开的过程中才能揭示出来。忽视这一点,一开始就把世界的物质本质端出来,显然是不恰当的。

根据开端概念的要求和特点,可以认定,只有存在概念才能成为马克思主义哲学体系的起点。这是因为:

第一,存在概念十分简单和空旷,它已经被抽象到了极点,除了意味一切事物共有的特性,即它的实有性之外,再也说不出什么东西了。因此,只有从存在概念起始才算彻底地体现了从抽象到具体的原则,真正坚持了正确的方法论。

第二,存在概念本身虽然十分抽象,但它却潜在地包含了一切。世界上的万事万物,无论是客观物质的,还是主观精神的,它们都是存在的具体形态,都包容在存在概念中。因此,从存在概念起始,就能把世界的本质和规律一览无遗地展现出来。

---

① 《逻辑学》上卷,第54页。
② 《逻辑学》上卷,第56页。

在哲学史上,黑格尔第一次深刻地表述了从存在起始的思想,他的《逻辑学》中的《存在论》就是从存在起始的具体范例。对黑格尔来说,从存在概念起始,不仅是思维发展过程的初始环节,而且是创造现实事物的开端,全部世界就是在以存在概念为起点的逻辑推演中创造出来的。因此,在黑格尔体系中,存在是纯主观的,是"绝对精神"最初表现出来的概念形式,他所谓的从存在概念起始,不过是一条由主观推出客观,由概念演绎出现实的彻底的唯心主义路线。但是,黑格尔从存在起始来构思哲学体系的方法却有其合理之处。列宁在《哲学笔记》中曾经摘录了《小逻辑》的目录,把黑格尔《逻辑学》中的主要概念按照先后顺序排列下来。最后列宁得出结论,认为黑格尔从存在概念起始,按照从抽象到具体的原则来安排概念的逻辑顺序具有普遍意义。他写道:"概念(认识)在存在中(在直接的现象中)揭露本质(因果律、同一、差别等等)——整个人类认识(全部科学)的真正的一般进程就是如此,自然科学和政治经济学〔以及历史〕的进程也是如此。"①这表明列宁是赞成黑格尔这种以存在概念为起点来构思哲学体系的方法的。不言而喻,列宁所要构思的正是马克思主义哲学的科学体系。我们还可以再举两条例证:

一是列宁在进一步发挥他的"思维按其必然性的'发展'"这一思想时指出:"必须从最简单的基本的东西出发(存在、无、生成)(不要其他东西),引申出范畴"②。

二是列宁在谈到政治经济学方法论时指出:"开始是最简单的、普通的、常见的、直接的'存在':个别的商品(政治经济学中的'存在')。"③这里的意思很明显,列宁把政治经济学中的商品看作

---

① 《列宁全集》第 38 卷,第 355 页。

② 《列宁全集》第 38 卷,第 92 页。

③ 《列宁全集》第 38 卷,第 357 页。

是哲学中的存在,主张从商品这个存在起始来展述政治经济学。既然政治经济学要以商品这个具体的存在为起点,历史唯物主义要以社会存在为起点,那么,马克思主义哲学作为自然、社会和人类思维运动一般规律的科学,当然就应当以一般的存在为起点了。这样做既能适应实践对哲学提出的新要求,又有利于马克思主义哲学自身的更加科学化。

五、存在概念的认识论意义

存在概念在认识论上具有重大意义,研究它有助于我们自觉地掌握科学的认识方法。

辩证唯物主义认为,意识或精神不仅是大脑的机能和产物,而且是大脑对外部世界的反映,大脑只是一个加工厂,外部世界才是意识的真正源泉。因此,世界的存在、认识客体的存在,构成认识的前提,如果世界或认识客体根本不存在,那么,认识也就不可能发生了。从认识的自然顺序来说,无论任何认识,其第一步都是肯定认识对象的存在,然后才能进一步认清存在的是什么,它的本质和规律是什么。原始野蛮人生活的主要来源是寻找现成存在的食物,这种生活反映到他们的意识中,使他们最早形成存在或有的观念。婴儿的意识是早期原始人意识的缩影。我们看到,婴儿最初只感知存在,而不能区别存在的是什么。哲学史证实,作为抽象的一般的哲学概念,存在是早于物质和意识的。科学研究也是如此。一切科学都必须首先确定对象的存在,这是科学认识的起点。如果对象是否真实存在都确定不下来,那么科学研究也就无从着手了。科学史证明,许多重大科学发现的第一步都是证实被发现的对象存在。今天,基本粒子、海王星和元素放射性的存在已经不证自明,可是当初许多科学家却经历了长期艰苦的努力,才证实了他们的存在。现在物理学中关于夸克、黑洞、中微子、引力波等理论之所以还有某些存疑，主要是因为它们的存在本身还没得到最后普遍的有力的证实。同样，关于天外来客、人体特异功能、野人等问题之所以长期争执不下，主要原因也在于它们的存在还缺乏令人信服的证明。要想在这些重大的科学课题上取得新的突破，第一步仍需在证实其存在上下功夫。

怎样看待科学的预言或假说呢？表面看，它们似乎离开了现实的存在，纯系思维的想象物。其实，任何科学预言或假说也都是以相关事物的存在为基础的，从已知的存在推及暂时未知的存在。勒维烈关于海王星的预言是根据天王星的异常摄动，门捷列夫预言了未知元素的存在，这是基于元素原子量和其他特性在周期表上分布的异常。一切科学的预言或假说最后之所以能够得到证实，显示出科学预见的伟大力量，归根到底是因为它们预想的是实际存在的东西。如果他们设想的东西根本不存在，那么，不论对它们的论证（例如，燃素说）怎样卖力，最终也要归于失败。科学必须从存在开始，研究实际存在的东西，企图越过存在论证根本不存在的东西，只能为伪科学张目。宗教神学的最大失败就在于它论证了根本不存在的上帝和彼岸世界，所以尽管剥削阶级竭力扶持，它也只能得逞于一时，最终逃脱不了衰败的命运。科学史上对以太概念的淘汰是对存在概念在认识中的作用的一个很好的佐证。十七世纪惠更斯首先提出以太假说，把以太当作光波传播的介质。后来以太概念逐步扩大，被认为是充满宇宙空间乃至渗透到一切物体内部的一种密度小、弹性大、没有重量的物质。可是在二百多年间，科学家们一直没有能够发现和证实它的存在，于是只好抛开以太是否真实存在这一首要前提，而用逻辑推断出来的以太特性来解释光和电的传播。十九世纪末二十世纪初，经过爱因斯坦等人的努力，终于从理论和实验上证实了光波的传播并不需要以太作为介质，光本身就是电磁波，以太是根本不存在的，它不过是一种机械的形而上学的错误观念而已。这段插曲说明,科学研究不从存在出发必定会走弯路。

　　存在概念对人的认识和科学研究具有重大意义,这并不是什么新问题,一切正确的认识和科学的活动,无不是从肯定客体的存在开始的。但是,实践是一回事,把存在概念的认识论意义提升为一般规律、从哲学上加以概括又是一回事。鲜明地提出存在问题,把世界的存在,认识对象的存在当作认识的起点,这是辩证唯物主义认识论的必要前提。明确这一点就可以使我们不至于把客体的存在与否当作无谓的小事,就有可能避免把本来是存在的东西硬说成是不存在的东西,或者把本来是不存在的东西冒充为实际存在的东西。

选自:《中国社会科学》1983 年第 1 期

马克思的东方社会理论

　　马克思的学说是一个庞大的思想体系，它不仅包含多方面丰富的内容，而且这些内容都是和马克思不同时期的实践活动有机地联系在一起的。许多马克思学说的阐释者，都有一览无遗地宣示马克思全部学说的愿望，但是由于在实践经验和观点倾向上的差异，这种愿望难以实现。列宁在总结马克思主义历史发展的特点时指出，不同的社会政治形势会使"马克思主义这一活的学说的各个不同方面……分别提到首要地位"①。因此，在马克思的学说中，只有那些为实践所迫切需要的部分才能得到后人的充分阐释，而那些距离现实斗争较远或与阐释者本人观点相抵的部分则往往遭到忽视和冷落，以至被搁置或隐匿起来。现在，越来越多的事实清楚表明，马克思主义不仅面临急待发展创新的大趋势，而且马克思主义本身还潜藏着许多鲜为人知的东西，具有极大的开发价值，马克思的东方社会理论就是马克思主义园圃中一株未展花姿的蓓蕾。细心研究可以发现，这株蓓蕾一旦开放，将是一棵与众不同的花朵。它体现了马克思对自己先前学说的深沉的反思和理论上的巨大突破。特别是其中关于人道主义的历史尺度和多样化的历史取向以及东方国家走向社会主义的非决定论的构想等等，展示了马克思晚年思想的新动向，反映了马克思从不把自己的学说僵固起来的可贵的创新

---

① 《列宁选集》第2卷(上)，第398页。

精神和马克思主义内在的生机与活力。研究马克思的东方社会理论不仅能够揭示马克思学说中未得充分阐发的一个侧面,从而有助于我们把握马克思学说的真实全貌,而且对于我们今天深入理解和推进中国的社会主义初级阶段理论也会提供一个难得的历史反衬,并在当前炙热的文化批判之外,开辟一个社会历史批判的新视角,赋予中国的改革现实以新的认识工具。

一、东方社会理论的最初形态,马克思的"世界历史"思想

早在马克思主义创立之初,东方社会问题就引起了马克思的关注。黑格尔在《历史哲学》中关于东方世界普遍存在专制制度的论述,曾经给马克思留下了深刻的印象。但是,这时总的来说,马克思并不了解东方社会的特点,还不能用特殊的理论来解决东方社会的特殊问题。相反,他把它涵盖在大一统的"世界历史"思想之下了。

"世界历史"思想是黑格尔最早提出来的,这是一个相当诱人的有价值的思想。黑格尔认为,历史不应是杂乱无章的,而是服从某种法则的有规律的演进,主宰历史规律的不是什么神秘的天意,而是在世界历史范围内运动着的"绝对精神"。"绝对精神"具有世界历史性,这就决定了历史的世界性。黑格尔的历史观以世界各地区各民族的相互联系和相互作用为前提,把孤立分散的历史现象联结为一个从东方走向西方的世界性的历史行程。在广阔的世界范围内叙述历史的规律性,这就使他的历史哲学含有大尺度的普遍适应性。一个民族的现状即使不符合时代精神,但它作为世界历史的一个环节,却符合历史某一特定阶段的时代精神,同样有其必然性和适应性。何况在黑格尔看来,"'世界历史'不过是自由概念的发展。但是'客观自由'——真正的'自由'的各种法则——要求征服

那偶然的'意志',因为这种'意志'在本质上是形式上的"①。所以各民族不论现状如何,最后都要被"自由概念"所统一,最终都要走到世界历史的共同道路上去。黑格尔在《历史哲学》中认真地考察了法国大革命和世界历史的关系,研究了"这个革命怎样变作世界历史"②的,认为"这件大事依照它的内容是'世界历史'性的"③,因为"它的原则差不多灌输到了一切现代国家"④。

马克思在登上哲学舞台,试图建构自己的社会历史理论时,就继承了黑格尔的"世界历史"思想的合理内核,并在新的基础上形成了自己的"世界历史"思想。马克思认为,随着生产的发展、交往的扩大和资本主义世界市场的形成,各民族和国家的封闭状况结束了,都程度不同地卷入到世界历史的洪流中来,"人们的世界历史性的而不是狭隘地域性的存在已经是经验的存在了"⑤。人本身也结束了孤立自在的状况,"狭隘地域性的个人为世界历史性的、真正普遍的个人所代替"⑥。这就为共产主义的实现准备了历史前提,因为共产主义不能"作为某种地域性的东西而存在"⑦,它"只有作为占统治地位的各民族'立即'同时发生的行动才可能是经验的"⑧。马克思由此得出结论认为,"每一个单独的个人的解放的程度是与历史完全转变为世界历史的程度一致的"⑨,置身于世界历史之外,处在封闭狭隘地域的人不可能获得真正的解放。所以马克思又说:"无产阶级只有在世界历史意义上才能存在,就象它的事

---

① 《历史哲学》,三联书店 1956 年版,第 503 页。
② 《历史哲学》,三联书店 1956 年版,第 494 页。
③ 《历史哲学》,三联书店 1956 年版,第 499 页。
④ 同上。
⑤ 《马克思恩格斯选集》第 1 卷,第 39 页。
⑥ 《马克思恩格斯选集》第 1 卷,第 40 页。
⑦ 同上。
⑧ 同上。
⑨ 《马克思恩格斯选集》第 1 卷,第 42 页。

业——共产主义一般只有作为'世界历史性的'存在才有可能实现一样。"①

"世界历史"思想的核心问题是各民族怎样冲破狭隘的地域界限走向世界历史。对于欧洲来说，绝大多数国家都已走上资本主义道路，卷入了世界历史的激流。马克思肯定资产阶级"首次开创了世界历史，……消灭了以往自然形成的各国的孤立状态"②。现在的问题是怎样在资产阶级已经开创的前提下进一步推进世界历史，向理想社会进军。对此，马克思提出了共产主义在欧洲同时胜利的设想。但是对于东方世界来说，马克思贯彻自己的"世界历史"思想就遇到了较为复杂的问题。当时东方世界的绝大多数国家都处于前资本主义时代，就其发展程度来说，还没有跨入"世界历史"。它们怎样才能赶上时代，跨越已经拉大了的与西方先进国家之间的距离呢？马克思当时认为，世界历史的发展规律和途径是唯一的，对各民族来说都是共同的，任何国家概莫能外。1859 年，马克思在其著名的《政治经济学批判》序言中写道："大体说来，亚细亚的、古代的、封建的和现代资产阶级的生产方式可以看做是社会经济形态演进的几个时代。资产阶级的生产关系是社会生产过程的最后一个对抗形式，……因此，人类社会的史前时期就以这种社会形态而告终。"③马克思这时站在"世界历史"的立场上认定，东方国家尽管有自己的特殊的历史条件，但同样必须经历资本主义发展阶段。这样，东方国家就有一个西化或资本主义化的问题，这是地域性历史转变为世界历史所要求的。

对于这个问题，马克思早在《共产党宣言》中就有生动的描述："资产阶级，由于开拓了世界市场，使一切国家的生产和消费都成

---

① 《马克思恩格斯选集》第 1 卷，第 41 页。
② 《马克思恩格斯选集》第 1 卷，第 67 页。
③ 《马克思恩格斯选集》第 2 卷，第 83 页。

为世界性的了。……它迫使一切民族——如果它们不想灭亡的话——采用资产阶级的生产方式。"①"它使未开化和半开化的国家从属于文明的国家,使农民的民族从属于资产阶级的民族,使东方从属于西方。"②马克思认为,资产阶级在全世界,特别是对东方的侵略和渗透,在客观上推进了世界历史,曾经起到了非常革命的作用。

马克思以印度为例,具体分析了西方列强的殖民侵略所造成的后果。马克思断定,像印度这样建立在农村公社基础上长期停滞的社会,必须经过西方文明的冲击,它的发展前途只能是西方式的资本主义社会。根据这种看法,他认为,英国对印度的侵略实际上是"要完成双重的使命:一个是破坏性的使命,即消灭旧的亚洲式的社会;另一个是建设性的使命,即在亚洲为西方式的社会奠定物质基础"③。正是基于这种认识,马克思意味深长地写道:"问题并不在于英国是否有权利来征服印度,而在于印度被不列颠人征服是否要比被土耳其人、波斯人或俄国人征服好些。"④

马克思的"世界历史"思想运用到东方国家不是没有矛盾和阻力的。一个显著的矛盾是他的"世界历史"思想与传统的价值观念和道德标准撞车了。一方面,东方国家原有的基础被破坏,输入新的资本主义因素是符合"世界历史"要求的;但是另一方面,这一切又都是在血与火的残忍征杀中实现的。历史的发展伴之以非人道,社会的进步以牺牲人为代价,这两者是不应结合在一起的。马克思在分析英国对印度的侵略时清醒地意识到这一点,但他却在"世界历史"思想指导下把它们统一起来了。马克思说:

———————

① 《马克思恩格斯选集》第 1 卷,第 254 – 255 页。

② 《马克思恩格斯选集》第 1 卷,第 255 页。

③ 《马克思恩格斯选集》第 2 卷,第 70 页。

④ 《马克思恩格斯选集》第 2 卷,第 69 – 70 页。

的确,英国在印度斯坦造成社会革命完全是被极卑鄙的利益驱使的,在谋取这些利益的方式上也很愚钝。但是问题不在这里。问题在于,如果亚洲的社会状况没有一个根本的革命,人类能不能完成自己的使命。如果不能,那末,英国不管是干出了多大的罪行,它在造成这个革命的时候毕竟是充当了历史的不自觉的工具。这么说来,无论古老世界崩溃的情景对我们个人的情感是怎样难受,但是从历史观点来看,我们有权同歌德一起高唱:

> 既然痛苦是快乐的源泉,
>
> 那又何必因痛苦而伤心?
>
> 难道不是有无数的生灵,
>
> 曾遭到帖木儿的蹂躏?①

可以看出,马克思对英国的侵略罪行是过分达观了些,原因就在于当时在他心中有一个理想和价值的标准在升腾,那就是"世界历史"思想。这个观念使他把自己的立足点放到世界历史的发展上来,人道主义准则只能占从属的第二位。这是至高无上的准则。从这个准则出发,他认为,英国在印度的罪行只是"破坏了这种小小的半野蛮半文明的公社"②。"结果,就在亚洲造成了一场最大的、老实说也是亚洲历来仅有的一次社会革命。"③因此,必须丢掉无益的伤感,不要被伦理道德标准蒙住了自己的视线,要充分估计英国的侵略对印度走向世界历史所起的积极作用,这就是马克思所得出的结论。尽管马克思也多处谴责英国的侵略暴行,揭露了西方文明的伪善性,但是这掩盖不了他总的思想倾向,比较一下就可以看出,"世界历史"思想一直在他心目中占据主导地位。

---

① 《马克思恩格斯选集》第2卷,第68页。
② 《马克思恩格斯选集》第2卷,第67页。
③ 同上。

对于英国侵略中国,发动两次鸦片战争,马克思也从"世界历史"思想出发,作了与上相似的评价。对于农奴制的俄国,马克思也认为必须经过资本主义化,才能走上健康的发展道路。

上述马克思对英国侵略后果的评估以及对印度、俄国、中国未来发展道路的设想,显然面临以下三个矛盾:

一是"世界历史"思想与人的价值观念的矛盾。为了历史而牺牲人的价值,甚至对殖民者的侵略暴行也从理智上加以宽宥和容忍,这与马克思一贯坚持的崇高的人道主义理想和原则是相悖的。

二是普遍性与特殊性的矛盾。马克思一贯重视历史发展的普遍规律,同时又顾及不同国家的具体情况。现在马克思要把东方各国一概拉入西方资本主义体系之内,这就不是在普遍和特殊的统一中来解决东方社会的发展问题,而是牺牲特殊,强制特殊服从普遍,忽视了矛盾的特殊性。

三是理想与现实的矛盾。马克思早在《共产党宣言》中就宣判了资本主义制度的死刑,在《资本论》中又通过对资本主义经济关系的解剖,敲响了资本主义灭亡的丧钟。马克思毕生致力于领导工人运动,其目的就是为了从实践上埋葬资本主义。可是出于"世界历史"思想,他却主张在东方各国发展资本主义关系,建立资本主义秩序,甚至不惜付出巨大的代价,这就使他的"世界历史"思想与他消灭资本主义的宏伟理想和现实工人运动的实践处于深刻的对立和矛盾中。

这些矛盾反映出一个事实,即马克思当时还未能彻底扫除长期流行的"欧洲中心论"的影响。因为马克思一直生活在英国这个世界资本主义的中心,不管他主观上是否意识到,欧洲高度发达的文明环境总是要对他的视野和心态产生一定的影响,所以他很容易以西方文明的尺度去看世界,以资本主义为基准,为东方社会设计未来的发展前景。这个思想同他对东方社会没有亲身实感,只有从书

《中国社会科学》

刊上得来的间接知识是有关的。这就难免从逻辑出发做出一些主观臆断。

众所周知,马克思的这个思想也就是所谓历史发展的单线论。既然全世界都要走上世界历史的共同道路,那么历史发展就只能有一条线索可循。而造成这种单线论的直接原因就是单一的历史尺度,即生产力决定生产关系的线性决定论。马克思在构思东方社会的发展前途时,只考虑到东方社会生产力与生产关系都很落后,必须输入西方的刺激,即使这种刺激方式是非人道的也在所不惜。这里就只有一个尺度,即生产力决定生产关系的尺度,而人道主义则被剥夺了作为历史尺度的权利。这种历史发展的单线论显然是有弊病的,它以一刀切的思维方式来裁剪丰富多彩的历史,实际上也是逻辑对历史的一种规范和强制。到了晚期,马克思在构想东方社会历史发展前景时,不仅运用"世界历史"尺度,而且也运用人道主义尺度,理顺了各种矛盾关系,从而实现了历史发展的多格局和多线索。在这个意义上,马克思的"世界历史"思想不具有终极意义,只反映他思想的一个侧面。他从这个思想出发规划的东方社会必须经历西化或资本主义化也只是他特定时期的一种看法。只有把马克思的"世界历史"思想与晚期的东方社会理论互相结合,才能体现出唯物史观的全面真理。

二、东方社会理论的形成,马克思关于亚细亚生产方式的论述

所谓东方社会理论是相对于西方社会理论而言的。西方社会理论主要以英、法、德三国为背景,是马克思关于欧洲,特别是关于西欧的历史发展和现实资本主义状况及未来向共产主义过渡的全面系统的理论。《共产党宣言》《政治经济学批判》《资本论》和《哥达纲领批判》等是马克思西方社会理论的主要代表作。具体说来,西方社会理论就是我们所熟悉的关于人类社会发展的规律、动力、社会形态的依次更迭和关于共产主义及其过渡条件、途径的学说，它构成历史唯物主义的核心，通常我们所说的马克思在社会历史观上的伟大变革主要就是指马克思创立的西方社会理论。

东方社会理论则与此不同，它主要以占全世界人口绝大多数和广大地区的东方世界为背景，特别是以印度、俄国和中国为典型，是马克思关于东方社会的历史发展、现实社会状况及未来走向共产主义的理论。马克思的东方社会理论没有大部头的著作，它的主要思想散见于马克思研究印度、俄国和中国的文章中以及《资本论》和晚期的人类学笔记中。现在我们所接触到的马克思关于东方社会必须经过资本主义发展阶段的观点，关于东方各国普遍存在亚细亚生产方式的认识，70年代中期以后马克思关于东方各国可以跳越"卡夫丁峡谷"的论断等等，都属于东方社会理论的内容。那么，这个理论是怎样形成的呢？

就思想动机来看，马克思创立东方社会理论，不仅是为了探索东方社会的特点，解决其历史发展道路问题，更重要的是通过对东方社会和人类社会原生形态的研究，试图解决社会形态更迭过程中私有制的历史地位，即私有制在历史上是如何从公有制演化而来的问题，用以证明私有制的暂时性，最终必然重新被公有制所取代。马克思认为，东方社会的现实似乎提供了这方面的材料，有助于解决这个问题。

众所周知，马克思在创立新世界观的开始，就十分重视解决人类社会的历史更迭问题。解决这个问题不仅需要有一个总体的理论设计，更重要的还需要有大量经得起检验的实证材料。可是在19世纪中叶，越往古代追溯，材料就越显得贫乏。在这种情况下，马克思采用了解剖典型推论一般的方法。《资本论》对资本主义的解剖就具有这种意义。马克思认为："资产阶级社会是历史上最发达的和最复杂的生产组织。因此，那些表现它的各种关系的范畴以及对于它的结构的理解,同时也能使我们透视一切已经覆灭的社会形式的结构和生产关系。资产阶级社会借这些社会形式的残片和因素建立起来。"①因此,《资本论》不仅可以起到解开资本主义秘密的作用,还可以用来当作一面镜子,去透视过去的一切社会。这就是马克思所说的"资产阶级经济为古代经济等等提供了钥匙"②。比较起来,奴隶社会和封建社会还是清楚的,揭示它的秘密不太困难,一是时间不太久远,二是有大量史料可查。但是,无论是奴隶社会还是封建社会都不是人类社会的原生形态,它们只是一种次生形态,是从比它们更早的原生形态发展而来的。不了解原生形态就无从说明人类社会是怎样从史前时期发展到今天的,私有制是怎样从史前的公有制中转化来的。由于原生形态是人类社会的起点,所以解决这个问题具有重大的理论意义。

资产阶级历史学家和思想家都力图证明私有制古亦有之,是天经地义的。而马克思恪守他的辩证法观,认为私有制是从古老的公有制发展而来的,人类社会最后必然还要回复到公有制,即进入高级形态的公有制。可是,原始的公有制在哪里呢?它是什么样子呢?早在《德意志意识形态》中,马克思根据生产和分工的不同发展阶段,认为人类社会的"第一种所有制形式是部落所有制"③,从而确认了部落所有制的初始地位。但是部落所有制到底是什么样,当时由于材料所限,难以做出精确的回答。马克思只认定,在部落所有制阶段,生产很不发达,人们靠狩猎、捕鱼、牧畜或者最多靠耕作生活。与这种落后的生产力水平相适应,当时分工也很不发达,"仅限于家庭中现有的自然产生的分工的进一步扩大"④。社会结

---

① 《马克思恩格斯选集》第 2 卷,第 108 页。
② 同上。
③ 《马克思恩格斯选集》第 1 卷,第 26 页。
④ 同上。

构也"只局限于家庭的扩大：父权制的酋长、他们所管辖的部落成员以及奴隶"①。马克思还特意提到，部落内部隐蔽地存在着奴隶制的对抗关系，这是"随着人口和需求的增长，随着同外界往来（表现为战争或交易）的扩大而逐渐发展起来的"②。事实证明，马克思的这些看法并没有充分的实证材料作根据，他只是根据后来社会状况对原初社会的一种推论或设定，他当时还不能在足够的史料基础上科学地说明人类社会的原生形态。这种状况对马克思的理论显然是十分不利的，甚至潜伏着把马克思引向错误判断的危险种子。

为了建构和完善唯物史观，特别是给历史的依次更迭提供一个科学的起点，在理论上急需弄清人类社会的原生形态。可是，当时史学界对史前原生形态研究得很不够，没有提供这方面的充足材料。于是马克思便不得不借助于研究前资本主义各经济形态，特别是从东方社会普遍存在的亚细亚生产方式中得到启发，即从东方社会的土地公有制中找到人类社会原生形态的基本特点。在马克思看来，人类社会原生形态问题可以从现存于东方社会的亚细亚生产方式中找到答案。马克思把东方国家普遍存在的以农村公社为基础的土地公有制形式称为亚细亚生产方式。这种生产方式不仅存在资本主义之前，而且由于它的公有制性质，还可以设想它存在于整个私有制之前。正是在这个意义上，马克思在《资本论》手稿中已经把亚细亚生产方式当作前资本主义社会的历史形式，并且认为，在其原始形式上，它必然充当了从史前土地公有制向土地私有制过渡的原初形式或中介。他在 1858 年撰写的《政治经济学批判》中明确指出："仔细研究一下亚细亚的，尤其是印度的公社所有制形式，就会得到证明，从原始的公社所有制的不同形式中，怎样产

---

① 《马克思恩格斯选集》第 1 卷，第 26 页。
② 《马克思恩格斯选集》第 1 卷，第 26 页。

343

《中国社会科学》

生出它的解体的各种形式。例如,罗马和日耳曼的私人所有制的各种原型,就可以从印度的公社所有制的各种形式中推出来。"①正是基于这种认识,1859 年马克思在《政治经济学批判》序言中排列人类历史依次更迭的社会次序时,把亚细亚生产方式这个东方社会现实的所有制形式排在古代的和封建的生产方式以前,从而赋予亚细亚生产方式以双重性质:一方面它是人类社会的原生形态,是向私有制转变的出发点或中介;另一方面,它在历史的演化中并未消逝,相反,它具有顽强的生命力,在东方社会,它与西方社会中古代的、封建的和资本主义的生产方式平行存在,成为东方社会直到当时为止仍占主导地位的所有制形式。亚细亚生产方式的这种双重性质使它具有如同地质学中生物化石般的意义,通过它可以生动地、形象地、具体地透视人类社会的原生形态。这就是马克思最初提出东方社会理论的直接动机。

怎样评价马克思当时提出的东方社会理论呢? 首先应该确认,马克思试图通过亚细亚生产方式推论出人类社会的原生形态,这仍然不是从直接的事实和史料出发得出的科学结论,而仅是一种推论和逻辑把握,它只能反映人类社会原生形态的若干特征,还不能全面深刻地揭示原生形态各个方面的特点。它和后来摩尔根依据对印第安人部落进行实地考察所得出的结论是不同的。其次,这种把握方式还可能造成某些误解。比如亚细亚生产方式中土地公有制与农村公社和专制国家三位一体,通过它来把握史前社会很容易给人造成一种错觉,似乎人类社会的原生形态也存在着专制国家,因而具有阶级性和私有性质。实际上,人类社会的原生形态作为后来私有制的出发点,具有无阶级、无私有制和无国家的性质。对于这种史前类型的社会用现时代仍存在的具有阶级性质的亚细亚生产

---

① 《马克思恩格斯全集》第 13 卷,第 22 页。

方式来把握,显然是不适宜的。但这种状况是由当时的科学水平造成的。到了19世纪70年代,当摩尔根的《古代社会》一书出版以后,马克思立即接受了新的科学成果,修正了自己从前的看法,对人类社会原生形态的认识有了新的跃进。因此我认为,马克思提出东方社会理论的最大成果不在于找到人类社会原生形态的基本特点、完善唯物史观,而在于他发现了东方社会不同于西方社会的鲜明特点,并进而探索了东方国家走向未来新世界的具体道路。

1853年3月到5月,马克思为了了解东方社会的状况,专门阅读了贝尔尼埃、克列姆、萨文梯柯夫和麦克—库洛赫等人的著作,并做了摘录。同年6月12日,马克思在致恩格斯的信中特别赞扬了贝尔尼埃关于莫卧儿土地所有制的见解。他写道:"贝尔尼埃完全正确地看到,东方(他指的是土耳其、波斯、印度斯坦)一切现象的基础是不存在土地私有制。这甚至是了解东方天国的一把真正的钥匙。"①在马克思看来,东方不存在土地私有制,只存在土地的个人占有,土地的真正所有者是农村公社。恩格斯回信完全赞同马克思的见解,他说:"不存在土地私有制,的确是了解整个东方的一把钥匙。这是东方全部政治史和宗教史的基础。"②恩格斯还深入思考:"东方各民族为什么没有达到土地私有制,甚至没有达到封建的土地所有制呢?"③他认为:"这主要是由于气候和土壤的性质,特别是由于大沙漠地带,这个地带从撒哈拉经过阿拉伯、波斯、印度和鞑靼直到亚洲高原的最高地区。在这里,农业的第一个条件是人工灌溉,而这是村社、省或中央政府的事。"④由于任何个人都无力承担灌溉任务,所以在这些地区一开始就排斥了土地私有的可能,只

---

① 《马克思恩格斯全集》第28卷,第256页。
② 《马克思恩格斯全集》第28卷,第260页。
③ 《马克思恩格斯全集》第28卷,第260页。
④ 《马克思恩格斯全集》第28卷,第260—263页。

能存在土地公有制。马克思后来在《不列颠在印度的统治》一文中利用了恩格斯的这个思想,他进一步发挥说:"节省用水和共同用水是基本的要求,这种要求,在西方,例如在弗兰德和意大利,曾使私人企业家结成自愿的联合;但是在东方,由于文明程度太低,幅员太大,不能产生自愿的联合,所以就迫切需要中央集权的政府来干预。因此亚洲的一切政府都不能不执行一种经济职能,即举办公共工程的职能。"①这样,在土地公有制的基础上不但没有形成民主制度,反而却形成了专制国家。东方各国人民一方面在专制国家治理下生活,"另一方面,他们又散处于全国各地,因农业和手工业的家庭结合而聚居在各个很小的地点。由于这两种情况,所以从很古的时候起,在印度便产生了一种特殊的社会制度,即所谓村社制度,这种制度使每一个这样的小单位都成为独立的组织,过着闭关自守的生活"②。这样就形成了东方社会独有的土地公有、农村公社和专制国家三位一体的特点。在这三位一体的紧密结合中,自然地理因素是根本原因,土地公有制是基础,专制国家是矗立其上专门管理公共工程、军事及财政事务的上层建筑。农村公社是社会基本组织形式,它既负责分配土地,是土地的实际所有者,又是社会的最小单位,在它身上体现出东方社会的一系列典型的特征:

首先是公社内部,个人对公社来说不是独立的。个人受公社的土地及传统法规的制约,"是同公社牢牢地长在一起的"③,生产的范围仅限于自给自足,农业和手工业紧紧地结合在一起。

其次从公社外部关系来说,它们彼此隔绝,缺少联系。如马克思所说:"农村公社最坏的一个特点,即社会分解为许多模样相同而互不联系的原子的现象,却一直残留着。农村公社的孤立状态在

---

① 《马克思恩格斯选集》第2卷,第64页。
② 《马克思恩格斯选集》第2卷,第66页。
③ 《马克思恩格斯全集》第46卷(上),第495页。

印度造成了道路的缺少,而道路的缺少又使公社的孤立状态长久存在下去。在这种情况下,公社就一直处在那种很低的生活水平上,同其他公社几乎没有来往,没有希望社会进步的意向,没有推动社会进步的行动。"①恩格斯也这样说:"各个公社相互间这种完全隔绝的状态,在全国造成虽然相同但绝非共同的利益,这就是东方专制制度的自然基础。从印度到俄国,凡是这种社会形态占优势的地方,它总是产生这种专制制度。"②

再次,在公社内外封闭的条件下形成了极端落后的文化心态。马克思在谈到印度公社时曾说:"我们不应该忘记那种不开化的人的利己性,他们把自己的全部注意力集中在一块小得可怜的土地上,静静地看着整个帝国的崩溃、各种难以形容的残暴行为和大城市居民的被屠杀,就象观看自然现象那样无动于衷;至于他们自己,只要某个侵略者肯来照顾他们一下,他们就成为这个侵略者的无可奈何的俘虏。"③

农村公社所具有的这三方面特征表现了东方社会的极端落后性,然而正是这种落后性成了它具有顽强生命力的源泉。亚细亚生产方式之所以能够长期存在甚至伴随了整个欧洲奴隶社会和封建社会漫长的历史,其基本原因就在于它存在着以土地公有制为基础的内外封闭的村社制度。这种村社内部限制个人自由,实行农工结合,自给自足,难以瓦解和破坏。村社外部又互相隔绝,难以彼此影响,互相推动。再加上落后的思想意识和文化心态,只求太平安稳,不要任何刺激和变化,使得农村公社具有极大的稳定性。就整个国家来说,国内事变、外族入侵都能导致改朝换代,但对村社来说,不论朝代怎样更迭,它始终顽强地维护自己,不受外界变化的影响。

《中国社会科学》

---

① 《马克思恩格斯全集》第 9 卷,第 249 页。

② 《马克思恩格斯全集》第 18 卷,第 618 – 619 页。

③ 《马克思恩格斯选集》第 2 卷,第 67 页。

这种顽强的生命力鲜明地表现了东方社会发展的缓慢性和停滞性，这正是东方社会的又一重大特征。

东方社会的这些特点意味着什么？它说明东方社会在历史上走着与西方社会完全不同的道路。西方社会按照"世界历史"的逻辑从原始社会开始依次走完了奴隶社会、封建社会，现在正处在资本主义阶段。而东方社会从原始社会起直到上一世纪，一直保留着人类社会原生形态的某些特征。这就表明，东方社会在历史上是一个特殊的世界。马克思以资本主义制度作为分界线，充分肯定了前资本主义时代东方社会的特殊性。他认为，就资本主义的发生和发展来说，在历史上存在着两条基本线索：一条是"自由的小土地所有制解体"①，另一条是"以东方公社为基础的公共土地所有制解体"②。这就是说，在马克思的心目中，东方社会的特殊性不容抹杀，他承认以往几千年东方社会特殊的发展道路。但是，马克思在承认东方社会长期固有的特殊性的同时，却认为到了资本主义时代，东方社会的这种特殊性将会消失，它也要沿着"世界历史"的共同道路，经过资本主义发展阶段，然后再走向共产主义。这就是19世纪50—60年代马克思对东方社会特殊性的理解。

这里显然存在着一个逻辑上的矛盾：既然东方社会作为一种特殊的形态可以和奴隶社会与封建社会长期并行地发展，可以不遵循西方社会的历史规律，那么为什么到了资本主义时代，东方社会就要失掉这种特殊性，非得经过资本主义形态呢？为什么不可以设想东方社会能够绕过资本主义暗礁，直接通向新社会呢？这个矛盾的存在反映出，马克思当时还受自己所发现的社会发展模式的束缚；他的思维方式偏重于一般普遍原则，想用它来框架具体事物从侧面

---

① 《马克思恩格斯全集》第46卷（上），第471页。
② 同上。

表明他的思想还有待于深化，需要从已有的社会历史模式中走出来。

三、马克思论俄国社会发展道路，跳越"卡夫丁峡谷"的设想

俄国是个典型的东方国家，马克思晚年关于东方社会跳越资本主义"卡夫丁峡谷"的设想就是直接从对俄国村社土地公有制的研究中得出来的。系统地研究马克思对俄国社会发展道路的认识及转变过程，对于我们把握马克思的东方社会理论具有重要意义。

俄国是马克思、恩格斯终生十分重视因而论及较多的国家之一。19世纪中叶，俄国几乎是反动一词的同义语。在人们眼中，它不仅是个中世纪专制落后的国家，而且是欧洲的反动宪兵和警察，是欧洲和国际反动势力的堡垒。有鉴于此，马克思、恩格斯为了无产阶级革命的共同利益，曾不断号召欧洲的革命和民主力量团结起来，发动一场反对沙皇俄国的革命战争，他们认为，这是欧洲以至世界革命胜利的必要前提。在这种情况下，马克思、恩格斯一直对沙皇俄国抱敌视和蔑视的态度，他们所关注的是如何遏止俄国势力的扩展，粉碎沙俄称霸世界的野心。在他们看来，俄国当时还不具备爆发革命的条件，俄国革命胜利的前景还是遥远未来的事情，所以他们较少谈论俄国社会发展的前途。当然这也与马克思、恩格斯对俄国情况了解较少有关。

1845年，德国著名历史学家、政府顾问哈克斯特豪森游历俄国时，发现俄国不仅保持有村社的残余，而且完整的村社组织和土地村社公有制也普遍存在着。1847年，哈克斯特豪森发表他的第一部专著《对俄国的内部关系、人民生活、特别是农村设施的考察》，如恩格斯所说，在这本书里，"他把这种所有制当作一种十分奇妙

的东西向全世界大肆吹嘘"①。哈克斯特豪森说道:"俄国的公社组织,对于俄国,尤其在现时,在国家制度方面说,是无限重要的。西欧所有的国家现在都患着一种病,想把这种病治好,至今仍是一个不能解决的任务——这种病就是赤贫状态和无产阶级化。俄国就不知道有这种灾难;因为公社组织使它免于灾难。"②从 19 世纪 50 年代起,俄国的一部分知识分子,特别是后来的一些民粹派思想家,竭力证明俄国由于公社土地所有制的存在可以避免西方国家所经历的资本主义发展阶段,直接进到共产主义,村社就是新社会的支点。俄国著名民粹派思想家特卡乔夫曾说:"我国人民……绝大多数……都充满着公社占有制原则的精神;他们——如果可以这样说的话——是本能的、传统的共产主义者。……由此看来,很清楚,我国人民尽管愚昧无知,但是比西欧各国人民更接近于社会主义,虽然他们是较有教养的。"③这样,从 19 世纪 50 年代开始,俄国社会特殊发展道路问题就在欧洲特别是在俄国国内被热闹地宣扬起来。

但是在 19 世纪 50—60 年代,俄国特殊论这一喧嚣并未影响到马克思和恩格斯,当时他们正处在"世界历史"思想的高峰时期,不仅用这个思想来说明欧洲的历史发展,而且也依据这个思想提出东方社会的普遍资本主义化问题。从方法论来说,当时马克思还偏重于一般普遍原则的广泛适用性,还没有可能去具体分析每个国家历史发展的特殊性。因此,在马克思心目中,《德意志意识形态》和《共产党宣言》所表述的"世界历史"思想是放之四海而皆准的,任何国家都不能例外,俄国也必须经历资本主义发展阶段,走上"世界历史"的道路。1859 年,马克思曾著文分析了俄国农民起义的可

---

① 《马克思恩格斯全集》第 18 卷,第 617 页。
② 《普列汉诺夫哲学著作选集》第 1 卷,第 149 页。
③ 《马克思恩格斯全集》第 18 卷,第 617—618 页。

能性,指出:"如果发生这种情形,俄国的1793年就会来到。"①言下之意,农民起义将破坏沙皇中世纪式的专制统治,开辟资产阶级的文明新时代。因此对于俄国来说,社会发展的近期前景显然是资本主义,而不可能是社会主义。1860年,马克思在评论即将开始的俄国农奴制改革的前途时,详尽地分析了沙皇、贵族和农民的态度以及他们可能做出的选择。马克思当时认为,沙皇所理解的解放农奴就是要"排除那些仍然限制着皇帝专制的最后障碍。一方面,应当取消贵族的以专横统治大多数俄国人民为基础的相对独立性;另一方面,应当用政府的消灭'共产主义'原则的计划,来取消以共同占有被奴役土地为基础的农奴的村社自治"②。这后一句话表明,马克思已经完全了解所谓俄国村社是向共产主义过渡基础的那些喧嚣一时的理论,但他把共产主义一词打上了引号,说明马克思当时并未真正认为村社是共产主义的基础,共产主义还不是俄国的现实出路。马克思比较了各种可能的选择,最后认定,俄国农民只能在向贵族和地主交纳赎金的前提下获得解放(后来的事实也证明了这一点)。马克思认为,交纳补偿金就会"使农民由农奴变为契约债务人,这样一来,从物质利益这方面来说,至少在两三个世代之内,除了农奴依附的形式可能由宗法式的变为新的、文明的形式外,就什么也不会改变"③。这就意味着原来的农奴制宗法依附关系将被资本主义的雇佣劳动形式所取代,俄国走上资本主义道路。

但是到了19世纪70年代中期以后,马克思的观点开始发生变化,并随着时间的推移而逐渐强化和明朗起来。马克思是个充满革命激情的理想主义者,他终生都对欧洲革命抱有热切的期待。1848年革命曾使马克思激动不已,他曾预言革命高潮将会很快到来。

---

① 《马克思恩格斯全集》第12卷,第725页。
② 《马克思恩格斯全集》第15卷,第193页。
③ 《马克思恩格斯全集》第15卷,第194页。

1871 年巴黎公社革命爆发，马克思希望它能对欧洲革命有所推动，但事与愿违，巴黎公社以后，工人运动所面临的环境和条件更加严酷。马克思对革命的预想经过多次的波折以后，逐渐把理想和现实统一起来，努力客观地、冷静地估计形势，分析环境。马克思看到，19 世纪 70 年代中期以后，资本主义世界经济迅速增长，政治相对稳定，社会主义革命在短时期内难以胜利实现。在这种情况下，他在进一步研究东方国家的社会发展前景时，便产生了一些新的想法，将社会主义也置于这些国家的实践之内。形势促使马克思改变了对俄国社会发展道路的看法，他越来越坚定地认为，俄国这个东方社会的国家，可以避开资本主义前途，在村社土地公有制的基础上，实现共产主义。

为此，马克思首先在理论上否定了资本主义的普遍意义，他在给俄国《祖国纪事》杂志编辑部和女革命家查苏利奇的信中一再说，《资本论》所描述的资本主义产生的历史必然性"明确地限于西欧各国"①。"一定要把我关于西欧资本主义起源的历史概述彻底变成一般发展道路的历史哲学理论，一切民族，不管他们所处的历史环境如何，都注定要走这条道路，……他这样做，会给我过多的荣誉，同时也会给我过多的侮辱。"②他表示："因为我不喜欢留下'一些东西让人去揣测'，我准备直截了当地说。为了能够对俄国的经济发展做出准确的判断，我学习了俄文，后来又在许多年内研究了和这个问题有关的官方发表的和其他方面发表的资料。我得到了这样一个结论：如果俄国继续走它在 1861 年所开始走的道路，那它将会失去当时历史所能提供给一个民族的最好的机会，而遭受资本主义制度所带来的一切极端不幸的灾难。"③从这里可以看出，马克

---

① 《马克思恩格斯全集》第 19 卷，第 268 页。
② 《马克思恩格斯全集》第 19 卷，第 130 页。
③ 《马克思恩格斯全集》第 19 卷，第 129 页。

思对 1861 年的农奴制改革及其引起的资本主义发展是抱否定态度的。

马克思在 1881 年给查苏利奇的复信草稿中再次表明了自己的上述看法。他认为,正因为俄国村社"和资本主义生产是同时代的东西,所以它能够不通过资本主义生产的一切可怕的波折而吸收它的一切肯定的成就"。马克思写道:"如果俄国资本主义制度的崇拜者要否认这种进化的理论上的可能性,那我要问他们:俄国为了采用机器、轮船、铁路等等,难道一定要像西方那样,先经过一段很长的机器生产发展的孕育期吗? 同时也请他们给我说明:他们怎么能够把西方需要几个世纪的发展才建立起来的一整套交换机构(银行、信用公司等等)一下子就在自己这里建立起来呢?"[①]在马克思看来,1861 年的改革不应消灭村社,如果在农民解放的时候,农村公社立即被放在正常的发展条件下,如果农民交纳的赎金都用于进一步发展农村公社,"那么,现在谁也不会再考虑消灭公社的'历史必然性了'"[②]。马克思认为:"公社是俄国社会复兴的因素和俄国比其他还处在资本主义制度压迫下的国家优越的因素。"[③]与资本主义相比,公社在各方面都好得多。马克思说:"在俄国公社面前,资本主义是处于危机状态,这种危机只能随着资本主义的消灭、现代社会的回复到'古代'类型的公有制而结束,⋯⋯因此,不应该特别害怕'古代'一词。"[④]马克思的结论是:"俄国是在全国范围内把'农业公社'保存到今天的欧洲唯一的国家。它不像印度那样,是外国征服者的猎获物。同时,它也不是脱离现代世界孤立生存的。一方面,土地公有制使它有可能直接地、逐步地把小土地个体

---

① 《马克思恩格斯全集》第 19 卷,第 431 页。
② 同上。
③ 《马克思恩格斯全集》第 19 卷,第 431—432 页。
④ 《马克思恩格斯全集》第 19 卷,第 432 页。

耕作变为集体耕作,并且俄国农民已经在没有进行分配的草地上实行着集体耕作。俄国土地的天然地势适合于大规模地使用机器。农民习惯于劳动组合关系,有助于他们从小土地经济向合作经济过渡;最后,长久以来靠农民维持生存的俄国社会,也有义务给予农民必要的垫款,来实现这一过渡。另一方面,和控制着世界市场的西方生产同时存在,使俄国可以不通过资本主义制度的卡夫丁峡谷,而把资本主义制度的一切肯定的成就用到公社中来。"①这样,马克思就通过对俄国村社土地公有制及其所处的时代条件和特点的分析,得出了俄国可以绕过资本主义"卡夫丁峡谷"的设想。1882 年,马克思在《共产党宣言》俄文版序言中,又进一步申明了上述看法,他写道:"假如俄国革命将成为西方无产阶级革命的信号而双方互相补充的话,那末现今的俄国土地公共所有制便能成为共产主义发展的起点。"②

我认为,马克思的这个新设想在理论上带来的震动和冲击是巨大的、惊人的,其中包含着马克思对自己先前学说的一系列反思和突破:

首先,马克思跳越"卡夫丁峡谷"的思想确立了人道主义的历史尺度,这是马克思思想的一次飞跃。长期以来,马克思一向以生产力决定生产关系作为历史发展的机制和动力,同时也把它视为衡量和观察社会形态的基本尺度。现在当马克思确认俄国可以跳越"卡夫丁峡谷"时,他的出发点和着眼点已变为:避免资本主义的痛苦和灾难,减少牺牲和代价,维护人的尊严和价值。这实际上是把人道主义原则提升为历史的尺度了。当历史发展和人的价值标准发生冲突时,为了人本身就应该跳越"卡夫丁峡谷",在村社基础

---

① 《马克思恩格斯全集》第 19 卷,第 435 – 436 页。
② 《马克思恩格斯选集》第 1 卷,第 231 页。

上,向共产主义迈进。这表明,马克思晚年又把人道主义视为历史发展的尺度和契机,这是在新的基础上向他早期实践人本主义的复归。

其次,马克思的东方社会理论,特别是跳越"卡夫丁峡谷"的设想提供了用多样化思维来理解历史的典范。过去,马克思从"世界历史"思想出发,认为世界是唯一的,历史发展的规律和道路也是唯一的,一切地区和民族不管有多大的差别,都必须纳入统一的历史发展序列中。这就导致了历史发展的单线论。现在马克思的东方社会理论表明,人类世界从古至今就分为西方和东方两个世界,它们的具体历史特点不同,走过的道路不同,未来向新社会过渡的根据和途径也不同。它们的一系列差别表明,历史并不是严格确定的发展序列;偶然的、或然的、主体自身的需要等多方面因素都对历史发展起重大作用。这就决定了历史发展不是一元的、单线的,而是多元的、复线的。马克思的东方社会理论本身就是多元化历史观的鲜明例证。

当然也要看到,马克思像他过去对一切未来问题所抱的审慎态度一样,他只是把俄国跳越"卡夫丁峡谷"当作一种可能性,这种可能性化为现实必须具备多方面的前提,没有诸多条件的综合作用,这种可能性也不能化为现实性。所以,马克思在设想跳越"卡夫丁峡谷"时并未把话说死,他还充分注意到俄国向资本主义发展的可能。他在给查苏利奇的信的初稿中说:"农业公社的构成形式只能是下面两种情况之一:或者是它所包含的私有制因素战胜集体所有制因素,或者是后者战胜前者。一切都取决于它所处的历史环境……二种结局都是可能的,但是,对于其中任何一种,显然都必需有完全不同的历史环境。"[①]

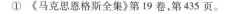

———————————

① 《马克思恩格斯全集》第19卷,第435页。

马克思不仅对公社的前景作了这种辩证的分析,就是在分析公社的内在生命力时,也采取了辩证的态度。马克思认为:"'农业公社'所固有的二重性能够成为它的强大的生命力的源泉,因为,一方面,公有制以及公有制所造成的各种社会关系,使公社基础稳固,同时,房屋的私有、耕地的小块耕种和产品的私人占有又使个人获得发展,而这种个人发展和较古的公社的条件是不相容的。"①因此,马克思认为:"这种二重性也可能逐渐成为公社解体的根源。"②恩格斯正是较多地看到了公社内在的破坏因素和外在的不利条件,因而才较多地强调了资本主义在东方滋长的可能。③

历史是一幅难以一下认清的扑朔迷离的画卷。过去将近一个世纪以来,许多人为马克思的东方社会理论,特别是为跳跃"卡夫丁峡谷"的设想而伤透脑筋,认为这是对传统理论的背离,是不可理解的。近几十年来,由于东方社会理论和列宁所反对的俄国"民粹派"的观点比较一致,在这种情况下,人们就更不敢问津了。没想到在一个世纪以后的今天,马克思的东方社会理论在进行了四五十年社会主义实践的诸多国家中找到了实验的园地。直到今天,社会主义革命并未在典型的西方国家中发生,相反,革命恰恰是在资本主义没有充分发展起来的东方国家首先胜利的。这就证明,社会主义不一定是资本主义高度发展的产物,"卡夫丁峡谷"确实是可以跳越的。就这点来说,马克思的东方社会理论确实得到了验证。但是,今天所有的社会主义国家跳越"卡夫丁峡谷"又都不太成功,在和资本主义的较量中还没有充分显示出社会主义的优越性,原因就在于亚细亚生产方式是和资本主义同时代的东西,可以跳越资本主义制度,而不可跳越与资本主义连带的肯定成就。这个肯定成就

---

① 《马克思恩格斯全集》第 19 卷,第 434 页。

② 同上。

③ 参见《马克思恩格斯选集》第 2 卷,第 624 – 626 页。

是什么,马克思没有具体说明。今天看来,无非是指高度发达的商品经济和社会生产力以及民主政治、人的个性发展等等。这些肯定成就不但不能跳越,而且必须在夺取政权后经过一个长时期的社会主义初级阶段补上这一课,努力把它们吸取过来。这大概就是马克思当年所说的吸取资本主义肯定成就的本意。

选自:《中国社会科学》1989 年第 2 期

马克思晚年的设想与邓小平建设
有中国特色社会主义理论

　　19 世纪 70 年代末期,马克思在研究俄国社会未来发展前景时,接触到了一个前所未遇的崭新课题——经济文化落后的国家如何建设社会主义? 马克思以一个革命家的创新精神和学者的求实态度对这个课题进行了深入的探讨,提出了以跳越资本主义"卡夫丁峡谷"为中心的一系列具体构想。恰巧一个世纪后,当邓小平面对十年"文革"的深重灾难和一个百废待兴的中国时,也不得不从头去思索一个巨大的时代课题——像中国这样经济文化比较落后的国家到底应该如何建设社会主义,如何巩固和发展社会主义? 邓小平高举解放思想和实事求是的旗帜,系统地提出和论证了建设有中国特色社会主义的理论,继承和实现了马克思晚年的遗愿,并在新的社会主义实践基础上发展和超越了马克思晚年的设想,为经济文化落后国家如何建设社会主义这个跨世纪的艰难探索画上了一个较为圆满的句号。比较研究马克思晚年的探索与邓小平建设有中国特色社会主义理论,将使我们更加确信:邓小平建设有中国特色的社会主义理论"是马克思主义同中国实际相结合的最新成果,是当代中国的马克思主义",坚持这一理论"就是真正坚持和发展马克思列宁主义和毛泽东思想"①。

一

在社会主义思想史上,恩格斯立下了不可磨灭的功绩,他的《社会主义从空想到科学的发展》一书是一尊不朽的历史丰碑。这本书以严密的逻辑和翔实的史料令人信服地证明,由于有了马克思的唯物史观和剩余价值学说这两大发现,社会主义才摆脱了假说形态,真正由空想变成了科学。列宁称恩格斯为"科学社会主义"②之父,科学社会主义的理论框架就是由恩格斯首先概括出来的。

但是我们必须承认,作为无产阶级运动之理论表现的科学社会主义学说,产生于西欧资本主义国家,是从那里蓬勃兴起的无产阶级革命斗争实践中提炼出来的。所以,恩格斯在论述科学社会主义的产生及其基本原理时,无不以欧美先进的资本主义国家为背景,他所表述的社会主义的目标和特征也以这些国家为原型。

《哥达纲领批判》是继《共产党宣言》和《社会主义从空想到科学的发展》之后科学社会主义的又一部纲领性文献。在这本书中,马克思提出了共产主义两个发展阶段的原理,论证了过渡时期和无产阶级专政的必要性,极大地丰富和发展了科学社会主义理论。但是仔细辨识也可以发现,无论是从资本主义到共产主义的过渡时期,还是过渡时期必须改造资本主义所有制,用无产阶级专政来镇压资产阶级的反抗,等等,所有这些都必须以资本主义的高度发展和资产阶级的存在为前提;离开了资本主义和资产阶级与无产阶级的阶级矛盾,科学社会主义就是无的放矢。

而经济文化落后国家恰恰就缺少资本主义的充分发展。在广

---

① 江泽民:《在学习〈邓小平文选〉第三卷报告会上的讲话》,1993年11月4日《人民日报》。
② 《列宁全集》第6卷,第29页。

大的东方世界,不仅经济落后,生产的商品化和社会化的程度很低,而且资产阶级和无产阶级本身也很幼稚和孱弱,远未成为能够问鼎统治权力的强大的社会力量。这种与西欧完全不同的特殊国情,已经远离科学社会主义的背景和初衷,它没有回答经济文化落后的国家如何建设社会主义的问题。对马克思来说,接触并试图解决这个问题,经历了长期的过程,直到他生命的最后几年才在认识上有较大的突破。

19世纪40年代,当马克思主义刚刚诞生的时候,经济文化落后国家的概念还不甚明晰。马克思在《共产党宣言》中虽曾多次提到过"野蛮的民族"、"农民的民族"及"未开化和半开化的国家",但这也只是一般笼统而言,除了指其落后和野蛮之外,当时还没有材料可供深入地揭示其内在特点。从19世纪50年代起,伴随着世界的殖民化进程,东方落后国家的历史和现实的材料大量地涌现出来。出于对落后国家人民命运的关心,马克思以极大的热情研读了这些材料,逐步了解到东方社会的现实状况和历史发展特点。在马克思看来,把握东方社会独有的农村公社、土地公有和专制国家三位一体的奇妙结合,对解开东方社会之谜并预示其发展方向,具有重要意义。1859年马克思在《政治经济学批判》序言中,正式称它为亚细亚生产方式。马克思思想的深邃和机敏表现在,他不仅用亚细亚生产方式来表征东方社会的现实特点,而且鉴于其村社和公有制的存在,又将它设想为人类社会原生形态的活化石,认为奴隶社会和封建社会等次生形态就是由这种亚细亚生产方式衍生出来的。

这样,亚细亚生产方式概念就具有了双重意义:一方面,它是人类社会的起点,同时又是东方落后国家现实的主导社会形态。自原始公社以来,西欧各国相继经历了奴隶社会、封建社会而演进到资本主义社会,而东方世界却一直以各种形式保留了亚细亚生产方式,这正是广大非欧世界贫穷落后的根源。至此,在马克思思想中,无所不包的统一世界被二重化了,东方经济文化落后的国家不仅现实状况与欧美资本主义世界根本不同,而且在历史上也经历了与西欧迥然不同的特殊发展道路。在这个意义上可以说,广大经济文化落后的国家构成了另一个完全不同的世界。

但是面对未来,马克思仍然认为,资本主义是经济文化落后国家唯一可能的现实前景。社会主义和共产主义是人类社会共同的历史取向,但只有资本主义创造的高度社会化的生产力才能奠定社会主义的物质基础。不经过资本主义发展阶段,企图在落后的生产力基础上实现社会主义,那只能是一种空想。就历史发展行程来说,经济文化落后的国家已被西方拉下整整一个历史时代,它们眼前面临的任务不是如何实践社会主义,而是如何经过资本主义形态去尽快发展社会生产力的问题。只有在资本主义充分发展的基础上才能考虑未来的社会主义前景,这是马克思在 19 世纪五六十年代的基本观点。

但是到了 19 世纪 70 年代末期,马克思的认识发生了巨大的飞跃,这特别体现在他对俄国社会未来发展的构想中。与西欧相比,俄国是一个庞大而又落后的东方帝国,也是世界上唯一较为完整地保留了村社及土地公有制的国家。1861 年废除农奴制的改革,与预期相反,不但没有缓和国内的阶级矛盾,反而使各种社会冲突都空前地激化起来。1877 年 4 月爆发的俄土战争进一步加剧了革命危机,沙皇政府内外交困,风雨飘摇,随时都可能被即将到来的革命风暴所倾覆。在这种形势下,一个尖锐的问题提到马克思面前:如果俄国革命爆发并取得胜利,那么人民革命胜利后的俄国将向何处去?是按照五六十年代的设想,走资本主义的老路,还是另辟蹊径,探索一条更为光明的现实之路?正是在对这个问题的深沉思索中,马克思第一次突破了主要以西方国家为背景的科学社会主义构想图式,触及了东方落后国家如何建设社会主义的问题,并尝试给予科学的解答。

二

　　马克思晚年的探索是一个没有最终完成的巨大工程,但其主要的核心部分已经明晰,那就是跳越资本主义"卡夫丁峡谷",在村社土地公有制的基础上,直接建设社会主义。这一基本构想及其蕴含的尚未充分展开的内容与邓小平建设有中国特色社会主义理论在精神实质上存在着许多一致和相似之处。归纳起来,大致体现在以下几个方面:

　　1.关于社会历史背景。19世纪70年代末的俄国与改革开放前的中国,虽然相距久远,处在不同的历史时代,但它们都没有经过资本主义的充分发展阶段,经济文化都相对发展滞后。特别是俄国存在着现成的村社土地公有制,而中国经过二十多年的社会主义革命和建设,也已经存在着社会主义公有制。尽管它们的发展水平相距悬殊,中国远比当年的俄国生产力水平要高得多,但与同时期的发达国家相比,它们有着共同的特性:生产力都比较落后,且都有公有制的经济基础。这是马克思晚年探索俄国未来社会发展道路的出发点,也是邓小平构思建设有中国特色社会主义道路的出发点。

　　2.关于历史发展道路的选择。19世纪五六十年代,像对待一切东方落后国家一样,马克思对俄国也主张资本主义的发展取向,他曾预言,如果发生农民起义,那么,"俄国的1793年就会来到"①。可是自19世纪70年代中期以后,马克思的看法逐渐改变。与先前更多地肯定资本主义在发展生产力上所做出的贡献相对照,这时马克思更多地看到了它与生产力发展相对抗的一面。1881年2月马克思在给俄国女革命家查苏利奇的书信草稿中说:"资本主义生产

────────────

　　① 《马克思恩格斯全集》第12卷,第725页。

一方面神奇地发展了社会的生产力,但是另一方面,也表现出它同自己所产生的社会生产力本身是不相容的。它的历史今后只是对抗、危机、冲突和灾难的历史。"①因此,为了发展社会生产力,俄国不应采取资本主义生产方式,而应跳越资本主义"卡夫丁峡谷",在村社土地公有制的基础上,建设社会主义和共产主义。这是马克思对俄国未来社会发展所做出的崭新抉择,也是马克思社会历史理论的巨大飞跃。

邓小平在第二次复出实际主持中央工作后,也面对一个中国向何处去的历史抉择。一些主张"自由化"的人们,鉴于"文化大革命"所造成的深重灾难和普遍存在的逆反心理及信仰危机,主张全盘西化,向资本主义看齐。在这历史转折的关键时刻,邓小平在力主改革开放的同时,旗帜鲜明地提出四项基本原则,反对资产阶级自由化,坚持中国的社会主义制度和社会主义发展方向。他反复强调,只有社会主义才能救中国,只有社会主义才能发展中国。中国人民在近代历史发展中已经摈弃了资本主义,选择了新民主主义和社会主义,这实际上就等于跳越了资本主义"卡夫丁峡谷"。尽管社会主义实践中发生了一些反复和曲折,那也只是吸取教训和进一步发展完善的问题,断无重蹈资本主义覆辙,再走回头路之理。社会主义是中国历史的发展必然,也是中国人民的自主选择。邓小平顺应历史发展的要求和中国人民的意愿,为中国选择了社会主义道路,体现了马克思晚年唯物史观的新走向和新成果:人类社会发展不仅是个自然历史过程,同时也是主体的选择和创造的过程。马克思和邓小平对当年俄国和当代中国所做出的共同的历史选择,是两代伟人对唯物史观巨大拓展的生动体现。

3. 关于发展的阶段。马克思和邓小平都认为,像俄国和中国这

① 《马克思恩格斯全集》第19卷,第443页。

类经济文化落后的国家,虽然可以跳越资本主义发展阶段,直接建设社会主义,但是这种社会主义只能是初步的,不成熟的,对此必须保持清醒的认识,决不可好高骛远,把长远的努力目标当作眼前的现实实践。与西方发达的资本主义国家不同,东方落后国家由于生产力水平低下,革命胜利后必须经过长期的发展过程,把生产力提高到与西方发达国家大体相近的水平,才能建成合格的社会主义社会,在此之前只能处在社会主义初级阶段。马克思在致查苏利奇的书信草稿中反复强调,跳越"卡夫丁峡谷"只是指跳越资本主义的政治统治时期,而与资本主义相连带的高度社会化的生产力则是不能跳越的。马克思之所以认定落后的俄国已经具备了进行革命并在村社土地公有制的基础上建设社会主义的条件,那是因为他视野开阔,突破了生产力水平的民族界限,认为俄国即使生产力水平不高,但与俄国同时并存的资本主义的生产力成果可资利用。马克思一再说明,俄国不"是脱离世界而孤立存在的"[1],它"和资本主义生产是同时代的东西"[2],又"生存在现代的历史环境中,处在文化较高的时代,和资本主义生产所统治的世界市场联系在一起"[3],这一切就决定了俄国可以在落后的生产力条件下,率先进行革命,并借助同时代外部世界的条件,加速发展社会生产力,尽快把经济文化水准提高上来。十分明显,这种社会主义与原来科学社会主义所指谓的那种成熟的、标准的社会主义相比,只能是初级阶段的。实际上,马克思所设想的跳越"卡夫丁峡谷"式的社会主义就是初级阶段的社会主义,这与邓小平的社会主义初级阶段理论的思路是完全一致的。在一定意义上可以说,马克思首开社会主义初级阶段理论的先河,为邓小平建设有中国特色的社会主义理论提供了有力的理

---

① 《马克思恩格斯全集》第 19 卷,第 444 页。
② 《马克思恩格斯全集》第 19 卷,第 431 页。
③ 《马克思恩格斯全集》第 19 卷,第 444 页。

论支持和历史根据。

4.关于发展的基础。跳越"卡夫丁峡谷"设想的内在根据是俄国存在着村社土地公有制,马克思经历了一个认识上的转变过程才把村社土地公有制确定为跳越"卡夫丁峡谷"和向社会主义发展的经济基础。自 19 世纪中叶以来,俄国兴起了一股民粹主义思潮。一些民粹主义思想家竭力证明,由于村社及土地公有制的存在,俄国人具有先天的优越性,是"天选的社会主义的人民"①,俄国农民是"真正的社会主义体现者"②。在他们看来,俄国独有的这种特殊国情,使它有可能避免西欧经历的资本主义发展阶段,直接由村社过渡到社会主义和共产主义。19 世纪 70 年代中期以前,马克思对于民粹派掀起的俄国特殊论的喧嚣,一直不屑一顾,持否定和蔑视的态度。他坚持认为,俄国在世界历史发展面前,不存在什么特殊性,村社土地公有制决不是俄国的救赎之路。1855 年 2 月 13 日,马克思在致恩格斯的信中表示了他对民粹派创始人赫尔岑的反感,说:"我不愿意在任何时间和任何场合同赫尔岑一起出面,因为我不赞成这样的意见:似乎旧欧洲要用俄罗斯的血液来更新。"③1870 年 2 月 13 日马克思在给恩格斯的信中再次表明了他不同意肆意夸大俄国村社的作用,说:"对于这种共产主义的黄金国,我从来不抱乐观的看法。"④

可是到了 70 年代末期,马克思改变了对村社土地公有制的评价。经过认真的比较分析,马克思认为,公社本身并不是消极的东西,相反,它是"俄国社会复兴的因素和俄国比其他还处在资本主义制度压迫下的国家优越的因素"⑤。过去人们经常谈论消灭公社

---

① 《马克思恩格斯全集》第 18 卷,第 614 页。
② 《马克思恩格斯全集》第 18 卷,第 617 页。
③ 《马克思恩格斯全集》第 28 卷,第 433 页。
④ 《马克思恩格斯全集》第 32 卷,第 421 页。
⑤ 《马克思恩格斯全集》第 19 卷,第 431 - 432 页。

所有制,那只是因为没有公正地对待它,"如果在农民解放的时候(指 1861 年废除农奴制的改革——引者注),农村公社立即被放在正常的发展条件下……那末,现在谁也不会再考虑到消灭公社的'历史必然性'了"①,只要消除外来的压迫和盘剥,给公社以必要的支持和扶助,那么公社就可以充分地显示出自己的优越性来。马克思最后做出结论:"总之,在俄国公社面前,资本主义是处于危机状态,这种危机只能随着资本主义的消灭、现代社会的回复到'古代'类型的公有制而结束。"②所以,应该消灭的是资本主义,而不是公社,公社及其土地公有制作为一种社会复兴因素应该保存、发展和完善,任何人为地消灭村社土地公有制的行为都"不是使当地人民前进,而是使他们后退"③。

马克思的这个认识和决断与邓小平的改革开放须坚持社会主义道路的宗旨是完全一致的。事实已经证明,中国不能再沿袭原有的僵化的社会主义模式,必须深化改革,其中包括对高度集中的公有制模式进行改造。但是必须看到,不论是多种经济成分的存在,还是从承包制到股份制试点的产权改造,都没有改变以公有制为主体的经济结构,相反,改革本身正是公有制的自我发展和自我完善,归根到底,是为了巩固和发展公有制而采取的积极措施。歪曲改革的目的,动不动就提出"姓社""姓资"的责难,这显然是对改革的性质和使命的一种误解。

5. 关于发展的手段。在俄国跳越"卡夫丁峡谷"的设想中,资本主义不是作为母体,而是作为与它同时并存的外部条件而存在的。俄国本身还没有经过资本主义的磨难,资本主义的资金、技术和一整套与社会化大生产相匹配的管理方法,对俄国未来的社会发

---

① 《马克思恩格斯全集》第 19 卷,第 431 页。
② 《马克思恩格斯全集》第 19 卷,第 432 页。
③ 《马克思恩格斯全集》第 19 卷,第 448 页。

展是有益的,可资借鉴的。马克思的跳越"卡夫丁峡谷"设想的立论根据就在于俄国现存的村社土地公有制可以和资本主义的社会化大生产相结合。因此,在俄国跳越资本主义发展阶段的同时,还必须"吸取资本主义制度所取得的一切肯定成果"①,这是能不能在村社土地公有制的基础上建设社会主义的关键。马克思当时就曾指出:"要在俄国使用机器,它必须先经过机器生产的孕育期。"批判自由派的思想家们,"怎么能够可说是在几天之内就把西方需要几个世纪才建立起来的一整套交换机构(银行、信用公司等等)在俄国建立起来呢"②? 可见,在马克思的心目中,俄国若真的跳越"卡夫丁峡谷",不仅必须发展大机器生产,而且资本主义的一整套金融交换机构也必须相应地建立起来。马克思曾自问道:完善俄国村社所需要的"设备、肥料、农艺上的各种方法等等集体劳动所必需的一切资料,到哪里去找呢?"他回答说:"和它同时并存的资本主义生产在给它提供集体劳动的一切条件。它有可能不通过资本主义制度的卡夫丁峡谷,而享用资本主义制度的一切肯定成果。"③

要切实有效地把资本主义的肯定成果吸取过来,就决不能闭关锁国,而必须实行开放政策,敞开国门,和世界经济接轨。显而易见,不实行开放政策,吸取资本主义的肯定成果就是一句空谈。在这个意义上可以说,马克思是落后国家实行开放政策的最先倡导者。

吸取资本主义肯定成果的思想同样也是邓小平建设有中国特色社会主义理论的重要组成部分,他所倡导的开放政策就是为了打开国门,吸取资本主义世界的一切有价值的东西,为我所用。开放是与改革相辅相成的另一翼,只有在经济上深化改革的同时,充分

---

① 《马克思恩格斯全集》第19卷,第451页。
② 《马克思恩格斯全集》第19卷,第444页。
③ 《马克思恩格斯全集》第19卷,第438页。

调动起外部机制的辅助作用,中国经济才能摆脱僵化体制的束缚,在更广阔的空间,走上高速腾飞的正轨。所以,邓小平既强调坚持马克思主义和社会主义的指导地位,又不因意识形态的对立和分歧而束缚自己同国际社会的交往与合作。他在南方谈话中指出:"社会主义要赢得与资本主义相比较的优势,就必须大胆吸收和借鉴人类社会创造的一切文明成果,吸收和借鉴当今世界各国包括资本主义发达国家的一切反映现代社会化生产规律的先进经营方法、管理方法。"①在开放和吸取资本主义肯定成果的问题上,马克思和邓小平有着相同的思想。

6. 共同的思想基点。马克思和邓小平都是伟大的共产主义者和革命的人道主义者,他们的探索和理论构思都倾注了对人的价值和命运的深切关注,表现了寄予人的全面发展的崇高理想。

马克思在给俄国《祖国纪事》杂志编辑部和查苏利奇的信中,反复申明,他之所以主张俄国跳越"卡夫丁峡谷",其根本目的是为了使俄国等东方落后国家的人民"不经受资本主义制度的一切苦难"②,避免"遭受资本主义制度所带来的一切极端不幸的灾难"③,"不通过资本主义生产的一切可怕的波折而吸收它的一切肯定的成就"④。可以看出,马克思晚年把对人的价值和命运的关切当作跳越资本主义"卡夫丁峡谷"的重要支点之一。

同样,邓小平建设有中国特色的社会主义理论也洋溢着对人的价值和命运的无比重视和关心。对此,江泽民同志在学习《邓小平文选》第三卷报告会的讲话中做出了明确的概括:"他尊重群众,热爱人民,总是时刻关注最广大人民的利益和愿望,把'人民拥护不

---

① 《邓小平文选》第 3 卷,第 373 页。
② 《马克思恩格斯全集》第 19 卷,第 129 页。
③ 同上。
④ 《马克思恩格斯全集》第 19 卷,第 431 页。

拥护'、'人民赞成不赞成'、'人民高兴不高兴'、'人民答应不答应'作为制定各项政策和方针的出发点和归宿。"邓小平一再强调，贫穷不是社会主义，对共产党来说，改善人民生活，提高人民福利是天经地义、理所当然的。他提出的抓住机遇，深化改革，加速发展，几年经济上一个新台阶的发展战略，其目的就是给人民以实惠，造福于中国老百姓。他对社会主义本质的概括也以最终达到共同富裕为目标。他超越"姓社""姓资"的抽象争论，提出"三个有利于"，其中之一就是"有利于提高人民的生活水平"。总之，深切关注人的价值和命运是贯穿邓小平建设有中国特色社会主义理论的一根红线。邓小平和马克思在服务于人民和造福于人民这一共产主义者的根本宗旨上是一脉相承、完全一致的。

马克思和邓小平在关于经济文化落后国家如何建设社会主义问题上诸多观点的一致表明，邓小平是马克思学说和事业的忠实继承者，邓小平的建设有中国特色社会主义理论内在于马克思主义体系之中。某些理论家曾试图把这一理论与历史上的"实用主义"和"经济主义"思潮相提并论，是完全错误的。

三

马克思主义是开放的体系。随着时代的演进而不断更新自己的内容和形态是马克思主义的内在本性。自上一世纪 70 年代末马克思提出跳越"卡夫丁峡谷"设想以来到邓小平提出建设有中国特色的社会主义理论，时间已经整整过了一百年，中间经过苏联半个多世纪的社会主义实践和新中国二十多年的探索，社会主义远非昔日可比，早已从理论构想进到实际运作形态。邓小平建设有中国特色社会主义理论是在新的时代和更高的起点上提出来的，它不是表现为直接地参照和引用马克思晚年探索的文献，但它却在真理的趋同性意义上蕴含着与马克思晚年探索相同的成果。所以，邓小平的建设有中国特色社会主义理论不仅是在马克思晚年探索基础上的继续探索，而且还在许多方面实现了巨大的突破和超越。这主要表现在：

1. 在 19 世纪 70 年代末的历史条件下，俄国作为一个东方落后的国家，毕竟远离社会主义的实践水准，马克思是在预想俄国人民革命即将爆发，期待着"老天爷不特别苛待我们，我们该能活到这个胜利的日子"①这种特殊心境下，做出跳越"卡夫丁峡谷"的论断的。所以这个论断的设想和希望成分较多，而反映历史必然性的现实成分较少，这一点特别表现在它设定了实现这一设想需有多方面的实践条件。比如，马克思曾说："要挽救俄国公社，就必须有俄国革命"②；"假如俄国革命将成为西方无产阶级革命的信号而双方互相补充的话，那末现今的俄国土地公共所有制便能成为共产主义发展的起点"③；"如果革命在适当的时刻发生，如果它能把自己的一切力量集中起来以保证农村公社的自由发展，那末，农村公社就会很快地变为俄国社会复兴的因素"④；等等。由于这些"假如"和"如果"只是一种设定，而不是一定发生的必然，所以，马克思跳越"卡夫丁峡谷"的设想特别重视和突出实现的前提，而对于具体的实现程序和操作手段相对论述得较少。马克思曾说，农业公社天生的二重性使得它只可能是下面两种情况之一：或者是私有制原则在公社战胜集体原则，或者是后者战胜前者。"一切都取决于它所处的历史环境。"⑤

与之相比，邓小平的建设有中国特色社会主义理论是在国内外长期社会主义实践经验的基础上提出来的，是历史积淀的结晶。因

---

① 《马克思恩格斯全集》第 34 卷，第 275 页。
② 《马克思恩格斯全集》第 19 卷，第 441 页。
③ 《马克思恩格斯选集》第 1 卷，第 231 页。
④ 《马克思恩格斯全集》第 19 卷，第 441 页。
⑤ 《马克思恩格斯全集》第 19 卷，第 435 页。

此,它带有极大的确定性和可操作性。邓小平一再强调,要解放思想,实事求是,这是贯穿全部建设有中国特色社会主义理论的精髓,也是中国改革开放成败的关键。正是遵循这一原则,我们党才敢于在实践中废止那些行之多年的"左"的政策,才敢于抛弃那些对社会主义的不科学甚至扭曲的理解,确立一整套符合中国实际和行之有效的改革开放政策。邓小平建设有中国特色社会主义理论的最大特点是它具有鲜明的时代色彩,是站在当代历史发展的制高点上,对世界发展行程及格局与社会主义运动兴衰成败进行冷静思索与大胆创新的辉煌成果。它不仅远远高于马克思跳越"卡夫丁峡谷"的设想,而且超越苏联和中国改革开放前的社会主义实践,它第一次比较系统地回答了经济文化落后国家如何建设社会主义、如何巩固和发展社会主义的一系列基本问题,用新的思想和观点继承、丰富和发展了马克思列宁主义、毛泽东思想。

2. 马克思跳越"卡夫丁峡谷"的设想追求一种新的生产方式,即高度社会化的生产力与公有制生产关系的结合。俄国当时的生产力虽然落后,但可以吸取同时代存在的资本主义的肯定成果,弥补生产力落后这一不足。问题出在公有制生产关系上,俄国虽然存在着较为完整的村社土地公有制,但1861年废除农奴制改革后,这种古老的公有制传统已经受到了巨大的挑战和冲击。马克思虽然极力维护村社土地公有制,但又不得不面对现实,他看到:农村公社"目前正处于危险境地,显然这对任何人都不是秘密了"①。"威胁着俄国公社生命的不是历史的必然性,不是理论,而是国家的压迫,以及渗入公社内部的、也是由国家靠牺牲农民培养起来的资本家的剥削。"②在这几重压迫下,"'农村公社'几乎被推向灭亡的边

① 《马克思恩格斯全集》第19卷,第439页。
② 《马克思恩格斯全集》第19卷,第446页。

缘"①,它作为未来新的生产方式中公有制生产关系的一极,处境险恶,难以指靠。在这种情况下,把跳越"卡夫丁峡谷"的设想变为现实,决非易事。后来的事实证明,俄国虽然是世界上最先建设社会主义的国家,但其途径不是借助村社土地公有制。十月革命爆发时,它早已土崩瓦解,私有制土地关系已经广泛发展起来,俄国最终也没有逃脱出改造土地私有制和重建公有制的历史格局。

如果把马克思的跳跃"卡夫丁峡谷"设想与解放前的旧中国相比照,则更显示出其适用范围的局限性。中国在周代以前,也曾存在过村社土地公有制,但自秦汉以后,它逐渐瓦解,农村的地主经济发展起来。中国也是在人民革命胜利后,经过合作化,才建立起土地公有制的。就这个意义来说,无论是俄国还是中国,都没有经历过马克思所设想的借助村社土地公有制实现社会主义的道路。只是在跳越资本主义"卡夫丁峡谷"这一点上,马克思的设想得到了应验。

与马克思晚年设想的脆弱基础相区别,邓小平建设有中国特色社会主义理论具有坚实的依托,它是在总结国际共产主义运动以及中国社会主义建设实践的经验教训的基础上提出来的。长期以来,苏联和改革开放前的中国都忽视自己的国情,盲目地追求一种纯而又纯和一大二公的社会主义空想模式,结果扼杀了社会主义的生机与活力,陷于高度集权的僵化体制而难以自拔。邓小平总结了国内外社会主义实践的经验教训,从中国经济文化落后的现实出发,有针对性地制定出一系列行之有效的政策。对内依靠社会主义的经济基础,并不断地深化改革,实现社会主义的自我发展和自我完善;对外扩大开放,吸取包括发达资本主义国家在内的一切先进的文明成果,借以提高社会主义社会的生产力,增强综合国力。15 年来改

---

① 《马克思恩格斯全集》第 19 卷,第 441 页。

革开放所取得的巨大成就证明,邓小平建设有中国特色社会主义理论具有强大的根基,是指导中国人民夺取社会主义现代化建设事业伟大胜利的锐利思想武器。

3. 马克思晚年的探索蕴含着一系列重大的理论突破,特别是跳越资本主义"卡夫丁峡谷"和保存、完善村社土地公有制等见解都是与传统观点相悖的新论。但是,囿于历史条件和实践水平的限制,许多范围更广、层次更深的问题都未接触到。众所周知,俄国的村社经济是一种公私二重性的经济,它的土地虽然是公有的,但是,"房屋及其附属物——园地,是农民私有的"①。如何对待这种小规模的私有制? 这是马克思跳越"卡夫丁峡谷"的设想中没有论到的。类似的缺憾还很多,这也不足为怪。当时,马克思远在英国,脱离俄国的具体环境,而且俄国革命也并未预期爆发,马克思只是借给查苏利奇的书信之机,抒发了自己的一些想法。这些想法是拟议中的,许多具体问题和实施细节还未涉及或者拿不太准。所以,马克思的书信很费踌躇,一改再改,共写了四稿,最后只留下了几百字,删掉了前三稿中许多丰富的内容和精辟的见解。

邓小平建设有中国特色社会主义理论是马克思主义发展史上的一次巨大的理论飞跃,与马克思的跳越"卡夫丁峡谷"设想相比,包含了许多前所未见的全新的东西。诸如"三个有利于",建立社会主义市场经济体制,一国两制,以按劳分配为主体、以其他分配形式为补充的分配体制,等等,这些思想不仅以其新奇的意蕴引人注目,而且都是理论上和政策上拨乱反正、开拓创新的结果。由于"左"的思潮的影响,过去许多反映社会化大生产规律和要求的人类文明成果都被视为资本主义的独有特性而拒之门外,许多符合实际和行之有效的政策措施都被视为异端而不断地加以批判。邓小

---

① 《马克思恩格斯全集》第 19 卷,第 449 页。

平站在时代的前沿,怀着崇高的责任心和使命感,以其博大的心胸和聪睿的理智,经过认真的澄清、辨识和重新规范,一系列过去被打入另册的正确观点和认识被重新确立和发展,成为邓小平建设有中国特色社会主义理论的重要构成部分。

邓小平建设有中国特色社会主义理论的产生及其巨大功用是马克思主义内在的生命活力的体现,是中国共产党人辛勤探索和勇于创新的集体智慧的结晶。它昭示我们,要站在时代的新起跑线上,放眼世界,面向未来,既坚持马克思主义,更要发展马克思主义。邓小平建设有中国特色的社会主义理论就是当代中国的马克思主义,是马克思主义的现代形态。如江泽民同志所指出的:"只要我们按照这个理论所指引的方向、道路和'三步走'的发展战略干下去,一直干到下个世纪的中叶,达到世界中等发达国家水平,一个富强、民主、文明的社会主义现代化中国就一定能够巍然屹立于世界的东方。"①

选自:《中国社会科学》1994 年第 6 期

---

① 江泽民:《在学习〈邓小平文选〉第三卷报告会上的讲话》,1993 年 11 月 4 日《人民日报》。

唯物主义的社会主义内蕴

哲学界很少有人注意到：马克思在自己学说的形成时期，曾就唯物主义与社会主义的内在关联发表过十分精湛的见解。唯物主义是对世界的客观理解，社会主义是一种理想的社会形态，表面看它们之间似乎没有什么必然的联系。但是，马克思目光敏锐，见解深邃，他在批判青年黑格尔派的斗争中，不仅深刻地阐明了二者的内蕴关系，而且还特别强调了实践对唯物主义和社会主义的契合机制和支撑作用。回顾马克思的这些思想，并对社会主义必须遵循的实践原则作一全方位的透视，无疑具有重要的理论意义和现实意义。

一、社会主义与唯物主义的内在关联

社会主义就其内容来说，是阶级压迫和社会不平等现实所激起的一种回响，因而最初都表现为对未来理想社会的憧憬。但就其产生的形式和途径而言，它同任何先进的思想一样，都是从现有的思想资料出发，表现为对以往思想的承接和发挥。唯物主义哲学作为正确的世界观，向来与进步阶级相携手，为他们提供先进的思想指引和行动坐标。18世纪的唯物主义曾经孕育和指导了轰轰烈烈的法国大革命，在一定意义上可以说，资本主义的经济制度和政治文明就是在法国启蒙学派和唯物主义者的平等、正义、人权、博爱的呐喊声中产生出来的。

但是,法国唯物主义的威力远不止于此,它不仅在思想中铸造了一个资本主义世界,而且还为未来推翻这个世界埋下了伏笔。唯物主义哲学具有极强的历史穿透力,依据它的基本精神和实践准则,不仅封建制度要被推翻,就是取而代之的资本主义也不合乎理性和正义,一个更美好的社会蓝图等待人们去描绘和争取,这就为社会主义提供了逻辑前提。德国庸人只看到唯物主义对封建主义的批判和对资本主义的关照,而马克思则透过问题的表面,看到了唯物主义的巨大潜力。那么,唯物主义的社会主义内蕴又体现在哪里呢? 1844 年,马克思恩格斯合写了著名的《神圣家族》一书,其中专辟一章,题为"对法国唯物主义的批判的战斗",精辟地阐明了社会主义源于唯物主义的社会观,是"唯物主义运用到社会生活方面"①的体现。

18 世纪法国唯物主义者在历史观上都是唯心主义的,但这并不妨碍他们如实地反映社会生活,并对其中某些社会现象做出正确的观察和判断。马克思重视的不是其思想的直接现实性,而是它的深层意蕴和逻辑引申。如果将其贯彻到底和推论至极,那就不难发现"唯物主义的社会主义倾向"②。在《神圣家族》中,马克思自己就率先做了这样一番推论,他说:"并不需要多大的聪明就可以看出,关于人性本善和人们智力平等,关于经验、习惯、教育的万能,关于外部环境对人的影响,关于工业的重大意义,关于享乐的合理性等等的唯物主义学说,同共产主义和社会主义之间有着必然的联系。"③从人性、利益、环境等诸多推导所得出的结论和要求,显然是资本主义现实所满足不了的,只有在未来理想的社会主义和共产主义社会中才能达到。在这个意义上,马克思说法国唯物主义"直接

---

① 《马克思恩格斯全集》第 2 卷,第 165 页。
② 《马克思恩格斯全集》第 2 卷,第 167 页。
③ 《马克思恩格斯全集》第 2 卷,第 166 页。

导向社会主义","成为社会主义和共产主义的财产"①。

法国唯物主义的社会主义倾向具有深厚的哲学基础,带有某种必然性。唯物主义的基本立场是社会主义的哲学根基,哲学基本问题的正确回答而连带出的对感觉和经验的理性关注是社会主义产生的认识论前提。一般来说,只要能从感觉和经验出发,理性地面对生活,就有可能在人性、环境、教育、犯罪等问题上得出切近实际的结论。正是这些结论的延伸和追寻才把唯物主义和社会主义联结起来,并成为社会主义理想和要求的诞生地。

当然,这决不是说任何唯物主义都能孕育社会主义。18 世纪特定的社会历史背景特别是早期资本主义的实践和科学的发展水平,是唯物主义内蕴社会主义的不可或缺的因素。所以恩格斯才说,现代社会主义就其理论形式来说,起初表现为 18 世纪法国启蒙学者——当然也包括唯物主义者——"所提出的各种原则的进一步的、似乎更彻底的发展"②。

二、只有实践的唯物主义才能达到社会主义和共产主义

18 世纪法国唯物主义者虽然对复杂的社会生活持有颇多深刻的见解,但是这些见解都紧紧地束缚在哲学中和书本上,他们不想也无力把他们的学说实践化,并在现实中得到回应。所以,法国唯物主义虽有社会主义意蕴,但和实际相距甚远,社会主义对他们来说只是逻辑和潜在的东西,他们不愿意也不可能使之物化或对象化;它满足不了无产阶级实际斗争的需要,它的真正价值是为空想社会主义提供了思想资料,成为马克思主义的科学社会主义的来源。

----

① 《马克思恩格斯全集》第 2 卷,第 160、166 页。
② 《马克思恩格斯选集》第 3 卷,第 719 页。

空想社会主义的最大缺点是空想,而空想得以形成则源于轻视实践。在空想社会主义者看来,社会主义重在构想,因为"社会主义是绝对真理、理性和正义的表现,只要把它发现出来,它就能用自己的力量征服世界"①。马克思在《神圣家族》中开列了空想社会主义对唯物主义的依赖,他说:"傅立叶是直接从法国唯物主义者的学说出发的……成熟的共产主义也是直接起源于法国唯物主义的……比较有科学根据的法国共产主义者德萨米、盖伊等人,像欧文一样,也把唯物主义学说当做现实的人道主义学说和共产主义的逻辑基础加以发展。"②从这个意义上说,法国唯物主义的社会主义内蕴,作为一种文化价值,又与当时不成熟的无产阶级相联系,成为代表他们朦胧意识和利益的空想社会主义的思想先驱。

为了珍视和光大唯物主义与社会主义的"必然联系",充分弘扬这种联系的价值和意义,必须对旧唯物主义重理论、轻实践的传统进行革命改造,赋予唯物主义以"改变世界"的新功能。这就要把唯物主义从作为社会主义的"逻辑基础""直接导向"和"必然联系"的层面提高到实践活动的层面,在千百万人"改变世界"的活动中体现其"社会主义倾向",兑现社会主义的宗旨和理想。唯物主义无须自我束缚和自我封闭,它只要从"解释世界"的纯粹理论形态进到"改变世界"的实践形态,其蕴含的社会主义理想和宗旨就会立即解放出来,化为现实的共产主义运动,这种理想和宗旨的实践者和身体力行者,自然也就是一个共产主义者。出于这种逻辑和理解,马克思才在其成熟的著作《德意志意识形态》中提出一个科学命题:"实践的唯物主义者即共产主义者",并说其全部使命"都在于使现存世界革命化,实际地反对并改变现存的事物"③。

---

① 《马克思恩格斯选集》第3卷,第732页。
② 《马克思恩格斯全集》第2卷,第167–168页。
③ 《马克思恩格斯选集》第1卷,第75页。

"实践的唯物主义者即共产主义者"这个命题,浓缩了从18世纪法国唯物主义经过空想社会主义再到马克思主义的近一个世纪的哲学发展历程。一方面它是对唯物主义的社会主义内蕴的充分肯定,揭示了社会主义的哲学根源,同时它又是对空想社会主义忽视实践而使社会主义流于空谈的超越。它以"改变世界"的崭新思想呼唤出实践概念,又以实践为中介,把唯物主义与社会主义和共产主义联结在一起。这里突出的核心是实践,因为只有实践才赋予哲学以"改变世界"的功能,只有实践形态的唯物主义才能把内蕴的社会主义、共产主义变为现实,从而才能真正地"改变世界"。马克思的逻辑是:实践把唯物主义提升为共产主义,付诸实践的唯物主义才能真正达到社会主义和共产主义,正因为有实践的唯物主义,所以才有实践的唯物主义者,而践行唯物主义的社会主义内蕴的人,当然也就是社会主义和共产主义者,他们的使命也就是进行共产主义革命,"实际地反对并改变现存的事物"。

　　"实践的唯物主义者即共产主义者"这个命题的意义具有极其普遍的适用价值,它推出了新的理解世界的方式,把唯物主义从注重物质的形态推进到注重实践的形态。时代的进步、实践和科学的发展都要求在坚持自然优先的前提下,转换思维方式和哲学视野,由追寻物质始基变为对人及其生活世界的关注。实现这种转换的关键在于:把费尔巴哈视野中那种抽象的生物学上的自然人变为活生生的社会人、历史人、具体人,把过去追逐的先人而在、与人无涉的纯粹抽象的物质世界变成人在其中生活和活动的世界。人和世界的现实化全都聚焦在实践上:只有实践才把人和动物分开,动物适应自然、融于自然,而人则改变自然,用生产活动创造出自然界本来没有的生活资料以满足生命需求,并在实践活动中形成现实人的不同个性;自然界也绝非与人他在,而是经过人的实践活动的改造,实现自然人化,形成人化自然。所以,只有实践生成的人和自然,才是真正现实的人和自然，只有这种现实的人和自然，才是现代哲学的真正视点，由于坚持了自然的先在性，这种理解世界的方式是唯物主义的；由于用人的活动来说明现实的人和现实的世界，这种唯物主义又是从实践出发的。马克思在《关于费尔巴哈的提纲》中把这种从实践出发理解世界的唯物主义称为"新唯物主义"，即"把感性理解为实践活动的唯物主义"。而在《德意志意识形态》中，马克思又正式将实践和唯物主义挂起钩来，提出"实践的唯物主义者"这个蕴含着实践唯物主义的一般概念，并进而提出"实践的唯物主义者即共产主义者"的命题。

这样，马克思就站在哲学发展的前沿，把唯物主义提升到以实践为内核的新阶段。在历史上，17 世纪的唯物主义是见物不见人的"纯粹唯物主义"，18 世纪特别是费尔巴哈的唯物主义是重视人但又由于轻视实践而不理解现实人的"直观唯物主义"。只有马克思在扬弃旧唯物主义的基础上，创立了实践唯物主义这一正确理解世界的方式。这种唯物主义不是专注从物质出发去看世界，而是从人作为一个特殊的生命存在的活动出发去看世界，这就把人视为实践主体，把主体的利益、意志的追求和价值判断带到活动中来，所以实践唯物主义的理解世界方式也是主体思维方式、价值思维方式和创新思维方式。马克思作为一个革命家时刻不忘记自己的革命天职，在提出实践唯物主义世界观的同时，立即就把它贯彻到对共产主义的理解中。是否重视实践，能不能从实践出发切入实际生活并进而带动整个理论，这是能否达到共产主义并成为共产主义者的试金石和分水岭。

三、社会主义的生命在于实践创新

马克思的"实践的唯物主义者即共产主义者"的命题已经指明，社会主义和共产主义的全部问题都集于实践，即"使现存世界革命化,实际地反对并改变现存的事物"。他在论述共产主义革命同时发生的设想时,郑重指出:"共产主义对我们来说不是应当确立的状况,不是现实应当与之相适应的理想。我们所称为共产主义的是那种消灭现存状况的现实的运动。"①这段话再清楚不过地表明了马克思对社会主义和共产主义的真实理解。

过去人们往往用静态的思维方式来理解社会主义和共产主义,要么把社会主义和共产主义说成是一种理想、信念,要么归结为一种思想或世界观,要么认为是一种社会形态或社会制度,要么理解为人的一种精神和品格。所有这些理解都有道理,在特定的意义上也很通行。但是马克思避开了所有这些说法,唯独突出实践,把社会主义和共产主义归结为消灭现存状况的现实运动。马克思对社会主义和共产主义的这种理解表明,他本人就是坚定的实践唯物主义者,一贯遵循他自己确立的"把感性理解为实践活动"的思维方式,对共产主义也从实践活动方面加以界定。对社会主义和共产主义的实践理解抓住了问题的根本:一方面马克思的这个论断表明了共产主义与实践的统一,指出社会主义和共产主义无论作为信念、理想或是作为应当确立的状况,都不应远离人的实践活动而成为高高在上的虚幻存在。只有消灭现存状况的实践活动才真正体现了共产主义运动的深刻意蕴和实际内容。另一方面,马克思的这个论断也表明了社会主义和共产主义对实践的依赖性,指出只有实践才能实现共产主义的理想和宗旨,离开千百万人的实践活动和改变现存状况的斗争,共产主义的美好前景也就无从谈起。所以社会主义和共产主义应当特别注重实践,尊崇实践,在一定意义上可以说,实践是社会主义和共产主义的生命,是其存在的基本方式。我们当下正在从事的社会主义具有多方面的属性,但其本质特征是实践的社

---

① 《马克思恩格斯选集》第 1 卷,第 87 页。

会主义。只有在实践中而不是在口头上和争论中去干社会主义,社会主义才能兴旺繁盛。

　　为了确立实践在社会主义事业中至高无上的地位,保证社会主义时时刻刻都不脱离正轨,必须牢牢树立社会主义重在实践的观念,给出行之有效的实践准则或实践模型:

　　1. 实践模拟。社会主义是前无古人的事业,在可资学习和借鉴的经验问题上存在着一个难以解脱的二律背反。社会主义作为一项巨大的实践工程,像人类的一切实践活动一样,为了避免失误,少走弯路,都需学习前人成功的经验,汲取其不成功的教训,这对于缔造一个新的世界是绝对必需的。然而,社会主义史无前例,它自身恰恰就缺少这种经验教训。这就发生了一个历史性的难题:社会主义运动需要实践经验作为参照系,而社会主义的首创性恰恰意味着它自身提供不了任何经验和教训。社会主义要想使自己的一切活动不陷入盲目和被动,只有一条路可走,那就是以实践为师,在干中学,在不断的实践和探索中,自己校正自己,规范自己,这是社会主义的先天本性所决定的。

　　2. 实践根据。社会主义实践的成败得失不仅依赖于重在实践的观念前提,更特别倚重于正确的实践运作,解决如何实践,怎样干社会主义的问题。首先提到第一位的是实践决策和运作的依据和出发点是什么? 是书本还是实际? 是从先验的原则出发还是坚持实事求是? 这个问题现在看起来似乎不难回答,但在历史上,它不仅颇费踌躇,而且极易导向原则和书本。历史经验表明,是从实际出发,实事求是,还是从书本原则出发,照抄照搬,这是关系到社会主义实践如何起步的头等大事。社会主义运动必须重在实践和正确进行实践,而实事求是就是正确实践的起点,是决定社会主义成败的思想基础和认识前提。

　　3. 实践创新。实践不仅是经验之源泉,也是创新之事业。实践每深化一步都具有开拓创新的意义。为此,不仅要提倡实事求是,还要倡导解放思想,要大胆地尝试、创新,要有风险意识和敢做敢为的精神。社会主义本质上就是一种创新的事业,实践创新是社会主义的生命所在,也是社会主义必须遵循的实践原则。邓小平的建设有中国特色社会主义理论就是社会主义前所未有的伟大创新,今日中国的一切成就,都是从社会主义的实践创新中取得的。

4. 实践关照。要以人为本,永远把实践者置于主体的地位。社会主义是千百万人民的共同事业,人民是社会主义的实践主体。人民的状况如何,人民的利益是否得到充分的关照,人民的要求、愿望和呼声是否得到充分的体现或表达,人民是否充分地动员起来,真正自觉地投入创造性的实践,对社会主义的前途命运关系极大。过去长期以来流行一种所谓"天然代表论",认为只要有党的领导和社会主义制度就自然从根本上代表了人民的利益,而不问实践中是否真正做出了符合人民利益的决策,真正开展了反映人民利益和要求的活动。这种理论既无视人民的现实需要和实际利益,也麻痹了决策者自己,极易在人民和社会主义之间造成隔阂和鸿沟,并往往为腐败分子所利用,成为他们大搞腐败的保护伞。必须消除这种影响,把以人为本的宗旨落实到社会主义的实践中,这是社会主义不断发展和进取的根本保证。

5. 实践维度。社会主义的实践坐标始终受到两个维度的制约:一个是应然维度,主要指理想原则,即我们应该做到的;另一个是实然维度,主要指现实状况,即客观实际所能允许我们做到的。正确处理好两个维度的关系,对社会主义实践影响极大。社会主义的本质决定它在实践中必须贯彻理想原则,既表明其未来前进和发展的方向,又体现社会主义运动的理想和正义性质。如果社会主义没有任何超前的意识,那么它就无法体现自己的进步性,就将失去人民的信赖。但是,社会主义所面临的现实状况又决定了它在一定时期内不可能完全承诺和兑现共产主义的理想原则,我们不能超越社会发展阶段而犯"左"倾盲动冒进的错误。正确的抉择应是既有所为又有所不为,既在实践中恰当而适度地体现共产主义的公正性和先进性,又严格从实际出发,充分反映现实的要求,不为一切超现实的美好动听语言所动心。邓小平的建设有中国特色社会主义理论就是共产主义的先进性和求实精神的完美统一。

选自:《中国社会科学》2001 年第 2 期

马克思哲学的当代价值综论

　　中国社会科学杂志社和中山大学马克思主义哲学与中国现代化研究所共同发起的第一届"马克思哲学论坛",深入探讨了马克思哲学的当代价值这一主题。与会学者认为,马克思毕生都在为人类解放寻找理性之路,马克思哲学是时代性与人类性的统一,是哲学理性与人类理想的统一;它是文明的活的灵魂,而只有成为文明的活的灵魂才能成为时代精神的精华。马克思哲学与一切旧哲学在表征、反映时代和发挥作用的方式上有本质的不同,马克思哲学的真正本质和精神是从批判旧世界中创造新世界,它是立足现实、开创未来的思想源泉,因而一切从实际出发,让事实来说话的境界是马克思哲学最具时代生命力之所在。在经济全球化和我国改革开放日益深化的今天,突出和弘扬马克思哲学的时代精神尤为重要。与会学者认为,把握和弘扬马克思哲学的基本精神,指导我们的实践和生活,这只是实现马克思哲学当代价值的一个方面,另一个重要方面就是,必须立足当代社会实践,回答马克思理论在当代面临的挑战,实现马克思哲学的理论创新,唯此,才能真正实现马克思哲学的当代价值。为了让读者更多地了解会议的成果,特将本次论坛的部分发言举要刊登如下。

黑龙江大学哲学系教授张奎良：

马克思主义哲学当代价值的逻辑前提与总体定位

马克思哲学是马克思本人的思想和学说，它以文本为根据，不包括后人的演绎和发挥，因而能够为马克思主义哲学不同流派所接受，成为讨论马克思主义哲学当代价值的共同认识基础。马克思的哲学文本并不繁多，马克思的哲学见解向来又表述得比较肯定和确切，这就大大限制了多重理解的空间，容易在马克思哲学的最基本方面形成共识。唯物性、实践性、辩证性、历史性、人道性、批判性等就是马克思哲学的基本内涵和特性，是为各种不同哲学见解从不同角度或侧重点上加以肯定的。我们应以上述基本点作为马克思主义哲学的内核，并在此基础上形成马克思主义哲学当代价值的总体定位。

历史证明，对马克思主义哲学的价值的理解不仅打上时代的烙印，而且也带有不同国度的鲜明色彩。现在，我们是在当下的中国来研讨马克思主义哲学的当代价值问题，因而不能不更多地反映中国的国情和视野。立足时代的要求，立足中国的实际，既回顾过去哲学沦为阶级斗争工具那段扭曲了的历史，因而对马克思主义哲学当代价值的研究带有苦涩的反思意味；又从当下建设有中国特色社会主义现实需要出发来理解哲学、祈望哲学、构建哲学，因而这种研究又带有实践指导意义；又关注正在兴起的全球化和信息化的浪潮，并借鉴西方马克思主义对未来世界走势的研判，因而对马克思主义哲学当代价值的研究又放眼世界，带有前瞻性质。

总之，面对历史，立足现实，瞻顾未来，这三维构成一个完整的坐标系，马克思主义哲学的当代价值就定位在这一座标系统中：

1.马克思主义哲学是总结过去，反思历史的锐利的思想武器；2.马克思主义哲学是建设有中国特色社会主义事业的思想支撑和实践指引；3.马克思主义哲学作为新文化的灵魂，为人的生存、发展和塑造提供深邃的人学理念;4.马克思主义哲学的革命性和批判精神是人类永不停息的创新活动的强大的思想动力;5.马克思主义哲学,特别是马克思的世界历史思想为迎接世界全球化和信息化趋势奠定了坚实的思想基础和心理准备。

《中国社会科学》2001 年第 5 期

作为"历史之谜"的异化及其评价尺度

——与俞吾金先生切磋

《中国社会科学》今年第二期发表了俞吾金先生的大作《从"道德评价优先"到"历史评价优先"》(以下简称俞文)。这篇文章以其才思敏捷、见解深刻而令人折服,但在对《1844 年经济学哲学手稿》(以下简称《手稿》)的评价及其他相关问题上,也引发了我的一些不同的思考和看法。

俞文认为《手稿》不成熟的一个重要原因是它对异化评价的尺度不对头,只注重"道德评价优先",而没有贯彻"历史评价优先"的原则。这里有一个前提必须澄清,即《手稿》中的异化是什么意义上的异化? 它与以前哲学家们所谈的异化相比,有了哪些新的提升? 马克思对于这种已经提升了的异化到底进行了怎样的评价?

异化作为一个哲学概念,虽然历史久远,但在马克思以前都带有两个先天的弱点:其一它们都是单向度的,只讲主体活动的结果与主体自身相疏离,形成与主体对立的异己力量,一切从主体出发,其结果也是和主体的愿望、利益相比照,这就难免造成异化的泛化,把人类一切活动的失败、挫折都说成是异化,失去了异化概念特有的深刻意蕴。比如,卢梭就曾把利己主义看作是异化的根源,费希特把"自我"与"非我"说成是一种异化关系,这类说法就比较平淡,没有独特的意义。其二,马克思以前的异化概念指谓的范围有限,大多都是针对局部现象,比如霍布斯和卢梭的异化主体是国家,爱尔维修把异化归结为人的感觉和判断上的失误,黑格尔认为绝对观念是异化之源,费尔巴哈只承认宗教上的异化。异化的泛化固然不宜,但异化的局限化也限制了它的意义和功用。

针对以前异化概念的缺陷,马克思在《手稿》中对异化概念进行了具有历史意义的改造和提升。这主要表现在马克思以人的价值和社会进步为双重坐标,把异化概念放到历史发展的天平上。社会进步是历史发展的自然趋势,人作为具有创造能力的智慧动物,他们应该享受社会进步的成果,充分体现和高扬人的价值。但是,以往的历史却是另一番图景,社会进步并不直接关照人的福祉,相反,它经常伴之人的价值贬损,以对人的价值的伤害和沦丧为前提:分工是历史的进步,但它带来对人的肢解;机器的出现极大地提高了生产力,但它同时也把人变成机器的部件;私有制曾起到提高劳动者积极性的作用,但同时也导致阶级和剥削的产生;资本主义比起封建制度是个巨大的历史进步,但也使广大工人成为一无所有的雇佣奴隶。马克思在《资本论》中曾就资本主义的社会进步与人的价值的相悖关系作过精彩的描述。他说:"资本来到世间,从头到脚,每个毛孔都滴着血和肮脏的东西"①,土著居民的剿灭、奴役和他们在矿坑中的活埋……这一切都标志着资本主义生产时代的曙光,"暴力是每一个孕育着新社会的旧社会的助产婆。暴力本身就是一种经济力"②。在《不列颠在印度统治的未来结果》一文中,马克思对资本主义的历史进步伴之以人的价值贬损作了经典式的概括。他说:"难道资产阶级做过更多的事情吗?难道它不使个人和整个民族遭受流血与污秽、蒙受苦难与屈辱就实现过什么进步

---

① 《资本论》第 1 卷,第 829 页。
② 《资本论》第 1 卷,第 819 页。

吗?"①这种现象在资本主义社会中表现于社会生活的各方面,在经济、政治、宗教、思想领域中比比皆是,马克思最后把它们归结为劳动的异化,用"异化劳动"这个总体性的概念,表征了社会进步与人的价值贬损的同行并存的事实。在《手稿》中,马克思把这一事实称之为"历史之谜"②,并说共产主义就是这个千古之谜的解答,而且是一种极有针对性的自觉的解答。

这样,马克思就超越了以往哲学家对异化的狭隘理解,不仅把它归结为"异化劳动",而且把异化置于广阔的历史发展空间,作为表述历史、理解历史的一个重要维度。《手稿》中的异化,无论是广义的"历史之谜",还是狭义的资本主义社会中的"异化劳动"及其四重规定,指谓的都是一种特定的历史现象或历史事实,它包含两方面要素:一方面是社会进步应该造福于人,另一方面是作为社会进步的主体和承担者的人不仅没有享用到社会进步的果实,反而其价值存在受到贬损。当哲学家们意识到这种现象并形成异化概念或提出"历史之谜"的问题的时候,实际上已经进行了两种评价,一是历史评价,一是人的价值评价,这两种评价的碰撞和交汇导致异化概念和"历史之谜"的形成。如果没有另一维度作比照,单纯的历史评价或人的价值评价就只能是其自身而不可能产生异化概念和"历史之谜"的意识了。所以俞文第四部分结尾指出,"道德评价和历史评价是统一的",不可将二者割裂,这是必要的,也是正确的。

现在要讨论的是存不存在哪一种评价优先的问题,《手稿》是不是"道德评价优先"而不注重历史的评价? 这里首先要指明,就异化作为"历史之谜"的本意来说,"道德评价"一词不如"价值评

---

① 《马克思恩格斯选集》第 1 卷,第 771 页。
② 《马克思恩格斯全集》第 42 卷,第 120 页。

价"更确切。因为道德是个具体、历史的范畴,不同时期、不同民族都有各不相同的道德标准,根本无法用统一的道德尺度来评价历史现象,比如,战争、暴力、刑罚、情爱,其中也包括异化等等,很难用道德标准说清楚。但人的价值评价就一目了然了,人的价值至高无上,一切损害人的价值的现象和行为都应受到谴责。正是出于对人的尊重,才产生对社会进步的价值诉求,如果社会进步不但没有加重人的价值砝码,反而损害了人的价值,由此也就产生异化意识和对"历史之谜"的求解。所以,我们这里经常用人的价值评价取代道德评价来讨论《手稿》的哪种评价优先的问题。

俞文说《手稿》是"道德评价优先"的主要论据是,马克思在异化劳动的四重规定中对工人的"悲惨处境"进行了"伤感主义"的、"充满道德情感的"、"美文学"的描绘。如果这种描绘就叫作"道德评价优先",那么恩格斯的《英国工人阶级状况》、马克思在《资本论》中的原始积累那一章就都可以称为"道德评价优先"了。马克思说"共产主义者根本不进行任何道德说教,……不向人们提出道德上的要求,例如你们应该彼此互爱呀,不要做利己主义者呀等等"①,这是马克思一生坚持的一贯立场。如果说《手稿》中对无产阶级的境遇有过情感式的描述,那也不过是对人的价值沦丧的一种回响。必须看到,《手稿》对异化进行情感式揭露的同时,还多处进行了历史的分析和评价,其深度和广度一点也不比道德评价差。《手稿》阐述异化一开始就交代其出发点:"我们从当前的经济事实出发吧。"②而非从道德出发。对于私有财产,马克思在《手稿》中一直称其为"异化劳动"或"自我异化"的产物和体现。马克思对私有财产的态度一向是否定的,但在《手稿》中马克思用历史的眼光,不

---

① 《马克思恩格斯全集》第3卷,第275页。
② 《马克思恩格斯全集》第42卷,第90页。

仅看到了它的消极和应被否定的一面,还指出了"私有财产的积极的本质"①,肯定了它的产生的必然性和在历史上所起的作用。在马克思看来,共产主义"是以扬弃私有财产作为自己的中介的人道主义",而"这种中介是一个必要的前提"②,这就清楚地表明了马克思对私有财产即人的自我异化的评价不是出于道德上的义愤,而是一种客观的历史评价。

整个说来,马克思在《手稿》中对异化的评价不是感性的,而是理性的,他从经济事实出发,阐述了异化劳动的四方面含义及其相互关系,指出了"私有财产是外化劳动即工人同自然界和自身的外在关系的产物、结果和必然后果"③。对于异化的根源,虽然扑朔迷离,难以厘清,但是马克思在《手稿》中还是本着严肃探索的科学态度,提出了"人怎么使他的劳动外化、异化? 这种异化又怎么以人类发展的本质为根据"的问题,最后得出结论:"与其说私有财产表现为外化劳动的根据和原因,还不如说它是外化劳动的结果,……后来,这种关系就变成相互作用的关系。"④可以看出,马克思分析问题的严谨态度和所得出的科学结论完全超越了情感的激越和道德的追求,它集逻辑、经验、睿智于一身,是科学和理性地评价异化的典范。

总之,《手稿》对作为"历史之谜"的异化既有价值评价,也进行了历史的分析,二者相得益彰,具有同等重要的意义。价值评价,其中包含道德意义上的评价,虽然重要,不可或缺,但在《手稿》中还看不出占有优先的地位。1844 年马克思已经完成了从唯心主义到唯物主义和从革命民主主义到共产主义的两大转变,基本上形成了

---

① 《马克思恩格斯全集》第 42 卷,第 120 页。
② 《马克思恩格斯全集》第 42 卷,第 174、175 页。
③ 《马克思恩格斯全集》第 42 卷,第 100 页。
④ 《马克思恩格斯全集》第 42 卷,第 100 页。

实践唯物主义的思维方式和世界观。面对作为"历史之谜"的异化,马克思拥有先进的思想武器来进行科学和理性的评价,而不可能像青年黑格尔派那样,单靠道德说教来解读异化。俞文在这一点上似乎低估了马克思此时的思想水准和认识水平。

俞文指出,"异化是马克思一生理论思考中的一个基本概念",但俞文对异化的考察和论述却只到《资本论》就终止了,给人的印象是马克思一生的异化思想以"历史评价优先"而告终。实际上,马克思晚年在解决异化的思路上发生一个重大的视角转换,但不是从"道德评价优先"转到"历史评价优先",而是相反,是从"历史评价优先"转到"价值评价优先"。

19世纪70年代中期以后,东方特别是俄国革命危机来临,紧迫的现实向马克思重新提出俄国革命胜利后选择什么样的社会发展方向和道路的问题。马克思此前曾经肯定过印度和俄国等东方国家未来发展的资本主义取向,当世界还处在自由资本主义发展阶段时,在东方以贬损人的价值为代价来发展资本主义还可以换取社会的进步,为未来的新世界奠定物质基础。现在,当资本主义已表现出它同自己所产生的社会生产力本身是不相容的时候,即使人民群众付出更大的代价也丝毫不能促进生产力的发展,推动社会的进步。在这种情况下,马克思提出了俄国等东方国家跨越资本主义"卡夫丁峡谷"的设想。这个设想的深刻基础就是对人的价值和命运的充分关心,避免使人民陷入资本主义的"苦难"、"痛苦"、"灾难"和"波折"就成了马克思晚年跨越"卡夫丁峡谷"设想的出发点,这是马克思晚年对人的价值理想的空前的提升,跨越"卡夫丁峡谷"既是"价值评价优先",又实现了历史的巨大进步,是"价值评价优先"与历史评价相统一的体现。

理解人的本质

——马克思的哲学革命与贡献

　　人的本质问题是哲学史上一个老生常谈的问题。在马克思主义诞生以前，不同流派的哲学家就曾强调过人的本质的不同方面，把自然、社会、意识和审美等说成是人的本质。马克思把人的本质问题与哲学革命联系起来，在人的实践活动和由此形成的社会关系中揭示人的本质，从而开创了正确理解人的本质的新视角。当前，在我国大力强调"以人为本"和"执政为民"的大背景下，深刻理解马克思关于人的类本质和现实本质的二重规定及其递进关系，尤其是"人的本质是一切社会关系的总和"的科学规定，无疑具有深远的理论意义和实践意义。

　　由于人是从动物发展来的，因此，人这个类与动物类的区别就十分自然地成为人认识自己本质的切入口。马克思的唯物主义引路人费尔巴哈就是从"类"入手，介入人与动物相区别的视阈的。"类"是费尔巴哈表述人的本质的用语，他把人所固有的意识、理性、感情、意志和爱等精神性的东西视为人的类本质。这实际上是一种唯心主义的人的本质观。马克思的哲学革命变革直接指向费尔巴哈的直观唯物主义，在强调实践对自然的人化作用的同时，特别把实践活动中人的自由和有意识的特性提升为类本质。马克思说："自由的有意识的活动恰恰就是人的类特性……正是由于这一点,人才是类存在物。"这里的"自由"是指人的活动以比动物更广阔的自然界为对象;"有意识"则指人的有目的活动与动物的无意识的本能活动的不同。这种特性使人的生产是全面的,不像动物那样只生产自身,而是再生产出整个世界;使人自由地面对自己的产品,用精神和美的尺度来构造世界。如果人的活动失去了这种全面性、自由性和审美性,仅仅"变成维持他的个人生存的手段",那么,人的类本质就会异化。

在哲学史上,从人与动物的根本区别来解说人的本质并不少见。但以实践为立足点,用自由的有意识的活动来解说人与动物的根本区别,这是马克思的首创,是"把感性理解为实践活动"的实践唯物主义在人的本质问题上的体现。可是,实践或其内蕴的自由的有意识的活动所划定的人与动物之间的界限,仅仅圈定了人与动物的外延,对于人自身来说,这个本质界定过于宽泛,由此而划界的人也太抽象、模糊。为了人的具体和现实化,还需要再进一步区分人,找出人的二级本质,借以与类本质互补。

在《关于费尔巴哈的提纲》中,马克思对费尔巴哈的类本质说进行了批判。费尔巴哈不理解人的实践及其形成的社会性,他心目中的人都是个体的自然人,他所谓人的类本质不外就是单个人的自然属性的相加。离开实践活动,所有的人都是没有区别的自然人,显露出的都是单个人的自然性。这暴露了费尔巴哈直观唯物主义只重视现象存在而忽视其背后活动的弱点。要区分人,就必须将人进一步现实化。一个人可以因为职业是工人,因为信仰是共产党人,因为血缘关系是儿子和父亲。这些社会关系的总和,决定了一个人的社会身份,构成人的类本质之后的二级本质,即社会关系本质。马克思说:"人的本质不是单个人所固有的抽象物,在其现实性上,它是一切社会关系的总和。"这句话既是对费尔巴哈把单个人的自然和意识本性抽象为人的类本质的批评,同时又是对先前自由的有意识活动的类特性的超越,从而进入现实层面,把社会关系的总和作为理解人的本质的新视角。

社会关系本质是马克思提出类本质之后对人的本质学说的革命性的突破。它告诉我们,现实的人都是社会关系中的人,社会关系将人现实化、具体化、个体化、分工化、职能化、责任化。只有在社会关系的交往和链条中各方面均称职尽责,才能成为一个真正有益于他人的人。从此,人的类本质与社会关系的现实本质有机配合,共同成为了解人、把握人的本质和召唤人的有力武器。

选自:《中国社会科学》2012 年第 3 期

《中国社会科学内刊》

马克思所理解的封建制

马克思晚年丧妻殁女，贫病交加，景况凄凉。但他不坠青云之志，不改勤奋积习，在他生命的最后几年，还坚持不懈地研读人类学和历史学方面的著述，写出了三万多页质量很高的读书笔记。现载于1985年版《马克思恩格斯全集》第45卷上的马·柯瓦列夫斯基《公社土地占有制，其解体的原因、进程和结果》一书摘要（以下简称《摘要》）即是其中之一。

马柯瓦列夫斯基是19世纪俄国进步思想家，他不仅对广泛存在于东方社会土地公有制有精深的研究，而且关心广大公社农民的命运，反对西方殖民者对公社土地的侵占和掠夺，坚持进步和正义的立场，受到马克思的敬重和称赞。但是柯瓦列夫斯基又是一个欧洲中心论者，倾心于用欧洲的历史来裁剪东方世界的现实。他特别关注东方的封建制的问题，认为全世界所有地区的公社都在不同的程度上经历了与西欧相同的封建化过程。他把印度和北非曾经试行过的军功田、包税制和军事移民区等统统称为封建化或封建制。他在该书的序言中自谓，证明封建制具有超越西欧的普遍世界性，就是他的著作的使命之一。

马克思高度评价柯瓦列夫斯基《公社土地占有制，其解体的原因、进程和结果》一书的积极意义，但不赞成他关于封建制的论点。在该书的摘要中，马克思在尖锐地批评柯瓦列夫斯基的错误观点的同时，正面地论述了封建制的若干本质规定。这些论述在其他著作中还很少见,是继《德意志意识形态》和《资本论》手稿以后,迄今为止我们所见到的马克思关于封建制的最全面的说明。由于该书写于马克思的晚年,体现了他一生的思想积淀,因而马克思在这里提出的关于封建制的论点也就更具有成熟性和权威性。

在我国,对封建制的认识早已定型,并以无可怀疑的态势渗透到全民族的文化和意识中。本文并不希冀用马克思的看法来匡正我国的传统习见,只是想开阔视野,增进对马克思思想的了解。特别是透过马克思对封建制的界定而传递出他的多样化的历史发展道路和人学历史尺度等信息,这在我国还鲜为人知,现在发掘出来,对于我们全面把握马克思的唯物史观,无疑具有重要意义。

一、马克思对中国的非封建称谓

中国自古以来就有"封王建国"和"裂土封邦"之说,但这主要是指一个既成的事实,即古代政权结构比较松散,还无力实行有上而下的直接的中央集权制,因而不得不经常求助于分封和封赏等中间环节。这就像一个土地所有者不愿或无力经营土地而把它出租给别人自己收租一样。这种状况既与各民族的社会历史发展程度相关,更与治国理论和管理学说的落后直接关联。中国古代根本就没有科学的社会管理思想,一切都是经验主义的模仿和复制:周代实行分封,以后各朝代也都对皇亲国戚和功臣元勋封侯封地;秦朝开始书同文,车同轨,国家直接管理经济,以后各朝代也都纷纷效仿。中国自周秦以来就一直实行这种既有分封色彩又是中央集权的体制,然而,这是否就叫封建制呢?

现在已无从考察什么时候什么人最先把中国古代社会称为封建制,但有一点可以确定,是近代西方的欧洲中心论者首先把他们老祖宗生活过的中世纪的封建制移到中国来,用以证明,西方所走过的历史道路对古老的中国同样具有普遍的规范意义。而近代的中国思想界出于历史共同性的信念,也无可怀疑地接受了这种看法,并把它视为一种新观念,用来裁定中国所走过的历史道路,由此才把自己老祖宗的生活时空称为封建制,而把屡遭列强入侵处于风雨飘摇之中的近代中国称为半殖民地半封建社会。所以,归根到底,不是别人,主要是中国人自己把封建制的这块招牌揽到自己的名下,并使它成为近现代政治、思想、文化和伦理斗争的一个集中的靶子。

在中国,人们对封建制的理解相当模糊与泛化,不仅把相当于西欧中世纪的古代中国的政治、经济、又化、教育制度称为封建制,而且把与中国特有的亚细亚生产方式相关联的血缘亲属关系及其思想文化上的 把与中国特有的亚细亚生近代的中国革命不仅要反对经济政治等实体性的表现也归结为封建制的范畴。所以,近代的中国革命不仅要反对经济政治等实体性的封建半封建制度,而且还要批判思想和伦理上的忠孝义仁礼悌,一句话,把中国传统文化中极有价值的重群体、讲和谐的思想传统也当作封建遗毒来反对了。在日常的称谓中,封建领衔比比皆是,从中国反帝反封建的民族民主革命到日常生活中的男女授受不亲,从等级制度、特权思想、裙带关系、家长制作风到宗法习俗、独断专行、一言堂,等等,不管是否贴切吻合,一律定性曰封建。什么封建国家、封建社会、封建统治、封建专制、封建割据、封建迷信、封建思想、封建文化、封建意识、封建宗法、封建等级、封建奴役、封建剥削、封建割据、封建地主、封建把头、封建会道门,等等,数不胜数。

与中国泛化的封建称谓形成鲜明对照的是,马克思在他全部关于中国的著述中从来不用封建字样来指谓中国。不用查询全部《马克思恩格斯全集》,仅以 1995 年版《马克思恩格斯选集》第 1 卷上的有关中国的文章为例,就足以说明问题。这卷选集上共发表 10 篇马克思关于中国革命和中英关系等方面的论文,直接提到中国的不下百处。其中大部都直接呼之为中国,同时还采用了另外一些形容或定性的提法,如"天朝帝国""满族王朝""古老的帝国""帝国当局""北京朝廷""天朝皇帝""新的王朝""帝国""天朝""北京中央政府"等等。这里一切可能的提法几乎都已用尽,唯独不用我们所用滥了的封建帝国、封建王朝或封建政府来称呼中国。在"封建帽子,满天飞的中国学界,这个事实构成了一道罕见的风景,不禁使人啧啧称奇。难道这是偶然的吗?

我们还发现,马克思不仅对中国,就是对与中国相近的印度也绝对不轻易使用封建冠名。1853 年,马克思发表了著名的《不列颠在印度的统治》及其后果的两篇文章,在那里马克思把印度称之为"帝国""古老的世界""这个巨大而诱人的国家",并且提到"这些小小的公社带着科姓划分和奴隶制度的污痕"①它们"始终是东方专制制度的牢固基础"②。按照一般的逻辑,既然印度存在着专制制度,又有奴隶制度的污迹,其封建专制的性质是毫无疑义的。可是马克思只说到专制为止,专制不等于封建,其奴隶制度也只是污迹而不是制度本身,看得出,马克思丝毫无意把印度与封建制挂起钩来。

奥秘在哪里?为什么马克思对中国和印度等东方国家执意回避其与封建制的关联呢?马克思的《摘要》一书提供了真实的答案,原来马克思根本否认东方国家存在过封建制,并在《摘要》中对柯瓦列夫斯基的相关论点进行了逐一的批判。为了论证自己的封建制普适化的论点,柯瓦列夫斯基挖空心思,把东方国家历史上存在过的许多看似带有分封意味的举措都说成是封建化或封建制。印度曾经试行过军功田,对作战有功的人员以土地进行分封行赏,

---

① 《马克思恩格斯选集》第 1 卷,第 766 页。
② 《马克思恩格斯选集》第 1 卷,第 765 页。

柯瓦列夫斯基认为这就是封建化，"他们的占有也由对自主地的占有变为封建的占有"①。马克思批判说军功田并不是真正的分封，它只有占有权而没有所有权，是国家随时可以收回的。历史上军功田的占有者为了把军功田变成世袭所有，曾经同王朝进行了长期的斗争。至于说军功田改变了纳税关系，土地耕作"不是向国库，而是向由国库授予权利的人缴纳实物税或货币税"②，这一点如马克思所说"纳地亩税并没有把他们的财产变为封建产，正如法国的地亩税不曾把法国的地产变为封建地产一样，柯瓦列夫斯基整个一段都写得非常笨拙"③。

柯瓦列夫斯基还抓住印度历史上曾经实行过的公职承包制和荫庇制，认为这也是封建化的表现。马克思不同意他的观点，认为公职承包制并不是封建制独有的特点，早在西欧奴隶制时期就曾实行过这种制度。庇荫制表面上类似西欧封建主对农民的保护，但它在印度"所起的作用是很少的"④，不足以说明问题。

马克思在《摘要》中还批评了柯瓦列夫斯基对土耳其人在阿尔及利亚建立军事移民区的看法，认为他"把这种军事移民区命名为'封建的'，理由不足：他认为在某种情况下会从那里发展出某种类似印度的札吉的东西"⑤。马克思的这段话表明，他既不同意阿尔及利亚的军事移民区是封建性质的，也反对柯瓦列夫斯基把札吉（印度的军功田）看成是封建的，因为这些田产最后还是属于国家所有和由国家支配的。如果说马克思在这里对柯瓦列夫斯基的批评还比较温和的话，那么对另一位人类学家菲尔关于印度农村柴明达尔（包税人）的观点的批评就毫不客气了，他气愤地斥责菲尔这

----

① 《马克思恩格斯全集》第45卷，第269页。
② 同上。
③ 同上。
④ 《马克思恩格斯选集》第45卷，第284页。
⑤ 《马克思恩格斯选集》第45卷，第312页。

个蠢驴把农村的结构叫作封建的结构。

上述可见，马克思不用封建制来称调中国，这不过是浮上水面的冰山一角，他对整个东方世界都持有与欧洲中心论不同的看法认为不可将西欧中世纪经历的封建化过程简单地移植到东方来。无论是中国、印度或北非，在广大的非欧世界，封建制都是不可复制和承载的舶来品。欧洲中心论实质上是资本主义中心论，马克思生都在与之进行不懈的斗争，埋葬资本主义和确证共产主义是批判欧洲中心论对主战场，否定东方世界其中包括中国的封建制存在是他批判欧洲中心论的重要一翼过去中国学术界很少接触到马克思的这份思想遗产，不了解马克思对自己民族历史的判定，在封建制的问题上出现了许多错位和失衡，现在应该认真地反思了。

二、马克思论封建制的本质规定

科瓦列夫斯基作为一个进步学者，在封建制问题上栽跟头，主要原因在于他观察问题表面化，不了解封建制的本质规定，一看到东方某些现象与分封沾点边，就断言是封建化。其实，分封只是表明领主私有土地的来源和途径，并不能完全表现封建制的实质。封建制按其本来意义说，是西欧千年历史的积淀，是集经济、政治、文化于一体的复杂的演进过程。按照恩格斯的说法，封建制绝不应"被看作是千年普遍野蛮状态造成的历史的简单中断"①，它含着巨大的进步，孕育了"欧洲文化领域的扩大，在那里一个挨着一个形成的富有生命力的大民族，以及 14 和 15 世纪的巨大的科技进步"。所以，不是任何随便一个民族都能够达到封建制水平的，恩格斯在与马克思的通信中就曾提出问题："东方各民族为什么没有达到土

---

① 《马克思恩格斯选集》第 4 卷，第 229 页。

地私有制,甚至没有达到封建制的土地所有制呢?"①马克思史学造诣极深,堪称古往今来的史学大家,他晚年摘记的以西欧中世纪历史为主要内容的《历史学笔记》深刻表明,他最了解封建制,洞悉中世纪以来第欧洲历史,他对封建制的规范和界定最具权威性。他之所以批评科瓦列夫斯基,拒绝认同东方的封建制,是因为在他的心目中封建制是西欧历史上的特定概念,他从欧洲漫长的历史实践中总结出封建制的一整套基本规范,形成自己对封建制的超越常人的深刻理解。正是这些基本规范东方国家都不具备或者没有形成,因此科瓦列夫斯基给东方世界披上的封建制花环,既是他表面化的主观移植,又是他不理解封建制本质规定的结果。在《摘要》中马克思第一次有机会全面地论述了封建制的基本特征。

封建制顾名思义,首先是指基本生产资料即土地的分封,由此形成领主和贵族的封建土地私有制,在这个问题上,马克思与柯瓦列夫斯基并无歧见,都认为土地分封是封建制土地所有制形成的根本原因。他们的分歧主要集中在东方存不存在土地私有制,如果土地不是私有,而是归公共所有,那么,任何人都无权对土地进行分封,因而也就不可能存在封建的土地所有制。正是在这一点上暴露了柯瓦列夫斯基不了解亚细亚生产方式的土地公有、农村公社和专制国家三位一体的事实,对东方土地制度的真实情况不甚了了。这里由于地理气候条件,土地需要灌溉,这项任务由国家承担下来,如马克思所说:"在亚细亚各民族中起过非常重要作用的灌溉渠道,以及交通工具等等,就表现为更高的统一体,即高居于各小公社之上的专制政府的事业。"②政府为了排除障碍,更有效地兴修水利和进行灌溉,就把土地掌握在自己手中,这就从根本上排除了土地私

① 《马克思恩格斯选集》第28卷,第260页。
② 《马克思恩格斯选全集》第46卷(上),第474页。

有的可能。在亚洲土地自古以来名义上"莫非王土",实际归公社所有,由社员个人耕种,这就与西欧的土地层层分封区别开来。所以,柯瓦列夫斯基在他的《公社土地占有制,其解体的原因、进程和结果》一书中除了把军功田公职承包制、荫庇制和军事移民区误认为是土地分封外,他拿不出任何土地分封的事实。马克思详尽地批判了柯瓦列夫斯基在这些问题上的走眼,指出这里牵涉的地产并没有真正私有化,国家最终拥有对土地的支配权。马克思认为,指出这一点也就足够了,无须在分封问题上更多地与柯瓦列夫斯基纠缠。除了封建土地所有制以外,西欧封建制的另一重要特点是等级森严,王权弱小,领主们封建割据,相互倾轧,战乱不断,国家极不统一,这也是在土地分封基础上形成的政治画面。而东方恰恰相反,不仅土地公有,而且还普遍存在以管理水利、税收和作为战争机器的强大的中央专制集权,国家的统一和消灭地方割据势力一直是历代统治者的至高无上的理念。文化上,整个西欧中世纪一直是宗教神学占统治地位,封闭落后的宗教文化,愚昧烦琐,扼杀科学,对上帝的信仰和崇拜成为日常生活的中心内容。而东方文化虽然也封闭落后,像马克思对印度的描述那样:"它们使人的头脑局限在极小的范围内,成为迷信的驯服工具,成为传统规则的努力,表现不出任何伟大的作为和历史首创精神。我们不应该忘记那些不开化的人的利己主义……"[1]但是东方文化的落后是与亚细亚生产方式特有的血缘亲属关系相关联的,远不具西欧浓重的宗教神学色彩,何况中国还是一个宗教观念十分淡薄的国家,对实利、经验、亲情和日常生活的重视,远远胜过对神的崇拜。东西方在经济、政治和文化上的这些区别构成了封建化和非封建化的基本根据。

但是在马克思有来,封建制作为一个具体概念,光有这些制度

---

① 《马克思恩格斯选集》第 1 卷,第 765 页。

性的区别还不够,最根本的问题是这些区别能不能在人的身上集中地反映出来。人是社会生产和生活的主体,经济、政治和文化是人在社会不同领域中地位、价值和权力的体现只谈经济政治和文化而不谈人,经济政治和文化本身就是抽象的,不可思议的;只有从人入手,在经济、政治和文化的视域内凸现人的差别和不同人的具体状况,才能显现出制度的具体性和整体性。过去在哲学和史学的视野中,普遍存在着去人化的倾向,单纯在制度内谈制度,使制度成为空而无人的躯壳。柯瓦列夫斯基就不理解人的状况对于制度的形成和确认的重要性,抛开人,只就军功田等土地使用权的变化,便妄言封建制或封建化。针对柯瓦列夫斯基的局限性,也为了纠正以往学术界普遍存在的弊病,马克思在《摘要》中破天荒第一次从人的生存视角论述了封建制的三个不可或缺的基本规定。

　　首先,农奴制是封建制的必要条件,农奴的存在表明了社会基本生产者已经由奴隶社会的奴隶变为半奴隶的农奴。农奴耕种领主的土地,向领主交纳劳役、实物或货币地税。他们已经争得生存权,不得随意杀我,但也不能离开领主的土地,领主之间存在着事实上的人身依附关系,这既是社会的进步,也是社会大多数生产者的基本现实。马克思认为,农奴制的存在凸现了封建社会人的状态领主与农改在人的依赖性基础上形成的人身依附关系集合了封建社会的土地分封制和等级制的一切特点。土地连带着人,没有人去耕作岗土地只能是荒地,分封也没有意义,必须把土地上的生产者连同土地一起分封,才能体现出分封的价值。所以,分封不仅限于土地,首要的是分封人,使领主能够直接支配生产者,在这个意义上,不把生产者变为农奴就等于不存在土地分封制,离开农奴制的封建制是不可思议的。柯瓦列夫斯基不懂得农奴制对封建制的关键意义,他在认定印度历史上存在封建制时,只是孤立地考察军功田、公职承包制和荫庇制等引起的土地占有制状况的变化,完全把农奴和领主的人身依附关系抛在一边,做出了没有农奴制也可以有封建制的错误的判断。马克思在《摘要》中批评他说:"由于在印度有'采邑制'、'公职承包制'(后者根本不是封建主义的,罗马就是证明)和荫蔽制,所以柯瓦列夫斯基就认为这是西欧意义上的封建主义别的不说,柯瓦列夫斯基忘记了农奴制这种制度并不存在于印度,而且它是一个基本因素。"[①]马克思这里指出,别的不说单进农奴制,其意就是指封建制必备的经济、政治和文化条件暂且不论,仅就农奴制这条,印度就不存在。因而也就不应称之为封建制,这就足以看出农议和农奴制的,存在对于封建制该是何等重要,马克思把它看成是封建制得以确立的"基本因素"。由此就可以得出一个确定的结论:没有农奴制也就不会有封建制。印度没有土地分 封,也没有农奴制,因而不存在封建制,这好理解;而中国历朝历代一直实行程度不同的分封制,这又怎能和马克思指谓的东方非封建的历程相协调呢? 应该看到,中国自古以来的土地分封或买卖实际上只牵涉到土地的占有权,而不是土地所有权,土地永远归国家所有,一旦封侯获罪或战车失败,国家随时都可以把土地收回。另外更重要的是,中国虽然存在土地分封,但不存在农奴制,被分封土地上的生产者其地位是农民而不是农奴,他们拥有比西欧农奴更高的社会地位和自由权:他们可以离开土地,可以参加科举考试,寻求功名和进取的机会,也可以购买田产,这种松散的人身依附关系是西欧农奴所无法比拟的。只是到了近代西欧得益于资本主义的发展,农奴有机会离开土地,进入工厂,在商品经济的等价交换原则下,成为有权力支配自己人身的工人。由农奴的"奴"到工人的"人",这不仅是人的身份和名义的改变,而且标志着等级制的废除和人的独立性的确立. 这正是社会进步在人身上的集中体现。相比之下近代中国则是

---

① 《马克思恩格斯全集》第45卷,第283 - 284页。

另一番情景:中国的农民绝大多数仍然没有机会离开土地去另谋生计,照旧还是被"官"所治理下的"子民""草民"和"小民"。他们享受不到西方工人所能享受的经济政治和文化上的一系列法定的平等权利,与官处于极不平等的被统治地位,在这种情况下.他们就不可能像西欧那样成为以平等和独立为内涵的作为类的"人",而只能是与官相对立的民,这正是近代中国落伍的根本原因。

其次,土地为贵族领主所垄断,不得自由买卖,这是封建制的又一定要特征。土地是人类生存之母,在封建时代的自然经济条件下,土地尤显得格外重要,几乎是人类一切生产和生活的资料来源。马克思在形容土地的重要性时说:"土地是个大实验场:是一个武库,既提供劳动资料,又提供劳动材料,还提供共同体居住的地方,即共同体的基础。"①鉴于其重要,贵族和领主早在封建制的发源地日耳曼公社的末期就以共同体代表的名义,"来利用公有地(后来便逐渐地据为己有)"②并进而发展到对土地的垄断,封建主在政治上的等级和特权也首先在田产的绝对拥有上表现出来。在西欧,土地就像封建主本人的高贵身份一样,土地本身也十分高贵,只能为身份高贵的贵族领主所有,绝对不许转让给平民更不能让农奴染指,这是西欧中世纪的传统,也是封建制得以存在和延续的保障,有了这个规定,封建主就可以对自己的统治和特权永葆无虞了,因此土地不得自由买卖这个政治和法律上的具体规定才能成为封建制的一面旗帜。但是这项举措在东方行不通,马克思说:"在亚细亚的形式中,不存在个人所有,只有个人占有;公社是真正的实际所有者;所以,财产只是作为公共的土地财产而存在。"③在一定的条件下,出于耕作的方便,社员之间可以转让土地的占有权和使用权,但

---

① 《马克思恩格斯全集》第46卷(上),第472页。
② 《马克思恩格斯全集》第46卷(上),第479页。
③ 《马克思恩格斯全集》第46卷(上),第481页。

不改变所有权的性质。所以马克思在《摘要》中说:"罗马—日耳曼封建主义所固有的对土地的崇高颂歌……在印度正如在罗马一样少见。土地在印度的任何地方都不是贵族性质的,就是说,土地并非不得出让给平民!"①于是,土地能不能转让就成为封建和非封建的一条分界线,在西欧,土地为领主和贵族所垄断,不得自由转让,体现了封建制的典型形态,而在印度和东方,土地不具有贵族的高贵性质,可以自由转让,这就折射了东方的非封建化的现实。

第三,贵族领主拥有司法审判权是封建制的重要特点,也是农奴对领主的人身依附关系和领主权力过大的集中体现。人身依附关系是封建制的政治基础,它是由奴隶制的完全人身依附关系转化而来。在封建制度下,领主虽然不再拥有对农奴的生杀予夺大权.但农奴不得拥有土地,不可离开领主的土地,这种对农奴的人身支配权仍然是很大的,大到什么地步呢? 大到农奴一旦逃脱或犯有罪过领主就可以对农奴实施司法审判,这是农奴对领主的人身依附关系的具体体现。封建制下的司法本来就形同虚设,现在再由领主来履行审判权力,就更加带有随意性,加剧了领主的恣意专横。从另一方面来看,司法审判权又折射出领主权力过大和皇权弱小的事实,把本应国家独具的司法专权泛化为领主普遍享有的权利了。所以,司法审判权看似局部有限,实则牵涉根本,是封建社会的分封制、农奴制、等级制和分权制等一系列重要体制的聚焦点,没有这项制度就体现不出封建制的严酷和骄横,反映不出农奴作为生产者主体的实际生存状况。因此马克思在《摘要》中把领主的司法审判权作为封建制的一条重要标准,并批评柯瓦列夫斯基忽略印度不存在这一权力的事实,随意乱用封建化。马克思说:"不过柯瓦列夫斯基自己也看到一个基本差别:在大莫卧儿帝国特别是在民法方面没

---

① 《马克思恩格斯全集》第45卷,第284页。

有世袭的司法权。"①在印度,司法审判权仍然属于国家,不许权贵私设公堂。而西欧恰恰存在这种世袭的司法审判权,这就使封建的西欧与印度形成"一个基本差别"。至于印度为什么没有形成封建式的司法特权,这与印度专制制度本身的特点相关。马克思说:"根据印度的法律,统治者的权力不得在诸子中分配;这样一来,欧洲封建主义的主要源泉之一便被堵塞了。"②由于在东方,特别是印度中央集权的专制国家根本不允许地方司法特权的存在,这就从政治上层建筑上抑制了封建国家的形成。所以马克思在《摘要》中也像对中国的称谓一样,从不把印度等东方国家称为封建国家、封建王朝或封建帝国,而只称它们为"非资本主义生产方式的国家"③或"实行非资本主义生产并以农业为主的国家"④。如果我们沿用过去的习惯称谓,把印度、中国等东方国家依旧称之为封建制也未尝不可,但这种封建制不是马克思所说的"西欧意义上的封建制"而是一种与西欧不同的另类封建制,也可以叫作"亚洲或中国意义上的封建制",还可以设想叫作"有中国特色的封建制",云云。

马克思对封建制的界定不仅面于上述三点,还表现在他对西欧封建制与东方亚细亚生产方式国家的不同态度上。对于历史上的西欧封建制,马克思历来持批判立场《共产党宣言》对取代封建制的资本主义的充分肯定同时也就是对封建制的深刻批判。但是对东方国家,如果像柯瓦列夫斯基那样认为也是封建制,马克思理所当然地也应持批判立场,然而在《摘要》中马克思不但没有对东方国家进行批判,反而持保护态度,倒是对西方列强对公社的破坏予以强烈的谴责。当时一些资产阶级历史学家,出于对亚细亚生产方

① 《马克思恩格斯全集》第45卷,第284页。
② 《马克思恩格斯全集》第45卷,第274页。
③ 《马克思恩格斯全集》第45卷,第323页。
④ 《马克思恩格斯全集》第45卷,第300页。

式的封建主义的定性，一贯鼓吹用私有制取代公社土地公有制，认为这是反封建的历史进步。马克思批判道："至于譬如说东印度，那么，大概除了亨梅恩爵士及其同流人物之外，谁都知道，那里的土地公社所有制是由于英国的野蛮行为才消灭的，这种行为不是使当地人民前进，而是使他们后退。"①柯瓦列夫斯基在他的著作中曾提到，法国政府在阿尔及利亚推行土地私有制并认为这是"政治和社会领域内任何进步的必要条件"马克思特意在旁边插上一句话说这是"在法国资产者看来"②表明这是资产阶级的观点，是不能接受的。马克思看来，破坏公社不但不是什么进步，反而是对历史的犯罪，不是别人，正是殖民者自己成了犯罪主体。马克思说："英属印度的官员们，以及以他们为依据的国际法学家亨梅恩爵士之流，都把旁遮普公社所有制的衰落仅仅说成是经济进步的结果（尽管英国人钟爱古老的形式）实际上英国人自己却是造成这种衰落的主要的（主动的）罪人。"③实际上，柯瓦列夫斯基自己陷入了不可摆脱的矛盾中，一方面，他谴责"英国'笨蛋们'任意歪曲公社所有制的性质，造成了有害的后果"④；另一方面却又把公社和整个东方制度说成是封建的，如其所言，资本主义对封建公社的破坏和掠夺就是进步的了，这正中殖民主义者的下怀，是他们所求之不得的。马克思坚决否定东方社会的封建主义性质，这就剥夺了西方入侵者破坏公社的一切借口。马克思对东方公社所持的保护态度也从旁证明，东方国家根本不存在殖民主义者所声称要反对的那种封建制，要找这种古董还是回欧洲的老家，到自己老祖宗那里去找吧！

---

① 《马克思恩格斯全集》第 19 卷，第 448 页。
② 《马克思恩格斯全集》第 45 卷，第 315 页。
③ 《马克思恩格斯全集》第 45 卷，第 300 页。
④ 《马克思恩格斯全集》第 45 卷，第 298 页。

三、两点启示

封建制作为早已逝去了的社会制度,尘封许久,成为历史的陈迹。人们对它的兴趣主要集中在史学理论方面,除此之外,已经很少有什么热点能吸引人们的眼球了。现在,我们旧话重提不是为了什么拨乱反正,改变人们的习惯看法,老实说,本文也根本无力做到这一点。既然人们心目中的封建制已经定型,且渐成习惯,实在说也无甚大碍,那就任由人们自认其是罢了。今天我们又回首封建制问题完全是着眼于马克思,希望通过对他的封建制的独到见解的分析,引申出一些有益的启示以彰显马克思学说的诱人魅力。

首先,马克思关于东方非封建化进程的论断,彻底否定了社会发展的单线论开辟了多样化的历史进程。近代以来,一些西方学者出于高傲和偏见,不遗余力地兜售欧洲中心论,以为西欧历史上经历的一切都将在东方和全世界重演。他们尤其热衷于资本主义中心论,断言全世界都将在资本主义基础上实现历史终结。马克思在50年代,一度曾从世界历史思想出发,认为资本主义大工业是包括东方在内的一切国家进入世界历史的唯一之路。所以他在1859年的《政治经济学批判》序言中说:"资产阶级的生产关系是社会生产过程的最后一个对抗形式,……人类社会的史前时期就以这种社会形态而告终。"①对于印度等东方亚细亚生产方式的国家,马克思也认为英国侵略的客观后果之一是"在亚洲为西方式的社会奠定物质基础"②。但是到了19世纪70年代后期,马克思关于全世界都必须经过资本主义发展阶段的看法有所改变,在致《祖国纪事》编辑部和查苏利奇的通信中,他首先将资本主义产生的历史必然性"明

---

① 《马克思恩格斯选集》第2卷,第33页。
② 《马克思恩格斯选集》第1卷,第768页。

确地限于西欧各国"①,然后又以俄国这一东方国家为典型,详尽地探讨了在存在土地公有制的条件下,不经历资本主义发展阶段的可能性。马克思最后得出结论认为,俄国等东方类似的国家,在国内外革命发生的条件下"可以不通过资本主义制度的卡夫丁峡谷,而把资本主义制度的一切肯定的成用到公社中来"②。这就在未来社会发展道路上首先冲破了资本主义的单一性格局,设想了非资本主义的跨越卡夫丁峡谷的可能性。此刻就只剩下了前资本主义时代的历史单一性格局,认为全世界各民族都毫无例外地经历了西欧的奴隶制和封建制,特别是东方国家普遍经历了封建制,其观念还束缚着人们的头脑,阻碍着多样化历史发展道路的畅通和认同。

现在,马克思提出的中国、印度等东方国家的非封建的历史进程就把社会发展道路的多样性由未来向历史探伸,在前资本主义的历史中不仅有西欧的奴隶制和封建制的文明形态,而且还有东方自原始公社解体以来就一直存在的亚细亚生产方式。这种生产方式在时空上与西欧的奴隶制和封建制并行,但在实质上又与之完全不同,这是一种以土地公有、农村公社和专制国家三位一体特征的另类发展道路。这样,以资本主义为中轴,面向历史,西欧经历的是由奴隶制过渡到封建制的自然历史过程,而东方则一直是亚细亚生产方式。面向未来,西欧经过革命变革,由资本主义发展到共产主义;而俄国等东方国家则设想跨越卡夫丁峡谷,使俄国的土地公有制"成为共产主义发展的起点"③。于是,一条多样性的历史演进道路就这样被彻底打通了。历史发展道路的不同反映出东西方的历史和走向的不同,由此形成两个完全不同的世界:一个是以私有制为基础的西方世界,依据其私有制的层次不同和内在矛盾的运动,相

---

① 《马克思恩格斯全集》第 19 卷,第 268 页。
② 《马克思恩格斯全集》第 19 卷,第 436 页。
③ 《马克思恩格斯选集》第 1 卷,第 251 页。

继经历了奴隶、封建和资本主义制度。一个是以土地公有为基础的东方世界,自原始公社解体以来,它一直保持着以土地公有为主同时伴以少量宅旁园地的公私二重性并存的局面。马克思说:"在亚细亚形式下,它们所能改变的最少"①,是一个顽强保持自己特性的超稳定社会。

东西方世界不同,历史发展道路也不同,应该说这是世养和历史的常态。马克思早在《1857—1858 年经济学手稿》中就指出,从人类社会原生形态的农业公社开始,就孕育了后来次生形态的分化过程。原始农业公社根据其内部公私财产的对比关系和组织形式,可以分为三种不同的类型:一是公有程度较高的亚细亚公社,它类似于后来的亚细亚生产方式,19 世纪的俄国与印度的村社和中国周秦以前的公社就是由这种亚细亚所有制转化而来的。二是公私财产已经明确分开,单个人已经有了独立财产的古代公社,这种公社一般都是按着军事方式组织起来,后来罗马和希腊奴隶制城邦国家就是由这种公私所有制并存的古代公社转化而来的。三是私有制成分较高、处在公有制和私有制交汇点的日耳曼公社,后来欧洲占统治地位的中世纪农奴制就是由此发展起来的。这种原生阶段的三种公社所有制形式就演化成后来的亚细亚生产方式、奴隶制和封建制三种社会形态,同样,亚细亚所有制形式在后来的演化中由于各自所处的不同地理环境和历史条件,也衍生出印度、俄国和中国三种不同的亚细亚生产方式的类型。它们都没有经历过典型的奴隶制与封建制,但彼此之间也有各自的鲜明特点。印度村社组织最封闭最顽强,在很大程度上带有奴隶制的色彩;俄国土地公有制保存得比较完整,接近欧洲的农奴制;中国发展了亚细亚生产方式的集中专制国家的特点,自秦汉以来一直保持强大的中央集权制国

---

① 《马克思恩格斯全集》第 46 卷(上),第 492 页。

家。所以,从历史上看,多极化的世界趋势并非始自近晚时期,它源远流长,具有深厚的历史根底,这对那些妄图树立自己霸权、追求单极世界的人应该是一副极好的清醒剂。

其次,马克思关于封建制的本质规定凸显了人在社会形态中的决定地位。长期以来在哲学和史学界,一谈起社会形态,总是强调经济政治等物质性特征,很少从人的生存视角来界定社会制度。对于封建制,主要强调经济上的土地分封制和政治上的等级制、权力分封制和领主特权制,对于资本主义社会则主要强调生产的社会化和生产资料的私人占有,并视之为资本主义社会的基本矛盾,等等。这些规定确实反映了不同社会形态的特点,但是它们都不是离开人而存在的,实际上是人的状况在经济和政治上的反映,其真实的内容是在说明人,表达人的价值和人的关系。社会是人的集合体,人的地位、价值和人与人之间的关系是全部制度建构的根本和实质,因此,只有那些最能反映人的生存状况的制度才是社会形态的本质规定。对于封建制来说,农奴制集中地体现了农奴和领主之间的人身依附关系,反映了领主和农奴在社会体系中的不同价值和身份定位,因而成为封建制的立足根据。同理,奴隶制反映了奴隶对奴隶主的完全的人身依附关系,是古代社会的存在基础;雇佣劳动制反映了工人和资本家在劳动力自由等买卖基础上的剩余价值榨取机制,构成了资本主义社会的基本特征;人的自由个性和全面发展反映了人从自然和社会压迫下的彻底解放,是共产主义作为真正人类社会的根本特点。正是在这些制度的存在和演化的链条中,人才一步步地摆脱动物式的生存状态,结束史前史,进入真正人的历史。马克思强调农奴制对封建制的特殊意义,其目的在于突出人,推出农奴和领主各自不同的实际地位和多方面的真实关系。他同时提出的土地不得自由买卖和领主的司法审判权,也是为了进一步说明领主的特权与农奴、平民地位的低下和所遭遇的无奈。马克思对封建制的这三条界定是一个创举,填补了人学历史尺度的空白,更进一步地揭示了人在历史的区分和演进中的关键意义。

其次,马克思早在《1857—1858 年经济学手稿》中就从人的自身发展的视角,提出了历史演进的三形态理论,他说:"人的依赖关系(起初完全是自然发生的),是最初的社会形态,在这种形态下,人的生产能力只是在狭窄的范围内和孤立的地点上发展着。以物的依赖性为基础的人的独立性,是第二大形态,在这种形态下,才形成普遍的社会物质变换,全面的关系、多方面的需求以及全面的能力的体系。建立在个人全面发展和他们共同的社会生产能力成为他们的社会财富这一基础上的自由个性,是第三个阶段。第二个阶段为第三个阶段创造条件。"①马克思的这个三形态理论完全是从人的自身状况出发,把人的依赖性、独立性和自由个性既视为人自身发展的三阶段,同时又用这三阶段涵盖社会形态的演进,把社会的发展完全纳入人自身的完善中。人的依赖性阶段泛指前资本主义的自然经济类型,包括原始、奴隶和封建三个社会形态;以物的依赖性为基础的人的独立性阶段则指商品经济类型,包括资本主义和社会主义形态;第三阶段是产品经济类型,专指共产主义社会和人的全面发展。这样,人就成为历史演进的唯一内容,人的不同状态区分了社会的不同形态。在依赖性关系下,最早出现的是以人的自然需求为主而结合起来的共同体,这就是人类社会的原生形态,即原始社会。随后出现的是在生产力的一定发展基础上而产生的古代形态。继之产生的是农奴制下的农奴对领主的半奴隶式的人身依附关系,至此,在自然经济条件下的人的依赖性状态已经演绎完毕,与此相适应,人类社会相继走过了原始、古代和封建社会形态。商品经济的出现和发展带来了人际关系的新转折,人与物一样,都

---

① 《马克思恩格斯全集》第 46 卷(上),第 104 页。

被推向市场,在等价交换中消灭了一切特权,实现了在法律和真理面前的人人平等。市场经济、民主政治和人道意识三者相互依存、完整配套,构成近代以平等为基石的人的三大基本生存维度。只有实现了经济、政治和思想文化上的自由和平等权,人才能作为完整的人占有整个世界,并在对象世界中体现自己的类本质。从资本主义时代起形成的人正是这种具有普遍意义的、作为类的人,如马克思说,这种人已不像从前那样,"使人的对象性本质作为某种仅仅是外在的、物质的东西同人分离,……人的内容是人的真正现实"[1],"人就是人的世界,就是国家,社会"[2]。在物的基础上展示的人的独立性铸就了资本主义的社会形态。产品是对商品经济及其负面影响的超越,在这种经济类型中,人摆脱了物质需求和强制性分工的困扰,真正成为全面发展的一代新人,以这种姿态展示人自由个性的社会就是共产主义社会。马克思用人的自身发展的水平来标志和串联人类社会的历史演进充分说明,只有人才是社会的主体和历史的核心,从人的地位、价值和关系来标识不同的社会形态是马克思开辟的正确之路。

与近代西方社会的人相比,近代中国社会还处在前资本主义形态,人的经济、政治和文化素质还很落后,基于物的独立性和平等性远还没有形成,人还局限在血缘亲属关系的桎梏中。由此导致近代中国的社会对立还不像西方那样发育得十分充分和明显,中国社会主要还是一个血缘关系占主导的亲情社会。这种社会先天就排斥民主,拒绝法制,听命于行政权力的指挥棒,如同马克思所说:"归根到底,小农的政治影响表现为行政权支配社会。"[3]中国共产党就是在这样一个人的平等和个性都发育不足的社会中取得革命胜利

---

① 《马克思恩格斯全集》第3卷,第102页。
② 《马克思恩格斯选集》第1卷,第1页。
③ 《马克思恩格斯选集》第1卷,第678页。

的,现实的国情要求经济、政治和文化的快速发展,以此为基础来大力修复落后的社会基因,提高人的整体水平。20 多年来改革开放的成功使中国人的素质有了跨越式的提高,越来越与中国特色的社会主义制度相匹配,虽然今后这方面的任务还很艰巨,但在以人为本的科学发展观的指引下,中国人与社会的状况一定会相互协调,互相促进,发育得更好。

选自:《中国社会科学内刊》2008 年第 2 期

《中国社会科学内部文稿》

理想与现实的统一：马克思视域中的共产主义

马克思创立的科学共产主义是近代以来波澜壮阔的革命运动，也是人类的崇高理想。从古至今还没有哪一种社会思潮像科学共产主义这样深入人心，具有极强的吸引力和凝聚力。当代，科学共产主义已经成为中国等社会主义国家正在逐步构建的现实，呈现出理想与现实日益统一的发展态势。

但在马克思的时代，共产主义并非马克思一家，而是种类繁多，鱼龙混杂。这样，马克思不仅要同各种资产阶级思潮做斗争，还要批判工人运动内部各种粗陋的和空想的共产主义流派，为坚持共产主义的科学性、革命性和纯洁性而斗争。因此，正确理解和领会马克思的科学共产主义理论，对于当前我们扫除各种错误观念，坚持社会主义初级阶段的正确布局，提高共产主义运动的自觉性，确保我国社会主义始终沿着正确的道路前行，都具有重要的现实意义。

一、对"粗陋的共产主义"的批判

要深刻理解科学共产主义的宗旨，了解其理论的来龙去脉，必须从"共产"一词说起。共产是针对社会财产状况不公，因而要求共同拥有和公平分配财产。自从私有制产生，阶级剥削和阶级压迫出现以来，财产的拥有和分配状况就一直极端不公，少数统治阶级占有绝大部分社会财富，而广大劳苦群众则很少拥有财产。财产的两极分化决定了人的社会地位和生活状况的天壤之别,剥削者花天酒地,而劳苦大众则生活在水深火热之中。这种财产的极端不公必然激起公愤。因此,消除财产不公,要求社会共同拥有财产就成为自古以来连绵不断的社会思潮,历史上所有"天下为公"和"世界大同"的理想都包含有朴素的共产主义意蕴。

但共产主义摆脱朴素形态,真正具有时代气息,是与工人阶级登上历史舞台紧密相关的。近代随着资本主义的发展,诞生了一无所有的无产阶级,工人的无产地位使他们处于社会的最底层,他们对统治阶级把财产据为己有,并以此来剥削自己感受最深、痛恨最切。所以,近代的共产主义就代表刚刚诞生的工人阶级提出了对财产的公平要求,马克思把共产主义的这种最初的形式称为"粗陋的共产主义"

粗陋的共产主义以 18 世纪末至 19 世纪初法国的巴贝夫、卡贝、德萨米和德国的魏特林等为代表,他们的思想和学说各不相同,但都把矛头指向私有财产,主张消灭私有制,实行财产公有,共同生产,平均分配,建立一个人人平等的社会。

所以,粗陋的共产主义一出场就紧盯财产不放,把共产作为奋斗的目标。这就引发一个前提性的追问:什么是财产和私有财产?为什么共产主义者总是聚焦于财产?怎样看待粗陋的共产主义取消私有财产的主张?表面看,私有财产集中凸显了阶级社会的全部罪恶,一切对现实持批判态度的人,都很容易把矛头对准私有财产蒲鲁东等小资产阶级社会主义者就曾宣扬过"财产就是盗窃"。马克思超越一切对私有财产的肤浅认识,在对私有财产的普遍声讨中,发现了私有财产所蕴含的人的异化劳动的本质,指明共产主义作为对私有财产的积极扬弃,表现为向人的本质和人性的回归。为了阐明这些问题,马克思在《1844 年经济学哲学手稿》中,专辟一节,题为"私有财产和共产主义",用全新的视角,深刻分析了分工、异化劳动与私有财产的关系，揭示了人类历史一直在私有财产中运行的秘密。

在马克思看来，私有财产首先是财富和财产，而任何财产都是劳动的积累。当劳动产品不仅能够满足消费的需要而且有剩余，这些剩余产品转归私人占有，就出现了私有财产。因此，私有财产首先具有劳动的本质①，是人在劳动中创造出来的。但是，创造私有财产的劳动不是一般的劳动，而是异化劳动。所谓异化劳动是指受谋生支配的、被迫的劳动，其劳动成果不属于自己，而是为他人所掌控。异化劳动的前提是生产力的提高和分工的扩大，能够产生出剩余产品，为别人所支配。如果劳动产品仅满足自己的生命需要，不产生剩余产品，这种劳动对别人就没有价值，当然也就不能成为异化劳动。可见，私有财产凝聚了人的劳动和人在劳动中付出的心血和生命，不仅具有劳动本质，而且具有"主体本质"。② 马克思说："这种物质的、直接感性的私有财产，是异化了的人的生命的物质的、感性的表现。"③所以，马克思又称私有财产是人的自我异化，正是这种异化积淀了人的劳动成果，是人的生命和本性的真正体现，"私有财产的运动—生产和消费—是迄今为止全部生产的运动的感性展现，就是说，是人的实现或人的现实。"④

粗陋的共产主义不理解私有财产的意义和实质，因为"它还没有理解私有财产的积极的本质，也还不了解需要所具有的人的本性，所以它还受私有财产的束缚和感染"⑤，把私有财产看成天经地义，不可或缺。这样，他们就把私有财产想象为公妻制下无个性的妇女，用平均分配的办法，随意分配给每一个人，以此来取消少数人

《中国社会科学内部文稿》

① 《马克思恩格斯全集》第3卷，第289页。
② 同上。
③ 《马克思恩格斯全集》第3卷，第298页。
④ 同上。
⑤ 《马克思恩格斯全集》第3卷，第297页。

对私有财产的垄断,实现人人皆有财产。对此,马克思认为,从主观愿望来说,私有财产的积极扬弃,但实际上"是作为普遍的私有财产出现的"①,不过是私有财产"这种关系的普遍化和完成"②。因为平均主义并未消除私有财产本身,相反倒把私有财产遍布到每一个人身上,使人人都成为私有者。马克思说,这种共产主义"由于到处否定人的个性",否定人的才能和差别,把财产一律平均地分给每个人,它"只不过是私有财产的彻底表现"③。不仅如此,马克思还进一步揭露说,一切私有者都对比他更富裕的人怀有忌妒心和平均主义的欲望,"粗陋的共产主义不过是这种忌妒心和这种从想象的最低限度出发的平均主义的完成"④。

可见,粗陋的共产主义主观上想通过平均主义扬弃私有财产,实现共产主义,但结果适得其反,不仅没有消除私有财产,反倒使其普遍化和彻底化,离共产主义越来越远了。马克思认为"共产主义是私有财产即人的自我异化的积极的扬弃"⑤,因为这种扬弃"作为对人的生命的占有,是对一切异化的积极的扬弃,从而是人从宗教、家庭、国家等等向自己的人的存在即社会的存在的复归"⑥。但其出路不是对私有财产实行平均主义,而是真正积极地、彻底地扬弃,使私有财产对人来说成为不必要的东西。当未来生产力高度发展,产品极大丰富,完全能够满足人的全面发展需要,这时私有财产就失去了任何意义。马克思说:"在共产主义社会高级阶段在迫使个人奴隶般地服从分工的情形已经消失,从而脑力劳动和体力劳动的对立也随之消失之后;在劳动已经不仅仅是谋生的手段,而且本身

---

① 《马克思恩格斯全集》第 3 卷,第 295 页。
② 同上。
③ 同上。
④ 《马克思恩格斯全集》第 3 卷,第 295—296 页。
⑤ 《马克思恩格斯全集》第 3 卷,第 297 页。
⑥ 《马克思恩格斯全集》第 3 卷,第 298 页。

成了生活的第一需要之后;在随着个人的全面发展,他们的生产力也增长起来,而集体财富的一切源泉都充分涌流之后,——只有在那个时候,才能完全超出资产阶级权利的狭隘眼界,社会才能在自己的旗帜上写上:各尽所能,按需分配!"①既然是产品极大丰富,按需分配,私有财产也就失去了存在的前提,至此,私有财产彻底被扬弃,人真正实现了向自身本质的回归,这就是共产主义的实现之日。

马克思视域中的共产主义固然包含有共同拥有财产之意,否则也就不会有共产主义和共产党的称呼。但与粗陋的共产主义不同,马克思不是把注意力聚焦在现有财产的平均分配上,而是强调大力发展生产,增加社会财富,从根本上消解私有财产存在的必要性。这是对私有财产最积极、彻底的扬弃,是对财产和财富真正的共同拥有,由此,凝聚在私有财产中的人的生命、价值和本质才向人回归。所以,马克思的共产主义只是沿袭了近代早期共产主义的声名和传统,其实质是共同创造财产、共同拥有财产和共同享受财产。这样,财产就彻底告别几千年来人类历史一直在其中运动的私有性的局限,升华为共产主义的物质基础。为此,马克思、恩格斯把第一个工人阶级政党称作"共产主义者同盟",并撰写了纲领性文献《共产党宣言》。

二、共产主义的前奏:社会主义从空想到科学

马克思之前的共产主义不仅是粗陋的、平均主义的,也是空想的,空想是它的先天顽症,这集中体现为空想社会主义。空想社会主义是 19 世纪三四十年代前后在西欧出现的一种社会思潮。由于资本主义开创了社会化大生产,显示了前所未有的优越性,于是一些先进的思想家就设想整个资源、生产、管理都突破资本主义私有

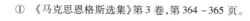

① 《马克思恩格斯选集》第 3 卷,第 364-365 页。

制的局限,统归全社会所有、由社会组织生产管理和运营。这种思潮实际上是对资本主义私有制的否定,在一定程度上已经和共产主义接轨。所以,空想社会主义最先是以批判资本主义弊病,制定未来理想制度蓝图的面目出现。马克思、恩格斯在提出共产主义纲领之前,不仅对粗陋的共产主义,而且对各种社会主义思潮也不能不表明自己的态度。1888 年恩格斯在《共产党宣言》序言中说:"在1847 年,所谓社会主义者,一方面是指各种空想主义体系的信徒,即英国的欧文派和法国的傅立叶派……另一方面是指形形色色的社会庸医,他们凭着各种各样的补缀办法,自称要消除一切社会弊病而毫不危及资本和利润。这两种人都是站在工人阶级运动以外,宁愿向'有教养的'阶级寻求支持。只有工人阶级中确信单纯政治变革还不够而公开表明必须根本改造全部社会的那一部分人,只有他们当时把自己叫作共产主义者。这是一种粗糙的、尚欠修琢的、纯粹出于本能的共产主义;但它却接触到了最主要之点,并且在工人阶级当中已经强大到足以形成空想共产主义,在法国有卡贝的共产主义,在德国有魏特林的共产主义。"①恩格斯这段话不仅印证了马克思对粗陋的共产主义的批判,而且和《共产党宣言》第三部分"社会主义的和共产主义的文献"中的相关论述相一致,在这些论述中,揭露了封建的社会主义、小资产阶级的社会主义和资产阶级的社会主义的本质,展现了各种"社会庸医"的真实面目,同时又在"批判的空想的社会主义和共产主义"的主题下,对法国的圣西门、傅立叶和英国欧文的空想社会主义思潮进行了深刻的剖析。这三位空想社会主义者的学说是马克思科学共产主义理论的思想来源,他们对资本主义的揭露和批判,对未来共产主义的设想和预见,为启发工人阶级觉悟提供了生动材料,对马克思构建科学的共产主义

---

① 《马克思恩格斯选集》第 1 卷,第 384－385 页。

理论具有重要的借鉴和启示作用。恩格斯的《社会主义从空想到科学的发展》就是专门评价空想社会主义的历史贡献和空想缺陷的。恩格斯具体分析了圣西门、傅立叶、欧文每个人的观点和主张，既有可以吸取和借鉴的高度评价，也有对其肤浅甚至未来还要保留私有制的深刻批评，从而在借鉴和扬弃中过滤出闪光的思想遗产。这样，"社会主义"的指称就被列入"共产主义"的谱系中，与共产主义经常连接在一起，不加区分，共同表明共产主义的本真意蕴。马克思恩格斯在《共产党宣言》《反杜林论》等多部著作中，无论是标题还是内文都经常出现"社会主义的和共产主义的文献"、"本来意义上的社会主义和共产主义的体系"等字样。

　　研究和阐发马克思的共产主义理论，空想社会主义是一道绕不过的坎，在一定的意义上可以说，没有空想社会主义作借鉴，也就不可能有马克思完备的科学共产主义理论。空想社会主义高出粗陋的共产主义之处在于，它更全面深刻地接触到了资本主义的实质，对资本主义的认识和批判远远超越以前的一切共产主义学说，尤其是它对未来社会的主张更是粗陋的共产主义所不能比拟的。马克思的共产主义能够冠以"科学"的前缀，是与批判地吸取空想社会主义的积极成果分不开的。

　　但空想社会主义有一个根深蒂固的弊病，就是空想。在马克思、恩格斯看来，空想社会主义之所以陷入空想，其原因来自于三方面。

　　首先是时代条件和阶级背景的局限。19世纪三四十年代，资本主义还处于上升与此相适应，无产阶级刚刚诞生不久，阶级意识还很薄弱，在各方面都很不成熟，无产阶级和资产阶级的阶级斗争也表现得很不充分。但是无产阶级作为争夺社会统治权的崭新力量，已经在法国大革命和日常社会政治生活中发出了自己的呼声，扮演了重要的社会角色。三大空想社会主义者作为不成熟的无产

《中国社会科学内部文稿》

阶级利益的代表,以自己的学说和观点表达了那个时代无产阶级的要求和愿望。恩格斯说:"这种历史情况也决定了社会主义创始人的观点。不成熟的理论,是同不成熟的资本主义生产状况、不成熟的阶级状况相适应的。解决社会问题的办法还隐藏在不发达的经济关系中,所以只能从头脑中产生出来。……于是,就需要发明一套新的更完善的社会制度,并且通过宣传,可能时通过典型示范,从外面强加于社会。这种新的社会制度是一开始就注定要成为空想的,它越是制定得详尽周密,就越是要陷入纯粹的幻想。"①

其次是脆弱的理论根基。19 世纪三大空想社会主义者是理性主义者,"就其理论形式来说,它起初表现为 18 世纪法国伟大的启蒙学者们所提出的各种原则的进步的、据称是更彻底的发展"②。

在他们看来,现在依据理性原则建立起来的资本主义社会并不理想,真正的理性和发现真理的伟大人物至今还未出现,"这种天才人物在 500 年前也同样可能诞生,这样他就能使人类免去 500 年的迷误、斗争和痛苦"③。因此,在他们眼里,社会主义和共产主义并不是社会合乎规律发展的必然结果,而是天才人物的伟大发现,至于谁发现,什么时候发现,完全是偶然和不确定的。他们构思的这种未来理想社会可谓是空中楼阁。

第三是空想的道路和方法。空想社会主义陷入空想的泥潭,还因为他们找不到实现理想的依靠力量和切实可行的道路与方法。《共产党宣言》说:"诚然,他们也意识到,他们的计划主要是代表工人阶级这一受苦最深的阶级的利益。在他们的心目中,无产阶级只是一个受苦最深的阶级。"④他们不了解工人阶级的先进性和革命

---

① 《马克思恩格斯选集》第 3 卷,第 645 页。
② 《马克思恩格斯选集》第 3 卷,第 391 页。
③ 《马克思恩格斯选集》第 3 卷,第 393 页。
④ 《马克思恩格斯选集》第 1 卷,第 431 页。

性,"看不到无产阶级方面的任何历史主动性,看不到它所特有的任何政治运动"①。他们把自己的注意力集中到社会上层,主要是向统治阶级、慈善家呼吁,贴出广告规定时间,在家里坐等这些人自动上门提供支持。这就使空想社会主义者在依靠的社会力量上看走了眼,彻底陷入空想。与此同时,他们也不了解实现共产主义是惊天动地的伟业,必须付出前无古人的奋斗和牺牲。《共产党宣言》说,"他们拒绝一切政治行动,特别是一切革命行动;他们想通过和平的途径达到自己的目的"②,在他们看来,"社会主义是绝对真理、理性和正义的表现,只要它被发现了,它就能用自己的力量征服世界"③。因此,不必强调实践和行动,主要任务是宣传,"人们只要理解他们的体系,就会承认这种体系是最美好的社会的最美好的计划"④,"今后的世界历史不过是宣传和实施他们的社会计划"⑤。他们还特别注重示范的方法,企图通过一些小型的、当然不会成功的试验,通过示范的力量来为新的社会福音开辟道路。⑥

马克思、恩格斯揭示了空想弊病的成因,也就打通了社会主义从空想到科学的道路。他们在思想理论上拨乱反正,指出社会主义和共产主义不是什么天才人物的偶然发现,而是社会发展合乎规律的结果。一方面,唯物史观揭示了资本主义社会基本矛盾运动必然导致资本主义的灭亡和共产主义的胜利;另一方面,剩余价值学说揭示了工人被剥削被压迫的根源和秘密,指明了无产阶级与资本主义不可调和的对立,指出只有通过阶级斗争的道路和革命的方法,无产阶级才能完成自己的历史使命,成为资本主义的据墓人和共产

① 《马克思恩格斯选集》第1卷,第431页。
② 《马克思恩格斯选集》第1卷,第432页。
③ 《马克思恩格斯选集》第3卷,第394页。
④ 《马克思恩格斯选集》第1卷,第432页。
⑤ 《马克思恩格斯选集》第1卷,第431页。
⑥ 《马克思恩格斯选集》第1卷,第432页。

主义的建设者。这就最终解决了社会主义和共产主义的依靠力量、斗争道路和方法问题。所以恩格斯得出结论:马克思的两大发现——唯物史观和剩余价值学说使社会主义从空想变为科学。

彻底批判社会主义的空想性,在唯物史观和剩余价值学说的基础上完成社会主义从空想到科学的变革,是马克思科学共产主义理论迈出的关键性一步,从此共产主义才真正成为科学的、可以实现的理想和目标。当然也不可忽视空想社会主义者对未来社会的天才预见和设想,他们提出的共产主义应把"对人的统治变为对物的管理和对生产过程的领导"、"妇女解放的程度是衡量普遍解放的天然尺度"、儿童的早期教育应实行教育与劳动生产相结合,以及消灭私有制和消除三大差别等思想,都是对资本主义弊病的折射和积极回应,具有深厚的现实基础。马克思在构建科学共产主义理论过程中都把它们当作宝贵的思想资料,积极地加以借鉴和吸收。

经历了社会主义从空想到科学的革命变革,社会主义已经作为重要的思想资源被融入到马克思的科学共产主义理论中。1875年,马克思在《哥达纲领批判》中提出了"共产主义第一阶段"和"高级阶段"的说法,后来列宁在《国家与革命》中说:"就是这个刚刚从资本主义脱胎出来的在各方面还带着旧社会痕迹的共产主义社会,马克思称之为共产主义社会的'第一'阶段或低级阶段"①,并断言"在共产主义社会的第一阶段(通常称为社会主义)"②。列宁的这个说法后来得到了广泛的认同,成为马克思主义对共产主义社会发展阶段的经典表述。中国共产党在建设中国特色社会主义实践中,进一步发展了对共产主义发展阶段的认识,认为不仅共产主义可以区分为高级阶段的共产主义和低级阶段的社会主义,就是社会主义

① 《列宁选集》第3卷,第194页。
② 《列宁选集》第3卷,第196页。

也可以再进一步进行阶段划分，提出了社会主义本身是共产主义的初级阶段，而我们中国又处在社会主义的初级阶段。这一切都表明，共产主义作为理想目标分阶段，分层次不可一蹴而就。而共产主义作为思想理论，是动态的，要随着实践的发展而加深理解，提高认识，不断创新，任何对共产主义的僵化、封闭化和宗教化的理解都是错误的。

三、马克思勾勒的科学共产主义蓝图

马克思一生都在积淀科学共产主义的思想财富，从资本主义现实的反衬和前人许多天才、合理的预见中不断地继承、确认和创新共产主义的理想未来。大体说来，马克思的科学共产主义蓝图包括经济、政治、思想三大方面。

在经济上，首先是生产力高度发展，社会产品极大丰富，马克思称之为"集体财富的一切源泉都充分涌流"，这是共产主义的物质基础，是一切条件中的重中之重，共产主义的全部特征都是在这个基础上发生和形成的。马克思曾经用生产工具来表征不同的社会和时代，称原始社会是石器时代、奴隶制是青铜器时代、封建制是铁器时代、资本主义是蒸汽机时代，列宁称共产主义是苏维埃政权加全国电气化当今世界自二战后不过 70 年，就已进入以电子、计算机和信息网络为特征的全球化时代，未来共产主义社会的生产力水平可想而知，将会达到目前人类难以想象的高度

其次，在马克思的视野中，消除强制性的分工是共产主义的重要特征。共产主义以人的全面发展为目标，消除强制性的分工，使人向完整的自我回归，是理所当然的。在《德意志意识形态》中，马克思说："原来，当分工一出现之后，任何人都有自己一定的特殊的活动范围，这个范围是强加于他的，他不能超出这个范围：他是一个猎人、渔夫或牧人，或者是一个批判的批判者，只要他不想失去生活

资料他就始终应该是这样的人。而在共产主义社会里,任何人都没有特殊的活动范围,而是都可以在任何部门内发展,社会调节着整个生产,因而使我有可能随自己的兴趣今天干这事,明天干那事,上午打猎,下午捕鱼,傍晚从事畜牧,晚饭后从事批判,这样就不会使我老是一个猎人、渔夫、牧人或批判者。社会活动的这种固定化,我们本身的产物聚合为一种统治我们、不受我们控制、使我们的愿望不能实现并使我们的打算落空的物质力量,这是迄今为止历史发展中的主要因素之一。"①这段话一直被认为是消除强制性分工的经典话语。后来,马克思在《哥达纲领批判》中又再次强调:"在迫使个人奴隶般地服从分工的情形已经消失,从而脑力劳动和体力劳动的对立也随之消失之后",②才能实现各尽所能、按需分配的共产主义社会。所以,消除强制性的分工,以及脑力劳动与体力劳动、工业与农业、城市和乡村三大差别的对立,自然就成为共产主义社会标志性的特征。曾经有人提出异议,认为马克思关于共产主义社会消除分工的看法过于理想化,如果真的按自己的兴趣随便挑选工作,那么社会肯定就会出现无序的混乱局面。其实,马克思这里只不过是举例说明,在理想社会里,社会分工应依据每个人的兴趣,彻底消除强制性,这是人类社会真正进步的体现,共产主义社会之所以"理想",就体现在这里。当然,共产主义社会也是一个具有高度组织性质的社会,"社会调节着整个生产",不可能完全随着个人兴趣来安排生产和生活,因为个人兴趣也会互相冲突,需要社会来调整和磨合。至于怎样调整和磨合,那是未来的事情,马克思只能提出一个原则,再细就可能会陷入空想。

第三,马克思认为,与消除强制性分工相联系的是,共产主义必

① 《马克思恩格斯选集》第 1 卷,第 165 页。
② 《马克思恩格斯选集》第 3 卷,第 364 – 365 页。

须废除私有制因为私有制是分工的后果,即分工使劳动异化,异化劳动的成果转归他人占有出现了私有财产,维护私有财产,并使其变成资本和生产资料来剥削他人的制度就是私有制。马克思在《德意志意识形态》中说:"其实,分工和私有制是相等的表达方式,对同一件事情,一个是就活动而言,另一个是就活动的产品而言。"①强制性的分工不仅是对他人劳动产品的剥夺,也是"对他人劳动力的支配",是典型的异化劳动,也是私有制剥削功能的集中体现。所以,消除强制性分工的同时也就使私有制与其一起同归于尽了。

共产主义必须消灭私有制,这几乎是一切共产主义者的共识。但是他们中的许多人出于感情上的激愤,认为私有制是万恶之源,必须把革命矛头对准私有制。马克思以科学的眼光,从分工与私有制的关系入手,把私有制看作是异化劳动的产物而异化劳动又是分工的后果。所以私有制是历史的产物,是生产发展到一定阶段的必然结果。共产主义革命的直接目标是消灭私有制,正如《共产党宣言》所言:"共产党人可以把自己的理论概括为一句话:消灭私有制。"②但消灭私有制绝非像粗陋的共产主义者想象的那样,用平均主义办法就可以达到。从根本上说,"只有随着大工业的发展才有可能消灭私有制"③。"随着联合起来的个人对全部生产力的占有,私有制也就终结了。"④那么,共产主义社会用什么样的所有制取代私有制呢? 一般都认为,理所当然的是用公有制。但马克思却提出了要重建共产主义"个人所有制"和"劳动者个人所有制",并且还指出,"实际上已经以一种集体生产方式为基础的资本主义所有制

---

① 《马克思恩格斯选集》第 1 卷,第 163 页。
② 《马克思恩格斯选集》第 1 卷,第 414 页。
③ 《马克思恩格斯选集》第 1 卷,第 184 页。
④ 《马克思恩格斯选集》第 1 卷,第 210 页。

只能转变为社会所有制"①。马克思说的个人所有制和社会所有制
到底是什么样的所有制？它们与我们传统理解的共同所有、共同管
理、平等分配的生产资料公有制是什么关系？前些年我国学界曾为
此展开激烈争论，有人甚至称这些概念为"经济学的哥特巴赫猜
想"。尽管歧见纷呈，众说不一，但有一点是可以肯定的，在共产主
义社会利用生产资料私人占有来剥削他人的私有制是被彻底埋葬
了，取而代之的新所有制是生产资料归联合起来的个人共同拥有的
所有制。

第四，所有制是生产关系的决定性环节，随着私有制被废除，共
产主义社会经济关系的各个方面也都随之发生根本性的变化。私
有财产已经被扬弃，三大差别已经消失，劳动已不再是谋生的手段，
而是成了生活的第一需要，分配上将实行人类梦寐以求的按需分配
的原则。这时人类的整个生活和劳动都发生了质的飞跃，进入了一
个全新的境界。马克思在《1857—1858 年经济学手稿》中曾将人类
历史发展分为三个阶段，其中第三个阶段是"建立在个人全面发展
和他们共同的、社会的生产能力成为从属于他们的社会财富这一基
础上的自由个性"②。这个阶段相当于共产主义的产品经济时期。
要想达到社会财富极大丰富基础上的自由个性，必须超越人类史前
时期的狭隘视野，如马克思所说："自由王国只是在必要性和外在
目的规定要做的劳动终止的地方才开始；因而按照事物的本性来
说，它存在于真正物质生产领域的彼岸。"③不是为谋生而活，而是
超越生存，超越物质需求而自觉地进行生产和劳动，共产主义的生
产和劳动就是这种崇高的境界。

在政治上，由于社会产品极大丰富，加之强制性分工和私有制

① 《马克思恩格斯全集》第 25 页，第 144 页。
② 《马克思恩格斯全集》第 30 页，第 107 – 108 页。
③ 《马克思恩格斯全集》第 46 页，第 928 页。

的消灭,共产主义社会的政治面貌也将发生根本性变革。

首先,一直主导社会发展和运行的生存斗争终结了,阶级斗争及其国家机器也消亡了,空想社会主义者设想的国家由对人的管理第一次变为对物的管理,庞大的官僚队伍和常备军作为社会肌体的蛀虫和赘瘤从此销声匿迹,清明政治和廉洁政府真正得到实现

其次,随着经济利益对抗的消除,政治上的一切对抗也随之消除,代之以和谐、互利、统一和一致。马克思把资本主义及其以前的一切社会形态称之为史前时期,认为资本主义是人类社会对抗的最后一种形式,取代资本主义的共产主义以和谐代替对抗,社会组织形式也是自由人联合体。《共产党宣言》宣告:"代替那存在着阶级和阶级对立的资产阶级旧社会的,将是这样一个联合体,在那里,每个人的自由发展是一切人的自由发展的条件。"[1]

第三,共产主义是真正的平等社会,平等将贯彻到社会生活的一切方面,不仅人与人之间的关系是平等的,而且人的发展和进取的机会、条件也都是平等的。不能认为经济的发达和私有制的消灭会使平等自动实现,社会仍需要不断地调节才能实现平等。如果共产主义社会平等方面出了问题,那么经济的发展和阶级的消灭就全都失去意义了。所以,马克思明确指出:"平等,作为共产主义的基础,是共产主义的政治的论据。"[2]经济、政治和社会一切方面的完全和彻底的平等,是共产主义社会的根本标志和最大特征。

在思想上,社会存在决定社会意识,由于经济和政治上的巨大变革,在共产主义社会,人的思想面貌也将发生前所未有的变化,这又特别表现在人们自觉的劳动态度上。劳动在以前的一切社会形态中都是谋生的手段,是异化了的劳动,是被迫的、不得不从事的体

---

① 《马克思恩格斯选集》第 1 卷,第 422 页。
② 《马克思恩格斯选集》第 3 卷,第 347 页。

力支出。马克思曾说过,任何健康的正常人都有劳动的需要,劳动是人的天性,不劳动会感到不舒服。但在阶级社会里,劳动的异化使"劳动对工人来说是外在的东西,也就是说,不属于他的本质;因此,他在自己的劳动中不是肯定自己,而是否定自己,不是感到幸福,而是感到不幸,不是自由地发挥自己的体力和智力,而是使自己的肉体受折磨、精神遭摧残。"①所以,各种劳动都必须在严格监督下才能正常进行。共产主义社会使劳动真正成为人们生活的第一需要人人都能自觉地从事劳动。共产主义是思想与现实的完美统一,一极是劳动产品极大丰富,另一极就是人们觉悟极大提高,尤其是劳动态度的空前自觉。有了这个前提,共产主义的各尽所能、按需分配的原则才能实行。

四、理想和现实的交汇:共产主义在实践中

马克思描绘的共产主义蓝图既是一种美好的理想,又有现实根基,实际上是对资本主义现实的折射和超越,反映了社会发展的必然性和合规律性,因而是一定能够实现的。经济上,消除强制性的分工,消灭私有制,消除三大差别,实行按需分配等设想合情合理,特别是像消除强制性分工和三大差别等,现在发达国家就已经显露出端倪;政治上,阶级和阶级斗争开始呈现消解趋势,国家的职能也越来越多地转归给社会,我国现阶段就提出构建和谐社会的目标等等。所有这一切都预示马克思关于共产主义的构思已经不断地兑现在实际生活中。同时,马克思的共产主义理想也是共产主义运动必定跃上的平台。历史地看,革命先烈前赴后继,舍生忘死英勇奋斗,就是因为相信共产主义决非虚无缥缈,相信它既是真理,又是实际的奋斗目标,一定能够在几代、几十代人的奋斗中成为现实。

---

① 《马克思恩格斯选集》第3卷,第270页。

但是，马克思的共产主义理论中还确有鲜为人知的另一面，即共产主义无限遥远，不是轻而易举就能达到的。马克思的这个思想是通过对共产主义的哲学理解来表达的。马克思多次指出，德国人不是在行动上，而是在哲学上经历了法国大革命，共产主义也是如此。恩格斯在 1843 年撰写的《大陆上社会改革运动的进展》中，明确把德国共产主义称为"哲学共产主义"，他认为"共产主义既是建立在健全的哲学原则的基础上"①，所以，"共产主义是新黑格尔派哲学的必然产物"②。这时马克思恩格斯刚刚完成从唯心主义到唯物主义、从革命民主主义到共产主义的转变，他们带着德国民族的哲学思维传统，用高远深邃的哲学思维来理解和阐发共产主义是很自然的。

439

一般的经验思维是表象和直接思维，往往注重事物的现实，从直接的因果关系来理解事物。对于共产主义更多的是从对资本主义现实的批判和反衬来认识和阐发的，这虽然也很正确，但缺少由表及里、由此及彼的更深层次的追问。共产主义要消灭私有制，要达到生产力的高度发展，但是这些崇高目标背后的深层意蕴是什么，这正是哲学思维所要解决的问题。哲学的功用就是突破表面经验思维局限，深入到事物的本质和终极原因中去。哲学思维是思辨思维和辩证思维，它必然要暂时离开经验和表象，深入到事物的本质追问中，因而带有一定的形上特点。用哲学思维来思考共产主义就要从私有制追问到私有财产，从私有财产追问到其中凝结的人的劳动和本质，并用辩证思维来解读生产力背后凝结的人与自然、社会的矛盾，从这些矛盾的展开和最后解决中，实现生产力的高度发展和社会产品的极大丰富。所以，马克思在《1844 年经济学哲学手

① 《马克思恩格斯选集》第 3 卷，第 492 页。
② 同上。

《中国社会科学内部文稿》

稿》中对共产主义作了形而上的阐述。他说："共产主义是私有财产即人的自我异化的积极的扬弃,因而是通过人并且为了人而对人的本质的真正占有;因此,它是人向自身、向社会的即合乎人性的人的复归,这种复归是完全的,自觉的和在以往发展的全部财富的范围内生成的。这种共产主义作为完成了的自然主义 = 人道主义,而作为完成了的人道主义 = 自然主义,它是人和自然界之间、人和人之间的矛盾的真正解决。"①

马克思在这里描绘的共产主义图景与生产力高度发展、社会产品极大丰富、实行按需分配、消除强制性分工、消灭私有制等具体目标完全不同,它特别突出了两方面要求,一是人对人的本质的真正占有,人向自身即合乎人性的人的复归,二是人和自然界、人和人之间矛盾的真正解决

首先,什么是对人的本质的真正占有? 怎样理解人向自身的复归? 马克思说扬弃私有财产,即扬弃人的自我异化就可以达到这个目标。共产主义确实可以通过实行社会产品极大丰富和实行按需分配使私有财产失去意义,但是人的自我异化能够因此消除吗? 人的活动虽然有目的、有计划,但是永远不能摆脱必然性的束缚,人类一切活动的结果都不可能完全达到事先预定的目的,行为的结果与主观动机相疏离,是必然的,是人的活动的常态。在这个意义上,异化不可消除,将永伴人的活动始终。但是异化又确实是对人的疏远、背离和伤害,共产主义必须消除异化,如果放弃这个目标,共产主义也就不能称其为崇高的理想信念了。这就出现了一个矛盾:一方面,异化因其自然必然性的原因,难以消除,人类不可能完全掌握必然,获得绝对的自由;另一方面,共产主义的本质要求又不能容忍异化,必须扬弃。这个矛盾并非坏事,它自身就开辟了解决的路径:

① 《马克思恩格斯全集》第 3 卷,第 297 页。

人类永远面对异化，永远要消除异化，又不能在哪一天消除得了，这就要永远努力，永远奋斗，人类存在一天就要为消除异化奋斗一天。在人类不屈不挠的永恒奋斗中，使异化逐渐式微、削弱直至接近消除，实现人的本质向人回归。就异化与人的本质的关系来说，只要异化存在，人的本质也就不可能完全回归，丧失或部分丧失自己的本质也是人的生命常态。所以，人永远也不可能真正成为一个完全合乎人性的人，正如恩格斯所言："人来源于动物界这一事实已经决定人永远不能完全摆脱兽性，所以问题永远只能在于摆脱得多些或少些，在于兽性或人性的程度上的差异。"①在这个意义上，人的本质回归也只有理想意义。

其次，怎样使完成了的人道主义与自然主义互动，达到人与自然和人与人之间矛盾的真正解决？这个要求也使共产主义更加带有不可企及的色彩。完成了的自然主义＝人道主义和完成了的人道主义＝自然主义，说的是人与自然的高度和谐，自然界被充分调动起来，向人类贡献出全部的成果，人类因此而获得最高的解放，完全实现了自己的人道主义的价值和意义。反之亦然，人类的人道主义价值完全实现也就意味着自然界的终极奉献。人与自然和谐一致的最终结果就是人与自然界之间冲突的真正解决，在这种情况下，人和人之间的矛盾也就不会存在了。问题是，人类的发展和进化能否达到这种无矛盾的境界，如果真的达到这种境界，人类还有什么事可干？这是否意味着历史的终结？恩格斯曾提出，如果人类真的到了这一天，那么"除了袖手一旁惊愕地望着这个已经获得的绝对真理，就再也无事可做了……历史同认识一样，永远不会在人类的一种完美的理想状态中最终结束；完美的社会、完美的'国家'

---

① 《马克思恩格斯选集》第 3 卷，第 478 页。

是只有在幻想中才能存在的东西"①。所以,马克思从哲学视角所理解的共产主义确实带有超越经验层面的形上意义。

怎样看待马克思的共产主义的形上视野?首先必须肯定,这在逻辑上是十分必要的。如果共产主义只限于实体境界,那么人们不免就要发问,一旦某一天共产主义的目标实现了,人类社会是否就达到了终点?以后社会还发不发展?往何处发展?如果把共产主义当作社会发展的终点,那么这就是一个封闭的形而上学的体系。所以共产主义决不是社会发展的顶峰,在共产主义之后社会仍将继续发展和前进,这才符合马克思的辩证法。这样,马克思就用哲学的深邃视野和高远境界,最后把共产主义落实在人的本质向人回归和人与自然的和谐上,这就使共产主义摆脱了社会发展顶峰的窘境,同时人向自身本质回归和人与自然的和谐又包容了极为广阔的想象空间,它好比绝对真理,既可以无限逼近,又不能最终达到,使人类永远处于追求和奋斗中。

其次,马克思对人对自己本质的真正占有和人与自然及人与人之间矛盾的真正解决并非毫无边际的妄想,而是把它置于历史发展的长河,与人类未来历史发展共始终。马克思是一位历史臻于至善者,他对人类的未来一直抱有乐观的信念,认为人类的未来最终必然走向共产主义,所以,马克思在提出共产主义的形上理解后,立即指出:"因此,历史的全部运动,既是它的现实的产生活动——它的经验存在的诞生活动,——同时,对它的思维着的意识来说,又是它的被理解和被认识到的生成运动。"②人类历史并非虚度,它总是在各个时期以不同的方式为共产主义奠定基础,人类的共产主义思想也在这个过程中不断被认识和生成。马克思自己就是一个鲜明的

---

① 《马克思恩格斯选集》第 4 卷,第 223 页。
② 《马克思恩格斯全集》第 3 卷,第 297 页。

范例,他在资本主义还未充分显示出灭亡的征兆时,就能以自己的天才和智慧预见到共产主义必须以人的彻底解放和全面发展为前提,表现在人的本质回归和人与自然、人与人之间的和谐上。历史的发展不仅会见证马克思的设想,而且会积淀更多的共产主义要素,在人类的全部历史运动中,马克思的科学预见必将最终得到证明。正因为共产主义要以全部历史运动为依托,所以马克思在《1844 年经济学哲学手稿》中以废除私有制为例说明了共产主义的长期性和艰巨性。他说:"如果我们把共产主义本身—因为它是否定的否定—称为对人的本质的占有,而这种占有以否定私有财产作为自己的中介……所以,它只有通过付诸实行的共产主义才能完成。要扬弃私有财产的思想,有思想上的共产主义就完全够了。而要扬弃现实的私有财产,则必须有现实的共产主义行动。历史将会带来这种共产主义行动,而我们在思想中已经认识到的那正在进行自我扬弃的运动,在现实中将经历一个极其艰难而漫长的过程。"① 在马克思视野中,人的本质的回归等共产主义理想不是空想,而是一个艰难而漫长的过程,是伴随着全部历史运动必将逐渐实现的过程,只要人类历史不终结,这个过程就将永远延续,直至永远

最后,马克思高扬未来理想的现实维度,认为共产主义就在实践中。任何事物的发展都是一个质量互变的过程。社会发展不可能有突发式的质变,只能是一个由量变到质变,由部分质变带动量变的过程。共产主义不可能划出一个截然的界限固定在一个站点,而只能是一个渐进性的进程。最能体现这个特点的是马克思把共产主义付诸实践,认为实践是连接理想和现实的桥梁,是实现共产主义唯一的路径。马克思在《德意志意识形态》中再三强调:"共产主义对我们来说不是应当确立的状况,不是现实应当与之相适应的

443

《中国社会科学内部文稿》

---

① 《马克思恩格斯全集》第 3 卷,347 页。

理想。我们所称为共产主义的是那种消灭现存状况的现实的运动。这个运动的条件是由现有的前提产生的。"①这显然是马克思针对脱离实践的共产主义空论才说出的一番极致的话语,意在强调不能把共产主义束之高阁,只以应当确立的理想和状况为满足。共产主义很现实,就在我们的身边,消灭现实状况的革命运动就是共产主义的第一步。因此,一切真正的共产主义者既要有崇高的共产主义情怀,始终坚持共产主义必胜的理想信念,又不能好高骛远,耽于玄想和空论,要脚踏实地,把共产主义融入到现实实践中。每一个人都要切实做好当下的本职工作,这不是远离共产主义的冗务,而是在为共产主义大厦添砖加瓦,我们称雷锋为共产主义战士,称一切反对资本主义的革命运动为共产主义运动,称所有为革命和建设做出巨大贡献的过世的领导人为忠诚的共产主义者,其原因就在这里。

当然,必须强调,共产主义作为我们的崇高理想,还不是我们目前的政策现实,历史上一切付诸实行的共产主义实验都曾给革命带来了极大的损害,也使共产主义极大蒙羞。但是,共产主义不只是平台和实体形态,它还体现在理论、理想、觉悟风格和日常的本职工作中。作为未来共产主义的制度平台离我们现实虽然十分遥远,但是共产主义是我们的世界观、人生观和价值观,时时事事都在对我们的生活和事业发生影响。因此,对共产主义的积极回应就是学习共产主义,信仰共产主义,践行共产主义,自觉地把共产主义理想与现实实践结合起来,做一个真正的、名副其实的共产主义者。

选自:《中国社会科学内部文稿》2015 年第 5 期

---

① 《马克思恩格斯选集》第 1 卷,第 166 页。